现代产业分析

原理 方法 案例

ANALYSIS OF MODERN INDUSTRY

王建军 / 编著

经济管理出版社
ECONOMY & MANAGEMENT PUBLISHING HOUSE

图书在版编目（CIP）数据

现代产业分析：原理 方法 案例 / 王建军编著. —北京：经济管理出版社，2019.7
ISBN 978-7-5096-6811-5

Ⅰ.①现… Ⅱ.①王… Ⅲ.①产业经济学—高等学校—教材 Ⅳ.①F260

中国版本图书馆 CIP 数据核字（2019）第 158228 号

组稿编辑：杨　雪
责任编辑：杨　雪　詹　静
责任印制：黄章平
责任校对：陈　颖

出版发行：经济管理出版社
（北京市海淀区北蜂窝 8 号中雅大厦 A 座 11 层　100038）
网　　址：www. E-mp. com. cn
电　　话：（010）51915602
印　　刷：三河市延风印装有限公司
经　　销：新华书店
开　　本：720mm×1000mm /16
印　　张：20. 25
字　　数：386 千字
版　　次：2019 年 10 月第 1 版　　2019 年 10 月第 1 次印刷
书　　号：ISBN 978-7-5096-6811-5
定　　价：65. 00 元

前 言

写给工商管理专业学生和企业经营管理者的书

一、本书的服务定位

本书主要是为工商管理类专业学习的本科生、研究生和从事工商管理实际工作的中高级管理人员或研究分析人员编写的，侧重产业分析方法和应用的一部著作。

本书以产业作为主要分析对象，以企业为出发点和落脚点，最终目的是为工商企业经营管理者提供产业分析的思路和方法，帮助他们提升战略思考、战略分析和战略决策的能力。

这一定位主要是基于以下三方面的原因：

一是基于对现实需求的认识。在现代市场经济条件下，企业在经营决策和投资决策时，对企业外部环境特别是产业环境的把握至关重要，产业发展空间、产业发展趋势、产业技术水平、产业波动、产业秩序、产业垄断竞争状况等产业环境因素都会对企业的经营产生重要影响，既可能为企业提供良好的战略商机，也可能带来严重的威胁。特别是我国正处于经济发展方式转换、经济结构转型升级的关键时期，产业资源要素流动加快，产业关联加强，产业融合程度加深，产业重组频现，企业经营管理者、投资家看不透、读不懂，或短视和近视，缺乏战略和长远眼光，就会使决策行为处于风险之中。

察势者智，驭势者赢。通过产业分析，研判产业发展趋势，发现企业战略机会，明确战略定位，找出主要影响因素及产业内的关键成功因素，为企业制定发展战略和经营决策提供科学依据。只有那些能够高屋建瓴，从中长期把握产业走势的企业经营者，才能赶在竞争对手之前敏感觉察到产业演变中蕴藏的一系列机遇，避免违背产业演变趋势带来的风险和成本，抓住市场先机，运用企业现有资源，赢得竞争优势。

二是受到迈克尔·波特教授开拓和独到的研究的影响和启发。世界公认的战略管理大师迈克尔·波特在1975年第一次在哈佛商学院开设了“产业和竞争分析”及“企业政策和产业分析实证研究”课程，将产业经济学理论应用化，首次在企业战略和产业经济学之间找到结合点，提出了产业分析与策划的思想和方法，而在国内，产业经济学长期以来围绕产业政策的目标在转，服务于国家或地区的产业经济发展，主要不是为工商管理者服务的。

三是与本人的学术背景有关。本书作者长期从事产业经济学和企业管理（特别是战略管理、营销管理）的教学和研究，深深感到国内产业经济学和企业管理（包括战略管理）方面的教材和专著很多，但把两者结合起来的著作较少，总体上还缺少系统规范的现代产业分析系统理论、分析范式和科学分析方法。

笔者以两大学科交叉为学术背景寻找和挖掘在产业经济与企业战略之间的结合点，因此写出一本适合工商管理专业学习者和管理者阅读，有别于产业经济学的简洁又实用的产业分析著作是其近年来一直思考的问题。

笔者期望将产业分析中的实用思想和方法与工商管理实践相结合，把多年积累的心得和体会，精心提炼的原理、理念及方法系统地介绍给工商管理专业的学生和工商管理实际工作者，帮助他们跳出企业看企业，学习站在产业的最高处、最前沿使用战略思维方式来思考企业管理特别是战略管理问题。

二、本书的特色

1. 视角创新

由本书的定位决定了产业分析的视角可以形象地概括为“由森林而见树木”。如果把一家生产企业看作一棵树的话，那么生产同类产品的企业总和就是一片森林。本书把产业作为分析对象，而最终目的是为企业提供有效的分析工具，帮助企业经营管理者和工商管理专业学生跳出企业看企业、“站在月球看地球”，培养“大处着眼，取乎其上”的战略思维。

2. 结构新颖

目前书市上有关产业经济学方面的书籍较多，但专为工商管理服务的适用产业分析著作很少。本书作者对大量散见于产业经济学、微观经济学、宏观经济学和战略管理、营销管理等学科里的相关理论和方法进行筛选、整合、归纳和创新，并且结合最新的产业和企业实践，以产业为分析对象，以企业为服务目标，本着科学的态度，大胆创新，构建逻辑性强、突出实用性的现代产业分析体系。

从构成产业的基本单元—企业入手，首先建立企业与产业之间的有机联系，其次深入研究产业生命周期、产业波动、产业结构、产业关联、产业融合、产业组织、产业布局、产业环境和产业政策，最后介绍产业分析工具综合应用，为企业进行产业选择提供依据。这样的结构既便于分析者因需选用，也便于学习者系统全面掌握。

3. 强调实用性

精简理论，删繁就简，力求简明实用。原理部分都是工商管理专业学习者和实际工作者的“应知、应会”，原理叙述力求简洁，不深入展开，删除了产业经济学中大量纯理论介绍和数学模型，不以介绍产业经济知识为要点，突出分析方法和应用，浅显易懂。

强调理论能指导实践，突出产业与企业的结合点。从服务于工商管理人员现实需求出发，提供实用的产业分析方法和思路。

在每个章节中和每章后面，结合具体内容，插入大量的精选示例和分析报告作为对原理和方法的补充和应用。本书第十二章介绍了产业分析的综合运用，以体现本书的目的和导向。

三、本书的结构

本书共分十二章。第一章介绍了现代产业分析的框架，重点分析了企业经营业绩与产业景气状况的关系，构建了产业环境—产业运行—企业战略自上而下的现代产业分析框架，明确了产业分析的使用主体。熟悉本章便于全面了解本书的结构。第二章“产业生命周期”重点分析了产业生命周期各阶段的特征，产业生命周期与产品生命周期和企业生命周期的关系。第三章“产业波动周期”重点分析了具体产业运行过程的波动类型、规律，不同产业的产业属性，以及企业经营业和投资者如何顺势而为。第四章“产业竞争力分析”重点介绍了产业竞争力的来源、影响因素以及提升产业竞争力的相关理论。第五章“产业结构演变趋势”重点介绍了三次产业结构演进趋势、制造业结构演变和服务业结构。第六章“产业关联与产业融合”重点分析了产业关联的方式和效应、产业链和产业融合，特别分析了“互联网+”这种新兴产业模式。第七章“产业结构的优化升级”重点分析了产业结构优化的主要途径、消费升级和产业升级为企业带来的战略商机和企业应对策略。第八章“产业组织分析”提出了产业组织分析的基本框架，并分别对市场结构、市场行为和市场绩效进行了分析。第九章“产业空间布局分析”简要介绍了产业布局的基本理论、我国产业布局的战略演变、产业转移，并分析了企业的区域战略。第十章“产业环境分析”重点分析了产业的宏观经济环境、国家政策环境、产业技术环境和产业供求环境。环境对产业的影响最终体现在对产业供求关系上。第十一章“产业政策分析”，产业政策是产业环境的一部分，但具有特殊性，本书单独一章，分析了产业政策的作用、手段和有效性，并且重点分析了产业结构政策和产业组织政策。第十二章“产业评价与企业的产业选择战略”，重点分析了产业的特征、产业评价和企业的产业选择战略和产业组合战略。

本书在写作过程中查阅了大量论文、书籍、分析研究报告等，从中参考和吸收了不少有价值的研究成果，在此对有关作者表示真诚的感谢。由于水平有限，书中定有不完善之处，甚至错误或需要改进的地方，敬请读者提出具有建设性的意见和建议以便进一步修改完善。

本书得到河南财经政法大学教务处和现代服务业河南省协同创新中心的资助，在此表示感谢！

王建军

2019 年 9 月

目 录

第一章 现代产业分析的基本框架

不谋全局者，不足以谋一隅，不谋大势者，不足以谋一时。
——陈澹然《寤言二迁都建藩议》

产业是社会生产力不断发展的结果，是社会分工的产物，并且随着社会生产力的发展和社会分工的深化，内涵不断充实、外延不断扩展。本章首先对产品、企业与产业的内涵及其关系进行界定，介绍几种主要的产业分类方法，这是产业分析的基础工作；其次，简要分析企业经营绩效与所在的产业景气程度的关系；最后，提出现代产业分析的基本框架和应用主体。

第一节 产品、企业与产业

产品、企业和产业之间有密切的关系，但又有各自的边界。

一、产品

人们对产品概念的认识在不断深化、产品概念的外延也越来越大。传统的产品概念是产出的有形物品，即产品是一种占据一定的空间并为人们感知的看得见、摸得着的实体。随着商品生产和交换的扩大，市场经济的发展，产品概念在继承了传统概念关于实体、实用的合理内核的基础上，从消费者需求出发，提出了产品是具有满足生产或生活需要的某种特定功能或属性。与传统产品概念相比，它强化了产品的实用性。作为产品关键是要向社会或消费者提供某种实用的价值，而是否拥有物质实体并不重要。因此，能够满足社会或消费者需求的有形物品或无形服务都包括在产品范畴内。服务是用以交易和满足顾客需求的、本身无形和不发生实物所有权转移的活动、服务具有无形性、不可分割性、易变性、不可储存性及消费的动态性特点。

美国营销管理学家菲利普·科特勒（1976）提出了整体产品的概念。他认为，一个完整的产品包括三个层次：核心产品、形式产品和延伸产品。核心产品是企业提供的能够满足消费者基本需求的功能，如洗衣机的洗衣功能、电视机的收视功能等；形式产品是核心产品借以实现的形，如产品的造型、品牌、商标和包装等方面；延伸产品是附着在形式产品上的，使产品的价值得以完美实现的一些附加利益，如送货、维修等售后服务。之后，科特勒（1984）在三层次说的基础上又增加了形象产品和信誉产品，从而将整体产品的概念扩展到五个层次。形象产品是指产品在消费者心中的整体印象，信誉产品是指产品在消费者心中的信用或声誉。

现代社会产品丰富多彩，产品分类不计其数。常见的有，按国民经济三大部类将产品分为农产品、工业品、服务产品；按工业结构的产品分类法将产品分为重工业产品、轻工业产品、化工产品；依据产品在社会经济生活中的作用将产品分为投资品和消费品；依据产品在生产中的作用将产品分为初级产品、中间产品和最终产品；依据产品的复杂程度将产品分为简单产品和复杂产品；按产品价值高低把产品分为高值产品和低值产品；按产品的耐用程度将产品分为易耗品和耐用品；按产品的物理结构将产品分为同质产品和异质产品；按需求交叉价格弹性将产品分为替代品、互补品和独立产品；从产品收益的排他性和使用的竞争性两个维度把产品区分为公共产品（无排他性和无竞争性）、共有资源（无排他性和有竞争性）、自然垄断产品（有排他性和无竞争性）、私人产品（有排他性和有竞争性）等。

二、企业

企业是专门从事商品生产和交换并以营利为目的的自主经营、自负盈亏的法人实体。

关于企业的本质，新古典厂商理论和现代企业理论提出了不同的解释。新古典厂商理论认为，企业是单纯追求利润最大化或价值最大化的经济实体，具体表现在现有可支配资源约束下，通过生产要素的有机组合和流程来生产、销售产品或提供服务，其决策遵循理性原则。新古典厂商理论对企业的研究通常局限于企业的供求、价格、生产要素成本、最优化以及如何调整产量使边际收益等于边际成本，它是假设不存在交易费用和在完全信息的条件下对企业进行研究的。

现代企业理论认为，企业的存在是对市场交易的替代。利用市场价格机制进行交换是有成本的，即交易费用。交易费用包括一系列制度成本、信息成本、谈判成本、拟定和实施契约的成本、界定和控制产权的成本、监督管理的成本。其对应于市场价格机制引导生产和交换，实现资源配置，企业内部通过企业管理协调和组织决策实现着对资源的配置，企业通过对外部交易活动内部化，可以节省交易成本。企业的规模取决于市场交易成本与企业内部的组织费用之间的动态平衡。

三、产业

我国早期的产业有两种含义：一是指私人占有的土地、房屋等固定性财产，二是指生产与作业。

在西方，产业多与工业概念在同义语水平上使用 Industry，工业革命后的相当一段时期，工业确定在社会经济中处于突出的主导地位。但事实上，产业的存在和形成比工业要古老得多，人类社会在经历工业革命之前就经历了畜牧业与农业、手工业和商业的形成，这是工业与产业概念在历史源流上的不同，而当代社会生产的深刻变革使产业早已超出传统工业生产领域，工业概念日益显示出局限性。

随着社会生产力的不断发展和社会分工的深化（特别是产业革命和工业化、信息化）产业内涵不断充实、外延不断扩展，产业与社会经济生活的发展过程密切联系和融合，目前已形成多元立体结构网络的产业体系。产业概念应充分反映社会生产的层次性、技术联系的深刻性和经济生活内容的复杂性等基本属性。产业的范围不仅包括生产、流通，而且各种服务、文教、卫生、体育等众多行业都纳入产业的范畴。产业的概念需要得到更全面、更深刻的表述。

英文版《新帕格雷夫经济大辞典》中给产业下的定义是"生产同类或有密切替代关系产品、服务的企业集合"，这是产业的狭义定义。这种界定产业方法主要是服务于分析生产同类或有密切替代关系产品、服务的企业间的竞争或垄断关系以及同一产业内资源配置和组织状况。当需要考察整个产业总体状况以及不同产业间的结构与关联时，可以把产业界定为"生产产品用途相同或使用相同原材料或相同工艺技术的企业集合"，这是广义的产业定义。产业广义定义已包括产业狭义定义。

无论是广义的产业概念还是狭义的产业概念中的产业，都是具有某些相同特征的企业集合，关键在于选择什么样的特征作为分类标准。因此，可以把具有某些共同属性或特征、承担一定社会经济功能、达到一定规模和社会影响的生产经营单位的集合以及国民经济中以某种标准划分的部门称为一个产业。

聚焦：产业是生产力发展和社会分工深化的结果

从历史起源看，产业的出现、形成和发展是生产力不断发展和社会分工不断深化的过程。人类历史上三次大分工创造了不同的产业。第一次社会大分工使畜牧业从农业中分离出来，第二次社会大分工将手工业从农业中分离出来，而第三次社会大分工则产生了商业。一般认为，现代工业始于手工业，现代服务业则始于商业。随着社会的进一步发展和分工，产业不断增多和逐步细化。

（1）远古时期：采集业、狩猎业、畜牧业。

（2）文明古代时期：种植业、畜牧业、手工业、商业，以农业为主体。

（3）近代时期（第一次产业革命）：轻纺、机器制造、煤碳、原材料、交通运输业。

（4）近代时期（第二次产业革命）：电力、钢铁、石化、汽车、飞机制造工业等。

（5）近现代时期（第三次产业革命）：电子计算机、信息、生物工程、新材料、宇航工业等。

（6）现代时期（第四次产业革命）：互联网、云计算、物联网、移动支付、人工智能、清洁能源、机器人技术、量子信息技术及生物技术等。

产业是介于单个经济主体（企业和家庭）与宏观经济整体之间的中间层次。“产业”这一概念，可以用来概括不同层次的产业，即可以大到诸如三次产业这样的层次，也可以小到很具体的某类产品。通常把以同样商品市场为单位划分的产业称为“行业”，如电视机行业、空调行业。

产业和行业经常相互替代交叉使用、略有区别。产业是具有某种同类属性的经济活动的集合体，行业是具有高度相似性和竞争性的企业群体。产业、行业的不同在于，从着眼点的层次上是由高到低、概念上涉及的范围是由大到小。一个产业包括多个行业，但一个行业只能从属于一个产业。

四、产品与产业的关系

产品是产业的基础，是产业存在的基本原子。从产出的角度看，产业是同类产品及其有密切替代关系的产品的集合；产品是产业生成、发展、衰退和消失的决定性因素。如果某一产业所包含的产品系列退出了市场，该产业将不再存在。但是，一种产品的消亡不会导致整个产业的消亡，因为产业本身的演变过程就是产品间相互替代的过程。反过来，某一产业发展的状况，如发展速度和规模会影响该产业中的各产品的成长速度和规模的状况。

产品的层次性也决定了产业的层次性，表现在产品每个大类下又细分为好多小类，产业也是如此，具有层次性。产业的划分越是细微，越是接近产品的层次，如在家电产业可以细分为彩电业、冰箱业、空调业等，在这个层次上，产品的划分和产业的划分几乎是相同的。产品的基础性决定了产品分类对产业分类具有重大的决定作用。

企业层次的产业与产品更接近，企业的产品结构和企业的产业结构是相当接近的，因为企业可以生产同一条产业链上的好几种产品，也可以生产好几条产业链上的不同的产品系列，组成企业的产业结构，而这个同时也是企业的产品结构。

既然产品是产业的基础，那么产品的生产条件、对资源环境的要求，性能、满足人们的需求层次、销售方式等各种与产品相关的因素都会最终影响产业成长、产业结构、产业组织、产业关联、产业布局等。因此，产品分析是产业分析的一个重要方面，产业分析离不开产品分析。

五、企业与产业的关系

企业是组成产业的基础单元，产业是具有某些共同特征的企业集合；从产业主体的角度看，产业是生产经营同类产品及其可替代品的企业的集合。企业是产业的微观基础，产业集中了影响企业发展的各种外部因素。企业是产业的主体，也是资源配置的主体，产业活动就是产业内众多企业的生产经营的集合，产业内企业发展的速度和规模总体上决定了产业的发展速度和规模。

按照企业的主要经济活动确定其产业性质。当企业从事一种经济活动时，则按照该经济活动确定单位的产业；当企业从事两种以上的经济活动时，则按照主要活动确定单位的产业。

在特定产业中占有较大份额、具有一定的市场支配力的大企业称为主导企业。主导企业具有决定性地影响或左右产业动向和市场竞争的作用，在很大程度上是产业价格的决定者，而产业内大量的单个市场份额很小的企业被称为从属企业或边缘企业。通过对产业内主导企业经营动态进行观察分析，可以更好地把握产业的结构变化，包括产业的竞争格局、产业整合状况等。

分析企业与产业关系的传统分析范式是“结构—行为—绩效”（S-C-P），该范式认为市场结构和企业行为之间存在着因果关系，并影响产业运行的绩效，如企业规模、产业集中度、企业的进入和退出等，会改变市场的性质，影响行业内竞争或垄断程度；企业的定价策略、产品差异化策略、购并策略、多样化策略、企业间的合谋等，都会对产业内的其他企业产生影响，从而导致连锁反应。同时，由于市场中潜在进入的威胁，必然迫使在位企业努力降低成本，进行技术创新、扩大经营规模，从而改变市场结构的同时，也改变了运行绩效。

第二节 产业分类

产业分类是指按照一定的标准，对社会经济活动进行归类组合。产业分类是产业分析的前提和基础。

产业是具有相同特征的企业的集合，因此，所谓产业分类就是选择某种特征作为划分标准，将国民经济整体划分为不同的集合。由于产业分析注重应用，因此，规定“产业”的立足点，与其说是理论上的严谨性，不如说是现实上的实用性，即产业的划分和集合服务于一定的分析需要。不同的产业分析需要有不同的产业分类法，并且产业划分和集合可粗可细。最常用的产业分类包括三次产业分类、标准产业分类、生产结构分类、要素构成分类等。

一、关联方式分类法

关联方式分类法是将具有某种相同或相似关联方式的企业生产活动组成一个集合的分类方法。按照企业生产活动的同类性划分产业有三个主要标志：

（1）用途关联分类法。按照生产产品经济用途相同或相似性归类产业，如食品业、造船业等。

（2）原料关联分类法。按照具有相同或类似的原材料、性能相似的投入物归类，如棉纺业、化纤工业、钢铁工业、木材业、造纸业、橡胶工业等。

（3）技术关联分类法。按照技术工艺方法、生产流程的相似性归类，如冶炼业、化学工业、运输业等。

二、三次产业分类法

三次产业分类法是以人类生产活动的历史发展中兴旺发达的顺序和在社会再生产中所处的层次为标志进行产业分类的方法。

三次产业分类法首先由新西兰经济学家 A. 费歇尔创立，分类依据是世界经济发展上人类经济活动发展的三个阶段：第一阶段，人类主要的生产活动是农业和畜牧业；第二阶段，第一次工业革命后，以机器大工业的迅速发展为标志，包括采掘业、制造业的发展；第三阶段，开始于 20 世纪初，包括商业、金融业、饮食业等服务业的发展。英国经济学家、统计学家科林·克拉克（1940）采用三次产业分类法对产业结构变化与经济发展的关系进行了大量的实证分析，总结出三次产业结构的变化规律及其对经济发展的作用。

按照三次产业分类法将全部经济活动划分为三大类：

第一次产业（Primary Industry）：广义的农业，是直接从自然界获取产品的物质生产部门，包括种植业、畜牧业、渔业、林业；

第二次产业（Secondary Industry）：广义的制造业或工业，是对取自自然界的物质资料进行加工和再加工的生产部门，包括制造业、采掘业和矿业、建筑业以及公共事业（煤气、电力、供水）等；

第三次产业（Tertiary Industry）：广义服务业，是将从第一、二次产业的物质生产活动中衍生出来的非物质生产部门，包括商业贸易、运输业、通信业、仓储业、金融、房地产、旅游、饮食业、文化、教育、科学、卫生、体育、新闻、传播、公共行政、国防、娱乐、生活服务等。

第一、第二次产业都是有形物质财富的生产部门，第三次产业是建立在物质财富生产部门之上的无形财富的生产部门。

三次产业分类法使用粗线条对全部经济活动进行概略分类，可以从总体上观察产业结构的变动趋势，从深层次反映了社会分工深化与产业结构演进的关系，但这种分类方法也有明显的缺陷：有些产业的归类存在争议，如第二产业中的采掘业和矿业（按分类标准应划入第一产业），煤气、电力、供水等产业（归入第二或第三产业均有道理）；第三产业内容过于繁杂等。

三、标准产业分类法

标准产业分类法是由一国政府或其技术标准管理部门为了统一产业的统计和分析口径，以便科学地制定产业政策和对国民经济进行宏观管理，制定和颁布的具有权威性和强制性的产业划分标准。标准产业分类法促进了国民经济产业分类规范化。

中国国家标准局制定和颁布的《国民经济行业分类与代码》（GB/T—4754—2017），依据经济活动的同质性原则把全部的国民经济划分为 20 个门类，96 个大类、960 个中类和更多小类。

门类代码用一位拉丁字母表示，即用字母 A、B、C……依次代表不同门类；大类代码用两位阿拉伯数字表示，打破门类界限，从 01 开始按顺序编码；中类代码用三位阿拉伯数字表示，前两位为大类代码，第三位为中类顺序代码；小类代码用四位阿拉伯数字表示，前三位为中类代码，第四位为小类顺序代码。

20 个门类如下：

A. 农、林、牧、渔业（5 个大类）；

B. 采矿业（7 个大类）；

C. 制造业（30 个大类）；

D. 电力、热力、燃气及水生产和供应业（3 个大类）；

E. 建筑业（4 个大类）；

F. 批发和零售业（2 个大类）；

G. 交通运输、仓储和邮政业（2 个大类）；

H. 住宿和餐饮业（3 个大类）；

I. 信息传输、软件和信息技术服务业（8 个大类）；

J. 金融业（4 个大类）；

K. 房地产业（1 个大类）；

L. 租赁和商务服务业（2 个大类）；

M. 科学研究和技术服务业（3 个大类）；

N. 水利、环境和公共设施管理业（3 个大类）；

O. 居民服务、修理和其他服务业（3 个大类）；

P. 教育（1 个大类）；

Q. 卫生和社会工作（2 个大类）；

R. 文化、体育和娱乐业（5 个大类）；

S. 公共管理、社会保障和社会组织（6 个大类）；

T. 国际组织（1 个大类）。

标准产业分类与三次产业分类之间有着密切的联系。标准产业分类是在三次产业分类的基础上进一步细化和标准化，标准产业分类的大部门可以很容易地组合为三个部门而与三次产业相对应，三次产业分类的三个部门也可以更细地划分为不同的产业分支而与标准产业分类相对称。

阅读材料：制造业分类

13. 农副食品加工业；
14. 食品制造业；
15. 酒、饮料和精制茶制造业；
16. 烟草制品业；
17. 纺织业；
18. 纺织服装、服饰业；
19. 皮革、毛皮、羽毛及其制品和制鞋业；
20. 木材加工和木、竹、藤、棕、草制品业；
21. 家具制造业；
22. 造纸和纸制品业；
23. 印刷和记录媒介复制业；
24. 文教、工美、体育和娱乐用品制造业；
25. 石油加工、炼焦和核燃料加工业；
26. 化学原料和化学制品制造业；
27. 医药制造业；
28. 化学纤维制造业；
29. 橡胶和塑料制品业；
30. 非金属矿物制品业；
31. 黑色金属冶炼和压延加工业；
32. 有色金属冶炼和压延加工业；
33. 金属制品业；
34. 通用设备制造业；
35. 专用设备制造业；
36. 汽车制造业；
37. 铁路、船舶、航空航天和其他运输设备制造业；
38. 电气机械和器材制造业；

39. 计算机、通信和其他电子设备制造业；

40. 仪器仪表制造业；

41. 其他制造业；

42. 废弃资源综合利用业；

43. 金属制品、机械和设备修理业。

产业分析涉及产业分类中的大类、中类、小类、细项四个层次。不同层次的产业分析的目的、范围及所用方法在共性之外有差异。如大类产业的产业分析内容侧重于产业大势、产业环境、景气分析等具有综合性和战略性，对政府进行产业规划和制定产业政策，对企业把握产业大趋势具有应用价值；小类、细类分析从构成产业基础的产品、技术、企业开始，对具体产业的方方面面进行刻画，更贴近于经营者和投资者的实际，具有实用性、针对性、深刻性的特征，其分析结果更具实用价值甚至成为企业进行战略决策依据内容之一；中类层次的产业介于大类产业和小、细类产业分析之间，这类分析对重大投资活动和重大项目具有实际意义。

四、农轻重产业分类法

农轻重产业分类法是将社会经济活动中的物质生产分为农业、轻工业和重工业三个部门。农业包括种植业、畜牧业、林业、渔业等，轻工业包括纺织、服装、食品、饮料、印刷、家具等；重工业包括冶炼、钢铁、煤炭、电力、石油、化工、机械等工业部门。

在我国，轻工业按其所使用的原料不同，又可分为两大类：①以农产品为基本原料的轻工业，包括食品制造、饮料制造、烟草加工、纺织、缝纫、皮革和毛皮制作、造纸及印刷等工业；②以非农产品为原料的轻工业，主要包括文教体育用品、化学药品制造、合成纤维制造、日用化学制品、日用金属制品、手工工具制造、医疗器械制造、文化和办公用机械制造等。重工业按其生产性质和产品用途又可分为三类：①采掘工业，包括石油开采、煤炭开采、金属矿开采、非金属矿开采和木材采伐等。②原材料工业，包括金属冶炼及加工、炼焦及焦炭化学、化工原料、水泥、人造板及电力、石油和煤炭加工等。③加工工业，包括机械制造、金属加工、化肥、农药等。

农轻重产业分类法具有直观、简便、易行的特点，在研究和安排工业化发展进程方面具有较大的实用价值，但存在明显局限性，例如，没有涵盖非物质生产部门；一些新兴产业难以归类；不够细致。所以，它只适合于工业化程度低的发展阶段，不适合于工业化程度较高的发展阶段。

五、生产要素集约分类法

生产要素集约分类法是根据产业在生产过程中对劳动、资本、技术等生产要素的依赖程度差异进行产业划分的方法。它将全部生产部门划分为劳动密集型产业、资本密集型产业和技术密集型产业三大类。

劳动密集型产业是指在其生产过程中对劳动力的依赖程度较高的产业，如纺织、制革、服装、食品、玩具、零售和餐饮等。

资本密集型产业是指在其生产过程中对资本的依赖程度较高的产业，如钢铁、石化、机械等基础工业和重化工业。

技术密集型产业在其生产过程中对技术的依赖程度较高的产业，如航天、生物、信息、新材料、新能源等产业。

生产要素集约分类法能比较客观地反映一国或地区的经济发展水平，例如，劳动密集型产业比重越大，表明该国的经济发展越低；技术密集型产业比重越大，表明该国的经济发展水平越高。但这种产业分类具有很强的相对性，划分界限比较模糊，易受主观因素的影响，如300年前的纺织业是技术密集型产业，而现在却是典型的劳动密集型产业，电子计算机软件既可看作是技术密集型产业又可说成是劳动密集型产业等。

六、生产序列结构分类法

社会再生产是一个连续的过程，由不同生产加工阶段所组成。从自然界取得物资资源开始，经过一系列的生产加工，到形成可供生活消费的产品为止，整个生产过程可以分为上游、中游、下游阶段，相对应的产业称为上游产业、中游产业和下游产业。上游产业包括农业、林业、能源、矿业原料、采掘业等；中游产业包括金属冶炼、化工原料、建筑材料等；下游产业包括投资、消费和出口的产业。这种分类对研究社会再生产不同生产阶段产业间的动态数量关系及在时间上的连续关系有重要意义。

七、战略关联分类法

战略关联分类法是按照产业在一国或地区经济发展中的地位和作用的不同为标准进行产业分类。可以把产业划分为主导产业、先导产业、支柱产业、先行产业、基础产业、瓶颈产业等。

主导产业是指能依靠科技进步或创新获得持续的高速增长，并有效带动其他相关产业快速增长的产业或产业群；先导产业是指在国民经济体系中具有重要的战略地位，并在产业规划中先行发展以引导其他产业向某一战略目标发展的产业或产业群；支柱产业是指在国民经济体系中占有重要的战略地位，产业规模在国民经济中比重较大，并起着支撑作用的产业或产业群；基础产业是为其他产业的发展提供基本条件和服务的产业；瓶颈产业是未得到应有发展而严重制约其他产业和国民经济发展的产业。

产业分类可依据不同的产业特征从多方面来进行，生产过程、产品性质、劳动对象、劳动手段、目的功能等皆可成为产业分类的基础。产业分类是多样的，分类标准可互相交叉。到底选择何种产业特征作为产业分类的标准，则要取决于产业分析的目的。如为了发现技术变化所引起的产业变化的商业价值，则可将产业按技术变化标准分为高科技产业、新兴产业、传统产业等，还可按成长性标准将产业分为成长性产业、成熟性产业、衰退性产业等。

第三节 企业经营绩效与产业景气状况的关系

产业景气也称产业运行状态，是指产业在现有的技术经济条件下运行表现的状态。按照战略管理大师迈克尔·波特的理解，产业的景气就是产业的获利能力和吸引力。

企业经营业绩与产业景气状况关系到底有多大？产业环境对企业经营业绩的影响程度有两种极端观点：一种观点认为，“行业决定企业未来的命运”，另一种观点认为，只有夕阳产业，没有夕阳企业。国内两位著名企业家有两句话也形象地反映了对企业经营绩效与产业景气之间关系的看法：第一句话是小米公司创始人雷军曾在一次演讲中说，“站在风口上，猪也能飞”。这句话强调了产业环境对企业经营绩效的重要性，并提醒不要在盐碱地里种庄稼，而要去风口放风筝。第二句话是阿里巴巴董事局主席马云针对雷军的言论补充，“猪碰上风也会飞，但是风过去摔死的还是猪”。马云并不否定产业环境对企业经营业绩的作用，但更强调了企业经营素质和能力的重要性。马云同样认为产业大环境和趋势对企业经营的重要性。“今天不是阿里巴巴创造的时代，阿里巴巴有幸生活在这个时代，适应了这个时代的发展，找到了未来社会走向的趋势，我们是改变自己、影响世界”。按照马云的说法，阿里巴巴之所以有今天的成就是恰逢其时，并且顺应了时代发展趋势。海尔董事局主任张瑞敏有一句著名的话是，“没有成功的企业，只有时代的企业”。在张瑞敏看来，所谓成功，“只不过是踏上了时代的节拍”。

综合各类观点，本书认为企业经营业绩与产业景气状况有明显的正相关关系，但不是因果关系，并且这种关系在不同的发展阶段和不同的产业具有差异性。

一方面，产业对企业经营业绩确实有较重要影响，所谓“男怕入错行”，有人甚至说，产业的命运在很大程度上决定了企业的命运，而企业的命运很大程度依赖于整个产业的命运。因此，产业评价以及随之而来的产业选择对企业经营者和投资者的重要性不言而喻的，是企业经营决策和投资的重要依据。产业容量、产业走势、产业秩序、产业竞争格局、产业技术水平等关键产业因素对企业经营至关重要，有些因素甚至是致命的。在好的行业中经营更容易创造、实现企业的价值。企业价值的增长往往需要建立在行业的高增长基础之上，一个高速增长的行业，即使企业自身的经营管理能力弱一些，也能够分享到行业的高增长。例如，2000~2012 年中国经济进入重工业化阶段，经济特别是重工业持续高速增长，对煤炭的需求旺盛，煤炭产业景气度很高，价格持续上涨，在这样的背景下，即使经营管理能力较差的煤炭企业，利润增速也不错，就是典型的受益于行业的高增长。一个具有优秀经营团队和优越竞争地位的企业，如果栖身于一个前景黯淡的产业，其经营的难度会很大，依然不能得到满意的利润。历史上像万宝路香烟这种在低增速行业中实现长期增长的公司并不多见。

另一方面，企业经营管理能力决定了企业在产业里的竞争优势和地位。在一个非常有吸引力的产业里，如果一个企业不能拥有有利竞争地位，也不可能得到充分的发展。特别是在当前经济增长放慢的环境下，高增长行业确实比较难以寻找，大多数行业增速普遍下滑，对企业的经营管理能力要求越来越高。过去粗犷的企业经营方式已经难以适应当今的经济环境。总体经济平稳，行业内的企业如果能够突破传统模式的瓶颈，寻找到新的模式，那么原来市场占有率较小的企业也有望在市场洗牌中胜出。比如电商的兴起，对传统销售渠道造成巨大的冲击，一些小企业本来不具备在传统渠道下竞争的能力，但是由于新兴渠道的兴起，小企业的进入壁垒降低，而与大企业相比，小企业更容易接受新的渠道变革，反而有机会在此过程中获胜。

国外有部分学者对企业经营业绩与产业景气程度的关系有系统研究。迈克尔·A. 希特对欧美成熟市场经济国家的实证研究表明，一家公司约 20%的利润与行业相关，换句话说，20%的公司利润是由所在行业决定的，36%的利润变动是由公司特点和业务活动产生的。研究结果表明，环境因素和公司特点共同决定了公司利润率的水平。另据麦克盖翰（Mcgahan）通过对美国上市公司1981~1994 年业绩的实证研究后得出结论，在影响上市公司业绩的全部因素中，产业的影响是最重要、最稳定的，产业效应对企业业绩的影响程度达 1/3 以上。特别是在科技创新日新月异、产业结构大规模调整的环境下，一个企业能否在市场上取得成功，其所处产业的发展情况起着十分重要的作用。

国内缺乏相关的实证研究。但一般认为，改革开放以来，企业经营业绩与产业环境关系比欧美国家要大。欧美国家经济增长比较缓慢，市场经济运行时间长，产业秩序比较规范，产业运行环境相对公平，企业经营管理能力更为重要。改革开放以来，我国经济高速增长，产业环境变化较大，经营管理能力提高有一个积累的过程，而产业环境对企业经营业绩的影响更大。

产业演变对企业经营有重要影响，因为它会给企业带来重大机会，而这种机会最终将带来更高的盈利能力。当然，企业可能会以另外的方式提升业绩，比如通过技术创新开发出高质量的产品或降低成本，但是企业真正重要和长期发展的机会还是源自环境的变化。

一个企业对产业的选择非常重要，当企业选择的是一个快速发展的产业时，就如顺水行舟，产业的发展会带动企业的发展；当企业选择一个衰退的产业时，就如逆水行舟，产业会给企业带来倒退的力量，稍有不慎，就会被水淹没。

阅读材料：优秀企业的成功秘诀：天时、地利、人和

我们见到过的优秀企业，其成功秘诀无外乎都是天时、地利、人和；相反，许多逐渐走向没落的企业其衰败的根源也大多出自这三点。

天时，即行业的生态环境和发展方向。天时不是能够创造的，任何一个行业都有自身的生命周期和运行规律，不以人的主观意志为转移，优秀的企业家能够比普通人更加深刻地理解行业运行的规律，能够比普通人更早地预见到行业未来发展的方向，从而提早布局，成为行业的领跑者。这方面最经典的案例莫过于乔布斯领导下的苹果公司了，苹果几乎每一代新产品都成为风靡一时的热销品，成为同行争相模仿的对象。

所以在中国，做企业，要看天时，天时主要是产业趋势和政策导向。

地利，即企业自身在行业中的竞争力。优秀的企业之所以优秀，就在于其能够在众多竞争对手之中脱颖而出，逐步蚕食对手的市场份额，甚至最终将对手彻底淘汰，而一个企业在与竞争对手面对面搏杀时的核心竞争力就是其战胜对手的最大法宝。商人都是逐利的，而优秀企业家区别于普通商人最重要的差别就在于优秀的企业家能够暂时抛开眼前的利益，将眼光放得更加长远，去思考企业可以长久立于不败之地的生存之道，而企业的竞争力就是其深刻思考的结果。格力电器的发展壮大得益于逐步建立并强化其区别于竞争对手的核心竞争力，如专业化和高品质。

人和，即企业员工上下一心的执行力。如果一个企业家拥有高瞻远瞩的战略眼光，拥有打造独特核心竞争力的卓越智慧，但是其手下员工却不能理解或是不能贯彻执行企业家的经营决策，其结果必定是事倍功半，尤其是规模越大、人员越多的企业其上下一心的执行力就越难实现。但是优秀的企业家知道如何识人、如何用人、如何将能够深刻理解自己经营决策并愿意严格执行的人放在合适的位置去执行并向下传递自己的经营决策。海底捞火锅店能实现快速规模化扩张，成功的秘诀有很多，如“宾至如归”。海底捞火锅店文化和理念的强大执行力离不开其老板张勇的店长晋升机制。

天时、地利、人和，是优秀企业不可缺少的要素；但是天时无常，地利也不会亘古不变，人和则需要持续维护，任何一种要素的变化都足以使原本优秀的企业陷入困境。优秀的企业家则善于把握天时、创造地利、运用人和，在行业运行态势发生变化时懂得审时度势，运用智慧为企业培养新的核心竞争力，并通过适合的激励机制保障员工上下一心去贯彻执行，只有这样才能实现企业的长久不衰。

第四节　现代产业分析的基本框架

一、产业分析与个量分析、总量分析

经济分析包括个量分析、总量分析和产业分析。所谓个量分析又称为微观经济分析，它以单个经济主体（单个厂商或企业、作为消费者的单个家庭）的经济行为为分析对象，考察厂商如何将其拥有的有限资源适当地分配于其准备生产的各类商品或劳务上，以实现利润最大化；消费者或家庭如何把有限的收入适当地分配于其准备消费的各类商品或劳务上，以获得最大的效用满足。所谓总量分析，又称宏观经济分析，是以国民经济中有关经济总量的变化及其规律为分析对象，考察 GDP、国民收入、总投资、总消费支出、货币发行量、物价水平、外汇收支等总量的变动及相互之间的关系。总量分析从国民收入循环着手，分析其形成、分配及国民收入收支间的均衡和由于不均衡所带来的种种问题，如失业、通货膨胀等。

产业分析是对同类企业集合即产业、产业之间、产业内企业之间关系的分析，以揭示产业发展演化的趋势和规律。产业分析既包括了对单个产业的运行和波动分析，又包括产业内企业间相互作用关系分析，还包括产业及产业间的结构分析和关联分析。产业分析是以产业作为分析对象，但涉及产业内外多方面因素和变量。

产业分析比静态的个量分析和总量分析更偏重于动态分析，虽然产业分析不排斥对分析对象进行静态分析，但通过对产业此长彼消的动态发展进行分析，能更好地把握产业发展趋势。

产业分析、总量分析和个量分析构成了完整的经济活动分析体系。三者之间有密切的关系。产业分析是连接总量分析和个量分析的中间层面和纽带，产业分析需要总量（宏观经济）分析和个量（企业）分析的补充和完善；产业分析是建立在个量分析的基础上，个量分析是对产业分析的深化和补充，尤其本书主要是为工商管理企业提供分析工具和方法的定位，更重视产业分析与企业分析的有机结合。产业作为一个总体就是国民经济，总量分析对产业分析具有引导和指示

作用。一些企业分析方法和宏观经济分析方法对产业分析具有借鉴和补充作用。例如，供求分析在三类工具中普遍运用，企业财务分析是对产业分析的验证和补充。

在当今产业演变、产业转型升级、产业转移、产业融合、产业重组日益频繁和激烈的时代，从事国民经济管理或微观经营活动，仅做宏观分析或企业经济活动分析的缺陷是显而易见的。一些活动使投资家、经营家和管理者看不透、说不透，或短视和近视，缺乏战略和长远眼光，从而使决策行为处于风险之中。通过产业分析，研判产业发展趋势，发现企业战略机会，为企业制定发展战略和竞争战略提供科学依据。

二、产业分析及其方法论的理论基础

构成现代产业分析及其方法论的基本理论依据首先是资源的稀缺性以及资源配置效率在不同产业领域的差异性。资源配置效率在产业间的差异性表现在同一时期不同产业的利润水平有差异，在不同时期同一产业也存在利润水平的变化，同一产业在不同地域亦有效率方面的差异，这些差异是由产业要素在不同时间及不同空间的自然特征及客观形成的技术经济特征所决定的；这些差异综合构成了处在各个产业中的企业的先天条件及生存环境，从而决定了不同产业内的企业运行质量甚至是生存命运。产业分析及其所用方法的理论前提是存在这些差异性，而产业分析的任务是揭示这些差异及其产生的内在原因，从而为产业评估、价值分析和产业选择提供依据。

构成现代产业分析及其方法论的基本理论依据，还在于对企业与产业基本关系的认知上。产业是由生产同类产品或有密切替代关系的企业构成的，产业的规模或容量及增长速度直接影响到企业的生存空间、增长速度，进而影响到企业的获利能力，这在本章第三节已进行了专门的分析。

产业分析是有关产业未来发展趋势的评估。企业通过产业分析，获得对产业未来的评估数据，加深对产业发展趋势的理解，提高对产业发展趋势判断的准确性，从而发现产业机会，避开产业威胁。

产业分析是对影响产业获利能力的因素进行研究。由于产业运行受到多种因素影响，有些因素变化具有全局性影响，有些因素牵一发而动全身，有些因素变化比较突然，有些因素变化比较隐蔽，这些信息的不确定性会导致企业决策者判断失误，产业分析就是为了消除和减少未来不确定性，使企业战略决策更科学。

三、现代产业分析的基本框架

产业分析的主要任务是，解释产业本身所处的发展阶段及其在国民经济中的地位和作用；分析影响产业的各种因素以及判断对产业影响的力度；预测并引导产业的未来发展走势；判断产业投资价值；揭示产业投资风险；为经营管理者和

投资者提供依据。

产业分析有两类分析对象：一类是整体产业，另一类是具体细分产业。本书的产业分析对象主要是具体细分产业（生产同一产品用途或密切替代关系的企业总和)，目的是为企业参与竞争和寻求更好的企业发展战略提供服务，但不回避产业的综合体即总量层次的产业，并且把整体产业及其结构作为具体产业及其企业的外部环境。

依据本书主要是服务于工商管理类专业学生和企业经营管理者的定位，现代产业分析的基本逻辑是环境决定产业，产业决定战略，战略决定行为，即产业外部环境决定产业运行的状态、产业运行的状态决定企业的战略选择，企业的战略决定着企业的行为和业绩。

“自上而下”的现代产业分析体系是本书的基本构架。基本框架由产业环境分析、产业运行分析和企业战略分析三个相互影响的部分组成。产业政策本属于产业环境，但由于它的特殊地位而独立出来（见图 1-1）。

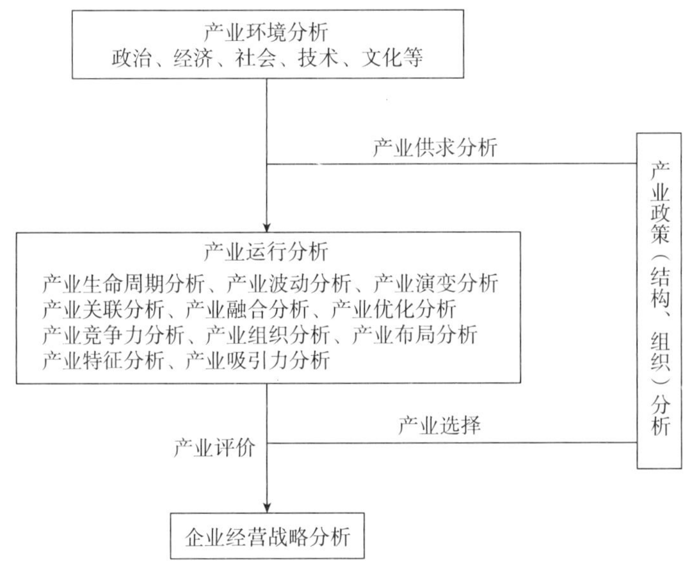

图 1-1　现代产业分析基本框架

第一部分产业（外部）环境分析。一个国家或地区的政治、经济、技术、社会、文化等都会对产业运行状况产生深刻影响，进而影响产业的供求关系，影响产业内企业间的竞争格局，从而影响企业经营决策和经营绩效。产业环境主要涉及影响具体产业运行的政治、经济、技术、文化、制度等偏“宏观”的因素，构成产业生态。本书着重从大格局去看问题，重点是关注产业与宏观经济有何关联和发展逻辑，弄清楚产业在国民经济结构的位置和地位，理解与掌握宏观经济变动对该产业造成的影响。落脚点在产业供求关系上。

严格来讲，产业政策也是产业外部环境，但本书之所以单独拿出来论述，有两方面原因：一是在中国，产业政策对产业运行具有重要的影响（无论正负）；二是产业政策是一个相对完整的理论体系。产业政策对产业运行施加的引导和调节，深刻地影响着企业的经营方向、经营手段和经营绩效。

第二部分产业运行分析。这是产业分析的核心。主要内容包括产业生命周期分析、产业波动分析、产业技术分析、产业演变分析、产业关联分析、产业聚集分析、产业融合分析、产业布局分析、产业特征分析、产业主导企业分析、产业价值分析、产业敏感性分析、产业风险分析等。落脚点在企业的产业评价和产业选择上。

（1）产业生命周期分析。产业生命周期是某一单个产业从产生到被淘汰或进一步更新的全过程。一个产业在生命周期的不同发展阶段具有不同的发展规律、影响因素和资源配置方式，通过对产业生命周期的分析，可以认识产业的发展历程、行业发展现状，科学预测产业未来发展趋势，从而使企业掌握主动，顺应趋势，增强竞争力。

（2）产业波动分析。产业成长过程中总是在波动中运行的，进而导致产业运行景气度的变化。通过对产业波动周期和波动规律的认识，认识其核心驱动因素、竞争环境的变化，使企业把握机会、回避威胁。

（3）产业竞争力分析。产业竞争力是国家或地区的特定产业或产业总体在竞争中所表现出来的能力。产业竞争力主要有两个来源：比较优势和竞争优势。一个国家的产业竞争优势随着自身发展和环境变化而动态变化。产业的竞争力是由企业的竞争力来构筑的。

（4）产业演变分析。产业结构是指产业与产业之间的数量关系及技术经济联系方式。它主要从经济发展的角度研究产业间的资源占有关系、产业结构的层次演化，为企业寻找战略商机提供依据。主要包括产业结构演变规律、产业结构调整和优化等内容。

（5）产业关联分析。主要包括产业链和产业融合分析。产业关联分析主要分析社会再生产过程中形成的产业链上产业间的技术经济联系以及上下游产业的讨价能力。与产业结构分析相比，产业关联分析更广泛细致地来研究产业间质的联系和量的配比关系。产业间融合发展是当代经济发展的趋势。

（6）产业组织分析。产业组织是指生产同类或具有密切替代关系的产品和服务的企业相互关系的集合。主要是解决产业内企业的规模经济效应与企业间竞争活力的平衡问题。合理的产业组织使产业内企业有足够的改善经营、提高技术、降低成本的竞争压力，既能使企业获得较好的规模经济效益又可以通过产业的适度竞争压力提高企业活力，使产业内资源配置更有效，进而带来企业业绩的提升。因此，可以说，产业组织是产业内企业的直接外部环境。

（7）产业布局分析。产业布局分析是研究产业在区域内的空间分布，是一国或一地区的产业生产力在一定范围内的空间分布和组合。产业离不开其赖以生存和发展的空间载体，任何一个产业活动总是要落实在一定的空间范围内。产业布局是企业布局的基础和生态环境，其影响到企业的区域扩张和绩效。

第三部分企业的产业战略分析。产业分析的落脚点在于企业的产业战略分析和选择。一个企业的战略布局、业务方向是否符合宏观逻辑与产业逻辑、是否符合社会大潮与产业大方向，是决定其是否成功和成长规模和空间的主要依据。制定企业战略首先要进行产业评价，在产业评价的基础上进行产业选择。通过产业评价，找到产业的核心驱动因素，判断产业的景气状况，预测产业未来趋势，评估相关产业的战略价值和产业吸引力，进而进行产业选择和产业调整。

当然，以上产业分析的具体内容不一定每一项都单独成章或成节，但部分内容分散、渗透在整个分析体系中。为了便于读者理解，本书论述的顺序是按照理论认知的接受过程循序渐进进行的，与基本框架的逻辑顺序不完全一致。

阅读材料：证券投资基金选择投资标的的两种基本策略

自上而下的投资策略。是从大环境着手，根据宏观经济（如 GDP 的成长率，经济前景的判断）总体环境判断各个行业的景气状况，再根据各行业状况判断相应公司投资机会的顺序进行投资分析，到最后选出所需要投资的证券。

自下而上的投资策略。是根据公司的财务数据增长、市场份额、产品市场竞争力等基本面数量指标或特征来筛选相应的公司，再结合宏观经济、证券市场、行业分析，最终确定所需要投资的证券。

自下而上挖掘价值的同时，一定要关注自上而下的影响因素。比如宏观经济走势、国家产业政策、流动性、人民币汇率的走势等，因为基本面因素会引导情绪变化，从而带来公司估值的变化。既要自下而上认识价值，又要自上而下理解市场、理解宏观经济。

无论是自上而下，还是自下而上，都要走完全部流程，形成一个“闭环”，否则不能算研究完整，而全部流程走完，两条路线在研究中遇到的问题是一样的，都要解决几大问题——行业发展趋势的判断、竞争格局的分析、企业经营能力。如何选择标的，大致看几个方面：一看市场和行业格局，无论自上而下还是自下而上都很重要；二看管理和策略，其实主要还是公司领袖的思路和格局；三看商业模式和竞争优势；四看公司治理和“财技”；五看财务指标及财务指标背后的发展资源和能力提升；六看长期公司战略。

当然，投资策略的制定要根据基金的投资方向、行业偏好、风险的平衡来进行。

“不识庐山真面目，只缘身在此山中”，苏轼《题西林壁》中的这两句诗形象地说明了分析问题视角的重要性。如果把一家生产企业看作一棵树的话，那么生产同类产品的企业总和即产业就是一片森林，现代产业分析的视角可以形象概括为“由森林（产业）而见树木（企业）”。以产业作为主要分析对象，以企业为出发点和落脚点，最终目的是为工商企业经营管理者提供产业分析的思路和方法，帮助他们提升战略思考、战略分析和战略决策的能力。战略管理有句经典的话：用显微镜寻找道路是徒劳的，企业战略更需要望远镜！

第五节 产业分析的应用主体

产业分析是认识产业特性和产业运行趋势的有效工具。在现代市场经济条件下，在产业演变或变革日益加快的环境下显得普遍和必要，产业分析日益成为工商企业经营者（特别是战略制定者）、项目管理人员、银行信贷评估及决策人员、投资家、证券分析师、政府经济管理部门人员等经常使用又重要的工具，通过产业分析能帮助其做出正确决策，特别是对以下几类人员具有重要使用价值：

（1）企业战略管理者。产业分析是企业经营者制定发展战略和营销战略的基础。企业经营者通过产业分析，正确掌握产业发展方向、认识产业发展趋势，以便科学制定企业发展和竞争战略。特别是当今时代，企业面临的外部环境（包括产业环境）影响因素众多，变化更快，不确定性更高，企业更希望有科学的产业分析作为制定战略决策的依据。例如，公司实施多元化战略，首先确定在哪个产业扩展可实现公司长远而持续的发展，即使不实施多元化而只在现有领域发展，也需要不断重新审视现有产业的状况，从而做出是否继续待下去和怎样待下去的决定，这都是产业选择问题。

（2）银行家。银行将资金放贷给企业以期获取利差，但给企业贷款是有风险的。银行需要在提供贷款前对贷款企业的经营状况和未来偿还能力进行分析评估，特别是额度大、期限长的贷款，仅依靠分析过去和目前的企业财务状况是不够的。贷款企业的中长期发展与所在产业的景气状况有密切关系，目前经营状况良好的企业可能由于产业的波动而出现经营困难甚至破产的例子不胜枚举。虽然银行不能保证每一笔贷款都能无损失地收回，但通过科学细致的产业分析，为银行贷款正确决策提供支持。

(3) 实业投资家。投资家是那些愿意将自己的资金投入运营并获得收益的人。他们是项目（投资机会）的寻找者，既关心投资回报，也关心投资风险。项目是否长期有利可图，发展趋势如何，是他们关心的主要问题，而科学和富有逻辑的产业分析是他们做出重要判断的依据。由于投资经常具有不可逆性，因此，对未来趋势的正确认识是减少投资失误的关键。投资失误有两种：一种是应该投资却因暂时的市场低迷而失去机会；另一种是盲目追逐市场热点，在投资完成后导致损失。这两种投资失误都是对产业趋势判断的错误。掌握产业发展趋势可以把握投资方向、投资时机和投资数量。

(4) 证券投资机构从业人员。证券投资机构是受托从事证券投资活动的组织，其是从业人员以专业化投资能力参与社会分工，以自己的知识从事投资业务并获取报酬的组织。证券投资最重要的工作之一就是不断进行产业评估和产业选择，以便选择最佳的投资去向、产业配置和证券投资组合。未来的行业配置对投资业绩的贡献度越来越大，借助产业分析，较全面、准确地认识和把握产业走向、长期趋势，对产业机会、面临的威胁等有清晰的了解，会减少投资失误，提高投资效果。

(5) 项目管理人员。项目管理人员是那些从事项目建设与管理的人员，也需要制作和阅读产业分析报告，对目前的产业环境有一个清晰的认识，从而对投资过程进行有效控制，调整项目进度，建立有效的防范机制，回避风险，增强项目的适应性。

(6) 政府经济管理部门人员。各级政府经济管理部门人员，如发展改革委员会、商务部门以及各级各类经济主管部门人员。政府经济管理部门在制定本地区产业政策时要清楚本地区的主导产业、支柱产业、衰退产业，通过产业分析，以便明确产业运行趋势，发展重点，产业政策效果等；将有限的资源在产业间进行配置或再配置时，需要对在现有产业间或传统产业和新兴产业间进行产业比较和选择。因此，产业分析是政府的重要决策依据。

扩展阅读　世界零售巨头西尔斯申请破产

2018 年 10 月 15 日，拥有 132 年历史的零售巨头西尔斯（Sears），正式申请破产保护，8 万人面临失业。这家成立于 1888 年的实体零售连锁店，曾经是世界上最大的零售企业，营业额一度达到美国 GDP 的 1%，也是当时全美雇员数量最大的企业。从 2010 年开始，西尔斯就一直处于亏损状态，已累计亏损 100 亿美元，同时还负债 40 亿美元。

导致百年老店西尔斯轰然倒塌的因素是多方面的，但主要可以归纳为：天不时、地不利、人不和三大因素。

(1) 从天时来看，西尔斯没有顺应天时、因时而变。伟大的企业家往往具有非常前瞻的眼光和战略。这里面有一个关键点，就是这些公司的经营管理者往往伴随着公司一起成长，对于行业的生态环境变化有较敏感的认知。

1980~2000 年的二十年正好受益于美国婴儿潮崛起，经济也不断向消费转型，西尔斯也得到快速发展。但行业的高增长，伴随着各种大型连锁店崛起，到了 20 世纪 90 年代后期，西尔斯逐步被廉价超市沃尔玛赶超。过去十余年，时代的背景是互联网兴起，电商对于传统零售企业蚕食。亚马逊迅速扩张，成为表现最佳的公司，而电商兴起的背后，是大量传统实体零售企业的业务收缩和利润空间越来越小，包括西尔斯百货、梅西百货、TJMax、Target、百思买等，而来自华尔街的西尔斯 CEO 埃迪·兰伯特的想法更多通过所谓的“价值投资”模式把公司价值挖掘出来，对于行业未来发展的方向没有清晰的认知。

这个时代，没有一种商业模式可以长存，更没有一种竞争力可以永恒。当变化来临时，是选择因势而变，积极主动地拥抱变化，迎接挑战，还是因循守旧，墨守成规，排斥或无视变化，会造成两种截然不同的后果。

(2) 从地利看，战略错误导致企业竞争地位逐步失去。CEO 埃迪·兰伯特采用了“价值投资”的思维方式来经营企业。他看重的不是企业未来的战略方向和增长投入，在最容易获得投资回报（ROI）的地方投资了大量公司现金，如购买大量房地产和开设新店。他实质上逐步将西尔斯转化为一家房地产公司，认为该公司拥有大量廉价土地。通过买卖房地产来赚钱，将公司的房地产资产加以出售，不断变卖资产，再不断融资。同时，他忽视了公司未来的投资：产品、技术和组织结构的变化，而其竞争对手亚马逊和沃尔玛正在升级他们的业务——更好的产品和更多的产品线、极致的用户体验和品牌认知、技术升级、产业链整合、大数据平台的建立等。

两种不同的战略方向选择导致了两个不同的结果：亚马逊带来的电商是越做越轻，用户体验更好，经营杠杆率更高；而西尔斯却变得越来越重，成为一个“拥有很多地产的传统百货公司”，之后的转型根本无法扭转。

西尔斯的 CEO 这样运营公司，导致了技术落后，数据不共享，系统过时，许多操作流程仍然沿用 20 年前的方式。西尔斯和凯马特（Kmart）合并后，数据和系统集成进展缓慢。最终西尔斯进入了一个恶性循环：库存增加、产品质量差、品牌不良、客流减少、数据不良以及对过时技术反应缓慢，这使其更难准确确定客户定价和产品优化策略。

(3) 从人和看，和凯马特合并后，公司的大公司病越来越严重。西尔斯人事关系复杂，责任不明确，互“踢皮球”，欺上瞒下，各个部门之间存在严重的内斗，最终的结果必然是以公司利益长期损耗为代价。

在一家企业中，传统业务往往是主要收入部门，在企业中的地位处于比较强势的位置。传统部门在几乎每一个项目上都会和中央支持部门比如市场、库存、定价、分析和技术等产生极大的利益纷争，部门合作效率极其低下，最终各个部门各自为政。同样的分析工具，每一个部门都会自己造，并且会引用完全不同的数据库，造成极大的资源浪费。从博弈论角度来说，各个部门都有自己的最优策略，加在一起在公司层面反而会产生大量矛盾。要切掉传统收入部门，向新业务转型遇到重重阻力，既得利益者必然会从守住自己利益的角度出发阻止变革。

西尔斯领导频繁变更和项目来回更换，导致公司资源无意义的消耗。最高管理层领导几乎一年一换，从而导致任何项目都无法长期持续，目标战略没有持续性。任何一个项目如果三个月内不能出成绩，就会立马被叫停，因此大家都更愿意推出短期能见效的方案，而不是对关系公司长期发展具有关键作用的长期投入。

CEO 埃迪 · 兰伯特曾致力于打造基于数据的未来的零售业，从 2016 年开始引入第三方咨询公司开始着力于组织架构的重组，但是阻力重重，每一次部门的合并和重组都会引起利益纷争。重组导致大规模人员流失，激励机制的改变，以及业务和项目不停中断。

第二章 产业生命周期

有一个竞争对手永远打不败，那就是趋势。

——360 公司创始人周鸿祎

产业如同能动的生命体一样，都会经历从产生、成长、成熟到衰退直至死亡的生命周期。随着时间的推移和产业内外部环境综合作用而发生演变进化，产业规模和盈利能力也发生相应的变化。通过分析产业生命周期，可以为企业制定中长期发展战略提供决策依据。

第一节　产业生命周期的一般形态和阶段识别

一、产业生命周期的一般形态

作为生物学概念，生命周期是指具有生命现象的有机体从出生、成长、成熟到衰老直至死亡的整个过程。这一概念引入到经济学、管理学理论中先应用于产品，以后又扩展到企业和产业。产品生命周期是 20 世纪 80 年代首先在市场营销理论中得到应用，其反映一种产品从投放市场到最后被市场所淘汰的过程。产品生命周期一般包括投入、成长、成熟和衰退的过程，不同阶段产品的销售情况和获利能力会发生变化。

产业通常是指生产同类产品的企业集合。产业生命周期是一个产业从开始出现到最后衰落的全过程。根据大量的产业统计研究，一般产业的生命运动路径是一条“S”形曲线，要依次经历形成期、成长期、成熟期、衰退期（蜕变期）四个阶段（见图 2-1）。产业生命周期的不同阶段，市场需求、要素投入、产出规模和技术进步都在发生动态变化，利润率有升有降，并且前后阶段适时转换，呈现新陈代谢规律。

产业生命周期反映了产业兴衰的演变过程，是产业发展内外因素交互作用的结果。当然，不同的产业由于本身的技术经济特征以及受到各种偶然的或自然的、经济、社会等外部环境条件的影响，表现出差异性。产业生命周期各个阶段的时间长短，依靠产业的不同性质和功能的不同，在不同的国家也会有所不同。

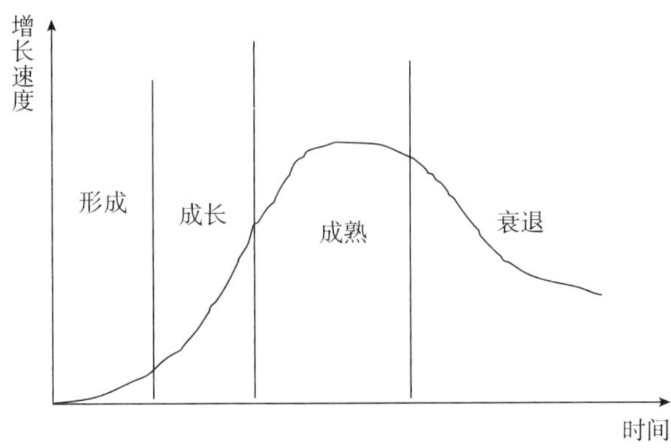

图 2-1　产业生命周期的一般形态

二、产业生命周期各个阶段的识别

产业生命周期各个阶段的识别，主要从产出增长率、投入增长率和投入产出效果三个方面进行分析。

1. 产出增长率

可以使用产量或产值增长率、销售量或销售收入增长率来反映。销售量是市场上供需双方力量相互作用均衡的结果。当然，在物价稳定的条件下，销售额和销售量具有同样的功能，而至于产量或产值指标，它们有收集资料方便的优点，但由于只是反映生产供给单方面的信息，在市场未能出清、存在产品积压的情况下，不能反映市场容量和需求。

产业生命周期形成期、成长期、成熟期和衰退期产出增长率或销售增长率一般符合以下特征：缓慢增长—快速增长—平稳增长—缓慢下降的过程。产出（产量、销售收入、产值）增长率也是度量产业成长性的主要指标。

2. 投入增长率

可以使用投资增长率、劳动就业人数增长率、开工率等指标来反映。在产业生命周期中，要素投入（投资和劳动力）规模的变化规律是：形成期由少到多，到成长期急剧增加，到成熟期大体稳定，到衰退期降低。开工率一般在形成期逐步上升，在形成期后期、成长期及成熟期前期开工率充足，在成熟期后期开始下降，到了衰退期则严重开工不足。

3. 投入产出效果

可以使用增加值率、销售利润率、资产报酬率、劳动生产率、资本生产率等指标来衡量。投入产出效果随着产业生命周期的不同阶段发生动态变化，一般来说，投入产出效果是由低→高→稳定→低→亏损。投入产出效果从形成期开始由低到高，成长期后期随着企业进入的增加趋于下降，到成熟期大体稳定在正常水平，进入衰退期出现整个产业很低甚至亏损，经过优胜劣汰过程，最后维持在较低水平。

此外，从产业的产值和收入在国民经济中的相对比重和地位变化或产业的主要产品在国民消费总支出中的相对变化中也可以看出产业生命周期阶段的变化，还可以从技术创新类型和发生率、市场需求变化等方面进行分析。

产业生命周期在运用上有一定的局限性，因为生命周期曲线是一条经过抽象化的典型曲线，各产业按照实际销售量绘制出来的曲线远不是这样光滑。此外，影响销售量变化的因素很多，关系复杂，整个经济中的周期性变化与某个产业的演变也不易区分开来。

在实际操作中，精确确定一个产业处于生命周期的哪个阶段是相当困难的，因为产业运行除了遵循其长期变动趋势外，还要受到季节变动、外部环境变动和各种随机变动因素的影响，阶段的划分往往需要企业家的经验判断和第六感官直觉判断。

根据国外经验数据，一般耐用消费品的产出和市场需求量，与社会普及程度有很大关系，社会普及率在5%以下者，属于形成期，社会普及率在5%~50%者，属于成长前期，社会普及率在50%~80%者为成长后期；社会普及率在80%~90%者，属于成熟期；社会普及率在90%之上者，属于衰退期。① 美国汽车在1907年前仅为富人提供，普及率在1%以下，1907年亨利·福特开发出T型车，并推出汽车生产流水线，企业生产成本和汽车销售价格急剧下降，到1914年普及率飙升到10%，在1920年普及率已达到50%，随着美国分期付款等刺激消费的政策推出，普及率进一步提高，到1928年已达90%，到1935~1942年普及率已达99%以上。

利用普及率来估算当前某个行业处于哪个阶段，每个行业普及率是多少，这个需要参考专门做调查的公司所发布的数据。如智能手机，现在连卖菜的阿婆人手一机，不用看精确的调查数据，你都能意识到其普及率至少达到70%了吧？如无人驾驶汽车，现在还处于研发试验阶段，普及率几乎为0。可穿戴设备，看看你身边有多少人购买了手环就知道了，估计普及率还没到10%。

特别提醒，利用普及率往往适用于科技类产品，对于某些行业很难估算其潜在的市场容量和普及率（如传媒、房地产、美容），其中有些可以从人口结构和人口总数来大致推算（如房地产、美容）。有些工业产品可以从产能利用率来推算。

① 芮明杰．产业经济学（第2版）[M]．上海：上海财经大学出版社，2012.

阅读材料：按照产业所处产业生命周期阶段划分产业类型

按照产业发展所处的生命周期阶段把产业分为幼小产业、新兴产业、朝阳产业、支柱产业、衰退产业、夕阳产业。

幼小产业（幼稚产业）是产业开发初期因生产规模过小，成本过高、技术不成熟而不能享受规模经济的好处，缺乏国际竞争力的产业。

新兴产业是由于科技发展和生产力水平的提高，已经度过了幼年生命危险期的产业，其产品在技术工艺、用途、生产方式等方面与原有产业有较大的不同，并且代表着科技产业化的方向和水平的产业。

朝阳产业（成长产业）是新兴产业进一步发展使其进入技术不断成熟、平均成本不断下降、产业规模不断扩大、市场需求不断增加的时期的产业。

支柱产业是指在当前的产业结构系统中具有举足轻重地位的产业。如产出、收入、就业等方面所占较大的比重。支柱产业一般处于产业成熟期，市场需求达到最大并且相对稳定，具有较为长期和稳定的产出和收入，但并不是所有处于成熟期的产业都是支柱产业。

衰退产业（后期为夕阳产业）是指由于技术逐渐老化，需求逐步萎缩、平均成本不断上升引起产业规模逐渐缩小的产业。衰退产业在国民经济中的地位和作用持续下降。

夕阳产业是衰退产业继续衰退下去，没有技术上的重大突破来改革原有的技术条件，也得不到政府的扶持，而即将退出市场的产业。

三、产业生命周期的特殊形态

对于不同产业，生命周期所经历的阶段以及各阶段延续的时间长短具有差异性，从而使产业生命周期表现出特殊形态。

（1）漫长型产业生命周期。某些产业生命周期时间特别长，甚至不会退出市场。最典型的是两类产业：一是人类基本生活必需的产业，如粮食产业、纺织业、服装业、建筑业等，这些产业提供了人类生存必不可少的物资资料，其发展规模和速度直接与人口规模和增长速度有关。当然，随着消费结构升级，不同产业具有一定的替代性，如化纤业发展促成了棉纺业的衰退。二是基础产业，如电信业、交通运输业、电力产业等。基础产业是国民经济发展的必不可少的基础，其随经济社会发展而发展。

（2）快速型产业生命周期。某些产业进入市场后快速发展，但很快就衰退，甚至退出市场。例如，时尚型消费品工业，其需求收入弹性较高，社会普及速度比较快，而技术进步的速度也比较快，成长阶段较短。

(3) 突变型产业生命周期。某些产业在进入成熟期或衰退期后，该产业实现了重大技术创新或开拓了新的市场，从而带动该产业快速发展，进入到新一轮的成长期。突变型产业生命周期主要有四种情况：一是某个产业在进入成熟期或衰退期后出现了重大技术创新，促进该产业重新进入快速增长的轨道；二是国内新市场的开辟；三是国际市场的开拓；四是开辟了新的应用领域，带动该产业进入到一个新的增长期。例如，共享单车的出现带动了自行车产业的需求快速增长。

(4) 夭折型产业生命周期。某些产业进入市场后，经过一段时间的成长，还没有进入成熟期就被市场淘汰。主要有两种情况：一是新技术的发展，出现功能更好的替代产品，使原来的产品退出市场而夭折；二是某些新产品投入市场，但由于技术不完善或存在功能障碍，在大批量生产前就不得不退出市场；三是在开放的环境下，外来新产品的进入，对国内技术落后的产业造成冲击，从而退出市场。

这里需要特别指出的是，不是所有的产业都有生命周期。不仅产业总体没有生命周期，大多数大类产业如工业、农业、服务业以及更细分层次的种植业、旅游业也不存在生命周期，而且单个具体产业如理发业、清洁水供应业也不一定存在生命周期，不一定会走向衰亡。另外，随着新的科技革命的迅速发展，知识更新速度加快，技术开发周期缩短，产品升级换代步伐加速，这使得不少产业很快由成熟期进入衰退期，产业生命周期存在缩短趋势。

第二节 产业生命周期阶段分析

一、产业形成期

产业形成是某些生产或社会经济活动不断发育和集合，逐步成型进而构成新产业的过程。产业形成阶段是产业发展必不可少的阶段，是为产业成长打基础、创造条件的阶段。人类物质文化需要是产业形成的最基本动力，资本的形成是产业形成的最核心和最重要的因素。产业形成的关键是新技术的产生和推广应用。

1. 产业形成的方式

(1) 产业分化。产业分化是指从原有产业（母体）中发育分离出一个独立的新产业的过程。产业分化是生产力发展和社会分工深化的必然结果。产业分化的主要原因是在社会需求或市场竞争压力下，原产业内新技术、新工艺、新产品的出现，经发育从原有产业中独立出来新产业。分化分立的方式在产业形成中经常出现，如人类社会历史上出现的三次大规模社会分工：畜牧业从农业中分离出来成为独立的产业部门；手工业与农业分离，形成独立的产业部门；商业从农业、牧业和手工业中分离出来成为独立的产业部门等，它们分别形成了现代社会中农业、工业和服务业的雏形。在农业、工业和商业内部，这种产业分化比比皆是，如电子工业从机械工业中分离出来，机械工业内部分离出农业机械、轻工机械，石化工业从石油工业分离出来，服装工业从纺织工业中分离出来等。

产业的产生是分工发展到一定水平的必然产物，产业发展也依赖于分工的进一步深化。分工深化最终形成专业化，专门从事某一个环节的劳动逐渐分离出来形成一个新产业，如专业商人的出现形成了商业，专业厨师的出现形成了饮食业，专业家政服务人员的出现形成了家政服务业，专业广告人员的出现形成了广告业。

（2）派生（衍生）方式。产业派生（衍生）方式，是由于一种产业的出现和发展，带动与之相关、配套的新产业产生和发展。如汽车产业形成后，与之相关的围绕为汽车产业服务、配套的汽车修理业、高速公路等应运而生；如证券业形成之后，证券咨询业、证券信息服务业等相继产生。产业派生方式不同于分化方式，分化方式是原产业中孕育新产业的方式，而产业派生方式是由于一个产业与另一个产业之间存在着密切的技术经济联系，原产业和派生产业有较强的关联性，一损俱损，一荣俱荣。

（3）新生方式。新生方式指产业形成既不孕育于原有产业，也不依附于原有产业而存在，而是从萌芽到形成以相对独立的方式进行。这种新生产业一般萌芽于实验室或科技工业园，是新技术的产生和推广应用，也可理解为是科学技术发明创造的价值实现过程。从西方国家的技术发展历程看，在 20 世纪中叶以前的早期技术创新大多是创新者把发明者在实验室中取得的成果带向市场，使之商品化。20 世纪中叶以来的新技术革命形成了一大批尖端技术，如生物工程、光电子信息、软件技术、智能机械、超导技术、太阳能技术、环保技术等促使生物工程产业、电光电子信息产业、软件产业、智能机械产业、超导产业、太阳能产业、环保产业等相关产业的形成和发展。新生产业是技术变革、市场需求或经济环境相互作用的结果。

（4）产业融合方式。产业融合是不同产业或同一产业内的不同行业相互渗透、相互交叉，最终融为一体，逐步形成新产业的动态发展过程，特别是以信息技术为核心的新技术革命推动着产业的融合。20 世纪 70 年代的通信技术的运用、普及和信息处理技术的革新，推进了通信、邮政、广播等传媒间的相互合作，产业融合发展趋势初见端倪，20 世纪 90 年代以来，数字通信技术的广泛运用、个人电脑和互联网的普及使用，又推动了出版、电影、音乐、广告、教育等产业的融合。

产业形成的标志应从其规模、专门化的生产技术装备、专业化的从业人员及社会经济功能方面考察。

2. 产业形成期的特征

产业形成期的一般特征：市场规模小，需求增长缓慢；企业数量少、企业平均规模小，产业产出规模小；产业技术和生产工艺不成熟，产品品种单一，质量较低且不稳定；生产批量小，生产成本较高，产业利润微薄甚至全产业亏损；产业集中程度高，竞争程度较弱。企业面临的不确定性较高，经营风险很大；处于此阶段的行业适合创业投资人和部分投机者。

二、产业成长期

产业成长期是产业形成以后，产业的市场需求、要素投入和产出规模快速增长的时期。产业形成后，不断吸纳各种经济资源快速成长。如果说产业形成期是产业从“无”到“有”的过程，那么产业成长期则是产业从“小”到“大”、从“弱”到“强”的过程。产业成长既包括产业在量上的成长，又包括产业质的提高。前者具体指产业内企业数量增加、投入规模扩大、生产能力提高，后者具体指产业技术进步、产品升级换代和管理素质提高。

1. 产业成长期的细分和动力

产业成长阶段是产业生命周期的重要阶段，决定了该产业的总体发展规模和在国民经济中的地位，也对整个产业链产生很大影响。

产业成长过程又可分为启动、加速和高涨三个阶段。在启动阶段，即产业成长的初期，对该产业的投资规模急剧成长，生产要素开始不断向该产业集聚，企业进入增加。在产业成长加速阶段，投资活动及企业进入活动仍较活跃，市场容量和产业的产出能力急速扩大，利润水平提高很快，技术和产业组织形态趋于稳定，产业内竞争出现。经过一段加速之后产业成长进入高涨期。在这一阶段，产业的投资活动及企业进入活动减弱，市场容量逐步趋于峰值，产业规模、产业产出增长趋于平稳。

产业成长的动力是产业主体的内在动力和外部压力促成的。产业成长的内在动力源于产业孕育之后存在的成长基因和成长条件。产业主体追求高额利润是产业成长的内在动力，外部需求的成长为产业成长提供了成长空间，社会资本的流入是产业成长的条件或土壤。产业成长的外部压力主要来自产业间的生存竞争。技术创新改变了产业的成本函数，并决定了产业的盈利水平，也决定了企业进入的吸引力大小。西方研究证明，在产业形成和成长阶段，技术创新（发明和专利数量）一般比较集中。

当整个产业处于上升阶段，这个时候产业内企业获取利润，做大做强要简单得多。但这个时候企业更需要清醒，自身成长的原因究竟是因为企业本身战略的正确还是产业环境的发展迅速所致？

2. 产业成长期的特征

产业成长期的特征表现在：市场需求呈现较快增长，产业增长速度明显加快，其发展速度往往大大超过了整个产业系统的平均发展速度，产业规模迅速扩大，在国民经济中的比重不断提高；产业的技术进步迅速且日趋成熟，产品设计和生产工艺比较完善，产品功能稳定，产品的品种和门类逐步齐全；技术进步和大批量生产带来生产成本不断下降；新企业不断加入，竞争有所增加，但由于市场容量的较快增长，企业间竞争程度并不激烈；产业内企业销售快速增长，利润不断增加。

产业成长的边界受到市场需求总量、资源最大供应量、科技所达到水平、产业自身在国民经济中的地位和作用等因素的约束。判断一个产业的成长能力可以从市场潜力、需求收入弹性、技术进步、要素供给条件和产业转移活动等方面综合考虑。

在我国，能够连续保持年均20%~30%以上的销售增速的产业，基本可以判断其是处于成长周期内的成长产业。在快速成长阶段，新产业的产品经过广泛宣传和消费者试用，逐渐以自身优势受到大众欢迎或偏好，市场渗透率开始上升，产业也随之繁荣起来。如中国移动金融近年无论是行业增长速度，还是未来发展空间都比较大，据相关市场研究，移动支付交易总额近几年的年增长率超过30%。主要有以下原因：移动支付技术近年来发展迅速，有力支持移动金融；近年智能手机用户快速增长，2017年底已达6亿人，这一人群是移动电子商务的基础，也是移动金融的机会；中国年轻人的消费观念在变化，相比他们的上一代更容易接收移动支付和电子商务，中国“80后、90后”成为移动电子商务和移动金融的主要服务人群。移动金融的另一个潜在的服务群体是中国的中小微型企业。中国目前有4000万中小微型企业，他们有巨大的融资需求。

从行业渗透率指标来观察。当行业渗透率较低时，往往意味着行业将进入快速发展期，行业景气度较高，企业有望保持高速增长。例如，新能源产业链的行业渗透率正在快速提升，包括新能源车、新能源电池以及它的上游（即原材料和生产设备等）都有较快增长。新能源汽车行业正处于爆发前夜，一般来说，一个成长性的行业要在渗透率接近10%时才会进入快速普及期。据汽车工业协会统计，2018年，中国新能源汽车销量为110万辆，渗透率3.73%左右，占比不高，但与2016年相比渗透率已经翻倍。根据2017年4月颁布的《汽车产业中长期发展规划》要求，到2020年我国新能源汽车年产销达到200万辆，2025年新能源汽车占汽车产销20%以上。2018年“双积分政策”接棒“补贴政策”，迫使包括合资在内的更多车企加大对新能源汽车的投入，有望优化产业供给侧结构，引导市场消费新能源汽车。在政策作用下，未来行业有望迎来深度洗牌，中低端产能或将被淘汰，高端产能有望引领市场，市场集中度有望进一步提高。

阅读材料：机器人产业进入爆发期，近五年我国产业规模年均增长近 30%[①]

作为引领世界未来的颠覆性技术，机器人产业正加快创造新的业态，并呈爆发式增长态势。

近年来，随着中央和地方支持政策陆续出台，机器人产业在我国进入蓬勃发展期。2017 年我国机器人产业规模达到近 70 亿美元，预计 2018 年将达到 87.4 亿美元。自 2013 年以来，年平均增长率达到 29.7%，成为全球机器人产业规模稳定增长的重要力量，特别是在工业机器人领域，2017 年我国首次突破 10 万台，超过 13 万台，同比增长 68.1%。

随着物联网、云计算、人工智能等新一代信息通信技术与制造业加速融合，数字化、网络化、智能化的发展也给全球机器人产业注入新动力。根据国际机器人联合会（IFR）统计分析，2017 年全球机器人产业规模已超过 250 亿美元，增长超过 20%，预计 2018 年将达到 300 亿美元。

机器人不仅在制造领域扩展应用，也加速向服务领域拓展，除家庭娱乐、情感陪护、教育演示、公共场景外，还大量应用于医疗康复、抢险救援、科学考察研究等重要领域。业内专家认为，机器人产业当前及未来一段时间将保持高速增长态势，年均增速远高于工业和装备制造业。

三、产业成熟期

产业经过成长期充分成长达到一定程度，产业的生产能力和发展空间就达到相对稳定的阶段，即进入产业生命周期的成熟阶段。成熟期是产业的要素投入、产出规模进入缓慢增长或相对稳定的时期。

产业成熟期的特征主要表现在：市场需求增长速度明显减缓，市场逐渐饱和；产业规模总量大但增长速度缓慢；技术成熟和先进，生产工艺日益标准化，产品质量高且稳定；进入企业减少，市场竞争加剧，产业内企业间的竞争转向更注重成本和服务方面；产业重组速度加快，产业内企业数量逐步减少，产业集中度提高；利润由比较稳定而逐步走向下降。

产业成熟是一个由量变到质变的逐步实现过程。它经历着从局部成熟到整体

---

① 钟源．我国机器人产业进入爆发期［N］．经济参考报，2018-08-17.

成熟，从个别产品成熟到少数产品成熟再到大多数产品成熟的过程。产业内部不同产品之间往往处于生命周期的不同发展阶段，一个产品进入成熟期，另一个产品也许正处于成长期。一个产业进入成熟期，并不意味着产业内所有产品都进入成熟期。

判断一个产业是否进入成熟阶段，考察的范围不同就会有不同的结论。从一个地区角度考察某个产业投入和产出增长速度下降，已经进入成熟期，但在另一个地区该产业可能正处于成长期；从一个国家角度考察，某个产业已经进入了成熟期，但在另一个国家可能正处于成长期。

四、产业衰退期

产业衰退期是产业从兴盛走向不景气进而衰落的过程。

产业衰退期的一般特征为：需求逐步减少或被替代，产业产出规模下降趋势日益明显；产品老化、退化，新产品和替代品大量出现；产品严重供过于求，生产能力长期大量过剩，企业开工严重不足；产业竞争日益激烈，厂商数量减少，产业要素开始出现持续净流出；产业利润率下降，企业财务状况恶化，经营风险加剧。

从产业发展的过程分析，一个产业进入衰退的直接原因主要有：首先是市场需求的衰减。由于经济发展，人均收入的提高和消费结构升级，对某种产业的需求减少。例如，汽车的需求增加导致对人力自行车、电动自行车和摩托车的替代。这是一种产业对另一产业的替代产生的产业衰退。市场对某种产业需求的衰减，也可能是由于生活方式或生产方式的变化，实际消费成本或生产成本的变化引起的，电子商务的运用和发展导致传统商业零售业的相对衰退；市场对某种产业需求的衰减，还可能是由于社会普及率的提高引起的。例如，某些家用电器随着社会普及率的提高，从而使市场需求主要依靠产品升级和自然更新来得到满足。其次是技术进步造成产品结构的变化，如电子技术的发展导致彩色电视机取代黑白电视机，电信业和互联网的发展导致传统邮政业的衰退。最后是国际比较优势发生了转移，如发达国家纺织、服装等劳动密集型产业以及钢铁、造船业等资本密集型产业的衰退。

许多产业衰退往往延续时间较长，甚至可能“衰而不亡”，世界产业发展历史表明，虽然进入衰退期的许多传统产业在国民经济中所占的比重在不断下降，但对这些产业产品的需求不会完全消失，因而这些产业的比重也不会下降到零。钢铁业、纺织业、卷烟业在衰退，但看不到它们的消亡，其主要原因是需求惯性、企业家的努力、企业技术和产品革新和政府保护（如限产压库、保护价格、政府采购等）。在衰退期如果出现了重大技术变革，降低成本，提高质量，改进性能或者消费结构变化，该产业可能结束衰退“起死回生”，重新焕发生命力。

特别需要指出的是不应将产业运行过程中发生的正常波动误认为是产业的衰退。与经济周期而引起的短期性的过剩不同，产业衰退造成的生产能力过剩在本质上没有增长潜力，产业的收入弹性很低，在整个国民经济总产出中所占的比重大幅度下降。

产业生命周期的不同阶段，市场需求、增长速度、技术创新、企业数量与规模、产品品种、竞争特征和利润率等方面具有不同的特征，总结如表 2-1 所示。

表 2-1 产业生命周期各阶段的特征

周期阶段	形成期	成长期	成熟期	衰退期
市场需求	小	快速增长	大	下降
增长率	低	高	低	下降
产业规模	小	成长	大	下降
技术成熟度	低	提高	高	老化
产品品种	单一	多样化	差异化	减少
竞争程度	低	较高	激烈	激烈
开工率	高	高	稳定	下降
产业利润率	低	高	稳定	低或亏损
从业人员工资	低	高	高	低

产业兴衰实质上是产业在产业体系中地位的变迁，产业兴衰就是从幼小产业—先导产业—主导产业—支柱产业—夕阳产业的过程；是资本在某一产业领域形成—集中—大规模聚焦—分散的过程；是新技术的产生—推广应用—转移—落后的过程；是创新能力由弱—强—弱的过程。

分析产业生命周期，是为了企业寻找机会、避开威胁。产业分析需要先判断产业当下所处的产业发展阶段，这个判断是企业能够正确地分析产业发展状态、产业竞争格局以及发现推动产业演变的“核心驱动要素”的前提条件。识别不当，容易导致企业战略选择上的失误。

企业判断了所在产业所处的发展阶段后，就可以制定相应的策略。形成期的行业成长潜力大，投资需求大，研发是关键，但风险高，风险主要来自研发失败的风险、市场不接受的风险和财务风险等，一般是风险投资介入的时机；成长期的行业已经形成稳定可行的商业模式，并且已经初具规模，具备竞争优势的公司开始形成明确的竞争壁垒，成长的确定性高，但是不确定的是成长的“天花板”

到底在哪里；成熟期行业的产品和服务标准化程度极高，规模优势和成本控制成为核心竞争点，行业龙头的地位日益稳固；衰退期行业的产品和服务面临替代品的威胁，行业面临衰退的压力，企业应密切减少替代品的出现，严格控制成本并做好退出的准备。

第三节 影响产业生命周期的因素分析

产业生命周期及其各阶段的变化，受到许多因素的影响，社会分工是产业生命周期最根本的影响因素，而技术创新、市场需求和产业性质是产业生命周期的主要影响因素。

一、社会分工与产业生命周期

亚当·斯密认为“劳动生产力的最大增进，以及运用劳动时所表现的更大熟练、技巧和判断力，似乎都是分工的结果”。[①] 社会分工之所以能提高劳动生产率，是因为专业化分工使工人的劳动内容和动作简单化，使劳动者的劳动技能和熟练程度迅速地提高，节省了不同工种之间的劳动转换时间，促进了技术革新、生产工具的改进和专业化机械设备的发明。对社会分工与产业生命周期的关系，乔治·施蒂格勒做了比较深入的分析。他从斯密定理出发，论证了随市场容量和社会分工的变化，厂商功能的变化以及产业整个生命周期的特征。

根据亚当·斯密、马克思的分工理论，结合乔治·施蒂格勒论述，社会分工与产业生命周期之间的关系可以概括如下：

社会分工是产业分化的根本原因。马克思认为分工有三种方式：一般分工，即社会内部分为农业、工业等部门；特殊分工，即把农业、工业部门内部进一步分成等级许多不同部门；个别分工，即产业内部的分工。

市场需求、专业化分工和产业发展互相促进。首先，社会分工与市场需求互相促进。社会分工促进了商品经济的发展，促进了市场的扩大，同时，市场的扩大，又进一步促进了社会分工的深化。其次，市场需求、专业化分工和产业发展互相促进。专业化分工促进了劳动熟练程度提高和技术革新，革新成果之一是专业化设备的产生，专业化设备产生之后随之而来的是生产成本降低，生产成本的降低又为扩大市场需求创造了条件。市场需求的扩大和专业化设备的运用，促进了厂商扩大生产规模，获取规模经济效应。正是因为专业化分工的发展和市场的扩大，推动了产业从无到有，从小到大的发展，而产业的发展，厂商规模的扩大，又反过来为专业分工的深化提供了可能。市场需求、专业化分工与产业衰退

① 亚当·斯密．国民财富的性质和原因的研究（上卷）［M］．北京：商务印书馆，1974.

相互影响。

产业是分工和专业化水平提高后的直接后果。社会分工与产业生命周期之间的关系可以用四个相互联系来表示：劳动分工由粗—细—粗的演变过程，市场容量由小—大—小的发展过程，产业组织由全能企业—专业化企业—全能企业的转化过程，产业由年轻—强盛—衰落的发展过程。

二、技术创新与产业生命周期

技术进步是产业变革和进化的核心力量。一个产业产生和发展往往是与技术创新相联系的。按照创新的技术形态和内容的不同，把技术创新分为产品创新和工艺创新。产品创新是通过创新过程获得在市场上首次实现其商业价值的新产品，工艺创新则是一种生产技术的重大变革，包括新工艺、新设备的引入和原有工艺的改进。一个产业的形成是从一个根本性的产品创新开始，新产品具有新的性能和功能，提供新用途，满足市场需求，从而形成新产业。在根本性的产品创新出现后，后继的一系列渐进性创新引起新产业的成长。根本性工艺创新引发产品创新，渐进性工艺创新导致产品质量的提高和生产成本的下降。例如，当显像管出现后，经过工艺改进，其成本降低了一半，这为电视机等产品进入千家万户创造了条件，也推动电视机产业的不断成长。特别是像钢铁、建材和化工等原材料产业产品变化小，产业生命周期长，以工艺创新为主。钢铁产业的持续创新过程就是一个以工艺创新为导向的渐进性创新。19 世纪 50 年代以来，炼钢方法经历了贝西莫炼钢法、托马斯炼钢法、碱性平炉炼钢法、氧气顶吹和转炉技术炼钢法等一系列工艺创新，推动着钢铁产业的规模扩大、效率提升。

产业发展过程可以理解为是科学技术发明创造的价值实现过程。从产业发展史看，技术进步是产业变革和进化的核心力量。技术进步促进了分工，导致新兴产业的迅速成长；技术的创新、进步及转移是产业兴衰的主要动因。

不同的产业在不同的发展阶段，其核心驱动因素与竞争要素是发生变化的，而且在当前互联网与全球化的时代，其变迁的原理更加与以往不同。比如，由于创造性破坏更为普遍，厂商与用户的关系发生本质变化，技术优势与商业模式的生命周期也变得更短。

在企业家精神和完善激励机制的基础上，总有一批因率先使用新科技、发明新产品、满足新需求、发现新商业模式，而超越同行的领先成长公司能够脱颖而出。

阅读材料：人工智能演变历史（1950~2017年）①

1950 年，图灵发明“图灵测试”定义机器能力；1956 年，达特茅斯会议标

① 艾瑞咨询 . 2017 年中国人工智能产业专题研究报告［EB/OL］. 艾媒网，2017-06-26.

志概念AI诞生；1957年，罗森布拉特发明第一款神经网络（算法），将人工智能推向第一个高峰；1969年，斯坦福大学研究机构发明第一款能够自己回应的机器人“Shaky”；1970年，计算能力突破没能使机器完成大规模数据训练和复杂行为，AI进入第一个低谷；1980年，微机出现带来AI复兴；1982年，霍普菲尔德神经网络被提出；1986年，BP算法出现使大规模神经网络的训练成为可能，AI进入第二个黄金期；1990年，人工智能计算机DARPA没能实现突破，政府投入缩减，AI进入第二个低谷；1997年，IBM计算机深蓝战胜国际象棋大师；2006年，Hinton提出“深度学习”神经网络使人工智能获得突破性进展；2008年，Google推出语音搜索的手机软件；2011年，IBM的沃森在电视真人秀节目中击败该节目历史上两位最成功的选手；2012年，谷歌大脑被发明，能够精准识别YouTube上75%的汽车，苹果发明Siri；2013年，中国天河二号计算机运行速度突破此前速度的两倍以上，以比第二名美国“泰坦”快近一倍的速度连续第四次获得冠军；2014年，Facebook发布“deepface”，人脸识别准度接近人类；2015年，谷歌推出第二代深度学习系统TensorFlow；2016年，“阿尔法狗”战胜李世石、中国超级计算机神威运算速度再次刷新历史纪录，Uber无人驾驶项目在美国面世；2017年，“阿尔法狗”借壳“野狐”之名，战胜聂卫平、古力、柯洁、朴廷桓、井山裕太等中日韩一干围棋界高手；百度“小智”打败最强大脑选手。

三、市场需求与产业生命周期

需求规模和需求结构是决定产业兴衰的重要原因。需求又受多种因素的影响，包括人口规模及其增长速度、收入水平及其增长速度、收入分配结构、消费成本、净出口规模及其增长速度等。需求日益增长是拉动一个产业发展最重要的外在条件。

市场对产业的现实和潜在需求决定了产业成长的规模边界。具体来说，影响产业成长的需求因素主要有：①市场潜力。如果产品的市场容量大而且潜力也很大，那么产业成长就有一个良好基础。②需求收入弹性。一般而言，需求收入弹性较高的产业，其成长能力也较强。随着人们收入水平的提高，人们对需求弹性较高的产品表现出更高的购买欲望，从而给这些产业的成长提供了很好的条件。

像生活必需品、公用事业这样的产业，需求相对稳定，需求收入弹性较小，不受经济周期波动影响，产业生命周期长，并长期停留在成熟阶段。

四、产业外部环境与产业生命周期

一个国家或地区的自然环境、生产要素、政策和发展战略、对外贸易等外在因素对产业兴衰产生重大影响。

自然资源和条件对产业兴衰有约束力和间接推动力，始终是产业发展的基础条件；人口增长会提高总需求，从而扩大市场规模，同时人口增长意味着有更多的劳动力资源；规模巨大而且持续增长的中国经济将持续改变外部环境，包括社会、消费习惯、政治、人口结构、经济结构等，整个社会处于剧烈变化中。在这样一个变化过程中，能够催生一批领先掌握并适应这种变化的快速成长行业。例如，在过去 20 年里，中国人口最大的变化是快速的城镇化，这直接表现在 2001~2018 年，地产行业快速繁荣，经过 20 年的发展，如今的地产行业已经从成长行业变为成熟行业。

人力资源对产业生存和发展的影响具体而言，人口数量影响市场总容量和劳动力成本；人口性别比例和年龄结构在一定程度上影响社会需求结构，进而影响社会的产业结构和产品结构；人口的地域分布结构和产业分布、产业结构有密切联系；人口的受教育程度对需求类型、产业人才质量、企业人力资源状况等方面产生影响；家庭户数及结构的变化与耐用消费品的需求变化趋势密切相关。

第四节　产业生命周期与产品生命周期、企业生命周期

产品生命周期主要是市场营销学研究的内容，企业（公司）生命周期是企业管理主要研究的内容，产业生命周期与产品生命周期、企业生命周期存在着密切的关系。

一、产业生命周期与产品生命周期

由于同一产业是生产同类产品及其密切替代产品的企业集合，因此，产品生命周期是产业生命周期的基础，产业生命周期和产品生命周期有较多相似性。但一个产业往往由多种产品或者众多企业产品和众多品牌产品所组成，同一产业内的不同产品可能处于不同的产品生命周期阶段，因此，很难用某一产品的生命周期来代表整个产业的生命周期。产业生命周期与产品生命周期的差异，主要表现在以下几个方面：

首先，研究的出发点和目的不同。研究产业生命周期的出发是产品的集合，目的是揭示产业发展和运行的规律，为企业制定中长期发展战略服务；研究产品生命周期是从某个具体企业产品或品牌产品的个体出发，目的是揭示产品市场营销规律，为企业营销策略服务。

其次，缓慢的周期变化率。产业生命周期曲线的变化率要比产品生命周期曲线的变化率缓慢。由于一个产业集中了众多相似的产品，产业生命周期是所有这些众多相似产品各自生命周期的叠加，因此，反映众多相似产品的产业生命周期曲线的变化率自然要小于某一特定产品生命周期的变化率。

再次，许多产业生命周期具有明显的“衰而不退”的特征。产业的某种产

品可能从市场上消失，但产业演进的历史表明，相对新产业的不断形成，真正消失的产业并不多。一个产业进入了衰退期，意味着该产业在整个产业系统中的比重和作用的下降，但对这些产业产品的需求不会完全消失，并且由于“产业”包容范围比较宽，技术进步使一些产业包容的具体产品不断出现新的替代品，从而使产业不断“起死回生”。当然，产业的代表性产品越集中，产品生命周期和产业兴衰关系越密切，产业生命周期和产品生命周期越相近。

最后，周期曲线的非典型性。对于一个产业来说，其资源是可流动的。当该产业的某一代产品进入衰退期时，该产业可通过生产要素的转移，即生产其他产品。因此，有些产品虽然已进入衰退期，但产业可以显示出成熟期的一些特征。

由于“产业”是众多产品的集合，是一个综合性或抽象性的概念，可以包容不同层次的产品，具有多层次性。产业的层次不同其生命周期也不同，“产业”包括的范围越宽，其生命周期越长，甚至是无限期的；“产业”包括的范围越窄，其生命周期越短，越能准确地体现典型的产业生命周期的历史。当然，在分析产业生命周期时，“产业”包括的范围不能过宽，如果产业包括的范围过宽，难以区分出生命周期的发展阶段，如酒产业具有几千年的历史，其发展与人口变化规律高度相关，要区分出它的生命周期阶段是很困难的。因此，分析产业生命周期应当选择恰当的产业范围。产业的生命周期肯定要比属于该产业的任何一个小产业或具体产品的生命周期长。

在进行产业周期分析时一定要结合产品周期。比如说汽车行业，传统燃油汽车发展已经成熟，但是新能源汽车正方兴未艾；再比如说自行车行业已经饱和衰退，但是共享单车的出现给自行车生产商带来了大量订单。所以说，技术变革和商业模式的创新，可能让成熟后期或衰退期的产业“老树发新枝”。产业周期是否绝对的衰退，要结合产品周期来看。

阅读材料：对手机游戏行业的分析①

根据艾瑞咨询的不完全统计，2014 年仅仅苹果的 IOS 平台，就有 3883 家公司推出了 10400 款手机游戏，如果考虑到安卓平台那就更是不计其数了。在这么多的游戏当中，月流水过千万的却屈指可数。

即使你行大运出了一款火爆的游戏，产品的生命周期一般也就 3~6 个月，之后你必须能够推出另一款火爆的游戏，而事实上，数千家游戏开发商中，能够连续推出两款火爆游戏的真是凤毛麟角。绝大多数的手机游戏目前仅是单机游

① 邱国鹭．以实业的眼光做投资［N］．第一财经日报，2015-02-19.

戏，单机游戏的特点就是生命力短。

这一点和网页游戏很像，事实表明，页游行业的内容开发方很难做大，只是市场选择对此视而不见罢了。手游不像端游那样有较好的用户黏度，一款重度端游可以火个5年、7年，靠的是在游戏中建立起一种深度互动的、牢固的社会关系，但是社交游戏也不能保证一定持续火。

几年前，火得不能再火的偷瓜偷菜游戏，也是熟人之间的社交游戏，但是火过一阵子也就没声没息了，这样的商业模式你怎么能给高估值呢？他今年赚的钱再多，你怎能知道5年后这家公司还能像现在一样红火呢？而且，手机游戏内容开发商的议价权其实是很弱的，主要的钱都被平台商赚走了。

大家都想成为平台，但是，要成为一个平台又谈何容易？苹果体系下只有一个平台，安卓平台最后成功的可能也只有两三个，再加上腾讯的微信平台铁定又要分流走很多的游戏玩家。在这样的形势下，手机游戏开发商其实只能是人为刀俎我为鱼肉，百分之七八十的收入被平台分走了。

市场只看到了7亿手机用户这个巨大的市场，而忽视了这其实是个竞争无比激烈、“一将功成万骨枯”的行业。人们只看到了成功的“一将”，而选择性地忽视了“枯”了的“万骨”。

二、产业生命周期与企业生命周期

企业是否具有生命周期，如何认识企业生命周期性发展规律，是许多经济学家和管理学家长期以来不断探讨的问题。马歇尔等借鉴进化论中“生命周期”思想强调企业也有产生、发展、灭亡的过程。制度学派的代表人物科斯认为，企业是市场的替代物。以价格机制构成的市场交易存在一定的交易费用，企业的组织管理也需要费用，当企业组织费用低于市场交易费用时，企业具有不断扩大规模的趋势，其会一直扩大到由于规模扩大所增加的组织费用等于市场上的交易费用为止。

全世界每年数以千万计的新企业设立和原有企业停业以及企业形式的变化和发展无不反映着企业生命周期的存在。

在企业生命周期研究中，美国管理思想家伊查克·艾迪斯博士的企业生命周期理论广泛地为人们所接受。他在1989年出版的《企业生命周期》一书中，从企业生命周期的各个阶段分析了企业成长与老化的本质及特征，认为企业的成长与衰退取决于两个重要因素：灵活性和可控性。企业的灵活性随着时间的流逝越来越小。企业成立之初的弹性很大，整个组织随时都在应变，当企业渐趋成熟的时候，它的制度、规章、组织层次、控制系统就会越来越严谨，企业的灵活性反而会变得很小。企业的可控性是一个有起有落的过程。伴随着成长，企业的自我控制力量会慢慢地增强，老的时候，控制力也随之老化，最后走向衰亡。企业的灵活性和可控性的变化会有一个交叉点，这个交叉点是灵活性和可控性的平衡点，是企业拥有最佳竞争力的时期。根据企业的灵活性和可控性的关系，艾迪斯把企业的生命周期分为成长和老化两个阶段。成长阶段又进一步细分为孕育期、婴儿期、学步期、青春期和盛年期五个阶段，而老化阶段也进一步细分为贵族期、官僚早期、官僚期和死亡期四个阶段，成长期和老化期的转折点是“稳定期”。

国内有不少学者把企业生命周期划分为创业期、成长期、平台期和衰退期。创业时期的企业就是一个新企业的诞生过程，其品种单一，产量低，产品质量不稳定，市场占有率低，产品成本高，管理水平低，经营风险较大。成长期的典型特征是产品市场需求旺盛，企业的规模迅速地扩大，企业创新能力和竞争力增强，管理开始规范化，企业业绩开始大幅成长。整个成长期可进一步细分成高速成长期、稳健成长期和缓慢成长期，接着进入平台期。平台期是一个企业最辉煌的时期，企业规模、销售量、利润、市场占有率、研发能力、社会认可度等达到了最佳状态。在衰退期，管理不善，销售和利润大幅度下降，设备和工艺落后，产品更新速度慢，市场占有率下降，财务状况恶化。

产业生命周期和企业生命周期是两种不同对象的运动过程，但两者具有一定的关系。产业是生产经营同类产品及其可替代产品的企业的集合，企业是产业的微观基础，产业生命周期是同类产品所有企业生命周期的集合，是企业兴衰的综合表现。产业之所以呈现一种生命周期的演化趋势，是由于其微观基础——企业生死、盛衰转换的过程。对那些具有寡头市场特征的产业而言，少数寡头垄断企业的生命周期对产业生命具有决定性作用，二者的生命周期曲线具有相似性，对那些几乎属于完全垄断市场特征的产业而言，垄断企业的生命周期和产业生命周期几乎是重合的。

产业生命周期是企业生命周期长短的基本影响因素。企业为延长自己的生命周期，必须根据所处产业的生命周期采取不同的竞争战略，因为产业生命周期会导致新的生产组织方式的产生，从而引起企业核心能力的变迁。同时，在产业生命周期的不同阶段，决定一个产业成功的关键因素不同，这要求与之匹配的企业竞争战略也应不断调整，特别是根据产业生命周期采取有远见的预测并迅速地采取行动。

产业生命周期一般比产业内企业生命周期要长得多。产业内企业间的竞争，使企业不断优胜劣汰。据美国《财富》杂志报道，美国大约有62%的企业寿命不超过5年，只有2%的企业能存活50年；中小企业平均寿命不到7年，大企业平均寿命不足40年，一般的跨国公司平均寿命10~12年，世界500强企业平均寿命为40~42年，1000强企业平均寿命为30年，而“铁打的营盘，流水的兵”，作为生产同类产品的企业集合体，产业则与社会对该产业的总体需求密切相关。当然，产业的兴衰直接影响着产业内企业间的竞争程度和企业生命周期的阶段和长短。越是细化的产业其兴衰与产品及企业的生命周期越相关。

扩展阅读 方便面行业告别“香饽饽”时代

风靡一时的方便面，不知道从什么时候开始，逐渐淡出了许多家庭的厨房。当人们变得越来越注重饮食健康，越来越“会吃”，曾经在百姓心中很“香饽饽”过一阵子的方便面，一时间成为“不健康”的饮食代名词，方便面厂商遭遇“寒冬”。

1. 行业陷入增长困局

自20世纪90年代以来，国内方便面行业连续20年持续快速增长，但从2011年开始，方便面行业就遭遇销量销售额双双下滑。2016年方便食品大会公布的数据显示，当年国内方便面年产量和销售额分别下滑了8.5%和6.8%。中国方便面市场的零售销量由2012年的约436亿份减至2016年的约372亿份，复合年增长率约为-3.9%，零售额由2012年的约800亿元增至2016年的约812亿元，2012~2016年的复合年增长率约为0.4%。这在方便面企业的业绩上也有所体现。以方便面巨头康师傅控股的年度业绩数据为例，2012年，康师傅控股方便面业务销售额为39.6亿美元，净利润为3.2亿美元。2016年这一数字为32.4亿美元和1.8亿美元，分别下滑了近二成和四成。

方便面的持续下滑，影响因素是多方面的：中国消费模式的转变，与只是填饱肚子相比，消费者更注重生活质量；方便面最大的消费者群体之一农民工人口迁移放缓；交通基础设施的便利化和高速化显著缩短了旅行时间，从而大大减少了旅途方便面的消费；网上食品外卖平台的逐渐普及，外卖的选择种类多、送餐速度快，中式外卖崛起蚕食方便面市场，同时也与企业本身产品创新和升级做得不够有关。

2. 存在的主要问题

一是消费市场空间有所变窄。近年来，由于广大消费者对方便面营养、安全的关注度越来越高，使方便面的认同度有所下降。市场质疑主要是来自营养和健康方面。对比和反观日本、韩国等市场，中国的方便面虽然在广告和营销上老强调着“营养”，然而市场并不轻易买账。

二是自主创新能力尚需加强。尽管我国方便面产业在生产工艺、产品风味研发上已处于较为领先的地位，但是在产品创新等方面与日本、韩国等同业者相比仍存在一定的差距。

三是食品安全保障体系尚不够完善。食品安全事件时有发生，消费者对食品安全仍较担心，企业检测能力、责任追溯制度等尚需加强和完善。

四是公众科普宣传力度不够。目前关于方便面是“垃圾食品”的误解在各国仍有体现，加大对方便面产品的公众科普宣传，用科学的事实阐述方便面成分的营养与安全性，树立方便面行业的健康形象仍是当前十分迫切的任务。

3. 未来的发展方向：创新是焦点

方便面未来的发展趋势主要表现在以下几个方面：

一是低档面会逐渐淡出市场，中价面、高价面竞争加剧。从价格比拼进入价值比拼时代，所以未来的竞争是产品品质的竞争。随着更多的人考虑怎么“吃好”的问题，消费者对产品质量的要求越来越高，价格将不再是影响产品销售的最敏感因素。低档面会随着消费者消费水平的提高退出市场。

受消费能力持续上升及消费者对优质方便面的更高需求带动，中国方便杯面及方便碗面市场零售额增长率高于中国袋装方便面市场零售额的增长率。优质方便面市场零售额及零售销量由2012~2016年分别按复合年增长率约11.2%及6.3%增长，2016年达75亿元及15亿份。中国普通方便面市场的零售额及零售销量由2012~2016年分别按复合年增长率约-0.5%及-4.2%下跌。

二是品牌整合继续进行，多家大品牌共存成为趋势。方便面行业竞争的加剧和利润严重缩水，使没有拳头产品、没有优势根据地的中小企业很难维持生存，而规范有效的管理和规模效益成为新一轮竞争的重要因素。据专家预测，最终中国的市场上将上演五家以内以产品自主创新和特色化为主的群英会。他们主要以市场细分和产品差异化展开竞争。

中国方便面行业经过多年的发展，形成了以康师傅、统一为主品牌的局面。根据尼尔森2018年数据显示，2017年康师傅方便面销售额占有率达50.6%，稳居市场第一位；统一方便面销售额占有率为21.1%，二者合计占比达71.7%，行业高度集中。

三是营养、健康和特殊功能将是方便面创新的长期主旋律。随着人民生活质量的提高，对方便面选择的需求也在变化，丰富的汤料、更多的内容物、油脂含量的降低和营养配比的更加完善，将会使方便面获得更多消费者的青睐。

随着生活节奏加速和生活水平的日益提高以及选择种类的多样化，消费者对方便面的要求不仅停留在“廉价”和“充饥”的阶段，除考虑食品的快捷性外，更加关注食品的健康、绿色等。

第三章 产业波动周期

持枢，谓春生、夏长、秋收、冬藏，天之正也，不可干而逆之。逆之者，虽成必败。

——鬼谷子

无论自然界，还是人类社会，兴衰的转换都是不可避免的。产业生命周期揭示了一个产业从产生到最后衰退的全过程的兴衰变化。产业运动也总是在波动中进行的，并且存在一定的周期性即产业波动周期，无论是单个具体产业还是作为产业整体的国民经济都是如此。作为产业整体的国民经济周期性波动又称为经济周期或商业周期。

第一节 产业波动的类型和周期

一、产业波动的类型

(1) 产业波动从波动强度上分为古典波动和增长波动两种。古典波动指产业活动水平的绝对上升和下降；增长波动为产业活动变量增长率的变动。第二次世界大战以前西方国家经济波动多属古典波动，“二战”后，由于国家较多地采用经济调节手段，主要发达国家经济增长较少出现经济水平的绝对下降。

(2) 产业波动从波动特征上可能分为长期趋势波动、循环波动、季节波动和不规则波动四种形式。

长期趋势波动反映了产业或经济中长期方向一致基础上的波动。

季节波动是产业生产随着季节而变动，季节波动对工商企业生产经营具有重要价值，企业掌握了产业季节波动规律，就可以提前准备采购原材料、组织生产、成品存贮和营销。众多行业具有明显的季节效应，如啤酒、冰激凌等产业每年的6、7、8月为销售旺季，而12月或次年1、2月为销售淡季；而房地产每年7、8月份为产销量的淡季，9、10月是销售旺季，有所谓的“金九银十”之说。

不规则波动是目前还没有发现其运动规律的波动，不具有明显的应用价值。

产业波动研究的主要是循环波动，即产业周期性波动，其表现为产业由高峰到低谷，再由低谷走向高峰自我重复的运动形式，高峰和低谷是周期的转折点，而扩张和收缩是主要的阶段。为了把握产业波动规律，要进行数据处理，以消除季节变动、不规则变动的影响。(见图 3-1)

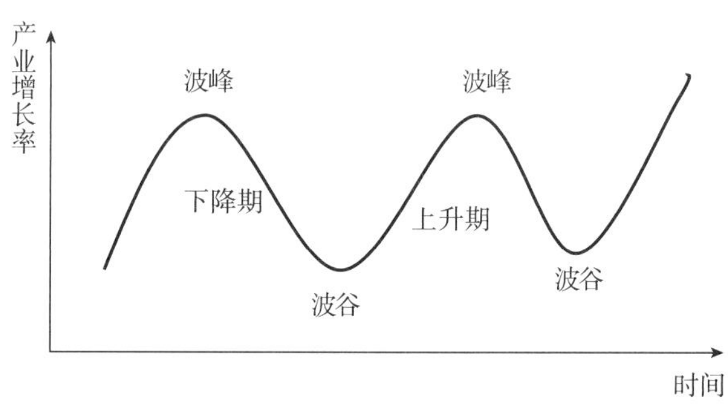

图 3-1　产业周期性波动

1913 年，美国经济学家韦斯利·米切尔出版了专著《经济周期》，这是经济周期第一次进入经济学理论殿堂。米切尔的定义是：产业（或经济）周期是工商企业在经济活动中出现波动的现象。一个完整的经济周期包括复苏、繁荣、衰退、萧条四个阶段。

阅读材料：从甲子周期到气象周期

世界上最有名的周期规律莫过于中国的甲子周期。以十天干和十二地支为基础，经过两两组合，形成了六十组数据，从甲子乙丑到壬戌癸亥。在六十甲子的基础上，又形成了中国特色的历法体系，是为四柱八字。中国古老的算命术，就是以四柱八字为基准，将各种天干地支的组合模式定为吉凶祸福，由此去判断过去、预测未来。除了甲子周期外，中国农历的二十四节气也是最早的周期体系之一。这是一个绵延至今超过 2000 年的气象周期，按照地球在黄道上的运行节律而将一年分成 24 个小的周期，从立春到大寒。

二、产业波动周期的类型

这里所说的周期一词具有规律性的含义，即指一种有相对固定长度和振幅、围绕某种趋势自我重复的波动形式。当然，实际经济生活中的周期长度变化可能相当大而剧烈，但具有自我重复的特征。

产业波动周期是市场经济条件下产业内企业或组织自主行为引发的商业律动，现实中的产业波动周期由多股商业周期力量叠加嵌套而成，根据产业波动一个循环时间长度归纳为以下四种主要周期：

1. 基钦周期（Kitchin cycle）

基钦周期又称为存货周期，揭示的是工商业部门的存货调整周期，其长度为3~5年，属于短周期。该周期是英国统计学家约瑟夫·基钦在1923年提出的，基钦对美国和英国1890~1922年的利率、物价、生产和就业等统计资料进行了研究，发现厂商生产过多时就会形成存货，存货过多时会导致厂商减少生产，经济向下波动；库存减少，厂商又会加大生产，经济向上波动。这种存货波动一次大概40个月，他把它称为“存货”周期。后来的研究干脆就把这种由于存货变动带来的经济波动称为“短波”或“基钦周期”。

存货是衡量企业正常生产经营的一个重要环节。存货主要包括原材料存货、产成品的存货，还有一些在制品存货。厂商有种种理由备有存货。首先，为了销售的目的需要进行存货投资，并通过调整存货量使实际存货适合期望水平；其次，为投机目的，如预期价格会上升或原材料短缺时，企业可能拥有额外的存货；最后，厂商可能想拥有一定数量的库存做缓冲，以应付额外需求。当然，由于生产和需求间不平衡，可能导致存货超出或低于期望水平。

库存周期分为主动补库存、被动补库存、主动去库存和被动去库存四个阶段。当需求上升，库存仍维持相对低位时，企业处于主动补库存阶段；当需求放缓，企业库存开始上升时，标志着主动补库存接近尾声。反之，当需求放缓，库存下降时，企业处于主动去库存阶段；当需求上升，企业库存下降时，标志着企业处于被动去库存阶段。

阅读材料：企业存货波动的顺周期性

企业的存货波动具有显著的顺周期特征。经济处于上升周期时，企业增加存货，一方面满足生产经营需要，促进生产；另一方面，在经济过热阶段，社会需求拉动原材料和产成品价格上涨，企业增加存货有利可图；经济进入衰退周期时，企业压缩存货，规避原材料和产成品下降的风险，减少损失，争取主动，甚至可能出现恐慌性的存货清理。

存货顺周期的规律是市场经济的特征，企业的存货调整行为是一个利润最大化和风险最小化的市场化行为，有利于可持续发展和降低风险，但企业存货调整放大了经济和价格波动，令产出波动大于总需求波动。存货调整基本结束，意味企业恢复正常经营。虽然近年的经济更容易受宏观调控影响，周期长度会有更大变化，但企业库存呈周期性波动的规律依然没变。

对中华人民共和国成立以来我国经济运行进行考察，发现中国经济短期波动具有4~6年基钦周期的特征。以改革开放（1978年）为界，之前，我国经济的突出特点是大起大落，且表现为古典型周期（在经济周期的下降阶段，GDP绝对下降，出现负增长）。之后，中国经济周期波动的主要特点为波幅减缓，并由古典型转变为增长型（在经济周期的下降阶段，GDP并不绝对下降，而是增长率下降）。

改革开放前，我国经济增长“陡升陡降”非常明显。20世纪90年代出现了“陡升缓降”现象。最近一轮波动则表现出明显的“缓升缓降”特征。综观中华人民共和国成立以来的经济波动，幅度呈现出前高后低的减缓之势。波动“缓升缓降”现象的出现一方面表明我国经济的稳定性不断增强；另一方面也体现了我国宏观经济调控能力提升，应对外来冲击的能力增强。从国民经济生产来看，五大部门的波动强度由高到低依次为建筑业、工业、交通运输业、商业和农业。在工业内部，重工业的波动强度超过轻工业，而在重工业内部，机械工业的波动强度又超过采掘工业和原材料工业。中国经济波动的基钦“周期”如表3-1所示。

表3-1 中国经济波动的基钦周期

序号	起止年份	历时年数	波峰增长率	波谷增长率	波动性质
1	1953~1957	5	15%（1956）	5.1%（1957）	增长型
2	1958~1962	5	21.3%（1958）	-27.3%（1961）	古典型
3	1963~1968	6	18.3%（1964）	-5.7%（1967）	古典型
4	1969~1972	4	19.4%（1970）	3.8%（1972）	增长型
5	1973~1976	4	8.7%（1975）	-1.6%（1976）	古典型
6	1978~1981	5	11.7%（1978）	5.2%（1981）	增长型
7	1982~1986	5	15.2%（1984）	8.8%（1986）	增长型
8	1987~1991	4	11.6%（1987）	3.8%（1990）	古典型
9	1992~1997	5	14.2%（1992）	8.8%（1997）	增长型
10	1998~2002	5	10.4%（2000）	7.6%（1999）	增长型
11	2003~2007	5	13%（2007）	9.5%（2004）	增长型
12	2008~2012	5	10.4%（2010）	7.9%（2012）	增长型

资料来源：作者根据相关资料整理。

经济短周期使用月份作为周期计算单位可能更准确，如任泽平等认为，新千年以来，我国经济经历过五轮库存周期：有三轮偏强周期（2002 年、2006 年、2009 年），周期时长分别是 42 个、40 个、47 个月；两轮偏弱周期（2000 年、2013 年），周期时长分别是 29 个月和 35 个月。强周期的主动补库存一般五个季度；弱周期的主动补库存一般三个季度。如果进一步去观察三轮偏强库存周期的背景，2002 年是全球贸易驱动，2006 年是全球供需两旺，2009 年是中国 4 万亿投资。

2. 朱格拉周期（Juglar cycle）

朱格拉周期又称为产能周期或设备投资周期，揭示的是产业在生产设备更替和资本投资驱动的产能周期调整，属于中周期，其长度为 8~10 年，主要驱动因素是设备更替和资本开支，而这两个因素既受设备使用年限影响，又受实体产能利用率和投资回报率影响，它是由法国经济学家克里门特·朱格拉 1862 年在《论法国、英国和美国的商业危机以及发生周期》一书中最先提出来的。朱格拉将经济运行分为繁荣、危机、萧条三阶段。三阶段的反复出现是现代工商业中的一种社会现象，它可以在某种程度上被预见，或通过某种措施被缓和，但无法完全抑制。他认为，引起这种波动的主要根源不在政治、战争、农业歉收，而是自发的经济行为，与人的行为、储蓄习惯以及对资本和信用的运用方式有关。

产能是指在给定的技术条件下，资本和劳动力被充分利用后所能达到的最高产出。一轮完整的产能周期分为四个阶段。第一个阶段，在经济繁荣的时候，企业家过度乐观，导致产能扩张以及随后的产能过剩。第二个阶段，由于产能过剩，供过于求，供求格局恶化，引发通缩。在漫长通缩过程中，中小企业退出，大企业淘汰落后产能，产能出清，供求格局和产业竞争格局改善。第三个阶段，产能接近出清尾声，行业集中度提升，“剩者”为王，企业利润改善，银行不良率下降，开始修复资产负债表，为新一轮产能扩张蓄积力量，但因为刚刚过完“冬天”，企业对未来前景仍然谨慎，新增产能扩张不是很明显。第四个阶段，随着企业盈利持续改善和资产负债表修复，企业家信心增强，新的产能扩张，刚开始带动需求，后期增加供给。

朱格拉周期本质上是一种信用周期。在经济繁荣与扩张阶段，人们对未来充满信心和乐观情绪，“有风使尽帆”，用足所有的资本和信用，尽情地投入，带来实体经济的高度繁荣，继而带来资产价格泡沫。一旦泡沫破灭，资产负债表恶化，信用周期的扩张阶段也就结束，进入收缩期。在这一阶段中，看牢钱袋子和修复资产负债表。

20 世纪 80 年代之后，中国的经济经历了四轮 10 年左右一个轮回的朱格拉周期特征。中国从 1981 年开始经历了三轮周期，现在运行在第四轮周期过程中（见表 3-2）。

表 3-2 1981 年至今中国经济经历的四轮周期

	年份	经济增速（%）	位置
第一轮周期（1981~1990 年，持续 10 年）	1981	5. 2	谷底
	1984	15. 2	峰值
第二轮周期（1990~1999 年，持续 10 年）	1990	3. 8	谷底
	1992	14. 2	峰值
第三轮周期（1999~2009 年，持续 10 年）	1999	7. 6	谷底
	2007	13. 0	峰值
第四轮周期（2009 年至今）	2009	8. 7	谷底

第一轮周期从 1981 年开始，经济增速是 5. 2%，到 1984 年达到这轮周期的峰值 15. 2%，这也是改革开放以来中国经济增长的最大值。1990 年经济增速回落到 3. 8%，这就是改革开放以来中国经济增长的最小值。第二轮周期从 1990 年的 3. 8%开始到 1992 年 14. 2%的高峰开始回落，到 1999 年回落到谷底 7. 6%。第三轮周期从 1999 年的 7. 6%开始到 2007 年达到新的峰值 13%，随后经济逐步下滑到 2009 年的 8. 7%。第三轮周期与前两轮周期相比，一个显著特征就是上升期大大延长，前两轮上升期分别是 3 年和 2 年，而此轮上升周期达到了 8 年，此轮周期的始点与我国进入重化工业阶段有关，该阶段以房地产业为主导，钢铁、有色、石化相关产业的高速发展为标志，固定资产投资快速增长，符合所谓“投资周期”的特征。

改革开放以来中国经济周期波动呈现出峰位降低、谷位上升、波幅缩小的特征（见图 3-2）。近几年来，中国经济进入新常态，新常态下的经济增长速度下了一个台阶。

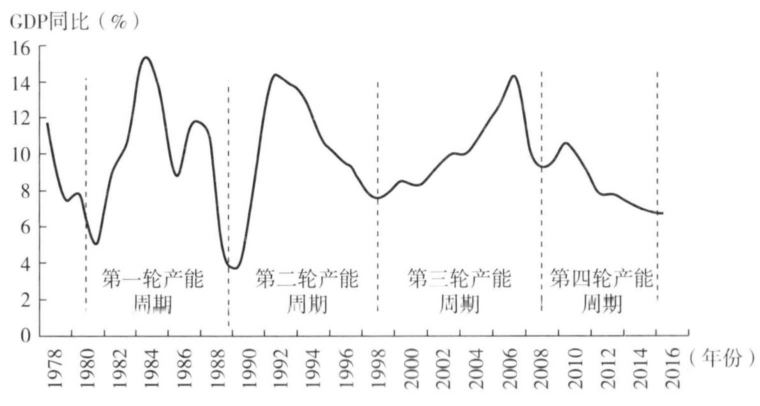

图 3-2 改革开放以来我国经济的朱格拉周期（产能周期）

3. 库兹涅茨周期（Kuznets cycle）

库兹涅茨周期又称为建筑周期或房地产周期，是美国著名产业经济学家、诺贝尔经济学奖获得者库兹涅茨于1963年提出来的，属于长周期，其长度为15~25年，平均长度为20年，它的核心驱动力是房地产和建筑业的兴盛和衰退。库兹涅茨从建筑周期的角度去分析经济的运行周期，认为存在20年左右一次经济运行波动周期，这种波动存在于许多经济活动中，尤其是建筑业表现得特别明显，所以库兹涅茨周期又称为建筑业周期。政府的逆周期政策能够实现平滑短周期或中周期的目标，但很难去平滑长周期，因为平滑短中周期的副作用就是杠杆率水平显著上升，若要再去平滑长周期，那就力不从心了。

比如美国房地产市场，1991~2010年是距离最近的一个典型的库兹涅茨周期，兴盛期16年，在1991~2006年；下行期4年，在2007~2010年。

4. 康德拉捷夫周期（Kondratieff cycle）

康德拉捷夫周期又称为经济长波或创新周期，属于长周期，一个周期为50~60年，其平均长度为54年左右，其与重大创新活动和基本的资本投资有关。1926年，俄国经济学家尼古拉·康德拉捷夫，对英、法、美等资本主义国家18世纪末到20世纪初100多年的批发价格水平、利率、工资、对外贸易等36个系列统计项目进行分析，发现资本主义的经济发展过程存在50多年一次起伏的“长波”，后来的研究者把它称为“康德拉捷夫周期”。

康德拉捷夫把经济波动分为上升、平台、下降三个阶段，认为引起这一波动的主因是固定资产更新换代导致经济平衡的破坏与恢复。当新技术、新产业、新生产方式被大量应用时，资本积累高速增长，经济向上波动，进入上升期。当新技术、新产业、新方式普及到极致后，资本积累和经济增长放缓，进入平台期。当传统产业日益陈旧、过剩，需大量淘汰时，经济向下波动，进入下降期。因此，康德拉捷夫周期本质上是一种产业更新周期。

不同长度的产业周期是相互交织在一起的。假定一个康德拉捷夫周期平均长度为54年，库兹涅茨周期为18年，尤格拉周期为9年，基钦周期为4.5年，那么，一个康德拉捷夫周期包含有3个库兹涅茨周期，一个库兹涅茨周期包含有2个朱格拉周期，而一个朱格拉周期包含有2个基钦周期。当然这是过分简单化的，其实这些短中长周期是相互交织嵌套在一起的，“每个更高等级、更长的周期可以被认为是下一个较低等级、较短的周期的长期趋势”（熊彼特，1939），短期的库存调整是中期产能调整的缓冲带，住房建设周期与城市化、重化工业设备投资相融合，长期的创新周期是技术革命引发的商业机会和产能投资浪潮。如果短中长周期的方向或拐点一致，往往会强化这种趋势，使经济“高烧不退”或“极度严寒”。有人研究2008~2009年中国的短周期和中周期正好都走向收缩期，经济下滑速度快且深。

“周期”一词代表规律性，意味着经济变量围绕长期趋势波动，并具有明确的长度和幅度。当然，实践中经济变量是变幻莫测的，而趋势或许短暂多变。由于科技进步、工业化程度、信息化程度、国家的政策干预以及人们的预期和博弈，产业周期特别是具体产业的周期长度和波动强度会发生一定程度的改变。

另外，对周期预测的准确度与周期的长度成反比。周期越长，经济数据中模糊和难以理解的细节将变得越来越多。因此，康德拉捷夫周期是最有争议的。

特别需要说明，单一产业的运行周期与产业作为整体的经济周期存在着不一致，因为影响因素及每个因素的影响强度存在着差异。将观察经济的视角由宏观放至中观，分析经济的运行更像是剖析以“产业”为结点的网络。横向上，在特定的时间下，各产业处在产业链上、中、下游的不同阶段，上下游间通过“牵一发而动全身”的供需关系相联系；纵向上，随着时间的推移，不同产业沿着各自的生命周期向前演进，处在幼稚、成长、成熟、衰退中的不同阶段，决定了产业的增长模式及空间即产业周期波动的“频率与振幅”不同。这些产业的周期波动叠加构成了宏观经济的周期波动。

第二节　产业波动的一般规律和成因

一、产业波动的一般规律

产业波动及其传导过程具有以下主要规律：

1. 幅频替代

产业波动的幅度与频率存在着替代关系，经济变量在做高幅振荡时，频率较低或周期较长；低幅振荡时，频率较高或周期较短，即高幅对应低频，低幅对应高频，振幅与频率之间有某种替代关系，其机理在于惯性原理。当经济变量波动的幅度较大时，它运动的惯性就大，从而倾向于保持原来的运动方向，上去不易下来，下来不易上去。由此，变量运动改变方向的次数减少，频率降低，周期延长；相反，变量运动的幅度较小时，它运动的惯性较小，改变方向较为容易，其波动频度上升，周期缩短。

正如美国经济周期专家米契尔指出的，在变动剧烈的循环中，转折时期较长；在变动缓和的循环中，转折时期则较短。[①]

1929 年的西方经济大危机，导致随后的大萧条持续 5~6 年，一直到 1935 年

① 米契尔．商业循环问题及其调整［M］．陈福生等译．北京：商务印书馆，1962.

才恢复到1928年水平；中国1959年“大跃进”后的经济大倒退，到1963年国民经济才逐渐恢复到1957年水平。

既然经济波动不可避免，我们面临的选择不是平稳与波动，而是波动的不同形式：高幅低频波动还是低幅高频波动，或者介乎于二者之间。当然，幅频替代只是一种倾向，在现实中，许多因素的突然出现会干扰这一倾向。

作为一种倾向，幅频替代具有下列意义：当经济变量高幅振荡时，在短期，人们倾向于非弹性预期；在长期，人们倾向于弹性预期。这是因为高幅对应于低频，波动改变方向的可能性在短期内较小，在长期则较大。当经济变量低幅振荡时，波动频率较高，无论在短期还是在长期，波动改变方向的可能性都较大，人们倾向于弹性预期。

2. 高阶领先

高阶领先是指增长率的波动领先于水平的波动，或者速度的波动领先于行程的波动，加速度的波动又领先于速度的波动，一般它是指一个序列的层数或差分的波动领先于这个序列本身的波动。当产业扩张接近约束上界时，尽管经济活动水平仍在上升，但增长速度开始减慢，在活动水平的高峰，增长速度开始减至零；然后经济水平下降，增长速度变为负值，但当经济收缩接近约束下界时，增长速度下降幅度减小，在活动水平的低谷，增长速度降至零；此后，活动水平开始回升，增长速度为正值，增长速度变动比活动水平变动率先抵达高峰和低谷。

3. 后推效应

后推效应是弗里德曼在《最适货币论文集》中总结出来的。它揭示这样一种现象：产出的大收缩趋于带来大的商业扩张；温和的收缩则继之以温和的扩张，但扩张期振幅的大小与其后收缩期振幅的大小没有系统性的关系，即前一扩张期扩张过度并不必然带来严重萧条。产生这一非对称现象的原因可能在于经济萧条时期技术革新和设备更新的加速，极度的萧条伴随着极度的更新，为以后的极度繁荣打下了基础，而极度的繁荣则没有充足的根据预示极度萧条的到来。

中国似乎存在类似的现象，20世纪60年代初期的大萧条带来60年代中期极度的繁荣，1967~1968年较大的收缩带来1969~1970年较大的扩张，1976年温和的收缩带来1977~1978年温和的扩张，但1969~1970年较大的扩张并没有导致后继时期较大的收缩，它只继之以1972年有轻微的衰退。

产业波动规律给企业家提供的启示是：危中有机，在经济环境最差，别人都要绝望时，要有坚定信心，可能大的商业机会就要来临。正如马云所言：“今天很残酷，明天更残酷，后天很美好，但是绝大多数人死在明天晚上看不到后天的太阳!”

华人首富李嘉诚在总结一生的投资经验时说过一句经典的话：冷进热退。也正是这句看似很简单的话让他一生中很少投资失误。李嘉诚先生在接受媒体采访谈抛售物业时，有句话非常经典，“我不会去赚最后一个铜板”，而索罗斯更有一句原理相同的名言：“时间总是走在狐狸的前面”。

二、产业波动的成因

在古典经济学中，由于信奉萨伊定律的“供给能自动地创造需求”，经济体便不存在波动，因此古典经济学家几乎很少去探讨经济周期，而马克思探讨经济危机更多的是从资本主义必然灭亡的角度去分析，其理论基础就是马尔萨斯的人口理论和李嘉图的边际报酬递减规律。古典经济学的研究者对于经济出现的下降等现象，都会归结为政治、战争、农业歉收以及气候恶化等因素。

目前，对现实产业波动原因的解释有多种，以下介绍几个有代表性的解释：

1. 创新决定论

创新理论奠基人熊彼特等认为创新是产业周期性波动的基础。创新是指对生产要素的重新组合，例如，采用新技术、新材料、新能源、新市场组合等。产业内部部分企业家率先进行创新活动，从而降低了成本，带来巨大盈利。这样吸引了大批模仿者，导致产业投资的不断增加，产业不断扩张。然而，产业的不断扩张，一方面受到市场容量的限制，产品价格下降；另一方面劳动力、原材料、利息等成本增加，结果超额利润减少甚至消失，最终导致产业削弱投资，产业从高峰收缩进入低谷，形成一个周期。由于经济领域中存在多种创新活动，而不同的创新活动所需的时间长短不一，对产业的影响范围和程度也各不相同，从而出现多种周期。因此，技术的创新、进步及转移是产业兴衰的主要动因。

熊彼特认为“周期是驱动创造性毁灭和经济增长以及复兴的关键力量”。所谓创造性毁灭是指潜在进入者通过颠覆性创新对原有企业造成的致命性打击。曾经风行一时的商务通和呼机，因为手机的出现而消亡；手机的广泛使用，大大挤压固定电话的市场空间；苹果智能手机的出现使传统的世界三大手机生产商摩托罗拉、爱立信和诺基亚衰败甚至破产。

阅读材料：银行业：要么拥抱科技，要么灭亡①

科技已经改变了许多行业，下一个就轮到银行业了。在未来两三年中，客户仅有5%的交互行为会发生在柜台。规则已经改变，一大批新的竞争者将会出现。

新进入者没有传统银行的遗留问题：陈旧的系统和昂贵的分销网络。目前，

① 西班牙BBVA银行总裁兼CEO Francisco Guevara，原文来自英国《金融时报》，转引自华尔街见闻，2013年12月3日。

PayPal、Square、iZettle、SumUp、Dwolla 等大多数企业仍被认为是从事利基业务。然而，他们可能会扩张或寻求结盟。而且，一些全球性的、拥有数十亿用户的网络巨头也将加入战局。

尽管这令银行业很不安，但银行也有一个显著优势，即多年间积累起来的财务和非财务数据，这些数据显示了人们的习惯、品位、需求和愿望。银行需要将其转化为知识，以便更好地为客户提供他们想要的产品。人们需要的是简单、透明、省时的服务。移动服务不仅在时间上更加灵活方便，而且将在未来十年中为全球提供现有规模两倍到三倍的潜在银行客户。

客户希望能够通过各种渠道享受同样的服务，比如手机、电脑、终端，而且希望能够自由地在渠道之间转换。他们还需要产品和服务创新，来满足他们不断变化的需求。

所以，大数据和云计算就将成为提高客户体验的重要工具。“开放的创新平台”就显得尤为重要，比如银行可以开发技术平台，允许外部开发者在上面提供服务。员工、客户、合作伙伴、股东都必须围绕平台紧密地联系起来。

金融服务行业正在变成全新的产业，笔者称之为“BIT”产业（Banking、Information 和 Technology）。在这个新的产业中，信息（Information）将通过技术转化为知识（Knowledge），银行则转型成为“数字”银行，或者变身为新型的信息服务公司，即一个整合了海量数据的平台将成为他们的引擎，这对现有的银行来说，将是一个艰巨的任务。现在大多数银行的系统都是 1960 年或 1970 年设计的，并经过多年的修补。MIT 的 Peter Weil 教授将其戏称为“意大利面条平台”，这主要是指平台上不同的应用程序之间复杂、烦琐的连接导致了系统的整体低效。

鉴于更换核心系统存在困难，一些银行选择了中间路线。他们采用一些与核心系统进行交互的中间应用程序来支持前端。但是，随着时间推移，这种临时方案会需要越来越大的运算能力。

一个全新的金融生态系统正在形成。在未来 20 年中，我们将经历现有的 20000 家“模拟”银行向数十家“电子”银行的转变。不同的利基业务还会存在，但大多数将成为这数十家电子银行的“服务提供者”，而银行则充当“知识分销商”。银行将拥有平台，通过这些平台，终端用户可以享受到大量的产品和服务。在这里，电子银行和新进入者将产生激烈的竞争。

从模拟转向数字要求银行的所有技术和文化进行全面改革，这是生死攸关的大事。我们 BBVA 已经在这方面探索了六年，并取得了重大进展，虽然现在我们已经拥有了一个先进的平台，但我们还需要在未来的岁月中继续努力。

监管者也面临重大挑战。他们要竭力在现有银行监管和大量不受监管的虚拟环境之间维持平衡，要保证电子世界的安全性、私密性和系统稳定性。目前这个领域大部分均已超出了监管范围，而且正在变得越来越大、越来越快、越来越复杂。与此同时，他们还要保护公平竞争和创新。

银行正在失去银行业的垄断地位。每家银行都应该奋起应对挑战，提供人们所需要的信息服务。

2. 货币决定论

货币主义代表人物弗里德曼等认为经济周期是货币和信贷的扩张和收缩引起的，并且经过实证研究认为1929年美国经济大衰退是由于前两年货币的极度收缩引起的。其后费雪明确指出：经济周期的关键在于银行信贷，因为现代银行能够创造货币。费雪在论述经济周期时指出，货币投放会增加生产，生产增加会促进消费。但是，“萨伊定律并不是永动机”（意思是供给不会永远自动产生需求），供给增长产生的额外收入会被人储存起来，于是，部分资金不再进入投资环节，生产和消费都会下降，进一步降低债务率，生产受到进一步影响，所以，经济危机才会产生。

宽松与繁荣相伴，紧缩与萧条相随。过度通缩导致经济危机的情况经历以下循环：经济萧条—放松银根—刺激需求—扩大投资—价格上升—企业盈利—产能扩张—经济过热—供给增加—收缩银根—减少投资—抑制需求—价格下跌—企业亏损—经济萧条。

3. 心理决定论

庇古等把经济周期看作是人们的悲观和乐观预期相互感染的结果，这种解释强调心理预期对经济周期各个阶段形成的决定作用。这种理论认为，心理预期对人们的经济行为有决定性的影响，乐观与悲观预期的交替引起了经济周期中繁荣与萧条的交替。当人们对前途抱乐观态度时，投资、生产和消费增加，经济走向繁荣；当人们对前途抱悲观态度时，投资、生产和消费下降，经济走向萧条，周而复始，形成循环。

产业波动的周期属性来源从根本上说是，人类对未来的不可知性导致的供给和需求在时间上的错配：要么是供给不能满足需求的快速变化，要么就是需求跟不上供给的快速变化。

产业波动周期是市场经济的正常节律，技术进步、产业升级、管理规则和政策调整等重大变迁都是在这些产业周期中实现的，并且技术进步、政府干预等外部因素对产业波动及其周期产生一定影响。在信息透明时代，掌握信息之后，存在博弈，可能会导致产业周期延长或缩短，甚至会完全被抹平。例如，鸡蛋价格本来存在着明显的9月高价定律，但这几年随着冷库技术的发展，9月的价格已经逐渐不再是全年的最高价了。

马克·吐温曾说过："历史不会简单重复，但总是压着相同的韵脚"（History does not repeat itself, but it does rhyme）。从一个周期到另一个周期，其间出现的波动幅度、时长，绝不会是完全一致的。每个周期都有自己独特的高点和低点。正因为人的心理变动本身就不规则，周期和周期也不可能完全一致。

正像工业与工业化熨平传统农业生产的季节性波动一样，信息业与信息化熨平了传统工业（汽车业、建筑业等）经济的周期性波动。以信息技术及其产业为代表的高技术及其产业的迅猛发展，导致经济周期进一步变形，正如美国联邦储备委员会前主席格林斯潘所说的，"信息技术无疑巩固了企业经营的稳定性"。随着网络经济尤其是电子商务的兴起，则会更有利于延缓衰退期的到来，而使经济继续趋向高涨。但是，经济周期波动绝不会因此而消失。在一定条件下，高技术及其产业也有衰退的可能，何况经济周期波动不仅仅是由技术与产业的状态所决定的。

第三节 产业属性：周期性产业与非周期性产业

按照与国民经济波动的关系，把产业分为周期性产业和非周期性产业。

一、周期性产业

周期性产业（Cyclical Industry）是指那些经营业绩随着宏观经济的波动而波动的产业。在经济上升期，他们的业绩就变好；经济转入衰退期，他们的业绩就变差。周期性产业的显著特点是价格变化和毛利率变化都比较大。

周期性产业分为工业类周期性产业和消费类周期性产业。

1. 工业类周期性产业

工业类周期性产业典型的包括钢铁、有色金属、建材、水泥、煤炭、电力、石化、工程机械、机床、航运、装备制造等，大多属于基础原材料产业和投资相关度较高的产业，这些产业与宏观经济相关度很高。当经济高速增长时，市场对这些产业的产品需求也高涨，这些基础性产业就会快速发展，而当经济跌入低谷，固定资产投资就会大幅萎缩，这些产业业绩就会迅速回落。

周期性产业的特点就是需求变化迅速、供给往往不能跟随需求快速调整，而导致产品价格和盈利波动较大，特别是有色、石油、煤炭、黄金、钢铁这类资源性的上游产业，产品单一、同质性强，这类产业企业基本上属于重资产型企业，投入产出周期长、在产业景气度高峰期，产品需求旺盛，企业家有动力扩大产能，但新建缓慢，供给难以快速释放，价格大幅上涨，利润对产量的变化极为敏感。产业低谷时，需求严重萎缩，规模调整弹性小，产品价格大幅下跌，企业盈利锐减。

大宗商品期货市场或商品价格指数对产品价格趋势和行业景气度有直观明确的指导性（航运也有类似的指数），根据产品价格区间判断行业拐点更容易。价格指数通常有一定的运行区间，虽然随着时间的推移区间会有所改变，但只要采集足够长周期的数据，就可以得出大概的规律。

2. 消费类周期性产业

消费品可分为必需消费品和非必需消费品。有一些非必需的消费品行业也具有鲜明的周期性特征，如轿车、高档白酒、高档服装、奢侈品、航空、酒店等，因为一旦人们收入增长放缓及对预期收入的不确定性增强都会直接减少对这类非必需商品的消费需求。

消费类周期性产业包括房地产、银行、证券、保险、汽车、航空等，消费类周期性产业兼具了周期性产业和消费产业的特性。它们的终端客户大部分是个人消费者（银行还包括企业）。房地产、银行、证券、保险这四个行业与日常生活密切相关，可以比较容易直观地感受行业的冷暖，而且影响盈利的因素比较简单，相对而言更具可预测性。

特别需要指出的是，首先，周期性产业不一定是传统行业，如水泥、玻璃、煤炭和有色等传统行业是周期性产业，但新兴产业也可以是周期性产业。其次，需求周期波动的产业不一定是周期性行业。例如，防水材料的下游主要是强周期的产业，但防水材料却不是周期性产业，因为防水材料企业的生产弹性大，供给可根据需求快速调整。最后，周期性产业一般是重资产行业。重资产导致了供给难以快速调整，此外，周期性产业的下游需求必须是周期波动的。例如，大米等必需品的需求就不是周期波动的，因为不管经济好坏人总要吃饭，经济好时人的饭量也不会增加。供给滞后于需求调整导致周期性产业的毛利率必然是周期波动的，但周期性产业的盈利波动周期和经济周期可能不一定同步。

周期性产业的周期循环常常沿着产业链按一定顺序地依次发生，通常复苏始于汽车、房地产、基础设施建设、机械、装备制造等下游行业（经济的波动或拐点会比较快的影响到这些行业），然后传至化纤、非金属矿制品、有色金属冶炼压延、黑色金属冶炼压延等中游的加工制造业，最后传至上游的有色、石油、煤炭、石化等行业。衰退也是从下游行业开始，依次传至中游、上游行业。历史背景不同，周期循环并非简单的重复，运行规律也不是一成不变，不能简单地套用历史经验进而对周期拐点的判断，而应根据经验具体情况具体分析。

二、非周期性产业

与周期性产业相对而言，非周期性产业（Non-cyclical industry）或稳定性产业是指那些受宏观经济影响较小，产品需求相对稳定，产品价格和毛利率变化不大的行业。这些产业往往集中在涉及人类日常消费的行业。例如，食品、医药、酒类、服装和交通运输、供水、供气等公用事业以及部分服务行业，因为不管经济好与坏，人总会生病，总要吃饭，总要穿衣服，所以这些行业受宏观经济的影响较小。当然人类活动的复杂性，有些行业很难划分。比如电子行业，应该属于周期性行业，但是由于经济低迷，很多人迷恋电子游戏，电子行业反而成了反周期的行业。

特别需要说明的是，实际上所有的产业都有“周期性”，只是我们常说的周期性产业的周期非常显著，而其他产业的周期性相对不显著而已。简单来说，提供生活必需品的产业大都是非周期性产业，提供生活非必需品的产业大多是周期性产业。

还有小部分产业，称为逆周期产业（或反周期行业），如教育、医疗和网上游戏等，在经济下行周期中可能需求更大，增长更好。再如，金矿开采业、宝石开采业在经济衰退时期，投资者出于对资产保值增值目的考虑，黄金、宝石等炫耀性商品市场有效需求可能反而会增加，从而使这类产业的经营业绩呈现出与经济周期反方向变动的状况。另外，在经济下行周期中，由于上游产业成本的下降，将有利于电力、炼油、食品饮料等行业提高利润率。

阅读材料：美国受经济危机影响最小的十大产业

《美国新闻与世界报道》2009 年 6 月评出了在 2007～2009 年全球金融危机中，美国国内所受影响最小的十大产业：医疗产业、电子商务、殡葬业、珠宝业、棒球、博彩业、律师业、豪华消费业、成人娱乐业、男性杂志。

第四节　产业周期与资产配置

企业经常面临着资本运营和投资理财问题。本节介绍产业分析在资产配置和投资理财中的应用。

一、投资时钟理论

投资时钟是美林（Merrill Lynch）于 2004 年提出的投资理论。他利用美国超过 30 年的统计数据，将经济周期与资产轮动联系起来，总结了经济周期不同阶段（衰退、复苏、繁荣和滞胀）特定资产类别（债券、股票、大宗商品和现金等）大类资产配置的基本规律。

影响各类资产盈利及波动性（风险）的因素众多，但经济层面所决定的基本面因素，是最为根本的因素。经济周期对于证券市场的影响犹如四季变化对于天气的影响，虽无法精确预测短期的涨跌，却是影响长期走势的主要因素。以经济周期为着眼点，进行动态资产配置是有效的配置方法。

投资时钟理论的提出引发了投资界的高度关注，给投资人在资产配置、行业选择上带来了新的思路，指导投资者正确分析和认识当前所处的经济周期，选择合适的投资品种及投资比例的调整，控制风险并取得较好收益。

美林投资时钟理论按照经济增长与通胀的不同搭配，将经济周期划分为四个阶段："经济上行，通胀下行"构成复苏阶段，此阶段由于股票对经济的弹性更大，其相对于债券和现金具备明显超额收益；"经济上行，通胀上行"构成过热阶段，在此阶段，通胀上升增加了持有现金的机会成本，可能出台的加息政策降低了债券的吸引力，股票的配置价值相对较强，而商品则将明显走牛；"经济下行，通胀上行"构成滞胀阶段，在滞胀阶段，现金收益率提高，持有现金最明智，经济下行对企业盈利的冲击将对股票构成负面影响，债券相对于股票的收益率提高；"经济下行，通胀下行"构成衰退阶段，在衰退阶段，通胀压力下降，货币政策趋松，债券表现最突出，随着经济即将见底的预期逐步形成，股票的吸引力逐步增强。经典的投资时钟建议复苏阶段配置股票，过热阶段配置大宗商品，滞涨阶段持有现金，衰退阶段配置债券。

除美林（Merrill Lynch）对经济周期、资产表现以及行业轮动关系研究外，1996 年美国标普 Sam Stoavl 以及 2007 年美国 Jeffrey Stangl 教授等均对经济周期和股市中各行业的表现进行了深入研究，对投资时钟理论进行了改进，并找出了相应的投资规律。

马丁·普林（Martin Pring）提出的经济周期六阶段模型（Six Stages of the Business Cycle）从另一视角分析在不同经济周期中的资产配置重点。马丁·普林通过对经济周期时间序列 150 年的研究，把经济周期划分为六个阶段，总结了经济周期不同阶段债券、股票、大宗商品等大类资产配置的基本规律。该模型在总结大量历史数据的基础上得出以下结论：阶段 1 仅有债券是牛市，阶段 2 仅有商品是熊市，阶段 3 都是牛市，阶段 4 只有债券是熊市，阶段 5 只有商品是牛市，阶段 6 都是熊市。股票最佳的投资的时机是从阶段 2 至阶段 4（见图 3-3）。

从美国 20 世纪 70 年代以来经济衰退期股市与经济的关系中可以发现，当经济衰退或者增长衰退（软着陆），企业盈利步入低谷，通胀压力逐渐缓解，政府为刺激经济倾向于宽松的货币政策和积极的财政政策，流动性从低位开始反弹，衰退初期股市可能惯性下跌，但在最坏的时点，股市开始停止下跌；若流动性充裕、利率水平较低，股市可能成为吸收流动性的蓄水池，迎来持续上涨。

二、投资时钟制定的行业轮动策略

研究表明，在经济周期不同阶段，行业的景气程度会发生迁移，行业间的发展也具有不平衡性，各个行业在证券市场的表现会出现轮动现象。该规律表明，

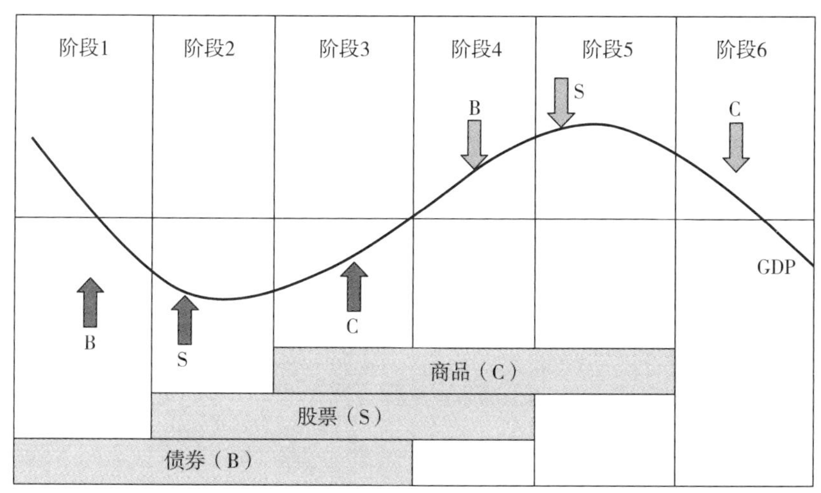

图 3-3 经济周期的六阶段与大类资产表现

资料来源：www. pring. com。

通过对各个行业进行多层次的定性和定量分析，判断行业的景气状况，在此基础上，实施灵活、动态的行业配置，选择景气行业以及景气复苏行业中的优势股票进行投资，把握风格轮动机会可以获取稳健的投资收益。

经济周期和行业轮动有着相关性，美国分析师的相关研究认为，当经济从扩张转向收缩时期，往往伴随着股票价格的下降以及市场资金的紧缩，这时候表现最好的是防守型稳定消费品；在收缩期的第二阶段，当经济转向寻找谷底的时候，利率会下调以刺激经济，这时候利率敏感型行业包括公用事业（高资产负债率）与金融行业表现最好；经济见底之前的时间里，可选消费需求开始增加，而资源价格的下降同时降低了该行业的成本；经济在扩张的初期，交通运输、信息技术与服务行业表现相对较好；扩张中期与后期，资本品、基础原材料与能源等中、上游行业开始大展拳脚。

当然，考虑到历史背景不同，行业周期轮动并非简单的重复，不能直接套用历史经验判断周期拐点，而应根据经验具体情况具体分析。

研究发现，在中国经济框架下，周期循环通常是沿着产业链按一定的顺序依次发生：经济周期性复苏时，由于货币进入扩张期，消费需求上升，下游行业产品需求趋旺，最先启动的行业是周期性消费品行业（主要是住宅和轿车），然后逐步带动机械设备、电子信息、化工、建材等中游制造业的兴起，并传导至有色、钢铁、煤炭、石油等上游资源行业，此时经济到达过热期。衰退也是由下游行业开始，逐步传导至上游行业。在经济景气的最高峰，商业繁荣，此时的主角就是非必需的消费品，如高档服装、奢侈品、消费类电子产品和旅游等行业，享受最后的经济周期盛宴。当经济下滑（滞胀期、衰退期），周期性行业业绩受到影响，而金融服务、城市交通、医药、必选消费等非周期性行业由于需求弹性小，受宏观经济影响不大，表现相对较好（见表 3-3）。

表 3-3　投资时钟的四个阶段

阶段	经济	通胀	最佳大类资产	最佳股票行业	收益率曲线斜率
衰退	↓	↓	债券	医药、消费、金融	陡峭上升
复苏	↑	↓	股票	汽车、地产以及部分中游制造及上游资源品等	—
过热	↑	↑	商品	有色、钢铁、煤炭、石油等上游资源品	平缓下降
滞胀	↓	↑	现金	医药、消费、公用事业	—

三、借鉴和局限性

为了检验投资时钟在国内公募基金市场上的有效性，有国内证券研究机构分别用偏股型基金（股票型基金、混合型基金）、债券型基金和货币市场基金代表投资时钟中的股票、债券和现金资产，通过对中国经济周期的运行阶段进行划分，并统计 2000~2012 年在经济周期的不同运行阶段中上述各类型基金的净值表现，发现在经济运行周期的不同阶段，多数情况下，表现最优的基金类型与美林投资时钟的刻画一致，如在 2004 年 10 月至 2005 年 10 月的衰退时期，表现最优的是债券型基金，这与美林投资时钟刻画的在经济衰退期债券是最优的投资品种相符合；同理，在 2008 年 1~5 月的滞涨时期，投资时钟指向的是现金，同期也是货币市场基金表现显著好于其他各类型基金，并且大幅超越同期上证指数涨幅。说明美林投资时钟在国内公募基金投资上具有一定的可借鉴性和有效性，有助于指导投资者找到相应类型基金进行投资获取稳定收益。

但需要说明的是，依据经济增长和通胀刻画的投资时钟与现实表现出的经济周期存在一定差异，每一次经济周期并不是投资时钟描述的完美的走势。有的时候会出现某些阶段长或某些阶段短或甚至跳过某些阶段，因此现实的经济周期分析要比理论上更加复杂。原因主要有两方面：一是市场走势是对宏观经济预期而非实际值的反应，因此当有相关紧缩或者放松政策出台时股市可能就会有反应；二是影响市场的因素不仅仅是经济周期（业绩与资金流动性），还有资金成本的变化、投资者情绪的变化、估值和股票供给增减造成的流动性变化等。

另外，所有利用投资时钟进行行业轮动的策略关键都在于对经济周期阶段的识别和划分是否合理有效，不同划分方法会导致结果的不同。对于经济景气周期的准确判断需要具备十分专业的分析能力。

第五节　企业反周期的王道

经济永远都在复苏、成长、衰退和危机之间循环往复，企业家的信心也随之波动，常常从乐观的高峰跌落失望的深渊，又在某种契机下重新恢复。经济危机并不一定意味着灾难，反而可能给企业带来机遇，危机之后是生机和商机！

绝大多数产业和企业都难以摆脱宏观经济景气周期的影响。不同的景气阶段，产业和企业的感受当然会很不一样，在景气低迷期间，企业经营的压力自然会很大，一些公司甚至会发生亏损。

衡量一个真正伟大企业的标准，不是看它在经济好的时候能够赚多少钱，而是看它在经济大萧条的时候，碰到危机冲击时能够从容应对不倒闭，这更能体现企业家真正的水平。中国台湾台塑集团董事长、著名企业家王永庆有一个知名的“冰淇淋理论”，即在冬季，生产冰淇淋的企业销售好才能反映出企业经营有方。著名经济学家郎咸平也曾说过，经历过大萧条的企业家才是真正的企业家。改革开放以来中国经济基本上持续高速增长，机缘巧合下诞生了很多成功企业家，但他们与世界级企业家最大的不同是所有的规划，包括战略思维，都缺乏经济大萧条的洗礼。虽然 1990~1991 年和 2008~2009 年短期的经济衰退对不少产业和企业产生了较大冲击，但持续时间较短。

企业家应把握变化，窥测趋势，努力在产业波动周期求得生存空间，甚至获得意外的机遇。对于少数具有独特视野和过人胆识的企业家和金融家，还可以在产业衰退后期进行收购扩张，放手一搏，以期超常发展。

一、尊重趋势

趋势分为主要趋势、次要趋势和短暂趋势。首先要看清主要趋势，主要趋势反映的是长达数年乃至数十年的市场运行的主要方向和特征，能否准确认清主要趋势是企业长期制胜的关键所在。主要趋势的判断，需要结合市场的运行、经济的大周期、主导产业的变迁等，同时还需要不断地验证。

作为企业家或投资人来说，更需要把握经济周期和产业发展周期。在经济周期不同的阶段进行投资决策和资产配置，获取的投资回报迥然不同：当经济处于上行周期，绝大多数产业会获取不错的投资回报；但在下行周期，经济活动相对低迷，各产业效益和投资收益会下降。即便同在一个经济上升周期，不同的行业也表现出显著的差异，如中国改革开放四十年来，尽管经济发展总体上处于上升期，但不同的时间段造就不同行业的辉煌，20 世纪 80 年代发展最快的是纺织工业和食品加工业，20 世纪 90 年代发展最快的是家电行业，2000 年之后发展最快的是以房地产和汽车为主线的重化周期性行业。因此，能准确地把握经济周期和产业周期，对于企业家和投资人来说，是他们梦寐以求的最高境界，特别是对发展中经济体而言，其经济波动的幅度相对于发达经济体而言要剧烈很多。

事实上，企业、投资人或市场参与者总是在不断探索，企图发现趋势的转折点。掌握周期的高峰和低谷出现的时点意味着收获利润还是承受损失。不得不佩服李嘉诚对经济周期的超强把握能力，从而做到“低买高卖”“波谷建仓”“波峰出仓”。但准确预测出趋势的拐点确实很难，如果能大体判断出拐点的区域范围并因此做出正确决策就很幸运了。正是由于预测拐点很难，要市场参与者顺势而为，不要逆势而行，永远都不要跟趋势作对。

阅读材料：商圣的经营之道

商父范蠡三次经商成巨富，三散家财，自号陶朱公。世人誉之：“忠以为国；智以保身；商以致富，成名天下”。范蠡是产业周期分析的鼻祖。他研究（根据五运六气的变化来判断的）天文运行与农业丰歉，预测周期趋势：“岁在金，穰；水，毁；木，饥；火，旱……六岁穰，六岁旱，十二岁一大饥”；并形成“候时转物”的待乏商业策略和思想：“旱则资舟，水则资车，物之理也”“夏则资皮，冬则资絺……以待乏也”。范蠡能依据产业周期波动规律及时调整经营品种和策略，智慧令人叹为观止。

二、培养对于产业周期变化的敏感性

在任何衰退期，总有少数聪明的公司管理者和投资者能够利用衰退盈利。投资者在熊市中买到便宜的资产，善于管理周期的公司则知道如何利用这一周期部署一系列战略，他们买到其他更为便宜的公司，增加而不是削减广告费用来争取市场份额，从深不可测的劳动力市场上雇用非常优秀的人才，建立新的工厂和设施，等待经济复苏之后推出最新的产品。

关键是制定反周期策略，能够减少或者平衡商业周期的风险。对于商业周期敏感、希望减少风险的公司通常运用不同的对冲战略。比如，航空公司对冲油价成本、制造商对冲原材料成本以及食品制造商对冲配料成本等。

如果说全球金融危机还能给中国企业家留下一点礼物，那就是促使他们回归商业基本面，在组织基因中植入“周期文化”，在公司内部培养对经济周期敏感的企业文化。培养管理周期的能力包括每天追踪经济动向和主要经济指数，这意味着了解已知的各种战略，建立一种对于经济周期变化敏感的企业文化。同时企业应保持灵活性，同时又要强化控制体系。比如，美国纽科钢铁公司（Nucor Steel）使用“分担痛苦”的方法，也就是所有的员工都缩减工时，这样就没有任何裁员事件发生。

三、“反周期”的三条路径

经历真正的商业周期，是中国企业通向“基业长青”的必经之路。作为一个头脑清醒的企业家在面对低迷的经济形势时，要不断思考三个问题“该不该出手，什么时候出手，出手做什么产业”。

企业利用经济萧条时期，寻猎廉价资产，谋求战略转型，低谷扩张。

第一种方式是收购资产。萧条阶段，往往会出现大量的失业人口，堆积如山的原材料、闲置的机器与厂房设备，这些因素造就了低廉的生产成本。按照理想状态，若能将这些生产要素按照有利可图的方式组合，就可以创造出更大规模或者新的行业龙头。

经济下行周期中，产能大、市场占有率高的企业往往受到的冲击最大，进一步做规模扩张一定要慎之又慎。基于产业链和全球价值链的整合往往要比横向兼并同行、规模扩张的安全系数更高。

第二种方式是扩大产能，招兵买马，产业升级。这种内生式的“反周期”旨在瞄准市场未来增长点，为下一轮繁荣积累力量。经济下行期，新建而不是收购产能的“反周期”特性，还体现在不仅投资成本低廉，而且扩充产能属于固定资产投资，从投资到达产需要相当一段时间，到产能释放的时候，正好可以拥抱新一轮市场增长高潮。

第三种方式是直接在二级市场上收购股票。股市往往领先于实体经济，在经济衰退阶段，股市已有较大跌幅，上市公司股票价格非常便宜，在股市收购成本已明显低于重置成本，直接从二级市场上收购相关标的公司也是一种不错的选择。

需要特别强调的是企业的反周期行动一定要认真考虑以下两方面因素：财务状况是否支持；是否能与企业长期战略配合。在商业冬天中现金为王是不变的道理，没有现金储备，即使能够在低谷中再融资，代价也相当巨大。优秀的公司往往在经济衰退来临前已经为过冬做好了准备。万科在 2007 年率先掀起降价促销风暴，加速回笼资金，在 2008~2009 年真正的金融危机到来时，是它比大多数资金链吃紧的地产商显得从容的重要前提。

20 世纪 50 年代，控制中东石油资源的西方七大石油公司中，壳牌是最小的一个，它就是通过逆周期现金并购才脱颖而出。1970 年，壳牌就开始现金储备，1973~1974 年石油禁运，油价飙升时，壳牌成为唯一一家有足够资源储备过冬的大型石油公司。1980 年上半年，各大石油公司利润飙升，纷纷进行大规模油田收购，但壳牌却没有参与，仍着力储备现金，降低负债率，1986 年石油价格崩落，其他石油公司纷纷陷入财务危机，急于出售资产，壳牌以低价大量收购，这些资产为他奠定了未来 20 年的成本优势。

另外，反周期中公司逆势收购扩张一定要符合公司中长期战略，不是一见到资产便宜就出手。

扩展阅读　做个“周期掌控型”CEO①

时机把握很重要，在管理经济周期上，也同样如此。不只是在经济衰退时，反周期运作才有意义。保持一个良好的反周期习惯，将使你成为“周期掌控型CEO”。

先来看诸如强生公司的拉尔夫·拉森这样的“周期掌控型”CEO，他会努力跟踪重要的先行性经济指标，正确预测即将到来的经济衰退期，并且适当地实施“时机把握战略”。当他的竞争对手正在增加产量和库存时，他的管理团队却开始削减产量和降低库存。同样，当他的竞争对手继续以高薪来聘用更多的员工时，他的团队却通过适时地解雇员工来更好地控制组织的规模。由于预期到了2001年的经济衰退，拉森所领导的强生公司在2000年经济繁荣的最高点时，大胆地削减了1亿多美元的资本支出，这可是该公司7年来的第一次资本支出缩减。由于强生公司有效地增加了现金储备，所以公司在收入和利润两个方面，都实现了两位数的增长。这些积极的指标加上在熊市时实施“行业转移”策略，在诸如卫生和医疗保健等防御性行业的股票上进行投资，使强生公司的股价在2000年和2001年以两位数的速度上升。

相比之下，再来看看那些很有才华但只不过是“周期反应型”的CEO们，比如思科公司的约翰·钱伯斯，因为缺乏对“经济周期的恰当认识”，钱伯斯忽略了很多表明2001年3月将会出现经济衰退的迹象：石油价格上涨了一倍，1999年公司收益平平，2000年股票市场几乎崩溃以及利率急剧上涨。钱伯斯经营管理的这家企业由于组织结构设计较为特殊，所以在他们的经济周期预测模型中，缺乏很多宏观整体的变量。思科公司在2001年经济衰退到来时毫无防备，最后不得不在账面上注销了20多亿美元的过剩库存，公司还被迫裁减8000多名员工，也就不足为奇了。

通过对一些最成功的公司和一些失败的公司的案例分析，可以看出两种不同类型的管理者之间的显著差别，其中一种类型的管理者对经济周期有很好的理解，并懂得如何采用时机把握战略和策略，比如拉森就是这种类型的管理者；另外一种类型的管理者对经济周期没有充分的理解，从而无法做出恰当的反应，比如钱伯斯就属于这种类型。每当像强生这样的周期掌控型公司在经济周期中通过

① 彼得·纳瓦罗．时机——反向思考战胜经济周期［M］．北京：中国人民大学出版社，2009．摘自数字商业时代（北京），2009-03-16，略有调整。

使用时机把握战略和策略取得很好的成绩时，那些诸如思科公司的周期反应型企业在经济衰退期间，往往会出现现金和人力资源的大量流失，而且最糟糕的结果可能是走向破产。

世界上的一些顶尖公司经过执行一系列的最佳战略后，已经证明了时机把握战略和策略是非常有效的。这些战略和策略不仅涉及市场营销和人力资源管理等核心职能领域，同时也涵盖诸如风险管理、资本支出项目的战略实施以及收购和剥离的时机把握策略等所有重要的领域。

1. 衰退期扩张，低迷时招人——掌控周期而非应对周期

强生公司的例子已经非常简单地说明，在预期到经济衰退即将到来时，反周期削减资本支出是有好处的，这是一项在最佳时机保持现金流量的谨慎的防御策略。然而，最积极的周期掌控型管理团队也将反周期资本支出作为一个强有力的进攻武器。具体做法是在经济衰退期预期到经济即将复苏和需求即将增加时，增加资本支出。通过这一反周期方式，周期掌控型管理者可以使他们的企业在经济刚开始复苏时，就占领市场的制高点。劳氏公司、英特尔公司和卓越的房地产公司 SOHO 中国公司都是这方面的典范，它们拥有充足的新生产线、规模庞大的零售商店销售网、创新的产品以及最新且成本最低的生产和供应链技术，同时，它们还使用反周期战略。

从战略的角度看，有许多重要的原因导致一个公司对另一个公司进行收购。收购可能会帮助企业打开新的市场，或者被收购的公司可能拥有一项互补性的新技术，这或许是为了获得供应链或者掌握一项关键的专有技术。在大多数情况下，收购的目的非常简单，收购可以消除主要的竞争者以减少竞争，同时产品的价格也可以得到提高。很多世界一流的企业比如芯片制造商美光公司（Micron）、电话卡之王 IDT 公司和信用评级专家 Fair Isaac 公司，主动出击的周期掌控型管理团队凭借其对经济和股票市场周期的透彻理解，在经济周期中有策略地选择每一次重大收购或者资产剥离的时机。

经济衰退最为严重的时期，许多公司最不想做的一件事就是雇用更多的员工，然而，对周期掌控型管理者而言却不是这样。周期掌控型管理者知道，在经济衰退的低谷期，劳动力非常充裕，而且质量很高。此外，企业所有有关要求提高工资的压力完全消失。这就是为什么对于周期掌控型管理者而言，经济衰退期是在人才市场上“摘樱桃”的最好时期。通过这种方式，周期掌控型管理团队及时获得了关键的竞争优势，当新一轮的经济复苏开始时，与竞争对手相比，企业有一支成本更为低廉、技术更为熟练的劳动力队伍。你可以从雅芳公司、Isis 制药公司以及美国前进保险公司（Progressive）这些化妆品、生物工程技术和保险等完全不同领域的企业中，看到对这一战略的完美应用。

2. 越低迷越增加广告支出——市场营销不按常理出牌

然而，当经济衰退逼近时，存货管理的失误会给企业带来更大的潜在损失。盖特威公司（Gateway）和惠普公司的例子是对这一情况的极佳佐证，存货的大量过剩会使公司产生大量废弃的或过时的产品，这些产品最终只能以极低的价格贱卖，而此时，更为机敏的对手却会突然出击夺取市场份额。

在经济衰退逼近时增加库存并不是周期反应型管理者所犯的唯一的或者最严重的错误，实际上，企业在预期到经济即将复苏时，未能加大生产和增加存货，也常常会导致企业在新的起点上落后于更富有进攻性的对手。结果常常是在经济再一次进入高涨阶段时，对经济周期更为敏感的周期掌控型竞争对手能够快速并大量地推出最新的产品和款式，从而使周期反应型企业骤然失去大量的市场份额。

在所有的管理战略中，周期掌控型市场营销和定价的战略和策略可以为我们提供最为丰富的启示，来帮助我们理解如何建立企业的竞争优势。比如，当时还非常年轻的新秀戴尔公司的做法说明，在经济衰退时期增加广告是树立品牌和提升市场占有率的一个非常有效的途径。这是因为，在经济衰退时期，广告费用非常低，市场上的竞争者和“噪声”也要少得多。

然而荒谬的是，尽管有十分明显的证据表明，反周期广告是一项非常有效的战略，你还是会看到，许多公司在经济衰退时期，采取了相反的策略，也就是大幅度地削减广告支出。这种情况的产生是由于采用周期反应型战略的管理者不得不屈从于公司内部会计师的压力，因为会计师发现，公司在经济衰退期陷入了困境，而在编制预算时减少广告支出是实现削减成本目标最容易且最有效的手段。

周期掌控型战略的闪光点并不仅仅局限于反周期广告，更巧妙的是，采用周期掌控型战略的企业还会在经济周期的各个阶段熟练地更新市场信息和调整产品组合，来迎合消费者“偏好”的改变。采用不断改变产品组合和更新市场信息等策略背后的简单道理，就是在经济衰退时期，消费者更看重的是商品价值而不是样式。这一点可以从烧烤鸡肉快餐连锁店 EL PoLLo Loco 上得到理解，这家快餐店所用的原材料和“疯狂小鸡”游戏中的风格非常相似。在经济衰退的艰难日子里，这家公司采用了开创性的和节约成本的“鸡腿肉策略”。最终的结果表明，这项策略是该公司历史上最成功的促销手段。

3. 风险也可以对冲，不要在衰退期“不作为”

经济周期的确会使企业面临非常人的风险，因此，许多企业选择战略性地配置一系列对冲工具，如期货和期权，以此来完全中和总体经济周期中的风险，以及与商品价格、利率和汇率变动相联系的特定的宏观经济风险。例如，皇家加勒比邮轮公司从欧洲用欧元购买价值数十亿美元的轮船时，公司的周期掌控型管理者喜欢采用外汇期货来对冲公司所面临的固定汇率风险。因此，你可以看到，像 Good Humor Breyers 这样的公司总是喜欢对冲其主要原材料的成本，它的原材料包括种植在马达加斯加岛的优质香草，以及质量一流的乳脂，这些原材料可以用来生产令人心醉的冰激凌。通过这种方式，皇家加勒比邮轮公司和 Good Humor Breyers 公司都可以集中精力来构建它们的核心竞争力——提供高质量的巡游体验，或者提供最可口的 Ben & Jerry 牌的樱桃口味冰激凌。

同时，你也可以看到，周期掌控型战略的实质不仅包括为中和风险而进行的静态战略对冲，还包括“策略性对冲”，以抓住有利时机来对冲此类风险。比如，西南航空公司的周期掌控型管理者对于经济周期的透彻理解是值得我们学习的，和其他航空公司不同，他们对公司内部的高度复杂模型所给出的信号迅速做出反应，机智且适时地改变其油价对冲方式。

除了期货和期权这样简单的对冲工具，周期掌控型战略还提供了另外两种风险管理工具：业务单元多元化与地域多元化。当然，正像收购和剥离战略一样，基于许多战略性的原因和协同的原因，企业会采用业务单元或地域的多元化战略，虽然这些多元化可能看起来与管理经济周期风险和更为广泛的宏观经济风险无关。

通过业务单元多元化，一家生产 SUV 汽车的制造商可以扩大生产规模，以实现规模经济和更低的单位成本。更为巧妙的是，如果一些零部件（比如减震器、刹车鼓或发动机等）可以同时用于轿车和 SUV 汽车的生产，那么该汽车制造商还可以通过联合制造这两种车型，来降低每种车型的成本，从而实现“范围经济”。

以多种形式进行业务单元多元化，从而有效地对冲经济周期风险，同样具有显而易见的好处。比如，精明的 Courtrywide 公司的管理团队设计了一个“自动对冲风险的商业模型”，他们让一个业务单元专注于经营抵押贷款开展业务，而让另外一个业务单元专注于经营抵押贷款服务业务。由于随着利率的变动，从这两项业务上实现的收益增减方向是相反的，因此，Courtrywide 公司在经济周期和相关利率周期变化的过程中，可以获得更为稳定的收益。

对于地域多元化而言，采用这一看似与对冲经济周期风险无关的战略也是有充分理由的。比如，通过在国外新市场进行多元化经营，企业可以获得更大的经济效益，企业也可以有更多的机会运用它们的核心管理技术和生产技术。除了这些战略性的收益之外，地域多元化的一个最主要的好处是可以降低经济周期带来的不利影响。这种地域多元化战略非常奏效，因为从统计学的角度看，经济周期和政治环境并不像学术上所描述的那样在统计上“完全相关”。换句话说，也就是当欧洲或者日本正在经历经济衰退时，中国或者美国也许正处于经济繁荣的鼎盛时期。

第四章 产业竞争力分析

用兵之法，无恃其不来，恃吾有以待也；无恃其不攻，恃吾有所不可攻也。

——《孙子兵法》

一个产业发展的水平可由产业竞争力来反映和评价。产业竞争力与企业竞争力有密切关系。产业竞争力来源于比较优势和竞争优势。一国产业参与国际竞争的过程大致可以分为依次经过递进的生产要素驱动、投资驱动、创新驱动和财富驱动四个阶段。

第一节 产业竞争力的基本内涵

随着经济全球化和区域经济一体化进程的加快，国际竞争和地区竞争日益加剧。为在竞争中争取主动、把握先机，20 世纪后半期许多国家的学者加强了对竞争力的研究。世界经济论坛和瑞士国际管理开发学院是较早进行国际竞争力研究且具有影响力的研究机构。它们研究开发的国际竞争力评价原则、方法和指标体系等均已受到了广泛关注，世界经济论坛出版的《世界竞争力报告》在国际社会中产生了巨大的影响。

一、产业竞争力的含义

关于竞争力，学界没有统一的定义。经合组织把竞争力表述为“面对国际竞争，支持企业、产业、地区、国家或超国家区域在可持续发展的基础上进行较高的要素收入生产和较高要素利用水平的能力”。

迈克尔·波特（Michael Porter）被公认为是第一位从产业层次研究竞争力的学者。1990 年，波特出版了专著《国家竞争优势》，提出了全新的产业竞争力研究框架，该理论的提出标志着产业竞争力理论的正式形成。

从竞争主体的角度可以把竞争力分为产品竞争力、企业竞争力、产业竞争力、地区竞争力和国家竞争力。产品竞争力是指竞争主体（生产者）所提供的同类产品在市场竞争中所表现出来的能力；企业竞争力是一家企业能够长期以比其他企业（竞争对手）更有效方式，提供市场所需要的产品和服务的能力，是企业在市场竞争过程中所表现出来的能力；产业竞争力是国家或地区的特定产业或产业总体在竞争中所表现出来的能力；地区竞争力是指一国内某一地区在竞争中所表现的能力；国家竞争力是国家在国际竞争中所表现出来的能力。

迈克尔·波特认为，国家竞争力取决于产业和企业的竞争优势，国家竞争力的核心是产业竞争力。产业竞争力是国家竞争力的基础和依托，而产业和企业的竞争优势又取决于“国家环境”。

竞争力实质上是一个比较的概念，是两个或两个以上的竞争主体在竞争过程中所表现出来的。其涉及两个基本方面的问题：一是比较的内容，二是比较的范围。产业竞争力比较的内容主要是产业的竞争优势，而产业竞争优势最终体现在产品、企业及产业的市场实现能力和盈利能力。产业竞争力比较的范围是区域的界定，主要是国家或国内区域，一个国家或区域的产业竞争力需要与其他国家或国内其他区域同类产业相比较。产业竞争力按竞争区域范围分为产业国际竞争力和国内区域产业竞争力。

产业竞争力又可以分为具体特定产业的竞争力和产业总体的竞争力。

产业竞争力的含义是多角度和动态变化的。不同学者从不同角度对产业竞争力进行定义。综上所述，产业竞争力是一国或一地区的特定产业相对于他国或地区同一产业在生产效率、满足市场需求、持续获利等方面所体现的优势。产业竞争力是产业的综合实力的反映。

二、产业竞争力与企业竞争力

企业竞争力的实质是企业有效使用生产要素的能力。企业竞争力中那些最基本的、能使整个企业保持长期稳定的竞争优势、获得稳定超额利润的竞争力，就是企业的核心竞争力。

产业竞争力是一国某产业能够以比其他国家的同类产业更有效的方式提供市场所需要的产品和服务的能力。产业竞争力是企业竞争力的综合体现。迈克尔·波特认为，企业或产品竞争力的集合构成产业竞争力，“一个国家的国际竞争力主要取决于一个国家的产业的竞争力，产业的竞争力便是由企业的竞争力来构筑。”这也完全符合哲学观中的局部与整体的辩证关系。整体是靠局部构成，局部需要整体的统一指导；整体需要局部来充实和表现，局部要依赖于整体而获得更大的能量。产业竞争力的根本立足点是企业竞争力。

产业竞争不同于企业竞争和产品竞争，产业竞争是一种群体性竞争，因此，产业国际竞争力的来源不单是取决于产业内个体企业的竞争优势，更重要的是产业内各种竞争优势能否有效地匹配起来，形成效力最大的合力。因此，产业竞争力不是企业竞争力的简单相加，而是各种因素的综合合成。

国际组织和研究机构提供了不同的产业竞争力评价体系与方法，这里不再一一介绍。

企业的竞争力表现为竞争优势。企业竞争优势是指企业在竞争中所拥有的、相对于行业中其他企业的优势。这种优势表现为企业优于该行业平均水平的经营业绩。企业竞争力要素归结于三个方面，一是企业在产业竞争中所处的优势，是否有品牌护城河，是否有较强的研发或渠道壁垒，是否会受益于行业集中度提升。二是企业的盈利模式，重点关注企业盈利模式的属性以及成熟程度，考察核心竞争力的不可复制性、可持续性、稳定性。三是公司治理，考察企业是否有清晰、合理、可执行的发展战略，是否具有合理的治理结构，管理团队是否团结高效、经验丰富，是否具有进取精神等。

阅读材料：股神巴菲特所理解的企业竞争优势是什么？[①]

巴菲特最偏爱具有持续竞争优势的卓越公司，他认为，投资分析的关键是“确定任何一家选定企业的竞争优势，而且更重要的是确定这种优势的持续性。”那么他如何分析竞争优势呢？巴菲特指出，真正的持续竞争优势只有两种，即品牌优势和成本优势。“企业要想取得持久的成功，至关重要的是要拥有令竞争对手望而生畏的竞争壁垒，要么是像 GEICO 保险和 Costco 超市那样保持低成本，要么是像可口可乐、吉列和美国运通公司那样拥有强大的全球性品牌。这种令人望而生畏的高门槛对企业获得持续成功至关重要”。根据形成优势的主要因素，再把品牌优势和成本优势分别细分为三类。

1. 三类品牌优势

形成品牌优势的主要因素，是无形资产，而不是有形资产。巴菲特的导师格雷厄姆的经典价值投资策略特别强调有形资产，巴菲特不断与时俱进，更关注无形资产。

第一类也是最重要的无形资产是强大的品牌。巴菲特最喜欢的两大经典品牌是可口可乐和吉列：“可口可乐与吉列近年来也确实在继续增加他们全球市场的占有率，品牌的巨大吸引力、产品的出众特质与销售渠道的强大实力，使他们拥有超强的竞争力，就像是在他们的城堡周围形成了一条护城河。相比之下，一般的公司每天都在没有任何这样保障的情况下浴血奋战。”

第二类无形资产是专利权。在所有专利权中，最暴利的是药品专利。如果有好几种药品专利，而且不断研制开发出新的专利药品，这家制药公司就能持续稳定地获取暴利。巴菲特持股中包括三家医药公司：全球最大的注射器及医用一次

① 伯克. 股神巴菲特所理解的企业竞争优势是什么？[EB/OL]. 雪球，2018-07-16. 略有调整。

性产品的供应商 BD 公司、全球最大的处方药公司强生公司、葛兰素史克公司。

第三类无形资产是政府许可权。有些业务具有垄断性，但受到政府的严格管制，必须得到批准才能从事，竞争对手很难甚至不可能进入你的市场，其中大部分业务是公用事业，尽管有垄断性，但收费价格也受到政府管制，不可能有暴利。巴菲特的伯克希尔公司控股的中美能源拥有多家电力公司，巴菲特还用 360 亿美元收购了伯灵顿铁路公司，还有小部分政府管制业务，政府严格管制进入，但并不管制收费。例如，信用评级公司。巴菲特是穆迪评级公司的第一大流通股股东，其投资者服务业务利润率高达 50%。

具有这三类无形资产的企业，产品或服务对客户有强大吸引力，却无可替代，竞争对手模仿不了，因此它可以像垄断者那样提高定价，却不受任何政府管制，从而拥有远远高于行业平均水平的盈利能力。

2. 三类成本优势

第一类成本优势是低购买成本。和同行相比，同样的产品价格更低，客户从我这里购买成本更低。成本优势对于商业零售企业最重要，为了能比竞争对手保持更低的价格，必须做到更低的采购成本，这主要来自采购批量更大和时机把握更精准，尤其是更大批量的采购。

第二类成本优势是客户高转换成本。如果客户想要放弃你的产品和服务，转换到竞争对手那里，要付出很大的代价，不如不换更划算。这样使你维护老客户的成本最低。典型的高转换成本是金融行业。办个新的信用卡，开个新的股票账户，非常方便快捷，可是销卡销户是真的麻烦。买了保险更是长期套牢，中途想换一家损失巨大。实际上金融行业客户黏性很强，比网络游戏玩家还要忠实。

第三类成本优势是低网络扩张成本。企业不断扩张，会形成一个巨大的客户网络，相应公司要建成一个销售网络。网络越大，网络效应越大。一是体现在产品或服务的价值随客户人数的增加而增加。最典型的例子是，美国运通的信用卡、eBay 和淘宝的在线拍卖、证券交易所用户越多，服务越好。二是体现在扩张用户成本随着网络扩大变得更低甚至极低。如巴菲特投资的 UPS 快递公司，由于快递网络遍布全球，服务延伸到任何一个偏僻的地方，成本很低。大规模配送网络极难复制，它往往是超宽经济护城河的源泉。网络天生更易形成自然垄断和寡头垄断，具有网络效应的公司往往容易拥有强大的竞争优势。

品牌优势和成本优势，最终是为了创造规模优势，并不是企业绝对规模，而是相对于竞争对手的规模优势。一般而言，规模优势越大，持续性越久。

第二节 产业竞争力的来源

概括起来讲，产业竞争力主要有两个方面来源：比较优势和竞争优势。

一、比较优势

比较优势是一个国家产业参与国际分工和国际竞争所遵循的基本原则，也是一国产业竞争力的来源之一。比较优势理论起源于对不同国家之间发生相互贸易关系原因的解释。

1. 传统比较优势

竞争力理论与传统贸易理论中关于比较优势的论述密切联系。从 18 世纪开始，亚当·斯密和大卫·李嘉图先后提出了基于国家之间生产技术绝对差异的绝对优势说（1776）和生产技术相对差异的比较优势说（1817）。

绝对比较优势理论由亚当·斯密提出，他认为，在自由贸易条件下，每一个国家或地区先天所具备的地理自然条件和生产条件是不相同的，如果各自根据自己最有利的条件生产成本绝对低的特定产品然后彼此进行交换，将使各国的资源、劳动力和资本得到有效利用，对各国都有利。然而，亚当·斯密没有说明的问题是，如果一个国家在所有各种产品的生产上所耗费的劳动都要高于另一国家，即没有绝对优势，会不会发生国际分工和交换。绝对优势理论不能解释实践中的有关分工问题。

大卫·李嘉图在继承和发展亚当·斯密的绝对优势理论的基础上，在其名著《政治经济学及赋税原理》中提出了相对比较优势理论。他认为，即使一个国家在各种产品均没有绝对优势，但只要存在相对优势，进行国际分工和交换的不同国家仍然会从中获得经济利益。本国不同产品成本的比率与国外同类产品的成本比率进行比较，只要成本比率存在差异，就存在着相对比较优势，专业化生产就是有利的。各国在不同产业的生产费用上存在着差别，应优先发展本国在生产费用上拥有优势的产业，在多个产业部门都拥有优势时优先发展相对优势最大的产业，在多个产业部门都处于劣势时优先发展劣势最小的产业，然后通过国际交换获得比较利益。

2. 要素资源禀赋

20 世纪 30 年代，瑞典人经济学家赫克歇尔和 B. G. 俄林从要素资源禀赋差异性对传统比较优势理论进行了补充和完善。他们认为，每个国家国际贸易的优势来自该国利用了比其他国家相对丰裕的生产资源。所以，影响产品成本高低的是生产资源相对丰裕度，某种资源供给充足，其价格就比较低，因而大量使用这种资源的商品成本就比较低。因此，每个国家就应根据本国的生产要素禀赋状况，发展那些密集使用相对丰裕要素的产业，放弃那些需要密集使用其相对稀缺资源的产业，应出口适合利用本国相对丰裕的生产要素的产品，而应进口适宜利用本国稀缺的生产要素的产品。根据这种原理，发展中国家劳动供给丰富，生产劳动密集型产品在国际竞争中有较大优势；发达国家的资本、技术供给比较充裕，因而出口资本、技术密集型的产品比较有优势。发达国家主导产业应选择资本密集型和技术密集型产业，而发展中国家则应以发展劳动密集型产业为重点。

现实经济中，虽然不同的国家客观上可能享有某种比较优势，但不同的比较优势却存在着很大的差别。第一，享受到的贸易利益不同。在当代的国际交换中，初级产品和低加工产品的贸易条件总体上有恶化的趋势，而资本、技术密集型产品往往获得巨大的超额利润。第二，对国内经济发展的影响不同。资源产品的出口对国民经济的带动作用比较少，劳动密集型产品出口往往面临产业结构滞后的难题，而高技术产品的出口则能有效地启动和促进国民经济的结构升级，有利于经济的持续增长。第三，国际竞争的前景不同，立足于以资源和劳动密集为基础的比较优势，总是面临着被淘汰的风险，而建立在现代科技基础上的比较优势，则发展空间广阔。

3. *动态比较优势*

传统的国际分工理论是依据静态方式选择优势产业，而动态比较优势理论的核心是采用迎头赶上的竞争策略，在动态发展中创造自己的比较优势，特别是在知识、技术等非自然禀赋要素上创造出人为的比较优势，从而抢占产业国际竞争制高点。

德国经济学家李斯特认为，工业化处于后进序列的国家，有可能通过国家产业政策的保护和培育，发展新的优势产业，后进国家只有以这种优势产业参与国际分工，才能打破旧的国际分工格局，占据有利的国际分工地位，从而改变长期处于落后和从属地位。因此，他主张使用保护贸易的政策来扶持幼小产业，培育优势产业。幼小产业一般代表新兴产业的萌芽状态，经过政府的扶持和保护，可以很快地成为具有竞争力的主导产业，并在出口中发挥更大的作用。

战后资源贫乏的日本，如果仅按照静态比较优势参与国际分工，势必使日本所获取的比较利益远远低于先行国家，并使自己长期处于落后地位。战后日本在规划赶超战略时，果断采取了扶持幼小产业的行动，以发展本国的生产力。

4. *差异化和规模经济*

“二战”以后，世界贸易出现一些新特点，其中之一是一国既出口又进口某种同类型商品。因此，有人就提出了“产品差异论”和“规模经济论”。

人均收入水平决定一国需求结构。当一国人均收入水平达到一定高度时，消费者就会表现出多样化选择，不同国家的产品差异化为生产同类但有某些不同特征的商品提供了市场。同时，当一国的某种产业能有效地发挥出规模经济效益时，就能以竞争力的价格向外销售产品。由于规模经济和产品差异化的存在，资源结构类似的国家之间可以通过经营差异化的产品、增加生产规模、降低成本和扩大出口，获得优势。因此，产品多样化和规模经济的结合，就会形成一种新型的比较优势。

此外，杨小凯的内生分工理论认为，不同国家或地区可能并不具有某些先天的要素禀赋优势，但可以通过后天的长期专业化分工在某个产业、产品或环节，通过不同积累经验、人才、资本和信息最终形成产业优势。

这些理论说明一个国家的产业竞争力可能来自后天的分工选择，选择不同的周期阶段、不同的生产环节、不同的生产领域，通过长期积累形成产业竞争力。

阅读材料：中国的国家竞争力优势在哪里？

在20世纪80年代的时候，中国的对外开放程度还不高，刚刚从传统计划体制的短缺经济走出来，国内居民消费旺盛。当时的经济增长主要靠居民消费需求带动。20世纪90年代，新的消费层次和消费需求尚未形成，但良好的国际经济环境带动了中国产品的出口，对外贸易成为推动经济发展的强劲引擎。利用外资迅速建立起一些新的加工工业，特别是劳动力密集型加工工业并大量出口产品。这既创造了大量就业机会，又赢得了大量外汇，为进口和工业化创造了重要条件。

我国先前的出口导向型战略是建立在两个基本点之上的。一是要素禀赋结构，劳动力富余而资本技术等要素缺乏，从而劳动力密集型产业可以形成比较优势；二是世界市场条件，八九十年代一般加工工业产品市场的扩大使劳动密集型产品出口战略有了前所未有的发展机遇。

从目前的情况看来，我国的劳动密集比较优势还将持续10年时间，这是由中国的低人均收入水平、庞大的人口基数和农村大量富余劳动力的国情决定的。随着人口红利逐渐消失和刘易斯拐点的来临，人工成本不断提高，低劳动成本比较优势会受到挑战。

同时，支撑劳动密集出口战略的市场条件也变得严峻，劳动力密集产业为主的出口结构遇到了激烈的外部竞争。根据要素禀赋的发展战略原理，像中国这样的劳动力富裕的国家自然应当生产和出口劳动密集型产品。但是，当一大批发展中国家普遍起步，并且同样按照这一原理制定发展战略时，世界市场的有限容量便对这一战略提出了疑问。虽然在20世纪五六十年代有少数新兴经济体成功的推行了劳动密集产品出口战略，但是，当100多个发展中国家都来实施这一战略的时候，曾经的成功模式如今就可能成为“集体谬误”。

二、竞争优势

竞争优势有别于比较优势。产业比较优势主要依托资源禀赋和要素成本等因素，它具有长期性和基础性特征，在一定时期内决定产业国内国际产业分工、对外贸易和跨国投资基本格局；产业竞争优势依托于技术创新、竞争战略和制度条件，具有明显的战略性和选择性。竞争优势能有效地提升产业素质，实现产业结构高度化。

波特认为应当揭示为何一个国家在某个特定行业能够获得国际性的成功并进而取得垄断性的行业地位。譬如，为何日本在汽车工业经营如此出色？为何瑞士在精密仪器设备和化学药品生产和出口领域独领风骚？为何德国和美国在化学工业占尽优势？从国家资源角度论述国际经济贸易的 Heckscher-Ohlin 理论无法圆满回答这些问题，比较优势理论只能给出部分的解释。按照比较优势理论，瑞士在精密仪器设备和化学药品生产和出口领域独领风骚，是由于它在这些行业最有效地运用了它拥有的资源。这固然正确，但却依然无法解释为何瑞士能够在该行业比英国、德国或西班牙有更高的生产力。

越来越多的地区（或国家）从注重地区比较优势转变为培育企业竞争优势。在现代市场经济条例下，任何一个地区的经济发展都是由其具有优势的产业发展所决定的，而地区优势产业的形成则取决于本地区比较优势和企业竞争优势的大小。宏观层次的地区比较优势仅仅是地区优势产业发展的必要条件和前提条件，而微观层次的企业竞争优势则是决定地区优势产业发展的充分条件。可以说，地区比较优势和企业竞争优势共同决定了地区优势产业的发展，它是市场经济条件下地区产业分工发展的必要条件。

竞争优势和比较优势是两个既有区别又有联系的概念。两者的区别在于，比较优势涉及的主要是国家（或地区）间不同产业之间的关系，而竞争优势涉及的主要是不同国家（或地区）同一产业的关系；比较优势取决于一国或地区的资源禀赋或产业发展的有利条件，而竞争优势则取决于多种因素；有利的资源禀赋未必使一国或地区的某一产业具有竞争优势，即具有比较竞争不一定具有竞争优势。两者的联系在于，一国或地区具有比较优势的产业往往易于形成较强的竞争优势，或者说，比较优势是竞争优势的基础，能够促进特定产业竞争优势的提高；一国或地区的比较优势要通过竞争优势才能体现出来，缺乏比较优势的产业往往较难形成和保持竞争优势。

阅读材料：中国领先世界八大创新行业[①]

据《福布斯》统计，中国有八大创新行业领先世界其他国家：微支付、电

① 福布斯．中国领先世界八大创新行业［EB/OL］．2015-02-15，http：//www.cnwp.com/29252.html，略有修改。

子商务、快递服务、在线投资产品、廉价智能机、高铁、水力发电、DNA 测序。

1. 微支付

微支付在西方国家已经成为一种标准，是网民为在苹果 iTunes 商店、《糖果粉碎传奇》等游戏中购买虚拟产品进行的小额支付。但在微支付在美国流行前，这种支付形式已经在东亚普遍使用，大范围的盗版使得企业很难从游戏和软件中吸收盈利。

相反，中国科技公司免费提供游戏和网络服务，然后向个人内容的获取收取很低的费用，比如帮助游戏玩家取得下一个级别的虚拟宝剑。这种商业模式不仅帮助数字公司在盗版横行的条件下实现创收，也证明在低收入国家，这种模式更具吸引力。

2. 电子商务

在阿里巴巴集团今年秋天在美国完成了规模庞大且成功的 IPO 后，美国人对中国电子商务市场的前景比以往更为关注。阿里是一家创新公司，将 eBay 的商业模式进行了大量有趣的修改，使之适应中国市场。

但中国电子商务最具创新的一面可能就是更为简化以及广阔的覆盖面：在中国，电子商务规模基本上已经超越了传统零售业，在实体店之前将现代消费主义带入了正在发展中的农村地区。

中国大城市以外的消费者也在迅速向网上购物转移，而不是实体店。毕马威的研究数据显示，2009~2012 年，二、三线等小城市的需求帮助中国电子商务每年营收增长逾 70%。

3. 快递服务

总体来说，由于中国快递服务灵活、快速以及非常便宜，以至于很多上海的朋友在市内向好友寄送刚刚烘焙的饼干。

中国快递的低价、高质量得益于繁荣的电商业务引发的激烈竞争和较高的送货需求，以及低劳动力成本。随着更多的中国人出国，中国快递公司异军突起，收取的国际包裹送货价远低于 UPS、DHL 等公司。

4. 在线投资产品

银行领域在中国依旧被严格监管，但新的在线投资平台为众多没有得到传统银行系统服务的用户提供了投资选择。

最为有名和规模最大的服务就是阿里的余额宝。余额宝自 2013 年 6 月推出以来已经迅速成为中国最大的货币基金，在全球也名列前茅。余额宝允许网民对存储在支付宝账户中的多余现金进行投资，当时的回报率大约为 5%。腾讯、百度、新浪以及其他科技公司也推出了类似的竞争性产品。

5. 廉价智能机

对于很多中国用户来说，智能机是访问互联网的唯一方式。尽管苹果和三星在中国依旧十分受欢迎，但是很多人转而使用本国廉价智能机品牌，以远低于苹果、三星手机的价格获取同等配置。

小米是中国最为成功的廉价移动品牌之一。小米通过闪购模式销售手机，创造市场影响力，并通过在线销售多数产品的方式保持低成本，然后再从软件销售中创收。小米计划在 2015 年销售 6000 万部手机，远高于 2013 年的 1870 万部和 2012 年的 720 万部。

6. 高铁

中国高速铁路系统的设计并不是独家原创。中国火车系统以日本、欧洲和其他地方的系统为模型，通过与跨国公司达成的技术转让协议获得专业技术。

但中国铁路网络的长度以及通过补贴使数亿人民支付得起高铁票价的方法让该系统实现了改变。中国拥有全球最长的高速铁路网络。截至 2013 年底，中国轨道长度接近 7000 英里（约合 1.1265 万公里）。

7. 水力发电

2015 年，中国的水力发电规模位居全球第一，年水力发电装机容量可达到 250 千兆瓦。在全球 25 个最大水力发电厂中，中国占据 11 个。

8. DNA 测序

如今，测序一套完整基因组的费用已经从 2003 年的 30 亿美元降至只有几千美元。这一成就主要归功于中国生物科技公司华大基因。华大基因的基因测序能力让其在世界基因测序中的贡献占据了 50%。

第三节　产业竞争力的影响因素

影响产业竞争力的因素很多，国内外学者对此进行了深入的探索，其中最有影响的是迈克尔·波特提出的钻石模型。

波特通过对 10 个国家上百个产业发展历史的研究后认为，一国的特定产业是否具有国际竞争力主要取决于六个因素，即生产要素，需求条件，相关和支持产业，企业战略、结构和同业竞争，政府，机会，其中前四个是内生决定因素，后两个是外生决定因素，这六个因素互相关联、互相影响。该理论即是著名的“钻石模型”（见图 4-1）。钻石模型建立起了决定产业竞争力因素的分析框架，后来的学者不断对波特综合竞争力理论模型进行修改和完善，使之能够应用于不同发展背景国家的产业竞争力研究。

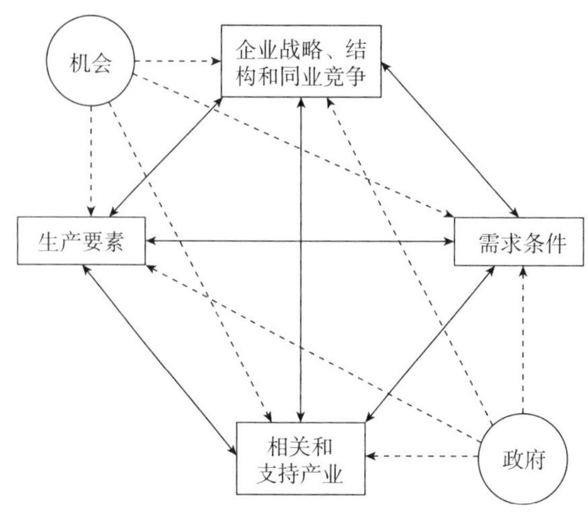

图 4-1 产业竞争力影响因素的分析框架

1. 生产要素

生产要素指一个国家的人力资源、天然资源、知识资源、资本资源、基础设施等的状况。

波特将生产要素划分为初级生产要素和高级生产要素。初级生产要素是指天然资源、气候、地理位置、非技术工人、资金等，高级生产要素则是指现代通信、信息、交通等基础设施，受过高等教育的人力、研究机构等。波特认为，初级生产要素重要性越来越低，因为对它的需求在减少，而跨国公司可以通过全球的市场网络来取得。高级生产要素对获得竞争优势具有不容置疑的重要性。高级生产要素需要先在人力和资本上大量和持续地投资，而作为培养高级生产要素的研究机构和教育计划，本身就需要高级的人才。高级生产要素很难从外部获得，必须自己来投资创造。高级生产要素是个人、企业以及政府投资的结果。因此，政府在基础教育和高等教育的投资，通过提高人口的普通技能和知识水平，刺激和鼓励在高等教育与科研机构的高级研究，将极大地提高国家的高级要素质量。

从另一个角度，生产要素被分为一般生产要素和专业生产要素。高级专业人才、专业研究机构和专用的软、硬件设施等被归入专业生产要素。越是精致的产业越需要专业生产要素，而拥有专业生产要素的企业也会产生更加精致的竞争优势。

一个国家如果想通过生产要素建立起产业强大而又持久的优势，就必须发展高级生产要素和专业生产要素，这两类生产要素的可获得性与精致程度也决定了竞争优势的质量。如果国家把竞争优势建立在初级与一般生产要素的基础上，它通常是不稳定的。

波特同时指出：在实际竞争中，丰富的资源或廉价的成本因素往往造成没有效率的资源配置；另外，人工短缺、资源不足、地理气候条件恶劣等不利因素，反而会形成一股刺激产业创新的压力，促进企业竞争优势的持久升级。一个国家的竞争优势其实可以从不利的生产要素中形成。

2. 需求条件

需求条件主要是本国市场的需求，国内需求市场是产业发展的动力。国内市场与国际市场的不同之处在于企业可以及时发现国内市场的客户需求，这是国外竞争对手所不及的，全球性的竞争并没有减少国内市场的重要性。

波特指出，本地客户的品质非常重要，特别是内行而挑剔的客户。假如本地客户对产品、服务的要求或挑剔程度在国际数一数二，就会激发出该国企业的竞争优势。欧洲严格的环保要求使许多欧洲公司的汽车环保性能、节能性能是全球一流的。

波特十分强调国内需求在刺激和提高国家竞争优势中的作用。一般来说，企业对最接近的顾客的需求反应是最敏感的。因此，国内需求的特点对塑造本国产品的特色，产生技术革新和提高质量的压力起着尤其重要的作用。如果一国内的消费者是成熟复杂和苛刻的话，会有助于该国企业赢得国际竞争优势，因为成熟复杂和苛刻的消费者会迫使本国企业努力达到产品高质量标准和产品创新。如果本地的顾客需求领先于其他国家，这也可以成为本地企业的一种优势，因为先进的产品需要前卫的需求来支持。

3. 相关和支持产业

对形成国家竞争优势而言，相关和支持性产业与优势产业是一种休戚与共的关系。一个优势产业不是单独存在的，它一定是同国内相关强势产业一同崛起。美国、德国、日本汽车工业的竞争优势也离不开钢铁、机械、化工、零部件等行业的支持。

本国供应商是产业创新和升级过程中不可缺少的一环，一国产业要形成竞争优势，就不能缺少世界一流的供应商，也不能缺少上下游产业的密切合作关系。另外，有竞争力的本国产业通常会带动相关产业的竞争力。这种行业发展过程的结果之一是一个国家内成功的行业趋向聚集，形成关联行业集群。

4. 企业战略、结构和同业竞争

推进企业走向国际化竞争的动力很重要，这种动力可能来自国际需求的拉力，也可能来自本地竞争者的压力或市场的推力。创造与持续产业竞争优势的最大关联因素是国内市场强有力的竞争对手。在国际竞争中，成功的产业必然先经过国内市场的激烈竞争，激烈的国内竞争引导企业努力寻求提高生产与经营效率的途径，迫使其进行改进和创新，改进质量、降低成本，海外市场则是竞争力的延伸，而在政府的保护和补贴下，放眼国内没有竞争对手的“超级明星企业”通常并不具有国际竞争能力。

波特将这四方面的因素联结在一起构成一个菱形，并认为这四个因素具有双向作用，当某些行业或行业内部门的菱形条件处于最佳状态时，该国企业取得成功的可能性最大。波特菱形同时还是一个互相促进增强的系统，任何一个因素的作用发挥程度取决于其他因素的状况。比如，良好的需求条件并不能产生竞争优势，除非竞争的状态（压力）已达到促使企业对其做出反应的程度。

在四大要素之外还存在两大变数：机遇和政府，这是另外两个能够对产业竞争力产生重要影响的变量。

5. 机会

机会是可遇而不可求的，机会可以影响四大要素发生变化。对企业发展而言，形成机会的可能情况大致有：基础科技的发明创造；传统技术出现断层；外因导致生产成本突然提高（如石油危机）；金融市场或汇率的重大变化；市场需求的剧增；政府的重大决策；战争等。机会其实是双向的，它往往在新的竞争者获得优势的同时，使原有的竞争者优势丧失，只有能满足新需求的厂商才能有发展“机遇”。重大技术革新在内的一些机遇事件会产生某种进程中断或突变效果，从而导致原有产业结构解体与重构，给一国的企业提供排挤和取代另一国企业的机会。

6. 政府

政府对四个因素的任何一个方面都可以产生积极或消极的影响，从而能够增强或削弱国家产业竞争优势。政府只有扮演好自己的角色，才能成为扩大钻石体系的力量。政府不仅要承担一些基本、公用事业的职责（如基础教育、基础设施建设、全民医疗保健等），同时还应特别注重对国内专门要素的培育如一些专门性高级技工和科研机构等；政府要致力于营造一个市场化的宏观环境，要让生产要素市场和金融市场健康有序地运行；政府要强制实施产品质量、安全与环境标准，促使企业技术创新及产品质量创新，更好地满足顾客和全社会的需要；政府要制定竞争规范并有效实施反垄断法，促进产业内企业间的有序竞争，防止国内同产业的企业间超出一定限度的横向联合或合谋垄断。

政府在提高产业竞争优势中应起一种催化和激发企业活力的作用，政府政策成功的关键既不是越俎代庖，也不是无所作为，而在于为企业创造一个有利于公平竞争的外部环境。保护会延缓产业竞争优势的形成，使企业停留在缺乏竞争的状态。从事产业竞争的是企业，而非政府，竞争优势的创造最终必然要反映到企业上。政府能做的只是提供企业所需要的公共资源，创造产业发展的环境。

政府的目标是为国内企业创造一个适宜的环境，因而评价一个国家产业竞争力的关键是该国能否有效形成竞争性环境并促进创新。

波特强调，企业长期的竞争优势只有通过创新才能取得，保持竞争优势完全依赖于无止境的改善，企业能否进行无止境的改善取决于钻石模型所提供的国内产业环境。

阅读材料：中国制造业的四大优势①

中国制造业在不少领域面临不少挑战，但也具备四大优势：

（1）广阔的本土市场。中国内需市场将是全球最大的内需市场，也将是人类有史以来最大的内需市场。这将使得那些标准化产品生产的制造企业存在将单品生产规模扩大到人类有史以来最大规模的可能，从而将单品成本降低到人类有史以来最低的水平，这一点已经在汽车等行业有所体现并可能更加明显地体现。

（2）依然丰富的有知识含量的劳动力。中国每年有近 800 万大学毕业生，并且还在增长。这为中国制造业提供了大量相对廉价的研发人员（特别是相对中国制造在国际范围的主要竞争对手），且中国具有“出人头地”追求卓越的传统文化，这也为中国制造业公司突破技术障碍和储备技术提供了“温床”。这一点已经被华为等企业在全球攻城略地的案例中初步证明。

（3）全球最大的高铁网和移动互联网在极大地提高中国全方位的效率，并开拓产业前沿。我们从 2013 年开始强调中国有两张“神奇网络”：中国高铁通车里程已经达到 2 万公里，移动互联网覆盖人口已经达到 7 亿以上，这分别是全世界最大的网络。这两张网络，一方面在帮助中国挖掘和释放潜在需求；另一方面也在从供给侧提高全方位的包括生产和生活的效率，增强中国竞争力。虽然目前这一效果还难以准确量化，但我们能从日常的生活中非常具体地感受到，尤其是在全球不同城市的体验对比中能够感受到。这两大网络结合在一起创造的全世界独一无二的使用场景，也使中国在很多领域逐步处在产业前沿或者提供了最前沿的应用场景。比如，“双 11”购物节这种超过多亿人同时在线密集提交请求及背后潜在技术挑战，可能只有在中国这样的环境下才能遇到，这也为中国工程师去寻找潜在解决方案提供了先行先试的机会。同样人工智能等技术趋势，中国基于比较优越的应用场景和数据基础，也将使中国具备一定的先发优势，这都为中国未来潜在的弯道超车提供了机会。

（4）制造业长期发展积累的产业链集群优势。基于广阔的本土市场及依然相对有优势的制造成本，在很多产业从产业链最上游到最下游都可以在中国，甚

① 王汉锋．中国制造业崛起势不可当［EB/OL］．2017－10－13．http：//finance.sina.com.cn/zl/hkstock/2017-10-13/zl-ifymvuys8599506.shtml.

至集中在中国的一个区域、一个城市，这样的产业集群提供的采购、物流、研发响应等方面优势不是只具备单一一个生产环节可以比拟和抗衡的。

标准化产品、有一定技术壁垒的行业将率先突破。我们认为中国那些生产标准化产品（全球可以一定程度通用）、需要一定的研发和技术积累的制造业将在全球率先取得突破，潜在或者已经实现的包括：家电制造业、汽车及汽车零部件、客车制造、通信设备制造业、科技硬件（如已经有一定优势的手机产业链）、工程机械等。

第四节 产业竞争力提升阶段理论

一个欠发达国家或地区如何利用国际产业分工，使本国产业取得更快发展，从而不断提升产业竞争力，是有一定规律和模式的。

一、产业雁行发展模式

不同国家在同一产业内可能出于新产品、成熟产品和标准化产品的不同的生命周期阶段从而具有不同的竞争优势。

1. 雁行发展形态理论

雁行发展形态理论是日本学者赤松要（Kaname Akamatsu，1935）提出来的。他在《日本国经济发展的综合原理》一文中首次提出雁行模式（Flying Goose Mode）的概念。

雁行发展模式最早被用来描述后起国（如“二战”前的日本）的某一特定产业（如棉织产业）产生、发展和趋向衰退的发展过程。赤松要认为日本的工业化发展遵循雁行模式，即日本作为一个经济落后的国家，由于国内的资源与市场的约束，只有依靠对外贸易向工业国输出消费性商品，与工业国交换输入工业设备，然后建立自己的工厂进行替代性生产，以满足国内需要，并进一步带动国内相关产业的发展。上述过程绘成图像，犹如雁群列阵飞行，故称其为雁行模式。赤松要以棉纱、棉布代表消费品工业，以棉纺织机械代表生产资料工业，并以过去半个世纪世界棉纺织工业的经验证明，二者均沿此轨迹发展。

概括地说，后发国家（地区）的产业开发和发展一般经过三个阶段：

第一阶段，国内该产业空白，进口商品以满足需要，并迅速开拓市场，为本国产业的开发准备市场条件。

第二阶段，随着生产技术的引入，本国产业应运而生，且日益壮大，国内生产的产品逐渐取代进口产品。

第三阶段，由于后发国家一般具有资源和劳动力成本优势，并且产业的规模达到一定程度后，规模经济得到充分利用，生产成本大幅度下降，本国产业竞争力不断上升，该产业生产的产品以价格上的优势打入国外市场，实现经济发展和产业结构升级的目的。

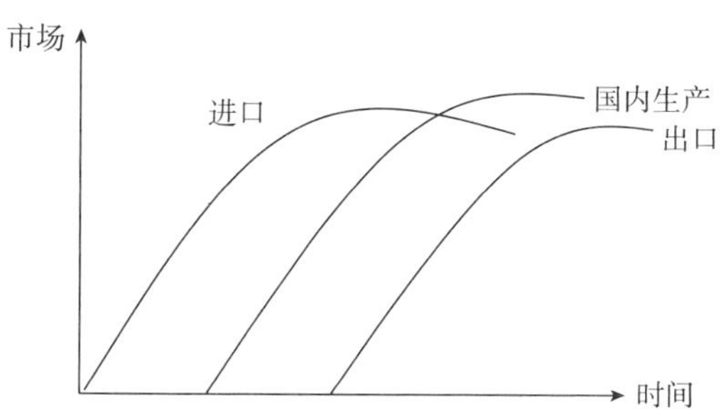

图 4-2 产业雁行发展形态

产业雁行发展形态模式的提出符合经济学中的比较优势基本原则，而且雁行模式与科林·克拉克（1940）的配第—克拉克定理、波斯纳的技术性周期理论、雷蒙德·弗农的产品生命周期理论、霍夫曼法则（1931）以及小岛清（Kojima）的边际产业扩张论等诸多模型理论有着共同内涵，即强调产业间转移与发展的规律性。雁行模式形象而动态地阐释了国家和地区间以及国家内部产业转移和经济发展的逻辑性。

2. 产品循环理论

产品循环理论是由美国跨国公司问题专家弗农提出的。产品循环理论与雁行产业发展形态理论所分析的内容是相辅相成的，只是分析的角度和出发点不同。雁行产业发展形态理论是以后发国家考察对象，产品循环理论则是以技术领先国为考察对象。

产品循环理论是以发达的工业先行国开发的新产品在市场上的出现为出发点，“产品循环”表现为以下四个阶段：

第一阶段，从研究开发新产品到国内市场形成；

第二阶段，从国内市场饱和到产品出口，开拓国外市场；

第三阶段，从国外市场形成到输出资本和技术，并且与当地的资源和廉价劳动力相结合，开始生产该产品；

第四阶段，国外生产能力形成，并以更低的价格打回先行国市场，先行国放弃这种产品的生产而去开发更新的产品。

产品循环可以表示为：

新产品→国内市场形成→出口→资本和技术出口→进口→开发更新的产品。

把雁行发展形态和产品循环加以对照，可以发现，雁行发展形态的三个阶段和产品循环的第二、第三、第四个阶段是一致的。

从以上两个理论中可以看出，后发国家提升产业竞争力有一个渐进的过程：进口发达国家产品刺激国内市场；进口国外技术和吸收国际资本，结合本国的资源优势发展规模经营，降低生产成本，使本国产品获得价格上的竞争优势；向国外出口，迫使开发新产品的原工业先行国放弃这种产品的生产。后发国家有可能通过外贸和技术引进，回避风险多、费用大的技术开发过程，利用先行国的成熟先进技术和资本，发挥低工资优势使产品返销回先进国，后来居上，是一种“后发优势”。

后发国家由于可以直接吸收和引进先行国家的技术，技术成本要比最初开发的国家低得多。在同样的资本、资源、技术、成本条件下，还具有劳动力成本便宜的优势，只要是在政府的保护和扶持下达到规模经济阶段，就可能发展起新的优势产业，和先行国家在其传统的资本或技术密集的分工领域一争高低。

二、产业的国际竞争阶段

一个国家的产业竞争优势随着自身发展和环境变化而动态变化，不仅不同产业竞争力具有不同的来源，而且同一产业在不同的时期，其竞争力的来源也不相同，从而形成产业竞争力的不同阶段。

M. 波特教授研究了许多国家（和地区）产业发展和参与国际竞争的历史后，认为一国产业参与国际竞争的过程大致可以分为四个依次递进的阶段：生产要素驱动阶段、投资驱动阶段、创新驱动阶段和财富驱动阶段（见图 4-3）。前三个阶段是国家竞争优势的主要来源，一般伴随着经济的繁荣，第四个阶段则是个转折点，可能由此开始衰退。

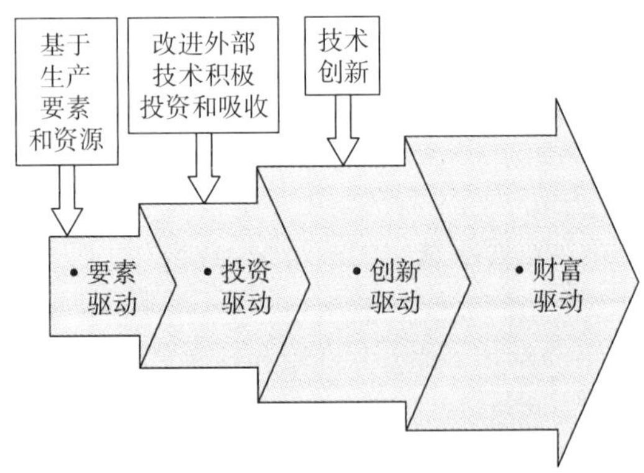

图 4-3 产业的国际竞争阶段

1. 要素驱动阶段（Factor-driven）

处于要素驱动阶段，具有竞争优势的产业几乎都是得益于某些基本生产要素和资源，如自然资源和丰富廉价的劳动力、产业的技术层次低、产品的附加值低。

2. 投资驱动阶段（Investment-driven）

处于投资驱动阶段的产业竞争优势以产业及其企业的积极投资以及吸收和改进外部技术为基础。企业具有吸收和改进外国技术的能力，是一国达到投资驱动阶段的关键。这一阶段，产业竞争力主要来自国家以及企业积极的投资意愿和能力。

3. 创新驱动阶段（Innovation-Driven）

要素驱动和投资驱动不能解决经济发展中的“生产要素报酬递减和稀缺资源瓶颈”这两个基本问题，需要走以知识和科技为先导的创新发展之路。

处于创新驱动阶段的国家，其要素成本上的优势越来越弱，因此刺激了创新以及产品和生产技术的进步。技术创新和产品创新推动产业升级和竞争力不断增强；有利的需求条件、供给基础、专业化的要素以及本国相关产业的形成，使产业竞争力也不断增强。从主要依靠引进技术的学习和模仿，转向主要依靠自主设计、研发和发明，以及知识的生产和创造。创新驱动的内容是以产业创新形成新型产业体系，以科技创新形成完备的技术创新体系，以产品创新形成新市场和经济增长点，以制度创新为经济发展方式提供保障，以战略创新形成协同创新体系。

阅读材料：技术创新的前提

美国著名金融投资专家威廉·伯恩斯坦在其畅销书《繁荣的背后：解读现代世界的经济大增长》一书中认为，自1820年以来，人类经济增长速度显著加快，关键的因素是技术创新的大爆发。他将发明创新的前提归结为四个因素：财产权、科学理性主义、资本市场以及交通和通信技术的改善。在伯恩斯坦看来，一国繁荣的关键是与之相关的制度，即人们在其中思考、互动和从事商业往来的框架。很显然，私人产权的保护是创新的动力，而科学理性主义是创新的思想基础和前提，类似于科斯所言的思想市场；资本市场以及交通和通信是创新的支撑和保障。

4. 财富驱动阶段（Wealth-driven）

处于财富驱动阶段的国家更注重保持地位而不是进一步增强竞争力，产业开始失去竞争优势。在这一阶段，一些有实力的企业试图通过影响国家政策保护既得利益，一些企业通过兼并和收购改变市场竞争状况获得竞争力。这些举措不利于发展基于创新的竞争力。

前三个阶段是产业竞争力的上升时期，而后一个阶段则是产业竞争力的衰落时期。

阅读材料：中国经济高质量需要“创新驱动”

按照波特的经济发展四阶段论的划分，即要素驱动、投资驱动、创新驱动和财富驱动，中国应该已经过了要素驱动阶段，即廉价的劳动力、土地或矿产等资源的优势已经不复存在，海外直接投资的流入也大大放缓。中国成为全球制造业的第一大国，产能过剩问题突出，但高端制造业不发达，如与庞大人口规模相对应的飞机和汽车的自主品牌制造规模很小。

中国经济的腾飞是主要靠中低端助推的，出口的大部分也是中低端产品，其中加工品出口要占近50%，尽管中国早已是出口第一大国，但GDP中创新所占的份额还是比较低，因为中国的制造业崛起主要靠仿制和加工。中国网购的规模是全球第一，这虽然可以说成是消费模式的创新，但它很大一部分是靠挤出了实体店消费来获得，故对于经济体量的提升作用也非常有限。

我国经济发展要素禀赋条件已经发生了巨大变化：整个经济进入要素成本周期性上升阶段，以高资源消耗为代价、以高投资为特征的经济增长模式已不可持续，过度依赖外资和出口的经济发展方式难以为继，提高国际竞争力和经济转型升级需要创新驱动，创新驱动是当前我国解决经济发展方式、实现高质量、可持续发展的必由之路。

中国过去主要依靠劳动力、土地、货币等要素投放推动经济增长，这种要素投放的模式已经到头，不可能继续了。由要素投入向创新驱动转变，这是中国经济增长方式转变的方向。创新驱动有三个层次：一是技术创新，二是产品服务的创新，三是商业模式的创新。其中最为重要的是技术创新，最难的也是技术创新。创新基础由四个部分组成：一是法律基础，对知识产权的保护；二是财力基础，需要强大财力支持；三是物质基础，没有现代化的实验室，不可能有创新；四是人才基础，核心是将人的聪明才智调动起来，人才制度起着决定性作用。

党的十八大以来，我国研究与试验发展（R&D）经费支出总额逐年提高，2016年已达15500亿元，占国内生产总值的比重上升到2.1%，达到了中等发达国家水平，居发展中国家前列，已成为仅次于美国的世界第二大研发经费投入国。2015年，我国受理专利申请279.9万件，其中发明专利申请量突破百万件，我国成为首个年度接受专利申请量超百万的国家。到2016年，我国发明专利申请量已连续6年位居世界首位。

我国在载人航天、探月工程、深海潜器、超级计算、北斗导航等战略高技术领域取得重大突破，高铁、4G移动通信、核电、电动汽车、特高压输变电等重大创新成果加速应用。另外，百万千瓦级核电装备国产化率提高到85%以上，一系列大型成套电力装备已经达到国际领先水平。

可见，虽然我国制造业的技术水平相对于世界制造强国还有一定差距，但在创新驱动发展战略的推动下，我国制造业创新能力正在快速提升，并取得了举世瞩目的成就，呈现加速赶超的态势。

需要说明的是，一个国家或地区的产业参与国际竞争的演进过程往往取决于要素条件、需求条件、相关与辅助产业的状况、企业策略、结构与竞争者、机遇以及政府行为等因素。一国产业参与国际竞争的过程并不必然依次经过四个阶段，在开放经济条件下，不同经济发展水平下的不同国家的同一产业在国家之间转移和扩散。

扩展阅读　中国制造的激荡四十年①

2018 年是中国改革开放的 40 周年。40 年来，中国的名义 GDP 翻了近八番（254 倍），年均名义 GDP 增速达超过 15%，差不多每 5 年翻一番，这是一个奇迹。奇迹的背后，实际 GDP 增速却表现出有规律的起伏，每个起伏都是持续大约十年的浪潮和低谷。40 年来，我们看到一批又一批中国制造企业和中国品牌，在浪潮来临时站在了浪潮之巅，又在浪潮退去时消失得无影无踪。这奇迹的 40 年和规律起伏的四波浪潮，是属于中国制造的激荡四十年（见图 4-4）。

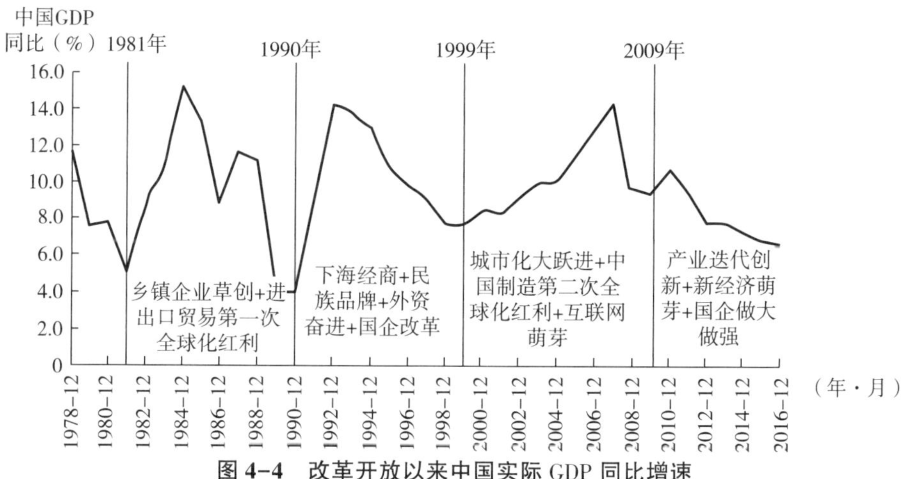

图 4-4　改革开放以来中国实际 GDP 同比增速

资料来源：Wind，天风证券研究所。

① 宋雪涛．中国制造的激荡四十年［EB/OL］. 2018-03-02. http：//www. sohu. com/a/225175889_380874. 略有修改。

一、中国制造的四波浪潮

中国制造的前两波浪潮（1978~1998 年），简单说就是神州大地压抑已久之后的原力觉醒。这包括了乡镇企业家的觉醒（比如鲁冠球的万向、刘永好的新希望 1982）、对外贸易的觉醒（比如柳传志的联想、张瑞敏的海尔）、离开体制下海经商的觉醒（比如李东升的 TCL、宗庆后的娃哈哈、任正非的华为、段永平的小霸王、王文京的用友、冯仑的万通、史玉柱的巨人、求伯君的金山、郭广昌的复星、王传福的比亚迪）和重新打开国门利用外资的觉醒。

贸易开放带来了制造转移，但没有发生技术转移。20 世纪八九十年代的大规模技术引进主要是为了满足内需，即一些中国人需要的商品，在改革开放初期自己生产不了，就引进整条生产线到中国来生产，比如海尔引进德国的冰箱生产线、彩电引进美国日本 CRT 显像管生产线等，然而这个过程基本上是从终端直接引进生产环节，一旦出现技术升级，在技术匹配的制约下，中国不得不继续引进技术来实现终端产品的国产化。

因为只有制造转移，没有技术转移，结果导致中国制造自主研发核心技术的能力也被挤掉了。中国 CRT 彩电工业一度做到全球第一，但遇到液晶技术替代时被打得措手不及，原因是 20 世纪八九十年代的中国制造与新技术的演进过程基本绝缘，中国彩电工业既不了解液晶技术的进展，也难理解新技术的影响，这也造成了中国电子工业直到今天仍然在一些核心技术领域处于看不到尽头的落后状态。

中国制造的第三波浪潮（1998~2008 年）是自主化，简单说就是复制—模仿—进口替代即 Copy to China，美国有的中国也要有，美国日本造的中国都要造。相比 20 世纪八九十年代，这一阶段的中国制造已经从集成组装制造中积累了一定的技术基础和劳动力技能，在计算机、手机、汽车制造等领域出现了自主品牌，但核心技术零件、自主研发能力仍然受限于技术、设备、材料，技术被卡脖子的情况下，品牌主要靠资本外延扩张获得规模化红利。

1998 年，中国商品房市场开放，城镇化率在之后的 10 年上升了 14%，快速膨胀的城市化需求催生了和基建地产产业链相关的制造业发展（比如梁稳根的三一重工）。2001 年中国加入世界贸易组织（WTO），出口额在之后的 10 年间上升了 613%，出口占 GDP 最高达 35%，出口导向型产业在东南沿海地区出现集聚，比如东莞的电子、晋江的体育、绍兴的纺织、义乌的小商品等。20 世纪末，美国的互联网泡沫也催生中国的互联网萌芽，新浪、搜狐、网易、腾讯、阿里、百度纷纷登场，真正属于他们的时代还在后面。

中国制造的第四波浪潮（2008~2018 年）是内需创造，简单说就是美国没有的中国也要有，从 Copy to China 转向 innovation for China。这一阶段的中国制造已经具有一定的自主研发实力，并能在一些产业做到创新迭代。尽管中国仍然处在城市化和投资驱动增长的浪潮末端，但风景已经和之前阶段完全不同，产业迭代创新和新经济的萌芽开始出现。在靠近消费端的消费电子、家用电器、汽车等制造业领域，自主品牌出现了明显的研发创新能力和制造升级能力，比如小米大疆、格力美的、吉利比亚迪等。在人工智能、移动互联网、生物科技、新能源等新经济领域，中国制造也开始成为创新引领者（比如科大讯飞、蚂蚁金服、滴滴摩拜、华大基因、旷视商汤等）。

二、中国做对了什么

我们将中国上市公司和全球上市公司做对比，全球上市公司占率超过50%的中国行业有14个，超过20%以上的中国行业有50个。过去十年（2008~2018年），中国制造快速提升的不仅有全球市占率，还有人工智能、信息技术等关键的基础科技。中国拥有世界排名第一和第二的超级计算机，中国超算神威的计算能力是美国超算泰坦的5倍；中国超算的CPU是上海国家高性能集成电路设计中心研发的SW26010；中国已经建成了世界上第一个量子卫星网络；中国正在人工智能研究关键领域迅速崛起；中国拥有世界上最大的综合孔径射电望远镜，也就是广为人知的“天眼”；中国拥有世界上最有效的物流系统。

中国真正开始出现大量的自主研发和创新迭代也就是最近十年，十年放在产业史上只是一个瞬间，但中国已经在多个行业从追赶者成为领先者，从模仿者成为创新者，并在一些高端制造业开始具备全球竞争力。中国制造在发展中国家里算起步比较晚的，20世纪六七十年代后发展中国家先后出现了拉美奇迹、“亚洲四小龙”、新四小龙，而现今也只有韩国在消费电子、精细化工、汽车等制造业领域还具有全球竞争力。中国制造起步虽晚，但在全球制造业市占率排名和关键基础科技的进步速度上，仅次于美国，而且和美国之间的差距在快速缩小。中国究竟做对了什么？

制造业不是零基础就可以发展起来的，无论是生产要素的比较优势还是市场的规模优势，都不能算作是一国制造业成功的充分的必要条件，人类产业史上不缺少要素大国的失败案例，也不乏要素小国的成功案例。以美欧日的成功为例，一国要成为制造大国和制造强国，需要在产业链的上中下游都具备竞争力。

当今中国制造正在形成的全产业链优势，主要来自四个因素：巨国市场的规模效应、良好的基础设施保障、完备的产业链基础（包括高效率的产业工人和受过良好教育的工程师队伍）、中国前三十年技术基础的传承迭代。

我们借用施振荣的“微笑曲线”：市场容量足够大，品牌服务的推广空间足够大，做终端设计、系统集成的国产厂商能够存活；完备的产业链基础、良好的基础设施，给中游制造提供了低成本高效率的保障；技术的传承迭代、很强的政策扶持和政策执行力，驱动产业向上游发展，掌握自主研发能力和专利技术（见图4-5）。

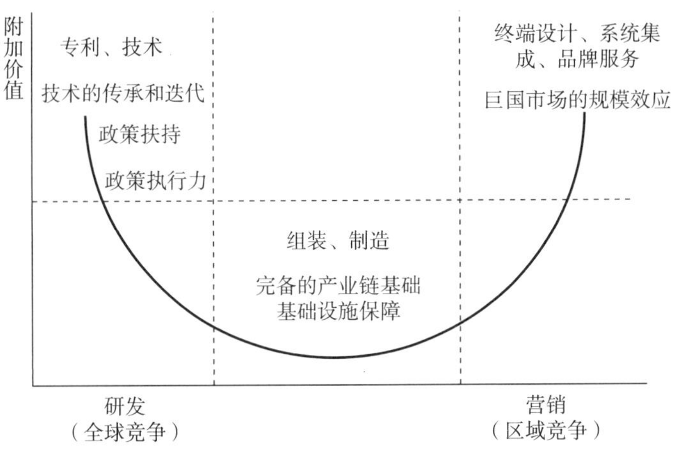

图 4-5　中国制造业的“微笑曲线”

资料来源：天风证券研究所。

1. 巨国市场的规模效应

欧睿信息咨询公司的研究显示，到 2020 年中国的中产阶层将达到 7 亿人，相当于欧洲总人口（7.4 亿）。庞大的人口规模为中国的创业者提供了巨大的成长红利，这使每一个产业的进入者都有机会以粗放的方式完成自己的原始积累。严格意义上说，今天常被提起的新四大发明（高铁、支付宝、共享单车、网购）都不算中国首创，但重要的是这些技术在中国得到了最成功的应用，这都离不开中国市场巨大的规模效应。大市场能够降低和摊薄成本，福耀玻璃到美国设厂的原因是美国汽车市场足够大，当地设厂便于快速到货。借助大国效应的势能，中国企业通过大量的研发投入或海外并购高科技公司，缩小和领先国家的技术差距，并建立核心竞争力，最终以出其不意的方式创造出新的可能性和模式突变。

2. 良好的基础设施

大国制造崛起需要良好的基础设施保障，基础设施和物流效率决定了能否实现海陆空快速的运输。2010 年郑州引进了富士康之后，2012 年郑州机场开始二期大扩建，郑州机场的货运量从 2011 年的 10.3 万吨增加到 2016 年的 45.7 万吨，2014 年郑州机场高速还是四车道，仅仅用两年就全部改成了八车道通行，这体现了强大的基础设施保障能力。2017 年郑州成为亚马逊在中国中西部的首个直邮口岸，这背后就是高效率的运输能力保障。

中国拥有世界上最有效的物流系统，基础设施覆盖完整，并且不只是集中于经济发达的沿海地区，这一点遥遥领先其他发展中国家，而且超过很多发达国家。根据中国铁路总公司的数据，中国高铁营运里程达到 2.5 万公里，占全球高铁总量的 66.3%；中国在修桥、铺路、盖楼、挖港的能力世界领先；中国具有世界领先的高压输电技术和港口机械技术；中国是世界太阳能发电量和风力发电量最大的国家。

3. 完备的产业链基础

中国不仅拥有相对完备的产业链还拥有高效率的产业工人和受过良好教育的工程师队伍。完备的产业链基础既能够降低成本，也能快速高效地解决上下游带来的问题，增强竞争力。工业产品的价格优势不仅取决于劳动力成本，还取决于劳动生产率，中国劳动力成本上升，但工人的劳动生产率也在提升。中国从 1999 年开始大学扩招，扩招后大学从每年招生 100 万人到现在每年 700 万人。大学扩招在过去 20 年为中国的高速发展培养了大量人才，最重要的是储配了工程师人才。中国的“工程师红利”大大提高了中国制造的生产效率，一个互联网企业在北京、上海、深圳、杭州很容易招到合适的程序员，这就是良好的技术环境。

4. 中国前三十年技术基础的传承与迭代

中国前三十年的工业基础可能被低估了，认真了解一下中国的工业史，会发现技术是有传承的，许多今天具有技术能力的中国制造企业，其技术源头可追溯至中国前 20 年的自力更生阶段（1950~1970 年），且在改革开放时期坚持自主开发。比如，现今被称为“中国工业骄傲”的京东方，可以追溯至 1956 年建成的北京电子管厂（774 厂），这家企业见证了中国电子半导体行业的兴衰；现今被称为“民族企业创新标杆”的华为，其技术基石可以追溯至 1991 年解放军信息工程学院自主研发的“HJD04”万门数字程控交换机（04 机）；现今唯一能和隆基股份一样规模化生产单晶硅片的中环股份，可以追溯至 1958 年组建的天津半导体材料厂；现今中国商飞的 C919 大飞机，其技术积累可以追溯至 1970~1982 年研制的“运-10”；现今中国的核动力和核反应堆技术，可以追溯至 1958 年开始研发的核潜艇陆上模式堆。就连公认用市场换技术的中国高铁，其技术根源也来自中国铁路装备工业在 50 多年的自主产品开发过程中的技术积累。

中国具备了巨国的规模优势，良好的基础设施，完备的产业链基础（包括产业工人和工程师），以及从终端生产中产生的对技术的掌握能力，并在此基础上创新迭代，自主研发，这些是产生创新的土壤，是中国制造从做大到做强，从复制到中国到创新为中国，从一个追赶者、后进者逐渐转换为创新者、领先者。

第五章 产业结构演变趋势

天下大势，浩浩荡荡，顺之则昌，逆之则亡。

——孙中山

伴随着经济发展，一国或地区产业结构会发生相应的演变。一个具体产业只有放在产业结构中，才能更好地理解该产业的地位和成长性。企业只有高屋建瓴，从中长期把握国家产业发展趋势，才能抓住重大商业机会，为制定科学的发展战略提供目标和依据。

第一节 产业结构演变与经济增长的内在联系

一、产业结构的含义

一般来说，“结构”是事物构成部分的组合及其相互关系。产业结构是一定经济体系内，产业的组成、数量比例关系和生产技术经济联系。产业结构是产业之间的关系结构。一国或地区产业结构可以通过以下三个方面来反映：

（1）投入结构。各种资源在产业间配置状况及比例，例如，劳动力、资金、技术等生产要素在各产业之间的分布，形成产业的劳动力结构（或就业结构）、投资（资金）结构、技术结构等。

产业间的投资结构是一定时期的社会总投资在各产业间的分布，它包括增量投资结构和存量结构，后者是前者的凝固状态。调整产业结构主要从调整投资结构入手，其中一个国家调整增量的投资结构，影响和决定着未来一定时期的生产和消费关系、地区之间的关系、产业间此消彼长的关系；而调整存量结构，即减少低效率产业存量并实现向高效率产业领域的流动，是产业结构优化的基本内容。

（2）产出结构。产业活动的结果分布和比例关系，如一定时期内的产品、产值、国民收入形成产业的产品结构、产值结构和收入结构。

（3）投入产出结构。产业结构是投入产出的转换器，投入产出结构状况反映了经济体系运行的效率和效益，假如在一定时期内各种资源的投入量是一定的，那么产出量主要取决于结构水平。从静态看，如果产业结构水平低下，即技术含量低、技术进步慢、效率低的产业大量存在并占有很大比重，那么产出水平将十分低下；如果产业结构水平高，即技术含量高、技术进步快、效率高的产业占很大比重，那么产业水平会很高。从动态看，如果产业结构僵化，即产业结构转换极其缓慢，各产业间存量结构呈刚性，大量的资本和劳动力的投入得不到合理配置，那么产业效率不会得到较大提升；如果产业结构转换能力强，不断调整和改变着产业之间的生产能力配置，产业效率也会不断提高。

二、经济发展及阶段

经济发展包括三个方面主要内容：经济总量增长、经济结构转换和水平提高。经济总量增长是指国民经济产业部门的生产规模在原有基础上的扩大及其总和 GDP 的增长。结构转换是指各产业部门生产规模的扩大，不是一种同等程度的齐头并进，而是伴随着各种生产要素在各部门之间的转移，出现某些部门相对增长较快，某些部门增长较慢，甚至还有个别部门收缩的结构变化现象。水平提高则是指经济的生产技术水平和组织管理水平的不断提高。

经济发展不仅指经济总量的增长，而且还包括经济结构的改变。将经济发展阶段的判定指标分为两类：一类是水平指标，反映经济发展的总体水平及增长速度，如人均 GDP、年均 GDP 增长率；二类是结构指标，表征产业、就业及消费等经济结构的变动，如产业结构指标、就业结构、城乡结构指标、消费结构指标等。

阅读材料：经济增长与经济发展的区别与联系

20 世纪 60 年代中期的文献开始把二者明确地区别开来，将经济增长定义为人均产出的增加，经济发展除包括人均产出增长的同时，还包括社会经济结构的变化和人们生活质量的改善，即发展=经济增长+结构转变。有些经济学家认为经济增长和结构演进是密切相关的两个方面，伴随着经济的增长，产业结构也在发生变化。例如，美国著名经济学家、诺贝尔经济学奖获得者库兹涅茨根据对世界 40 多个国家长期统计资料的分析，认为现代经济增长具有以下五个特征：一是人均产值和人口的高增长率；二是全要素生产率的高增长率；三是经济结构急剧变动，如农业、工业、服务业比重的变化，企业规模和企业组织的变化，职业状况的变化；四是社会结构和意识形态迅速变化，如城市化、世俗化；五是全球化的发展趋势。①

经济增长反映一国或一地区在一定时期（一年等）包括产品和劳务在内的

① 库兹涅茨．现代经济增长［M］．北京：北京经济学院出版社，1986：432-438.

产出（Output）的增长。经济发展意味着伴随着产出的增长而出现的经济、社会和政治结构的变化，这些变化包括投入结构、产出结构、产业比重、分配状况、消费模式、社会福利等的变化。

实际上，经济增长与经济发展是两个既相互联系又有所区别的概念。经济增长是经济发展的基础，是社会进步首要的、必要的物质条件；经济发展是经济增长的结果。经济增长内涵窄，是一个偏重于数量的概念，主要指投入变化导致产出数量的增加，通常使用 GDP 总量、GDP 增长率和人均 GDP 三个指标来衡量。GDP 衡量的是一个国家（或地区）的经济规模，GDP 增长率衡量经济增长的快慢，而人均 GDP 衡量一个国家（或地区）居民生活水平和富裕程度。经济发展则是一个数量和质量相统一的概念，比经济增长的内涵更深刻、外延更广泛，其不仅包含 GDP 数量上的增长，还包括结构、质量、效益、就业、分配、消费、生态和环境等方面的变化过程。相对于经济增长注重"量"而言，经济发展更重视发展的"质"。经济发展不仅重视经济规模扩大和效率提高，而且更强调经济增长过程的协调性、可持续性和增长成果的共享性。

经济增长是经济发展的手段，经济发展是经济增长的目的。经济发展以经济增长所带来的国民财富的增加为物质手段，来推动实现更为广阔全面的经济、社会、人文等结构转换和全面进步目标，如产业结构的优化升级，人民生活质量、贫富差别缩小及社会生存状态的改善提高，经济运行质量、生态环境质量等方面的改进提高，社会各个方面关系的更加协调，社会人文素质和社会保障程度更加提高等。经济发展是一个能更加全面反映社会进步程度的概念。

经济发展包含经济增长，但是经济增长不一定包含经济发展，即可能出现"有增长无发展"的现象，表现在产出增长并没有使广大人民受益，而是造成了长期的两极分化日趋严重；片面追求快速的产出增长，在顾及广大人民的福利下，不考虑所付出的社会代价等。故说"发展是硬道理"是对的，但说"增长是硬道理"则不一定对。

大卫·李嘉图最早用发展阶段来描述经济发展过程，以后马克思将其拓展到对社会发展阶段的描述。美国著名经济学学家 W. 罗斯托以英美国家的经济史为依据，根据科学技术和生产力发展水平，将经济发展过程划分为传统社会、为"起飞"创造前提的阶段、"起飞"阶段、向成熟推进阶段、高额大众消费阶段五个阶段，以后又在高额大众消费阶段后面增加了追求生活质量阶段。不同的发展阶段表现出不同的特征。

人类发展中有两次重大的突破：起飞阶段和追求生活质量阶段。最关键的是起飞阶段，"起飞"是一国在较短时间内实现工业化、基本经济结构和生产方式变革发生剧烈转变，"起飞"是一个社会由传统类型向现代类型的根本转变过程，传统社会的特征是“自我持续落后”，现代型社会的特征则是“自我持续增长”。“起飞”阶段是一国突破不发达经济的停滞状态，向现代社会过渡的重要转折点和“分水岭”。

三、产业结构演变与经济增长的关系

产业结构演变与经济增长具有内在的关系。两者互为条件、互为因果，产业结构的演进会促进经济总量的增长，资本和劳动力等生产要素从生产率较低的部门向生产率较高的部门转移能够加速经济增长。虽然大量的资本积累和劳动投入是经济增长的必要条件，但并不是充分条件，因为大量的资本和劳动所产生的效益在很大程度上还取决于部门之间的技术转换水平和结构状态。经济总量的增长也会促进产业结构的加速演进，特别是在现代经济增长中，产业结构演进和经济增长的相互作用越来越明显。产业结构的高转换率会导致经济增长总量的高增长率，而经济总量的高增长率也会导致产业结构的高转换率。经济的高增长率和结构的高变换率之间存在着密切的内在联系。

W. 罗斯托等强调产业结构变化对经济总量增长的作用，认为产业结构的变动和资源再分配的作用对发展中国家更重要，因为发展中国家要素市场的非均衡现象比发达国家表现得更为突出。

阅读材料：中等收入陷阱

所谓“中等收入陷阱”，就是当一个国家的人均收入达到3000美元至10000美元时，前一阶段快速发展中积聚的矛盾集中爆发，自身体制与机制的更新进入临界，从而进入生产率和收入增长停滞的阶段。许多国家陷入“中等收入陷阱”。最有名的例子是阿根廷，100年前，阿根廷的人均GDP达到了大约4000美元，随后陷入了“中等收入陷阱”，不幸地经历了经济停滞、民主乱象、贫富分化、腐败多发、过度城市化、公共服务短缺、就业困难、社会动荡、信仰缺失、金融体系脆弱十大社会乱象，100年后的今天，阿根廷仍然未能跨出这一陷阱。

除了阿根廷，还有墨西哥、马来西亚等。为什么这些国家会出现中等收入陷阱？因素很多，各国国情也不同，但最根本的问题是，一方面，人均GDP突破三四千美元之后，经济水平的进一步提高的难度加大，可能会遇到一个“瓶颈”期，而所谓的经济转型，往往需要全要素生产率的提高，但这往往有一个漫长的过程；另一方面，与此同时，社会期望值的增加不会就此止步，两者的“剪刀差”容易带来很多国家社会的失落乃至动荡。

按照世行国家分类，中国已进入上中等收入国家，而研究显示出，一国在达到上中等收入水平后改变发展战略非常重要，不能继续依靠在贫困阶段行之有效的增长模式，否则就会两头受压：一是来自低收入、低工资的经济体的竞争，二是来自高收入经济体通过创新和技术变革带来的竞争。今后的中国经济社会面临的挑战是巨大的。

第二节　三次产业结构演变趋势

随着经济发展，科技进步和需求变化，引起产业间的不平衡增长，不平衡增长导致产业间数量比例的变化以及产业间的地位和关联方式的变化，即产业结构的演变。

一、配第—克拉克定理

英国经济学家科林·克拉克在威廉·配第研究成果的基础上，深入考察经济发展过程中劳动力在三次产业中分布结构的演变及其趋势，统称为配第—克拉克定理。其内容如下：随着经济的发展，即人均收入水平的提高，劳动力由第一次产业向第二次产业转移，当人均国民收入进一步提高时，劳动力将向第三次产业转移。劳动力在产业间的分布情况是在第一次产业将减少，而在第二、第三次产业将增加。劳动力在产业间转移的驱动因素是经济发展过程中产业间收入（含附加价值）的相对差异。

配第早在 17 世纪第一次发现各国国民收入水平的差异和经济发展的不同阶段，其关键原因是产业结构的不同。配第在其名著《政治算术》中描述过这样一个现象：制造业比农业，进而商业比制造业能够得到更多的收入。比如，当时英格兰的农民每周能赚 4 先令，而海员的工资加上伙食和其他形式的收入，每周的收入是 12 先令。一个海员的收入顶上三个农民的收入。他还发现，当时大部分从事制造业和商业的荷兰，人均国民收入要比欧洲大陆国家高得多。后来，克拉克在配第研究成果的基础上，对 20 多个国家和地区不同时期三次产业劳动投入和产出的资料进行了系统整理、分析和比较，揭示了经济发展过程中劳动力在三次产业转移。

配第—克拉克定理不仅从一个国家经济发展的时间序列分析中得到印证，而且还可以从处于不同发展水平的国家在同一时点上的横断面比较中得到类似的结论，即人均收入越低的国家，农业劳动力所占比重相对越大，而第二、三产业劳动力所占比重相对越小；反之，均收入越高的国家，农业劳动力所占比重相对越小，而第二、三产业劳动力所占比重相对越大。

二、库兹涅茨产业结构演变理论

美国著名的经济学家、诺贝尔经济学奖获得者库兹涅茨在继承克拉克研究成果的基础上，收集与整理了 20 多个国家的庞大统计数据，从国民收入和劳动力两个方面对经济增长中的产业结构变化进行进一步深入研究。他把全部经济活动划分为 A 部门（农业）、I 部门（工业）和 S 部门，得出以下结论：

（1）农业部门实现的国民收入在整个国民收入中的比重（国民收入的相对比重），以及农业劳动力在全部劳动力中的比重（劳动力的相对比重），随着时间的推移均处于不断下降的趋势之中。

（2）工业部门国民收入的相对比重，大体上是上升的；然而，工业部门劳动力的相对比重，大体不变或略有上升。

（3）服务部门的劳动力相对比重几乎在所有国家都显上升趋势，但是，国民收入的相对比重却未必和劳动力相对比重的上升是同步的，综合起来看是大体不变或略有上升。

以上结论是按时间系列分析得到的，运用横断面分析，比较人均收入水平不同国家在同一时点上三次产业在国民收入和总劳动力所占比重的变化得到的结论大体相同，即人均国民收入越低的国家，农业的国民收入相对比重和劳动力的相对比重越低，工业部门和服务业部门的国民收入相对比重和劳动力的相对比重越高。日本学者宫泽健一整理了库兹涅茨的研究成果，并用图表反映出来（见表 5-1）。

表 5-1 三次产业演变规律

	劳动力的相对比重（1）		国民收入相对比重（2）		相对国民收入（3）=（2）÷（1）	
产业类型	时间系列分析	横断面分析	时间系列分析	横断面分析	时间系列分析	横断面分析
第一产业	下降	下降	下降	下降	下降	几乎不变
第二产业	先升后稳	上升	上升	上升	上升	下降
第三产业	上升	上升	上升	微升	下降	下降

注：转引自宫泽健一：《产业经济学》，第 57 页。

阅读材料：我国产业结构的演变

中国改革开放 40 年来，产业结构演变也符合演变规律。第一产业在 GDP 中的比重呈现持续下降的态势，已由 1980 年的 30.17%下降到 2017 年的 7.9%，第二产业的比重经历了不断波动的过程，但长期稳定保持在 40%~50%，近年第二产业的比重则在萎缩，第三产业在国民经济中的比重处于不断上升的过程之中，增加值比重由 1980 年的 21.6%大幅上升至 2017 年的 51.6%（见表 5-2 和

图 5-1）。

表 5-2　中国产业结构的演变（三次产业收入占比）　单位：%

产业＼年份	1980	1990	2000	2010	2016	2017
第一产业	30.17	27.12	14.70	10.10	8.60	7.90
第二产业	48.22	41.34	45.50	46.60	39.80	40.50
第三产业	21.60	31.54	39.80	43.24	51.60	51.60

资料来源：国家统计局统计年鉴。

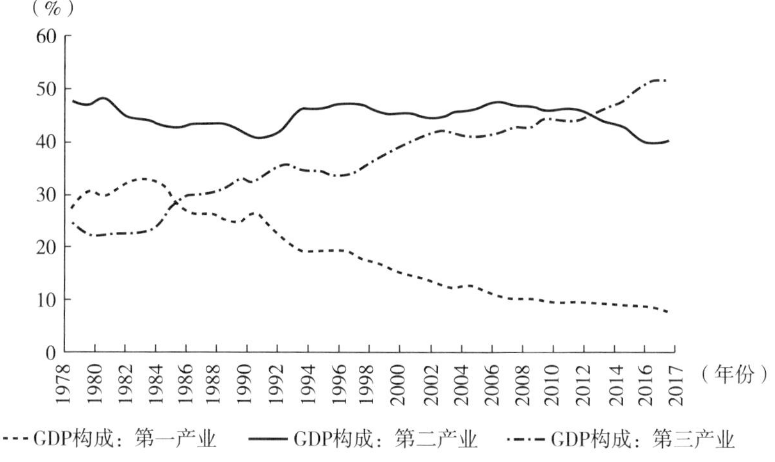

图 5-1　改革开放以来我国产业结构的演变

库兹涅茨还揭示了三个部门所创造的产值与所占用的劳动力之间比例关系的变化趋势。其指出，人均国民收入水平越低的国家，农业部门与工业部门、服务业部门的比较劳动生产率差距越大。比较劳动生产率（相对国民收入）是由某一产业所创造的国民收入份额与所投入的劳动力份额相比而得出的。

某产业比较生产率（相对国民收入）= 该产业的国民收入的相对比重÷该产业的劳动力的相对比重

某产业比较劳动生产率小于 1，即该产业劳动力占全部产业的比重大于国民收入占全部产业的比重，表明该产业的单位劳动力创造的国民收入低于平均水平。

第一产业的相对国民收入在大多数国家低于 1，而第二、三产业相对国民收入大于 1，正是产业间相对收入的差异造成第一产业的劳动力向第二、三产业转移的原因。需要指出，农业的比较劳动生产率小于1，且从时间系列分析趋于下降，并不意味着农业劳动生产率的绝对下降，事实上，农业的劳动生产率仍然在技术进步的推动下或随着劳动力的向外转移而上升，只是与第二、三产业相比稍显缓慢。

不发达国家第一产业同第二、三产业的比较劳动生产率的差距比发达国家的要大。人均国民收入水平越低的国家，农业部门与工业部门、服务部门的比较劳动生产率差距越大。正是产业间相对收入的差异造成第一产业的劳动力向第二、三产业转移。因此，穷国变成富国，必须大力发展非农产业，并加速农业劳动力向非农产业的转移。

三、三次产业演进规律的论证

1. *第一次产业劳动力及国民收入相对比重趋于下降的原因*

（1）第一产业主要生产的是农产品。农产品是生活必需品，当人们收入达到一定程度后，随着收入的提高，需求收入弹性呈下降趋势。

需求收入弹性是指在价格不变的情况下，产业产品的需求增长率与人均国民收入的增长率之比。

$$\beta = \triangle\frac{Q}{Q} / \triangle\frac{P}{P}$$

其中，β为某产业需求收入弹性，Q为某产业的需求量，△Q为某产业需求变化量，P为某产业产品的价格，△P为某产业产品的价格变化量。

恩格尔系数是指食品消费支出占消费性支出的比重（饮食费用占家庭总支出中的比例），所占比重越低说明居民富裕程度越高。恩格尔定理揭示出随着家庭收入水平的增加，饮食费用在整个家庭开支的比例不断降低，从而对农产品的需求相对减少，即食品需求的增加不断落后于其他产品和服务。

国民收入的支出结构变化必然反映在国民收入在产业间的相对比重的变化上。农产品的低收入弹性使农产品在价格和获得附加价值上处于不利地位。国民收入相对比重下降。

（2）从供求关系分析。从农产品供给上看，农业受自然条件影响较大，技术进步速度没有工业等其他产业快，劳动生产率的提高受到一定程度的限制。单位产量达到一定水平后，对农业的投入难以大幅度地提高生产率，投入达到一个限度后，农业投入的边际报酬递减现象就显著起来，农业物耗率上升，以致增产不增收。

低收入弹性和投入的边际报酬递减必然使农业国民收入的相对比重减少和劳动力转移。这种报酬递减现象与农产品需求的低收入弹性特征相碰，必然使农业国民收入的相对比重下降。

(3) 从农业自身来看，农业劳动生产率提高也是农业劳动力相对比重减少的一个重要原因。农业采用机械化和社会化生产方式，劳动生产率会有较大的提高，但由于土地的有限性和农业的低收入弹性，必然迫使农业释放剩余劳动力，转向其他产业，从而使农业劳动力的相对比重减少。

农业虽然没有制造业那样呈现出劳动生产率的迅速上升，但近现代也显示了持续上升的势头。这种上升的生产率与持续下降的相对需求结合在一起，必将导致农业劳动力比例持续下降。

一般而言，在工业化的大部分时间里，农业劳动力相对比重下降的幅度总是落后于农业国民收入相对比重下降的幅度，因此，农业的比较劳动生产率总是表现为比其他产业要低。

需要特别指出的是，发展经济学家对农业劳动生产率的提高和农业发展在工业化过程中的作用给予高度重视。库兹涅茨把农业劳动生产率的明显提高作为现代经济增长的必要条件，并指出没有农业劳动生产率的明显增长，就难以理解国家总劳动生产率大幅度增长是如何实现的。罗斯托在《经济增长的阶段》中指出，农业生产和生产率的增长在经济发展中起到多重作用，这些作用怎么估价都不会过分。经济发展的过程就是农业人口的转移、非农产业的发展过程。农业人口从农业中释放出来的前提是农业劳动生产率的提高。

在第一产业内部，产业结构从技术水平低下的粗放型农业向技术要求较高的集约型农业，再向生物、环境、生化、生态等技术含量的绿色农业、生态农业发展。现代科技手段和社会生产方式日益渗入农业生产经营中，为其带来商机。

案例：世界农产品价格长期上涨的内在原因

供给有限，但需求快速增长，造成供给短缺，是农产品价格长期上涨的内在原因。农产品需求一直快速增长，一方面，世界人口从20世纪80年代的50多亿增加至现在的70多亿，2050年还将增加至90亿，这将提升对农产品的需求；另一方面，诸如中国、印度这些发展中国家的消费升级，其食品消费结构发生变化，由原来的消费谷物、米、麦变成蛋白质高的肉类、油类，进一步提升需求。

但与快速增长的需求不同，农产品的供给有限，甚至有减少的迹象。最近几年，部分农产品转化为工业用途。例如，农产品开始用作生物燃料，就是乙醇汽油。巴西从甘蔗里面提炼出乙醇汽油，美国则用玉米加工成乙醇汽油，相当于两亿人口粮的玉米转化为乙醇汽油，而且这个转化的趋势还不会停止。

除供需不平衡驱动价格上涨外，成本上涨也是农产品价格上涨的一大因素。成本上涨体现在两方面：一是生产要素的涨价，采用优良品种导致种子成本上升，化肥供给被控制导致费用增加，植物抗药性增加可以让农药用量和种类增加；二是机会成本的上升，体现在土地使用成本和人力成本上。供求因素是农产品价格上涨的基本面支撑，而宽松的货币政策是涨价的又一深层次原因。宽松的货币政策，居高不下的通货膨胀，导致投机需求上升，而商品期货和各种衍生品的交易将引起农产品价格波动的增加。

上游提供农业生产资料，包括高科技种子、钾肥、磷肥、高科技农药等；下游则是流通商、加工商和食品品牌商。农产品涨价，真正受益的是上游和下游，而中游的农民最不受益。还是为什么呢？这跟产业的集中度和话语权有关。农民以个体方式进行农业生产，非常分散，这造成他在整个产业链中话语权比较低，没有定价权，而处于上游和下游企业，他们可能控制了20%甚至更高的市场份额，有很强的定价权。以农业所需的钾肥和磷肥为例，少数几家企业控制矿产资源，所以它可以有很大的定价权。

中、长期来看，全球粮食的供求关系紧张局面很难改变。加上农业生产资料价格、土地租金和劳动力成本不断攀升等因素，农产品价格上涨趋势不可逆转。从国内情况来看，城镇化进程和消费升级推动消费量持续增长，再加上最低收购价格持续提高直接抬高市场价格底线，农产品价格上涨预期强烈。农产品价格上涨的直接受益者为制种行业，另外受益于消费升级的是畜、禽、水产品养殖和加工行业。

案例：联想控股布局现代农业

2010年，联想控股开始涉足农业投资领域，2010年7月成立农业投资事业部。2012年8月，在原农业投资事业部的基础上正式组建成立佳沃集团，专门从事现代农业投资与经营，由联想集团前任高级副总裁陈绍鹏领军，公司主要进行水果、茶叶等领域的投资。佳沃已经全面进入水果行业，构建了以“全产业链运营、全球化布局、全程可追溯”的“三全”战略理念为依托，为核心理念的现代水果业务。现代农业，成为联想控股五大核心业务中最年轻的一个，其余四个则是IT、房地产、消费与现代服务、化工新材料。

先全面进入以蓝莓和猕猴桃为代表的“超级水果”领域，从种植业入手探索现代农业的新模式。2012年，佳沃集团先后并购了青岛沃林蓝莓果业有限公司、四川中新农业科技有限公司以及智利的五家种植公司，陆续在国内的山东、四川、陕西、河南、湖北、安徽等地建立起规模化的蓝莓和猕猴桃示范园，并拥有南美洲和澳洲的首批种植基地。

2013年5月，正式推出联想控股的现代农业品牌“佳沃”，其首款产品——

佳沃蓝莓也同步上市。蓝莓不仅营养丰富，而且价格昂贵，一斤蓝莓少则近百元，多则两三百元，而高档水果，正是佳沃集团的主要定位。每一颗佳沃蓝莓都拥有身份认证，可以通过二维码追溯到产品生产全过程，包括种植地、生产地，甚至是产品负责人。目前佳沃已经成为国内最大的蓝莓全产业链企业和最大的猕猴桃种植企业。与此同时，佳沃还与智利领先的水果企业 Subsole 公司，以及澳洲领先的果蔬公司 PerfectionFresh 结成战略合作伙伴关系，从而初步完成了跨越南北半球的全球化业务布局。

“现代农业是一个利国、利民、利己的好行业，也是联想控股非常看重并着力打造的一个全新的支柱产业”。柳传志表示，“与一些发达国家和地区相比，目前我国的农业发展水平还存在很大的提升与发展空间。尽管困难诸多，但联想控股有信心、有决心、有能力把它做好。我们已经做好了打持久战的准备，希望能给中国消费者提供安全高品质的农产品和食品，实现我们产业报国的愿景。”

谈到农业，食品安全是逃不开的话题，柳传志承认，做农业，就要做好面对道德风险的准备。佳沃选择利用联想控股的强项——技术来管理从育种、种植，到物流、销售的全产业链环节，降低安全风险。

在销售环节，目前佳沃的产品主要在中高端超市、水果零售连锁店，同时公司还与各企事业单位开展合作。在佳沃的天猫旗舰店，主营产品新鲜蓝莓的配送地区将扩大到各个大、中型城市。

在佳沃布局全球、扩大生产规模的同时，管理难度也提升了。全国各地、不同国家的地域条件各不相同，水果产期也有很大跨度，而农业生产本身就是一项步骤繁多、过程复杂的工作。这些都是佳沃需要解决的难题。

与联想控股其他核心业务板块，如 IT、房地产等相比，农业领域的盈利节奏显然太过缓慢。但就像陈绍鹏说的：“种植水果周期很长，不能赚快钱，也没有暴利。但它是永远的朝阳行业。”根据联想控股的数据，佳沃集团在水果领域的投资额已经超过 10 亿元，而为了推出猕猴桃、车厘子等更多品类的水果，公司还将进一步加大投资。

2. 第二产业国民收入的相对比重上升，而劳动力相对比重大体不变或略有上升的原因

（1）随着经济发展和人均水平的提高，居民消费结构的变化使工业品的收入需求弹性较之农业总体上处于有利地位。同时，工业的技术进步较快，劳动生产率持续提高，促使工业获得较高的附加价值，从而工业所实现的国民收入在全部国民收入中的比重趋于上升。

（2）工业部门劳动力的相对比重上升不多或基本不变。这是工业化过程达到一定水平后出现的现象。处于工业化初期的国家，劳动力比重在第二产业是上

升的，而在实现工业化后期保持相对稳定状态。最重要的原因是，一方面工业新兴的工业部门、行业的兴起和原有工业生产规模的扩大对劳动力的需求增加；另一方面，工业技术的迅速进步，工业部门资本有机构成的提高不断排斥着工业部门本身的劳动力，两者相抵，故工业劳动力相对比重变化不大。

3. 第三产业劳动力相对比重上升的原因

第一、二产业是第三产业发展的基础，随着经济的发展和人民生活水平的提高，消费结构发生变化，对服务的需求越来越大，即第三产业具有较高的收入弹性。但第三产业中的许多产业如商业、饮食业具有资本和劳动力比较容易进入的特点，产业内部竞争激烈，不容易形成垄断，价格相对于工业品处于不利地位；交通、邮电、金融、公用事业等行业的定价又受到国家和社会的监督；科技、教育、卫生等行业的直接经济效益又不高。因此，随着经济发展的，第三产业的国民收入的相对比重增幅不大，但第三产业大多具有劳动密集的特点，并且需求的收入弹性高，能够吸收大量的劳动力。在工业达到一定水平后，农业中排斥出来的劳动力主要被第三产业吸收。第三产业具有较强的吸收劳动力的特性，被称为劳动力的大蓄水池。

第三产业发展，一方面是以第一、二产业的发展为基础，另一方面是以自身发展所创造的市场为保证，其结构变化取决于第一、二产业的发展、分工深化和第三产业自身扩张的能力。

第三节 制造业结构演变

在产业结构演进过程中，制造业（工业）扮演着主导角色，制造业既是国家工业化、城镇化、现代化建设的发动机，也是中国技术创新与国际竞争力的基石。

工业化是一个传统、落后的农业国通过大力发展制造业，从而转变成先进的工业国的过程。工业化是一个欠发达国家走向经济发展、社会进步的必由之路。工业化的过程不仅表现在人均国民收入的持续增长，而且反映在经济结构的深刻变化上。工业产值比重上升，农业产值比重下降，农业人口向非农产业转移是工业化的显著特征。工业化的程度一般由国内生产总值制造业份额的增加来度量。

西蒙·库兹涅茨及钱纳里等从经济发展的长期过程中考察了工业化过程中制造业内部各产业部门的地位和作用的变动，并揭示了制造业内部结构转换的原因。钱纳里根据多国经济发展的典型化事实，以人均收入为依据，将工业化阶段分为初期、中期和成熟期三个阶段。

工业化的不同阶段对应着不同的工业结构。在整个工业化过程中依次出现过三个突出的增长中心，即轻工业、重工业和加工组装工业。三个中心的转换构成工业结构的转换阶段：重化工业化、高加工度化、技术集约化。

一、重化工业化

从世界各国工业化的历史来看，工业化开始起步，一般都是从轻工业特别是轻纺工业作为起点。主要是因为发展轻工业，所需资金相对较少，劳动就业比例较大，技术要求不高，管理也不复杂，符合工业化初期的资源特点，这实际上是供给方面的制约条件；另外，从需求来看，随着农业生产率的提高，人们在满足吃的基本需求以后，就转向对日用工业品的消费，从轻工业开始，正满足了工业化初期人们的消费需求。

随着工业化的进展，重化工业在工业中的比重将不断上升，轻工业的比重不断下降，产业结构由轻工业占优势向重化工业占优势的方向转换，即重化工业化。

霍夫曼（W. G. Hoffmann）通过对 20 个国家的工业内部结构演变规律进行经验研究，提出了霍夫曼定理：在工业化进程中，霍夫曼系数（消费品工业的净产值与资本品工业净产值之比）是不断下降的，就是说重工业的比重会显著上升，这里的资本品工业就是指以重工业为主的生产资料工业生产。

重工业不仅生产生产资料，而且生产越来越多的消费资料，如机械工业大量生产耐用消费品如汽车、家用电器等。

美国在 1880~1975 年，按总产值计算工业增长 218 倍，其中重工业增长 415 倍，轻工业增长 114 倍，重工业增长速度明显快于轻工业。日本从 1909 年到 1970 年工业结构发生了与美国相类似的变化，轻工业产值比重由 80.4%下降到 37.8%，而重工业产值比重由 19.6%上升到 62.2%。[①]

中国作为一个后进的国家，在工业化进程中，由于国际环境、经济结构、理论认识偏差和苏联工业化模式的影响，走了一条特殊的工业化道路，大致经历了中华人民共和国成立初期至改革前的重工业优先发展→改革开放时期的轻工业发展→新世纪开始的重新重工业化。中华人民共和国成立后的相当长时间，我国一直实行重化工业优先发展的产业政策，即重工业在国民经济中一直居主导地位，获得了超前发展。不能否认，我国优先发展重工业战略，奠定了我国的重工业基础，确立了重工业的主体地位，但也导致重工业脱离消费需求而超常发展，影响了人们生活和国民经济的协调发展。改革开放以来到 20 世纪末期，轻工业得到补偿性增长。1999 年重工业增速首次高于轻工业 1 个百分点，也就是从这一年开始，我国的工业结构发生了新的变化，轻工业无论是在增长速度还是比重上都落

① 杨治．产业经济学导论［M］．北京：中国人民大学出版社，1985.

后于重工业，而且差距越来越大，出现了重新重工业化的趋势。2000~2010 年我国重工业的增长速度快于轻工业，重工业的比重将进一步提高。2000 年重工业比轻工业快 3.5 个百分点，到 2003 年重轻工业增速之差进一步提高到 4 个百分点。重化工业增加值在工业中所占比重 2000 年达到 59.1%，到 2003 年已跃升至 64.3%，2007 年占比 70.5%。

我国再重工业化阶段的工业主导部门由传统的纺织、轻工为主的轻工业向汽车、钢铁、化工等重化工业和电子信息等产业转型升级；重化工业的发展需要消耗大量的能源和原材料，需要强大的运输支撑，对铁路、公路、港口等交通基础设施提出了更高的要求；汽车、钢铁、机械等制造业和房地产、煤炭、电力等前向和后向关联产业高速发展。2000~2007 年钢铁行业持续增长，企业持续盈利；2001~2010 年煤炭行业进入黄金十年，这与当时中国整个处于重化工业化阶段相关。

案例：东方希望集团进入重化工业

东方希望集团董事长刘永行做饲料起家，但从 1998 年开始决定进入门槛高、投资量比较大的重化工领域，在氧化铝、电解铝、水泥、煤化工等产业安下扎实的营寨。2010 年我们投产的电解铝能力是 103 万吨，氧化铝是 250 万吨。这样的产业可以避免中小型企业的围剿，相对来说竞争环境宽松。这是东方希望集团结合自身特点，并且对中国的产业结构变化和世界格局演变分析后做出的战略决策。

2002 年 1 月，刘永行现身山东，与信发热电集团签订一份合资合同，成立信发希望铝业公司，但这只是为更大规模的投资做热身准备。

2002 年 10 月，刘永行挥兵包头，成立东方希望包头稀土铝业有限责任公司（以下简称东方稀铝），总投资 150 亿元，预计 2008 年建成后，年产 100 万吨原铝。

2003 年 7 月，刘永行联合其他 3 家股东，在河南省三门峡市渑池县启动了 105 万吨氧化铝项目，冲进电解铝业的上游——氧化铝，项目总投资近 45.9 亿元。

2003 年 11 月 3 日，东方稀铝第一吨铝水出炉。刘永行说，东方希望仅用一年时间、投入 20 亿元，便建成了 25 万吨原铝生产规模并投产，无论是投资决策周期还是建设周期均是国际通行标准的 1/3。

二、高加工度化

在重化工业化过程中，无论是轻工业还是重工业，都会出现由原材料工业为重心结构向加工、组装工业为重心的发展趋势，即“高加工度化”。

在重化工业化初期阶段，工业产品多为初级产品和粗加工产品，随着生产力发展，加工、组装工业占比逐步提高，并居主导地位。加工组装工业发展速度快于原材料工业发展速度。

从国际比较看，原料工业在制造业增加值结构中的比重，美国1965年为28.8%，1980年为21.0%，1990年下降到13.7%；日本1953年为32%，1965年为26.5%，1989年下降到16.7%；韩国1971年为29.1%，1979年为24.1%，1988年为17.9%；巴西1961年为39%，1989年为31.5%。从机械工业与金属原料的增加值对比（前者除以后者），日本1953年为1.96，1965年为3.82，1992年上升到7.26；韩国1971年为3.2，1979年为2.92，1991年上升到4.69；巴西1974年为1.53，1989年上升到2.75。

美国1939~1972年，冶金工业在制造业中的比重略有下降，而机械工业的比重由20.8%上升到33.6%。美国冶金工业与机械加工业比重的变化，反映了工业结构的高度化趋势，作为原材料工业的冶金工业以相同的产值比重支持着深度加工的机械工业的产值比重提高了62%。[①]

日本在1955~1975年的工业结构中，观察纺织（初加工）与服装（深加工）之间、木材（初加工）与家具（深加工）之间、冶金（初加工）与机械制造（深加工）之间的增长速度变化都可以发现高加工度化的趋势（见表5-3）。

表5-3 日本工业结构的高加工度化

产业	销售产值之比（1975/1955）	职工人数之比（1975/1955）
纺织	5.89	0.94
服装	25.65	3.69
木材	13.20	1.21
家具、木器	30.37	2.17
钢铁	17.39	1.83
有色金属	13.96	2.11
普通机械	34.01	2.88
电气机械	43.11	5.21
运输工具	40.11	2.93
精密仪器	30.88	3.03
金属制品	30.01	2.39

资料来源：日本通产省编：《工业统计表·产业篇》1955年版及1975年版，转引自筱原三代平：《经济学入门》（下册），第38页。

① 杨治．产业经济学导论［M］．北京：中国人民大学出版社，1985.

国际货币基金组织一份研究报告估计，自1900年以来，世界对原料的需求每年下降1.25%，这意味着目前一单位工业产品所需的原材料量只有1900年所需要的1/3。

“高加工度化”意味着工业加工程度不断深化，对同一原材料的利用加工次数增多，中间产品的价值在总产值中的比重上升。工业的增长对原材料的依赖程度到一定时期会出现相对下降的趋势，从而对能源、资源的依赖程度也将相对下降。这实质上是生产结构多层化，中间产品价值和高加工度产品价值在总产值中比重上升的必然结果。由于加工度越深，附加价值越大，所以高加工度化过程也称为高附加价值化的过程。

三、技术集约化

在高加工度化的过程中，先进的技术和工艺日益改造着传统产业，科学技术在工业生产的作用日益重要，现代新技术产业快速发展且占有越来越大的比重。

工业结构演进中技术集约化的发展，是工业技术水平提高，尤其是加工业技术体系升级的结果，它表现为制造业技术密集度低的产业部门的比重下降，而技术密集度高的产业部门的比重上升。随着我国市场竞争程度上升和生产集中度提高，在需求收入弹性和生产率上升率的作用下，技术集约化的进程会相对加快，食品、烟草、纺织等产业在工业增加值结构中的比重会有所下降，机械、运输设备、电气机械、电子通信设备等机电产业的比重将较大幅度上升。从日本制造业增加值结构的变化看，1980年与1965年相比，食品和纤维部门的比重不断下降，分别由26.6%和17.2%下降为8.1%和3.4%，两者的比重共下降32.3%个百分点；而一般机械、电气机械、运输机械和精密机械的比重则迅速上升，分别由6.7%、2.4%、4.1%和1.3%上升到10.7%、17.7%、14%和2.7%，整个机电产业的比重共上升30.6个百分点。①

阅读材料：制造业结构与资源结构

工业资源主要是劳动力、资本和技术。劳动力、资本和技术等资源要素在经济发展中的地位和作用将随着工业化进程而发生变化。从资源结构变动来看，产业结构沿着劳动密集型产业—资本密集型产业—知识密集型产业方向演进。

在工业化初期，占工业主导地位的轻工业特别是纺织工业的增长主要依靠大量劳动力的投入来实现，劳动力在工业生产中起重要作用。工业结构以劳动密集产业为主。在工业结构走向重化工业化时，由于钢铁、石油、有色金属、煤炭等

① 杨治．产业经济学导论［M］．北京：中国人民大学出版社，1985.

原材料工业的发展，需要大量的资金投入，资本取代劳动力成为工业增长的关键要素。进入工业化中后期，随着工业结构的高加工度化，技术（知识）将替代资本，成为工业资源的最重要因素，工业结构进一步技术密集化。

整个工业化过程需要经过三个关键环节：第一，从第一产业释放出劳动力；第二，为重工业特别是原材料工业的发展积累足够的资金；第三，为使工业结构向高加工度化发展，开发和获得先进技术。

国际产业发展经验表明：人均 GDP 达到 1000 美元，是产业经济从“轻工业阶段”向“重工业阶段”转化的转折期，以制造业为主的第二产业成为经济增长的核心动力，其增加值比重快速上升，“投资主导+工业推动”的组合是其经济增长的主要动力。人均 GDP 达到 4000~10000 美元，是产业经济从“重工业阶段”向“高加工度化”转化的转折期，第二产业增加值比重开始下降，而服务业增加值比重进入快速上升期，“消费主导+服务业推动”的组合逐渐成为新的增长动力。2003 年左右中国人均 GDP 跨入 1000 美元，进入“重工业阶段”，2010 年左右中国人均 GDP 跨入 4000 美元，产业经济进入到“高加工度化”。我国总体上已完成了以原材料工业为重点的重工业化阶段，但在向高加工度化阶段转变的过程中，重加工工业尤其是高端装备制造业没有得到应有的较快发展，从而影响到工业的技术进步和结构升级，导致高加工度化阶段一直停留在一般加工工业为重心的阶段，向技术集约化阶段升级转变较慢。总体上，我国工业化阶段处于工业化的后期。

第四节　服务业结构分析

工业化基本完成后，经济发展就进入所谓的“后工业化”阶段，此时第三产业开始替代工业成为经济发展的推动器。服务业收入弹性较大、因而与人均收入水平提高有密切关系。服务业发展水平是衡量生产社会化和经济市场化程度的重要标志。它们通过其各种服务功能，有机联结社会生产、分配和消费诸环节，加快人流、物流、信息流和资金流的运转。

一、服务业分类

服务业是一个十分庞大的产业体系，关于服务业的分类，基于不同的研究目的有不同的分类法。从现行分类体系的功用来看，比较通行的大致有三种分类法。

（1）从生产的角度制定的统计分类体系。各国政府或国际组织出于国民经济统计目的，从生产的角度制定了统计分类体系。影响比较大的有联合国制定的国际标准产业分类系统（ISIC）和北美产业分类系统（NAICS）。我国于 1994 年首次发布了细分行业的国民经济行业分类标准（GB/T 4754—1994），这一分类体系把第三产业分为十二个行业。2017 年我国颁布了最新的行业分类标准《国民经济行业分类与代码》（GB/T 4754—2017），把第三次产业细分为十五个行业：批发和零售业，交通运输、仓储和邮政业，住宿与餐饮业，信息传输业、软件和信息技术服务业，金融业，房地产业，租赁和商务服务业，科学研究与技术服务，水利、环境和公共设施管理业，居民服务、修理和其他服务业，教育，卫生和社会工作，文化、体育和娱乐业，公共管理、社会保障和社会组织，国际组织。

（2）从服务业功能、性质或服务对象出发的分类。从服务功能出发对服务业分类，使用最广泛的是经济学家辛格曼提出的四分法。把服务业分为：①消费者私人服务业。这类服务覆盖个体生活的方方面面，主要满足消费者的个人最终需求。②生产者服务业。为生产者提供其用作进一步生产的中间投入服务的行业，包括为企业正常生产提供保障性服务，如会计、广告设计和保卫等，也包括一些相对独立的产业服务业，如金融业、保险业、房地产业、法律和咨询等。③分配性服务业。为方便消费者和生产者获得商品或供应商品而提供相关服务的行业，包括运输业、仓储业、通信业和批发零售业等。它们提供的服务是对商品的直接需要而派生出来的连带性或追加性服务。④社会服务。主要是政府履行其职能时提供的服务（见表 5-4）。

表 5-4 服务业按服务功能分类

服务业大类	细分类
消费者私人服务业	家政服务；旅馆和饮食服务；美发美容；修理、洗衣服务；娱乐和休闲；其他个人服务
生产者服务业	银行、保险、信托等；房地产业；工程和建筑服务业；会计、法律服务；广告设计；其他营业服务
分配性服务业	交通运输、仓储业；批发零售业；通信业；其他销售服务
社会服务	公共教育；医疗卫生；福利和宗教服务；国防；非营利机构；其他

中国的服务业按服务对象一般分为三类：第一类是生活性服务业，即为居民生活服务的产业，如零售、餐饮、房地产、文体娱乐、旅游等。第二类是生产性服务业，即为提高生产和交易活动效率的产业，如贸易、金融、租赁、通信、运输、商务服务等；根据商务部分类，生产性服务业通常包括金融服务、研究开发、信息服务、专业服务、物流和供应链服务、市场营销及咨询服务。第三类是公益性服务业，与人力资本、知识资本价值生产有关的部门，包括科学、文化、教育、卫生保健和公共管理组织等。

（3）按产业出现的先后或应用技术的新旧，把服务业分为传统服务和现代服务业。传统服务业是指为人们日常生活提供各种服务、大都是历史悠久的行业，如批发零售、商贸、餐饮、住宿、仓储运输、邮电电信、旅游酒店等。现代服务业是相对于传统服务业而言，主要是依托于现代信息技术和现代管理理念发展起来的服务业。具体包括两类：一类是直接因信息化及其他科学技术的发展而产生的新兴服务业，如计算机和软件服务、移动通信服务、信息咨询服务、健康产业、生态产业、教育培训、会议展览、国际商务、现代物流业等；另一类是通过应用信息技术，从传统服务业改造和衍生而来的服务业，如银行、证券、信托、保险、租赁等现代金融业，建筑、装饰、物业等房地产业，会计、审计、评估、法律服务等中介服务业等。

二、服务业结构演变

服务业内部结构随着经济的发展和人均收入的增加，也在发生着演变。

服务业产业结构沿着传统服务业—多元化服务业—现代服务业—信息和知识产业的方向演进。服务业发展大体经历四个阶段：

第一阶段是工业化初期及以前，生产力水平较低，社会分工不发达，人均收入较低，人们对服务需求仅限于必需的日常生活服务，如饮食、旅馆、理发、基本医疗卫生等有限的传统服务，服务业在国民经济的地位低，吸纳的就业人员不多。

第二阶段工业化中期，随着工业化的进一步推进，社会分工和城市化的加快，服务产品的需求迅速扩大，相应的服务产品供给量和供给种类快速增长，服务业就业人数占比明显上升，服务企业的规模扩大。传统服务产品种类增加的同时，一些相对新兴的服务业开始出现。

第三阶段工业化中后期，随着服务业需求明显加快，就业人数和贡献的收入迅速增加，同时，服务业内部结构也在发生变化，传统服务业增长放慢或基本保持不变，新兴和现代服务业快速发展，并成为服务业的主体。

第四阶段是社会进入后工业化时期，服务业在国民经济的地位迅速上升，服务业的经济贡献开始超过农业和工业，成为最重要的产业，现代新兴服务业如金融、教育、医疗、娱乐等规模不断扩张，知识密集型服务业如研发、咨询、设计、媒体和广告业等知识性服务业发展最快。

随着经济的发展，服务业内部各行业发展存在的差异主要体现在增加值贡献、生产率提高及从业人员素质三个方面。从增加值贡献来看，金融、保险、房产地业等在国民经济总量中的占比不断上升，咨询、设计等知识服务业增长最快，而商业零售、饮食服务等传统服务业到一定阶段则保持不变甚至有所下降。从生产率提高来看，知识服务业和金融保险业等有较快增长，而传统服务业增长缓慢。从就业人员素质来看，知识服务业和金融保险业集中了部分相当优秀的人才，而传统服务业则承担着吸引就业的功能。

和传统服务业相比，现代服务业具有高人力资本含量、高技术含量、高附加值“三高”特征，发展上呈现新技术、新业态、新方式“三新”态势，具有资源消耗少、环境污染少的优点，是地区综合竞争力和现代化水平的重要标志。现代服务业的快速发展提升了整个服务业在国民经济和就业人口中的重要地位和服务业的信息化水平。当然，现代服务业也是一个动态概念，随着经济社会的发展，还会拓展新的领域，增加新的内容，此时为现代服务业，彼时则为传统服务业，但它们也不是转瞬即逝的，具有相对稳定性。

生产性服务业（Producer Services）是与制造业直接相关的配套服务业，是由制造业内部生产服务部门独立发展起来的新兴产业，它依附于制造业而存在，且又贯穿于企业生产的上游、中游和下游诸环节中。生产性服务业涉及面广、带动作用强、产业融合度高。发展生产性服务业是提升生产效率、增加工业附加值、优化社会资源配置的重要途径，也是促进技术进步、推动产业调整升级、实现创新驱动发展的重要因素。

目前发达国家基本确立了服务经济的产业结构，服务业在发达国家已经占据了 GDP 的 70%以上的份额，美国、英国和法国等均已超过 75%。特别是近二三十年，除商贸、金融业、房地产业等传统服务业持续发展外，现代服务业如信息服务业、专业服务业、服务外包、创意产业、文化服务业、新兴旅游业等日益成为推动经济发展的动力。在发展中国家，服务业占 GDP 比重同样在不断上升，并且服务业就业增长速度更快，服务业占比世界平均水平也在 60%以上。①

三、我国服务业发展和结构演变

我国正处于工业化中后期加快发展阶段，在这个阶段，必然是服务业的发展特别是现代服务业加速发展的时期。

由于我国长期以来“重产品、轻服务”，导致服务业发展水平较低，而第二产业一直是我国 GDP 构成中的“主力军”。

改革开放以来，我国服务业发展迅速，随着我国的改革开放和经济持续发展，服务业在国民经济增长中的贡献率稳步提升。根据国家统计局公布的数据，1979~2011 年，工业平均增长速度是 11.48%，第三产业平均增速为 10.9%，第三产业的增长速度比国内生产总值的增长速度快了一个百分点，第三产业对 GDP 的贡献也是明显提升的。2012 年是一个转折点，服务业的增速首次超过了制造业，2013 年，第二产业增加值同比增长 7.8%；第三产业增加值同比增长 8.3%。

① 王晓红，李勇坚．全球服务业发展形势分析与展望［C］//中国国际经济交流中心信息部，中国社会科学院财经战略研究院互联网经济研究室．国际经济分析与展望（2015~2016）．北京：社会科学文献出版社，2016.

第三产业增加值在GDP中的占比提高到46.1%，首次超过第二产业的占比，成为最大产业，到2015年，第三产业增加值占比已超过了50%，我国经济增长的驱动力有一半以上来自第三产业。2017年服务业在中国GDP中的占比为51.6%，对经济增长的贡献率是58.8%，服务业对经济增长的带动作用明显增强，成长为中国经济发展的主动力。第三产业的比重上升也带动了我国单位GDP的能耗自2006年来不断下降。反映了目前我国产业结构趋于优化，表明第三产业已经成为打造中国经济升级版中的重要力量。

由于我国正处于城镇化和工业化快速发展的阶段，第三产业仍然有着巨大的需求和发展空间，并在增加就业、拉动内需、促进GDP增长等方面发挥重大作用。我国城镇化进程还有很大的空间。城镇化意味着农民变市民，市民对服务的消费需求是农民的4倍左右。随着城镇化的发展，大量的农村人口将转向城镇，这一进程将带来服务业的快速发展。同时，工业化的快速发展，特别是伴随经济结构调整和产业升级，金融、保险、物流、商务、信息等生产性服务业也将面临新的发展机遇。

我国生产性服务业发展更为滞后，这种状态不符合服务业发展的要求，也与未来高端制造业的发展不相匹配，对服务业乃至国民经济持续发展十分不利。随着结构调整和经济转型升级，生产性服务业由于具有资源消耗低、附加值高等特点，将获得较大的发展机遇，特别是信息服务、研发服务、物流服务、技术支持服务、人力资源服务和节能环保服务将面临更大的发展空间。

当前中国已进入上中等收入国家行列，居民收入不断提高、中等收入群体不断扩大消费带来的明显特征是使以往的物质消费向服务消费转变，旅游、文化、教育、健康等方面消费需求增大，这为服务业发展注入了活力和动力。

人口老龄化的加剧，也给第三产业提出了更加迫切的发展需求。2013年10月，国务院印发的《关于促进健康服务业发展的若干意见》提出，到2020年，将基本建立覆盖全生命周期、内涵丰富、结构合理的健康服务业体系，打造一批知名品牌和良性循环的健康服务产业集群，并形成一定的国际竞争力，基本满足广大人民群众的健康服务需求，医疗卫生、健康服务业将有更大发展空间。

创新驱动也增强了服务业的内在动力。信息网络技术大规模运用催生了很多新业态、新模式，这些模式在服务业领域的影响最为集中、表现最为突出。

阅读材料：产业结构演进的主要动因

影响产业结构的因素很多，主要分为内在动因和外在动因。

社会需求结构：拉动作用。从总体上说，需求总量和结构变化都会引起相应产业部门的扩张或收缩，引起新产业的产生和旧产业部门的衰落。

技术进步：推动作用。技术进步是产业结构演进的根本动力。技术进步速度越快，产业结构转变越大。

需求的扩大只是产业扩张和发展的外部条件，而产业本身能否发展以及规模能否扩大和速度能否提升，则取决于产业劳动生产率的提高速度，即产业生产率的上升率。

自然条件和资源禀赋：基础作用。资源禀赋条件影响一国产业结构基本构成。合理的产业结构必须发挥本国自然条件和资源禀赋的比较优势，这样才能因地制宜地更好促进经济发展。

经济发展战略和产业政策：调节作用。一国通过发展战略和产业政策引导、影响甚至参与资源的分配和再分配。

国际贸易与国际分工：调剂作用。一国通过国际贸易与国际分工，调剂着进出口和供需关系，进而影响产业结构。

扩展阅读　美国百年产业变迁和投资机会①

历史会重复，但不是简单的重复。美国百年产业变迁给予中国一定的确定性参照，但全盘照搬无异于刻舟求剑，机会在于拥抱趋势和未来。

第一阶段（1920~1950 年）：城市化和工业化带来的基建大时代。

1920 年，美国城市人口占比突破 50%，城市化进入加速阶段。工业化与城市化同步，“一战”后美国推动了第二次工业革命，电气化在各个行业广泛应用。汽车、化工化纤、机械、轻工制造等行业在“一战”后出现大量投资机会。加上美国在“一战”“二战”中从欧洲各国经济和军事上获得的巨额订单，1920~1950 年美国工业快速发展。

繁荣的另一面是泡沫，股市和楼市泡沫的破灭最终带来了 1929 年历史性的大危机。大危机后，美国经济进入通货紧缩期和大萧条时期。1933 年，罗斯福临危受命，开始了凯恩斯主义实验。美国政府部门对经济的干预日趋加强，政府部门消费和投资在经济中所占的比重不断上升。20 世纪 30 年代大萧条后美国基建投资剧增，从大萧条到“二战”，与基建相关的重工业如钢铁、机械、航空船舶、化工等工业有良好的增长。

第二阶段（1950~1970 年）：工业化 2.0+全球化 1.0 时代。

“二战”后，全球经济萧条，仅美国完整保留了所有工业体系，经济排名世

① 天风宏观团队．百年美股：一部经济史［EB/OL］．2017-12-09．https：//xueqiu．com/2140400147/96801639．有所调整，标题是编者加的。

界第一，黄金储备占全球60%，工业总量占资本主义世界60%。欧洲复兴的马歇尔计划带领世界经济进入全球化1.0时代。1960年，美国城市人口占比突破70%，城市化带动的工业化1.0（大基建时代）结束，工业自动化带动的工业化2.0（自动化时代）开始蓬勃发展。

“二战”后的美国GDP波动率表现出十年一次的周期性波动，对应了十年一次的产业变迁。1950~1955年是电子、有色和交通运输，1955~1960年是电子、化工和汽车零部件，1960~1965年是交通运输和机械，1965~1970年是机械、化工和轻工制造，而基建相关的重工业股（钢铁、机械、航空船舶、化工）在“二战”后占比明显下降。每十年发生一次产业变迁，对应了系统性的投资机会。美国城市化率在1960年达到70%，美国城市化在1970年左右进入平台期。

基建需求逐渐饱和。钢铁业在20世纪60年代后期开始产能过剩，产量在1973年达到高点后开始了长达10年的去产能。同时，工业产出占比GDP开始下降。劳动生产率在1970年到达顶峰，之后呈趋势性下降。传统工业投资的回报率也呈趋势性下降。伴随着1969~1970年经济危机的爆发，美国经济高速增长的“黄金年代”也宣告终结。

过渡阶段（1970~1980年）：（滞胀）不破不立，寻找新的经济引擎。

“二战”后的美国以全球6%的人口消费了全球30%的石油。在廉价能源的支撑下，高耗能产业推动了美国重资产型工业（汽车、化工、机械、交运）的繁荣。然而，这种高耗能重资产发展模式的背后，是债务滚动、资产泡沫和能源敏感。

1973年中东石油危机给美国输入了“滞胀”。通胀和失业率连连走高，美国政府加大财政支出、扩大投资、刺激经济。从1970年到1975年，美国联邦支出和国防投入大幅增加，但这一次，凯恩斯主义失效了。高物价、高失业率和经济不景气维持了将近十年。除了受益于油价上涨的上游寡头，1970~1975年表现最好的工业集中在偏上游的化工、钢铁、采掘、机械。

危机，也是机会。滞胀的根本原因是美国旧经济的产业结构无法提升劳动生产率。不破不立的艰难世事中，新经济的机会正在孕育。20世纪70年代中后期，美国研发投入开始大幅上升，为日后的产业结构转换打下基础。

第三阶段（1980~1990年）：消费服务大时代。

1960年之前，美国劳动力主要是从第一产业转移至第二产业和第三产业；1960年后，第一产业劳动人口下降趋缓，第二产业劳动人口加速下降，释放的劳动力加速进入第三产业。

劳动密集型产业开始向亚洲、墨西哥、南美转移，留下高劳动生产率产业。1970~1990年，金融、房地产、商业服务的产出占比稳步上升，制造业占比进一步萎缩。

技术进步提高了生产效率和收入水平，居民总实际收入稳步增加，带来了生活品质的提升和消费力的升级。劳动效率的提升带来了工作时间的缩短和休闲时间的延长。1980 年，收入上升和消费倾向的提升带来了美国消费的大时代。消费品行业（食品饮料、零售）和服务业（文娱传媒、医疗、非银金融、银行）均表现出色。

20 世纪 80 年代中后期，随着个人计算机成本的下降，软件行业以及以此为基础的半导体仪器设备开始显山露水。微软是这个时代的最成功和最有影响力的代表性公司。

第四阶段（1990~2000 年）：PC 时代和互联网泡沫。

从 1947 年半导体问世，1959 年集成电路技术商用化，1965 年运算放大器被发明，1970 年英特尔推出记忆体芯片和微处理器，1973 年互联网发明，到 1981 年个人计算机真正走入大众生活，信息技术终于从成长进入到成熟，人类进入到了信息时代。在信息技术的驱动下，1980 年后期美国劳动生产率重新提升。

1990 年，个人计算机迅速普及，逐渐成为人们生活和工作的必需消费品，催生了从计算机硬件到软件、从单机到网络的巨大市场需求，成就了一批以提供计算机及网络软硬件设施的科技企业，如思科、戴尔、微软及英特尔等。

1995~2000 年，除了 IT 产业（软件、互联网、电子元件、通信设备）的崛起，上一阶段的医疗、泛金融业、零售贸易表现也持续加强。

1996 年，纳斯达克破千点。1999 年，纳斯达克上涨了 90%。2000 年，纳斯达克创 5048 点新高，先后 5000 多家企业上市，这是一个“互联网”的时代。这一次，繁荣的背后又是泡沫，新经济不是 dot-com 或在名字前面加上 e。大浪淘沙始见金，科网泡沫破灭后，一批科技企业真正成熟起来。

第五阶段（2000~2010 年）：科网泡沫破灭和互联网公司寻找盈利模式。

2000 年科网泡沫破灭后，市场归于理性。2005 年后，由于互联网在全球范围内的普及和 Web 2.0 时代的到来，无论是企业还是个人都通过网络获取或是传送信息，并逐渐将网络应用作为企业经营和个人生活工作中不可或缺的工具。IT 企业中率先找到盈利模式的公司脱颖而出：EBIX、Salesforce 均是针对企业提供按需服务的软件公司。

此外，稳定的需求依然引领医疗和商业服务持续增长。值得注意的是表现出色的商业服务公司业务范畴从 20 世纪 90 年代的针对企业的线下咨询、数据处理，变为针对个人的互联网垂直领域电子商务服务，如 Google、eBay 等。

第六阶段（2010 年至今）：未来趋势。

2010 年至今，受益于信息电子化的深入发展，软件和互联网以及作为其基础的电子元器件的表现持续优异。PC 和手机合为智能手机，大大延伸了机器和人的关系。以苹果产业链为代表的电子元件和通信设备成为近十年的风口行业之一。近十年生物技术不断突破瓶颈，医疗科技成为另一个风口行业。能源行业随油价反弹出现个别机会，页岩油和新能源公司在能源板块中异军突起。

历史的必然路径："制造—消费—科技—新制造"背后的逻辑。

英国经济学家保罗·麦基里认为"一种建立在互联网和新材料、新能源相结合基础上的工业革命即将到来，它以制造业数字化为核心"。从化石能源时代到数据时代，计算成为生产力，数据成为生产资料，互联网成为生产关系。

展望未来，人类的活动轨迹会进一步信息化。以数据为生产资料的互联网企业打破传统企业组织的规模效应约束，仍大有可为。医疗和金融服务始终是人恒定的需求，只会被互联网改造，不会被替代。能源板块的趋势可能从化石能源转向新能源和新材料。

总结

产业变迁的驱动力是技术进步，技术进步的驱动力是生产效率提升，生产效率提升的驱动力是解放人的工作时间，增加人的娱乐时间和寿命。人类必然向过得更好的方向发展：提升效率、享受休闲、延长寿命。

第六章 产业关联与产业融合

不识庐山真面目，只缘身在此山中。

——（宋）苏轼《题西林壁》

在社会再生产过程中，产业间存在着相互依存、相互促进、相互制约的关系。产业关联是产业间以各种投入和产出为连接纽带的技术经济联系。整合产业链是企业提升竞争力的有效手段。产业关联的一种高级形式是产业融合。“互联网+”可加速产业融合。

第一节 产业关联的实质与方式

一、产业关联的实质和联系纽带

在国民经济体系中，每一个产业的产品生产或服务都需要其他产业以直接或间接的方式提供一定的产出作为本产业的要素供给，同时，本产业的产出也有一部分作为中间产品直接或间接地满足其他产业的产品生产或服务提供的需求。产业关联指一产业与国民经济体系中其他产业之间的关系。

产业相互之间的供给与需求关系是产业间最基本的关系。产业关联的实质是产业之间的供给与需求的关系。产业间这种交错复杂的关联通过内在的技术经济联系表现为外在的供需关系或投入产出关系。

产业间联系的纽带主要有：

（1）产品、劳务联系。产业间相互提供产品或劳务，是产业间最基本联系，如棉花种植业向纺织业提供原材料、纺织业向服装加工业提供布料、钢铁业向机械制造业提供钢材等。

（2）生产技术联系。每一个产业的技术发展都直接或间接地影响或受影响于其他产业的技术发展。不同产业的生产技术有不同的要求，其产品结构和性能不同。在生产过程中，一个产业不是被动地接受其他相关产业部门的产品或劳务，而是依据本产业的生产技术特点、产品结构特性，对所需相关产业的产品和劳务提出各种工艺、技术标准和质量等特定要求，以保证本产业的产品质量和技术性能，如在工业化初期，纺织工业对棉花种植业的依赖程度很大，后者直接制约着前者的发展。随着技术进步，化纤产业的产生和发展，使纺织工业与其发生联系的产业中又加入了化纤业，自然使纺织业的发展对棉花种植业的依存度减少了。产业间的生产技术联系反映了产业间相互依赖、相互制约的程度和方式。

（3）投资联系。产业间存在着投资联系，产业间的协调发展使一产业的直接投资必然导致相关产业的相应投资。

（4）经济联系。产业间的经济联系，是一产业与其他产业之间在一定交换关系下的经济利益关系，它通过产业间产品或劳务的交换体现出来。每个产业经济活动的频率和物质利益的实现程度，不仅取决于本产业的技术水平、管理水平，还取决于与其他产业的相关产品和劳务的价格比较。

显然，产品或劳务关联关系是产业间最基本的关联关系。产业间协调发展的本质表现为产业间相互提供产品、劳务的数量比例要均衡；而社会劳动生产率和经济效益的提高，最终归结为产业间提供产品或劳务的质量提高和成本节约。

二、产业关联的方式

在社会再生产过程中，产业关联方式主要有以下几种类型：

1. 前向联系与后向联系

从产业之间的供给与需求方式出发，产业关联关系可以分为前向联系、后向联系。

前向联系是通过供给与其他产业发生的关联，即某产业的发展会对那些将本产业产品或服务作为其生产投入的产业（又称为下游产业）产生影响，如对钢铁产业来说，它与汽车制造业的关系就是前向关联。后向联系是通过需求与其他产业发生的关联，即某产业的发展会影响那些向本产业提供产品或服务的产业（又称为上游产业），如对钢铁产业来说，它与煤炭采掘业的关系就是后向关联关系。

2. 单向联系与环向联系

按产业间技术工艺的方向和特点联系方式，可以分为单向联系和环向联系。

单向联系是指 A、B、C、D 等一系列产业间，先行产业为后续产业提供产品，以供其生产时直接消耗，但后续产业的产品不再返回先行产业的生产过程，如棉花→棉纱→色布→服装。

环向联系是指 A、B、C、D 等一系列产业间，先行产业为后续产业提供产品，以供其生产时直接消耗，同时，后续产业生产的产品也返回到相关的先行产业的生产过程，如煤炭采掘业→钢铁冶炼业→采矿设备制造业→煤炭采掘业。

3. 直接联系与间接联系

按照产业间依赖程度联系方式，可以分为直接关联和间接联系。

直接联系是指两个产业间存在着直接提供产品和技术的联系，如冶金业和机械制造业的联系是直接联系，因为冶金产业为机械制造业直接提供原料。

间接联系是指两个产业部门本身不发生生产技术联系，而是通过其他一些产业的中介有联系。例如，汽车产业与采油设备制造业之间并无直接联系，但石油开采与采油制造设备有关，这样汽车产业通过石油开采这个中介产业与采油设备制造业发生联系。

在产品生产过程中，不仅包括直接消耗，而且包括间接消耗。例如，汽车生产需要消耗电力，这是汽车对电力的直接消耗，汽车生产还同时消耗钢铁、轮胎等产品，生产钢铁、轮胎同样需要消耗电力，从而汽车通过钢铁、轮胎的生产与电力发生间接联系。进一步看，炼钢需要消耗生铁、焦炭等，生产生铁、焦炭又需要消耗电力，从而汽车生产通过炼钢与电力发生第二次间接联系。当然，生铁、焦炭的生产又需要消耗电力等，这些也是汽车对电力的第三次间接消耗。依次类推。

产业间的数量关联关系可以通过投入产出表计算直接消耗和完全消耗反映出来。完全消耗是直接消耗和间接消耗的总和。投入产出表和投入产出模型是产业关联分析的基本工具，但由于本书的目标定位和服务对象所决定的，这里不再介绍。

第二节 产业链和产业关联效应

一、产业链、供应链、价值链

众多产业间存在投入产出关系构成产业链。产业链中的各产业大部分既是要素的供给方，又是市场的需求方，作为供给方，它通过其他产业提供要素投入来确立自己在产业链中的地位；而作为需求方，它通过对其他产业产出的消费来显示其在产业链中的作用。如以下产业链：

（1）原油、天然气开采→石油制品业→基础化学制品业→化纤原料制造业→纺织业→日常生活用品制造业。

（2）煤炭采掘业→煤制品业→钢铁业→金属上游产品加工业→一般机械工业→运输机械制造业。

（3）林业→木材和木材制品业→纸浆、造纸业→印刷出版业→教育、科研事业。

大农业从整个产业链的角度分，产前—产中—产后，产前的农药化肥及农资、农机具等，产中农林牧渔，产后就是农产品经过深加工后的食品饮料行业。

图 6-1 煤炭产业链说明，煤炭产业生产的煤炭主要提供给下游的火电、钢

铁、建材和化工等产业使用，火电、钢铁、建材和化工产业生产的产品再进一步作为供给满足钢铁、有色、化工、水泥等具体产业的需求。

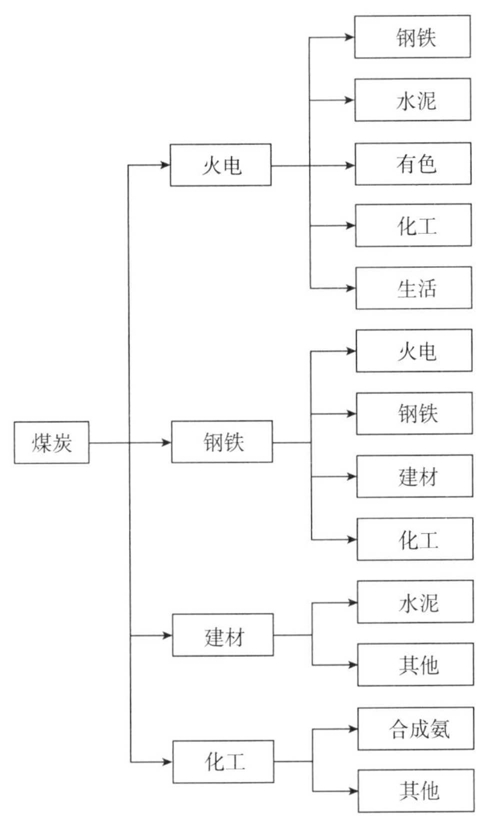

图 6-1 煤炭产业链

图 6-2 钢铁产业链进一步说明了钢铁产业的上中下游产业的关联关系。

产业链有以下特征：产业链条中包含诸多不同的相关产业和企业；产业链中的企业存在着上下游投入产出关系；产业链上的企业围绕最终用户的需求进行生产交易活动；产业链活动实现价值增值。

1985 年，迈克尔·波特在其代表作《竞争优势》一书中提出了价值链（Value Chain）理论。波特认为，大部分企业都是可以被看作一个由设计、生产、销售、交货等一系列创造价值的活动所组成的集合体。企业所从事的每一项活动都会产生成本，同时也会带来价值增值，当企业出售产品（服务）的总价值比其创造所花费的成本高时，企业就可以获得利润。因此，企业的总价值包括活动和利润两大部分。这些活动根据其在价值增值过程中的参与形式可划分为两大

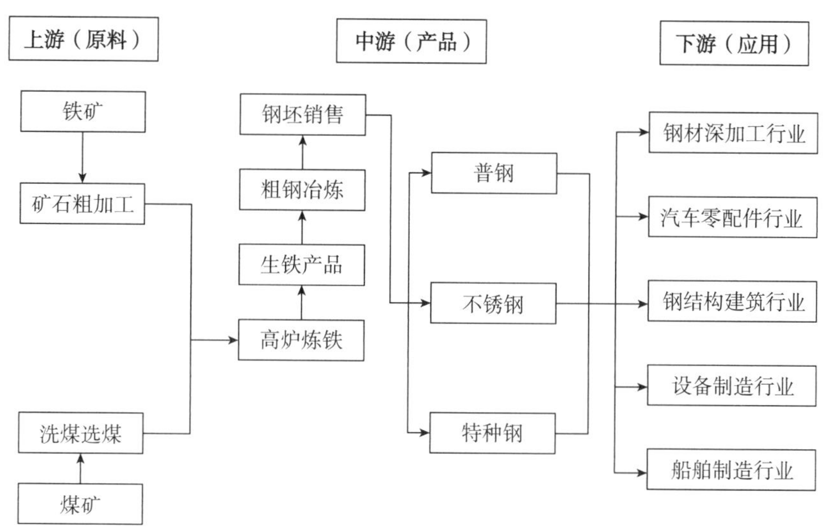

图 6-2 钢铁产业链

类：基本活动和辅助活动。基本活动直接反映了价值链中价值量的递增过程，是产品或服务的主要形成过程。企业的每项活动，均可以从是否创造价值的角度来判断和评价。企业的竞争优势，也主要来源于企业与竞争对手在价值链上的差异。

将企业价值链根据企业与其供应方和需求方的关系密切程度，向前、后延伸形成了产业价值链。此外，处于产业链上的每个企业的价值链就是一个产业环节。产业价值链通过区分并界定企业在一个特定产业内的各种活动来反映企业活动所处产业环节的实际经济效益。

供应链（Supply Chain）和价值链都是产业链不同的表现形式，只是角度不同。供应链是从生产过程角度，包含从原材料采购到产品和服务交付给最终消费者的全过程，供应链管理就是对整个供应链系统进行计划、协调、操作、控制和优化的各种活动和过程，有效的供应链管理能降低成本；价值链是从价值增值角度，着重分析产业链上各个环节的价值创造过程。价值链分析主要任务是分析每个环节上的盈利主体，产品由生产、运输到最终消费的每个环节的增加值，根据盈利能力决定是否需要投资产业链或与产业链上的其他企业进行合作。产业链是从产业间分工协作的角度，着重分析产业间的技术经济联系和投入产出关系（见表 6-1）。

产业分析一定要有产业链的思维，将研究触角延伸到产业链的上下游，对于产业链不同环节的竞争格局、利润分配等要素进行分析。

表 6-1 产业链、供应链、价值链的区别

	产业链	供应链	价值链
侧重点	如何有效地创造价值的同时降低成本	如何有效地降低成本	如何有效地创造价值
主要目标	满足消费者需求创造价值的同时提高供应流程效率、降低成本	通过提高供应流程的效率、降低成本	通过满足消费者需求来使用价值最大化
关注环节	产品设计研发、生产、销售环节	产品的生产环节	产品的设计研发与销售环节
链“流”	价值流与供应流的结合	从供应商到消费者的供应流	从消费者流出的价值流

阅读材料：微笑曲线

微笑曲线（Smiling Curve）最早是由中国台湾宏碁集团创办人施振荣先生在1992年提出来的。它较为贴切地诠释了工业化生产模式中产业分工问题。微笑曲线将一条产业链分为三个区间，即研发与设计、生产与制造、营销与服务。附加值更多集中在两端：研发与设计、营销与服务，而处于中间环节的生产与制造附加值最低。拿美国汽车行业来说，制造领域只占20%的利润，80%是在它的营销、设计和之后的服务上；手机90%在两端，只有10%在制造上。在国际产业分工体系中，发达国家的企业往往占据着研发与设计、营销与服务的产业链高端位置，发展中国家的厂商则被挤压在低利润区的生产与制造环节。中国制造大量占据的是“微笑曲线”的低端（见图6-3）。

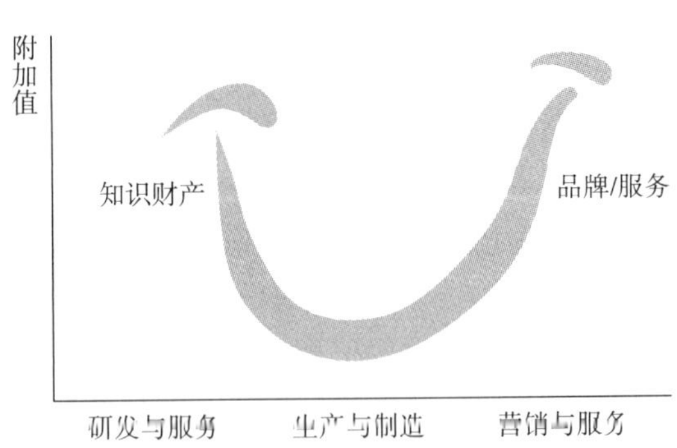

图 6-3 微笑曲线

各国企业在微笑曲线上的位置并不是一成不变的。发展中国家的企业应勇于和善于进行产业升级，向产业链高端发展。尽管由于历史、环境等原因，世界各国的要素禀赋不同，各国企业也形成了阶段性的比较优势。但产业链各环节的要素结构在不断变化，从而使全球产业链呈现动态的组合与创新。

二、产业关联效应

产业关联效应是指某一产业投入产出关系的变动，对其他产业投入产出水平的影响。如果把生产最终产品的部门规定为前向，把生产中间产品的部门规定为后向，又假定有三个产业 A、B、C，它们的关联关系如图 6-4 所示。

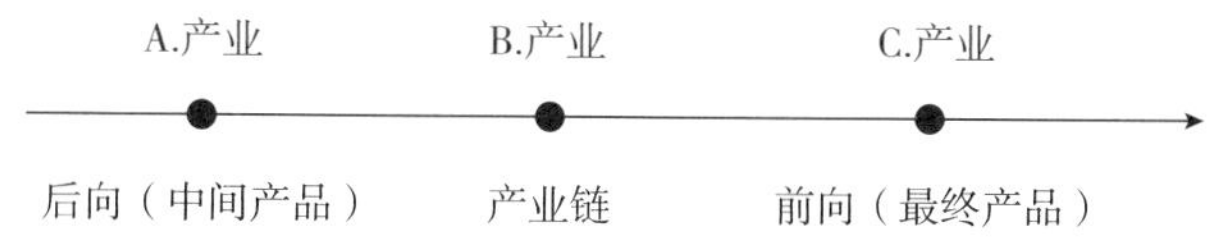

图 6-4　A、B、C 关联关系

A 产业向 B 产业提供中间产品，B 产业向 C 产业提供中间产品。当 B 产业扩张（或收缩）时，如果诱发了向其提供中间产品的 A 产业的扩大（或收缩），则称为 B 产业的后向关联效应；如果诱发了为 B 产业的产品作为中间投入的 C 产业的扩张（或收缩），称为 B 产业的前向关联效应。

案例：双汇半截产业化模式存大隐患

2011 年双汇集团卷入“瘦肉精”丑闻，把整个肉制品加工业拖入一场前所未有的危机。诚然，在每一次食品安全事件的背后，都或多或少地存在监管不力的因素，但面对这种“大块头”企业的沦陷，仅仅归咎于监管失职，无助于拨开云雾发现真相。

2011 年双汇集团的自建养猪场一年出栏生猪约为 30 万头，而其官方网站资料显示，集团每年消化生猪在 3000 万头。换句话说，这家号称国内最大的肉制品加工企业每年肉类深加工所需的绝大多数原料，都来源于基地以外的各种规模的养殖场（户），甚至是散养户。

毫无疑问，双汇集团在短短的 20 多年内，年销售收入从不足 1000 万元发展至突破 500 亿元，大量中小养猪户的低成本对接功不可没。

但以农业产业化的标准来看，这种“公司+农户”的对接模式只是在加工环节实现了“半截子”产业化，而处于整个产业链上游的生产环节，由于是千家万户的分散经营，势必难以实现标准化。如果只满足于继续牟取这种落后产业模式下的利润，而对其间潜伏的危机视而不见，或存在侥幸心理，无异于饮鸩止渴。

如果把食品安全视为一个“木桶”的话，企业自我把关不严、政府部门监管不力无疑是一块明显的“短板”。但更严重的是，作为整个“木桶”基础的“桶底”——分散的小生产从一开始就漏洞百出，隐患重重。

找准问题的“靶心”后，除了要继续加强监管力度，补齐“短板”，政府部门还应制定政策引导千家万户的小生产走集约化、规模化之路；作为农业产业化的龙头企业，更应切实负起社会责任，严格把关，通过自身的市场影响力，倒逼源头实行标准化生产，为食品安全打造一个坚实的“桶底”。

2011 年“瘦肉精”丑闻后，双汇加强对上游养猪业的投入，打通肉制品的整个产业链，发展养殖业的动机和目的主要是保证食品安全。在逐步给屠宰工厂做配套，现在新建年屠宰 200 万头生猪的一个工厂，就会配套一个年出栏 50 万头的养殖场，做养殖业不是权宜之计，而是长期发展的战略，希望可以通过完善产业链来保证食品安全。

三、产业波及效果

1. 产业波及和产业波及效果

产业波及是指国民经济产业体系中，当某一产业部门发生变化（如产品产量、技术、产品价格、工资水平等），会通过产业间的依次传递，直接和间接地引起其他相关产业的变化（如供求量、成本、价格等），从而在产业间引起一系列连锁反应，波及强度会越来越弱，最终趋于消失。

某一产业最终需求发生变化，导致包括本产业在内各个产业各自产出水平的变化，称为产业波及效果。

现实产业波及效果存在着一定的时滞现象，即指某产业最终需求的变动导致其他产业的变动并不立即反映在产出量的变化上，或者说某产业最终需求变化引起其他产业产出量的变化有一个时间过程。这个时间过程的长短，往往在不同的产业、不同的经济循环周期（繁荣期和萧条期）中的不同阶段有不同的表现，这种差异是由于“库存”的存在而发生的。在对某产业产品的需求增加时，在短期内往往首先反映在库存的减少上。某产业最终需求变动导致的波及效果，会因为库存的存在而被中断或减弱，但当库存不足以满足波及需求的增加，生产量又不能立刻增加时，需求变动造成的波及效果可能表现为价格的上升，直到供给有所增加，价格上升的趋势才有可能被熨平。

2. 产业的感应度和影响力

某产业的生产活动通过产业间的联系方式，必然要影响到或受影响于其他产业的生产活动。把一产业影响其他产业的程度称为该产业的影响力；而把受到其他产业影响的程度称为感应度。不同的产业感应度和影响力一般是不同的。对中国的产业关联分析表明，农业、基础化工、钢铁工业、机械工业、煤炭、电力以及运输部门的感应度较大，而电子通信及交通运输设备、电机器材、纺织、机械等部门的影响力较大。在工业化过程中，一般重工业的感应度较高，轻工业的影响力较高，因此，在经济增长率较高时，感应度较高的重工业一般表现为发展较快，而影响力较高的轻工业的发展对重工业及其他产业发展起推动作用。有些产业的影响力和感应度都大于 1，在经济发展中具有举足轻重的地位，如机械工业，不管经济增长是上升或下降，都有强烈的反映。

感应度较大的产业对经济发展起着较大的制约作用，尤其在经济增长过快时，这些产业要首先受到最大的社会需求压力，从而容易造成供不应求的局面。

3. 整合产业链提升竞争力

随着经济全球化和市场竞争日益激烈，现代企业之间的竞争已经逐渐升级为企业所在产业的产业链之间的竞争。通过产业链的高效整合大幅压缩成本，而同时通过高效整合实现对市场需求的快速反应；通过产业链整合，加强产业链上的薄弱环节和关键环节，提高整个产业链的运作效能，有利于将产业链的竞争优势转化为企业的竞争优势，从而获得竞争优势。

案例:煤电铝产业链一体化

煤电铝产业链一体化是目前最成熟、运用最广泛的产业链。电解铝最重要的原料分别为氧化铝、电和碳素。氧化铝通过一系列化学过程从铝土矿中提炼所得，是生产电解铝的主要原料。电解出的铝以铝锭形式存放，可以对其进行精炼、深加工，做成铝板、铝箔或者各种合金。深加工程度越高，产品的附加价值越高。通过电解铝的精炼，也可以大幅度增加附加值。火力发电过程中所产生的废渣粉煤灰可以作为生产水泥的原料（见图 6-5）。

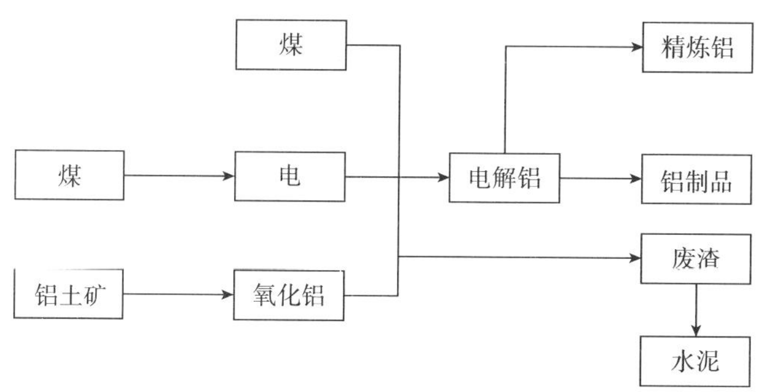

图 6-5 煤电铝产业链

在整个电解铝产业链中，最重要的关系是煤—电间的关系、电与电解铝间的关系以及氧化铝与电解铝间的关系。煤是火力发电企业的主要原料，煤的来源和价格直接影响着电力企业的成本和电价高低；上游原材料氧化铝的来源是电解铝生产的瓶颈；电解铝行业是一个高能耗的行业，电价是电解铝生产成本中一个很重要的部分，全国电解铝生产企业电费占电解铝生产成本的比例一般都在30%以上。因此，用自采煤发电，电力直接用于氧化铝的电解，对电解出来的铝锭进一步进行加工制成铝材，即煤电铝产业链一体化，则这类企业生产成本比独立企业大幅度降低，竞争优势明显。

第三节 产业融合

一、产业融合的特征和形式

产业融合是不同产业或同一产业内的不同行业相互渗透、相互交叉，最终融为一体，逐步形成新产业的动态发展过程。产业融合最早是从“数字融合”这一概念演变而来的。“数字融合”源于最近30~40年因数字技术导致的产业之间交叉现象。美国学者格林斯腾和卡恩纳（1997）将产业融合定义为“为了适应产业增长而发生的产业边界的收缩或消失”。日本经济学家植草益（2001）认为，产业融合就是通过技术革新和放宽限制来降低行业间的壁垒，加强行业企业间的竞争合作关系。

产业间的关联加强和对效益最大化的追求是产业融合发展的内在动力，而技术创新和技术融合则是产业融合化发展的催化剂。

1. 产业融合的特征

产业融合一般具有以下特征：

（1）技术革新是产业融合的前提。一方面，技术革新使不同产业技术的互联性和互换性加强，为不同产业之间提供了共同的技术基础，使不同产业技术融合成为可能；另一方面，技术革新开发出了替代性或关联性的技术、工艺和产品，并通过渗透、扩散融合到其他产业之中，改变原有产业生产的技术路线，丰富了原有产业经营的内容和形式，从而改变了原有产业的生产成本和消费特征，给原产业的产品带来了新的市场需求，为产业融合提供了动力。产业之间具有共同的技术基础是发生产业融合的前提条件。

（2）产业融合一般发生在产业之间的边界和交叉处，而不是发生在产业的内部。以微电子技术、软件技术、计算机技术、通信技术为核心而引发的数字化、网络化、综合化信息技术革命，不仅改变了传统的产业结构模式，而且改变了产业间的交叉关系。通过信息技术革新，原来互相独立的产业相互渗透，产业边界逐渐模糊。

（3）发生产业融合的产业，相互之间具有一定程度的产业关联性或技术与产品的替代性。正是技术与产品相关联产业之间的相互影响、相互促进，才带来了产业创新和产业边界的模糊或消失。

（4）产业融合的结果改变了企业之间的竞争合作关系，从而导致产业界限的模糊化，甚至于重新划分产业界限。（马健，2002）产业融合改变了原有产业的产品特征和市场需求，导致产业的企业之间竞争合作关系发生改变。

产业融合要以市场融合为导向，经过技术融合、产品与业务融合、市场融合三个阶段，最后才能完成产业融合的全过程。

2. 产业融合的形式

根据当代产业发展的实践，产业融合主要有以下三种形式：

（1）产业渗透。主要是高新技术及其相关产业，向其他产业渗透、融合并形成新的产业。最引人注目的是计算机、通信和广播电视三产业融合，形成了互联网产业；电子网络技术和一般的商务活动相融合，形成新的电子商务产业；信息技术与传统产业的融合而产生了诸如机械电子、航空电子等新型产业，互联网与传统产业的融合而产生了电子广告、电子图书、远程教育、远程医疗、网上书店等。软件业的发展，不仅改变了传统的农业、制造业，而且也改变了传统服务业。把软件嵌入农业和制造设备中，形成了智能化的设备和生产流程。现代生物技术在农业的应用，产生了各种各样的新型农业；利用基因工程可以把不同产品进行杂交，培育出优良的新产品。

（2）产业延伸。产业之间的功能互补和延伸实现产业间的整合。这种融合通过赋予原有产业新的附加功能和更强的竞争力，形成融合型的产业新体系。这种发生延伸融合的产业往往并不是全部融合，而只是“部分的合并”，原有的产业继续存在。这种融合更多地表现为第一产业、第二产业和第三产业之间的延伸和渗透。农业产业化过程的加快，使农业与第二产业、服务业出现了加速渗透融合的趋势，主要表现在农业生产、加工、销售、服务一体化，即以市场为导向，通过区域化布局、专业化生产、一体化经营、社会化服务和规范化管理，形成完善的市场化农业生产经营体系。

第二产业和第三产业之间也出现了相互融合的势头，服务业与制造业的融合是产业发展的重要趋势。越来越多的制造业在日益重视服务的基础上，进一步在服务领域打造自己的核心能力，企业的经济活动由以制造为中心逐步转向以服务为中心，如转型以服务为宗旨的蓝色巨人 IBM。服务业与制造业的直接结合点是生产性服务业。生产性服务业是从制造业内部生产服务部分分离出来，进而独立发展起来的产业，为生产、商务活动提供服务，其包括金融、法律、管理、创新、开发、设计、行政、个人服务、生产技术、保存、交通、通信、批发、广告、信息服务等。从产业链构成角度看，金融、研发、营销、物流、技术服务等生产性服务业，组成一个完整的产业链。现代制造业的生产不仅是物质产品，更是服务产品。据统计，相当一部分制造业产品附加价值有70%~80%来自服务。

（3）产业重组。产业内重组主要发生在联系紧密的产业内或产业内部不同行业之间，并通过重组融为一体。工业、农业和服务业内部相关联的产业通过融合适应市场新需要，提高竞争力，形成新业态，如农业通过生物链把产业内部的种植业、养殖业与畜牧业融合起来，形成生态农业的新业态，既适应了市场需求，又提高了农业生产率。工业内部的产业调整也有类似的融合，通过供应链把上、中、下游相关联的产业联系在一起。与一般的产业纵向一体化不同，这种融合最终产生了新的产业形态，其过程既包括技术创新，又包括体制和制度创新，其结果是促进了产业的升级换代。

3. 产业融合对企业经营的影响

由于产业融合容易发生在高技术产业与其他产业之间，高技术融入到其他产业中，影响和改变了其他产业产品的生产特点、市场竞争状况以及价值创造过程，从而改变了原有产业产品的市场需求和产业的核心能力。

产业融合促进传统产业的优化创新，改变着传统产业的生产与服务方式，促使其产品与服务结构的升级；产业融合使原本互相间分隔、互不关联的产业价值链部分或全部实现融合，形成新价值链环节。与融合前的产业相比，融合后的产业和企业获得了更多的市场份额、资源、资本及发展空间，为该产业的研发活动提供了有利的物质和市场条件，也具有了更高的附加值与更大的利润空间，产业的竞争力自然得到提高。

产业融合对企业的产业战略产生持续的重大影响，企业应主动迎合产业融合趋势，进行相关的技术、市场等方面的创新，以提高企业竞争力。不关注产业融合趋势，跟不上产业融合步伐的企业，最终会在融合的产业里被淘汰。

在全球化和互联网的大环境下，传统商业的逻辑机会发生很大的变化，企业与各种组织变得边界更为模糊，对竞争的理解就要从全产业链的生态去思考。

二、“互联网+”：一种新兴产业模式

1. “互联网+”的内涵

“互联网+”是指依托互联网信息技术实现互联网与传统产业的联合，以优化生产要素、更新业务体系、重构商业模式等途径来完成经济转型和升级。它代表着一种新的经济形态，“+”的是传统企业。

2015年3月政府工作报告首次提出制订"互联网+"行动计划，推动移动互联网、云计算、大数据、物联网等与现代制造业结合，促进电子商务、工业互联网和互联网金融健康发展，引导互联网企业拓展国际市场。3个月后，2015年6月国务院常务会议通过了《"互联网+"行动指导意见》（以下简称《意见》），把"互联网+"行动计划已上升为国家战略，并把它作为新常态下的经济增长新引擎。《意见》明确了推进"互联网+"，促进创业创新、协同制造、现代农业、智慧能源、普惠金融、公共服务、高效物流、电子商务、便捷交通、绿色生态、人工智能11个能形成新产业模式的重点领域发展目标任务，还提出具体支持措施，清理阻碍发展的不合理制度政策，放宽融合性产品和服务市场准入，促进创业创新，推动互联网与各行业深度融合。

互联网产业已在深刻影响传统IT市场和传统产业，业务模式和商业模式的变革正在进行着。互联网正在对零售、金融、教育、医疗、汽车、农业、化工、环保、能源等行业产生深刻影响，对传统行业的升级换代起到重要作用。"互联网+"解决了效率和人际互动的问题，并会与人工智能联系到一起，应用领域不断扩张，其需要企业密切地注视着各种动态变化。

阿里巴巴董事局主席马云认为，互联网加传统经济确实是未来机会所在，但这种合作并不是简单的组合，而是一种深度融合。

在百度董事长李彦宏看来，"互联网+"会为传统产业带来生机或危机，"'互联网+'可能带来大量'弯道超车'的机会以及被超越的风险"。未来"互联网+"可能有两种结局：一是以后所有的企业只剩下传统主流产业和互联网平台类型的公司；二是传统产业真正拥抱互联网，找到提升核心竞争力的正确按钮。

"互联网+"首先是一场深刻的科技革命，其次是一场深刻的产业革命，最后会引发一场深刻的社会变革。

2. "互联网+"带来的产业机会

"互联网+"将会对各个产业带来哪些机会？①

（1）"互联网+工业"：让生产制造更智能。"工业4.0"是应用物联网、智能化等新技术提高制造业水平，将制造业向智能化转型，通过决定生产制造过程等网络技术，实现实时管理，它"自下而上"的生产模式革命，不但带来技术创新、节约成本与时间，还拥有培育新市场的潜力与机会。

"互联网+制造业"和正在演变的"工业4.0"，将颠覆传统制造方式，重建行业规则，如小米等互联网公司就在工业和互联网融合的变革中，不断抢占传统

---

① 肖明超．"互联网+"风口上的12个行业趋势［EB/OL］．趋势观察，2015-03-23．略有调整。

制造企业的市场，通过价值链重构、轻资产、扁平化、快速响应市场来创造新的消费模式，而在“互联网+”的驱动下，产品个性化、定制批量化、流程虚拟化、工厂智能化、物流智慧化等都将成为新的热点和趋势。

（2）“互联网+农业”：催化中国农业品牌化道路。农业看起来离互联网最远，但农业作为最传统的产业也决定了“互联网+农业”的潜力是巨大的。

首先，数字技术可以提升农业生产效率。例如，利用信息技术对地块的土壤、肥力、气候等进行大数据分析，并提供种植、施肥相关的解决方案，能够提升农业生产效率。其次，农业信息的互联网化将有助于需求市场的对接，互联网时代的新农民不仅可以利用互联网获取先进的技术信息，也可以通过大数据掌握最新的农产品价格走势，从而决定农业生产重点。最后，农业互联网化，可以吸引越来越多的年轻人积极投身农业品牌打造中，具有互联网思维的“新农人”群体日趋壮大，将可以创造出更为多样模式的“新农业”。

同时，农业电商将成为农业现代化的重要推手，将有效减少中间环节，使农民获得更多利益，面对万亿元以上的农资市场以及近七亿的农村用户人口，农业电商的市场空间广阔，大爆发时代已经到来，而在此基础上，农民更需要建立农产品的品牌意识，将“品类”细分为具有更高识别度的“品牌”。例如，曾经的烟草大王褚时健栽种“褚橙”；联想集团董事柳传志培育“柳桃”；网易 CEO 丁磊饲养“丁家猪”等，也有专注于农产品领域的新兴电商品牌获得巨大成功，如三只小松鼠、新农哥等，都是在农产品大品类中细化出个人品牌，从而提升其价值。

阅读材料：60万个村庄10万亿市场　财富机会即将爆发！①

“互联网+农业”是指将互联网技术与农业生产、加工、销售等产业链环节结合，实现农业发展科技化、智能化、信息化的农业发展方式。

民以食为天，人类最基本的生存需求需要依靠农业的不断发展来满足。作为世界第二大人口的国家，农业占据着中国国民经济极其重要的地位。

数据显示，到 2016 年，中国农村网购市场总量有可能突破 4600 亿元，10 年或者 20 年后，农村网购市场或将超越城市。

中国有 60 多万个村，“互联网+农业”的前景到底有多大？互联网又将如何改变农业形态？农业是中国经济发展的重要领域，“互联网+农业”将会带领农业走上新的台阶，对农业发展起到颠覆性的作用。

① 互联网大视野 . 60 万个村庄 10 万亿市场　财富机会即将爆发［EB/OL］. 2016-04-21. http：//www. sohu. com/a/70812280_ 161107.

雷军称，“十三五”时期农村和互联网的结合将是互联网下一步发展的关键点。随着4G网络在农村的普及，以及高端智能手机越来越便宜，农村用户也能买得起，这两大动力推动农村和城市之间信息鸿沟得以消除。

任何一种互联网商业模式，如果不能够降低行业的交易成本，不能够提升行业交易效率的话，那么最后注定会失败的。

一、目前B2B农业互联网主要平台

1. B2B农资电商平台

农用物资行业整体处于上升期，农资产品主要分为种子（3500亿元）、化肥（7500亿元）、农药（3800亿元）、农机具（6000亿元）四大品类（见图6-6），这类农资电商平台试图为农户带来更低价的农资产品，去掉农资贸易过程中的县级、村级经销商。

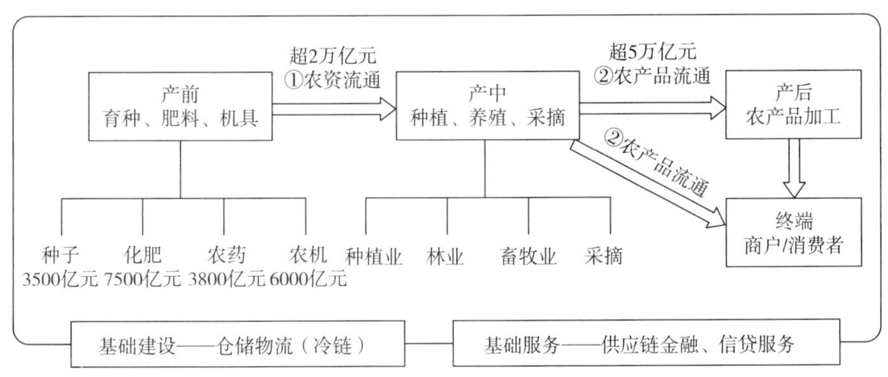

图6-6 农业产业链基本结构

2. B2B农产品电商平台

2013年，我国农产品交易市场规模超过5万亿元，整个交易过程中，仓储物流、金融服务仍然非常薄弱，且存在着严重的价格不透明问题，互联网平台试图解决这些问题，让农产品更快更直接地到达有真正采购需求的商户手中。

3. B2B食材配送平台

2014年，餐饮业年营收超过3万亿元，食材采购规模达到8000亿元。中小餐厅有诸多痛点，采购量小无法获得议价权、采购人力支出及可能发生的灰色收入支出、采购菜品质量无法保证等。互联网平台积极自建仓储物流体系，希望可以以更高效、更低成本解决餐厅食材采购系列问题。

二、互联网农业政策红利增多

近几年，随着互联网的快速发展，多个行业都搭上了互联网发展的“顺风车”，而农业作为我国经济发展的命脉，也迫切需要互联网为其注入新的活力。

从近几年政府下发的与农业发展相关的文件中，可以看到，互联网已经成为解决农业问题的重要手段，在有关农业的顶层设计中，互联网的地位正在逐步提高。

实际上，与农业发展相关的很多因素，比如，信息服务、农业综合服务平台、农业科技创新、农业信息化、电子商务、物流等，都与互联网有着密切的联系，有关“互联网+农业”的顶层设计已经越来越清晰，而与“互联网+农业”相关的政策红利也越来越多。

三、电商巨头抢滩农村市场

在“互联网+农业”大潮中，电子商务企业自然是“排头兵”。据有关数据显示，2016年农村电商市场规模将达到4600亿元，谁也不想掉队。

目前，有24个省市31个地县在阿里平台设立了“特设馆”，在淘宝网正常经营的注册地为乡镇和行政村的网店更是达到163万家，其中经营农产品的网店已经接近40万个。

阿里现已启动“千县万村计划”农村战略，未来3~5年内将投资100亿元，建立1000个县级运营中心和10万个村级服务站。

目前，京东已开业26家县级服务中心，招募了近2000名乡村推广员。“村淘”已进驻全国8个省区市，覆盖13个县、295个村。2015年，京东电商下乡的总目标是新开业500家县级服务中心，招募数万名乡村推广员。

电子商务企业在农村的发展是“互联网+农业”的重要内容，但如何将农产品卖出去让农民增收一直是难以解决的大问题，谁率先找到出路谁就能获得农民的喜爱。

四、细分渠道打造农村营销根据地

从全国来看，中国移动很早就开始的农信通借助运营商的渠道曾取得不错的市场结果，中国电信的信息化农村建设也在很多地方获得农民的欢迎。

现在，各种各样的农村网站也在兴起，全国涉农的网站已经超过了3000个，村村乐、万村网、“三农”网、新农网、村村通网等逐渐形成了自己的核心资源。据报道，村村乐网站的估值已经超过10亿元。

据报道，村村乐的模式是，先是招募20余万网络村干部、能人，然后利用农村的骨干力量在线下做农村市场的推进。

推广模式主要是进行路演巡展、电影下乡、文化下乡，占据村委广播、农家店、农村旅游、农村供求等主根据地，甚至还会提供农村贷款与农村保险理财。

村村乐还整合农村的 1 万余家小卖部，通过为小卖部提供免费 Wi-Fi 和在电脑上安装一套管理系统，收集数据，几乎就等于进驻了 1 万个乡村，农村包围城市战略取得了初步成功。

农村市场非常广阔而分散，需要长期的扎实的工作来稳步推进，而且，农村市场的渠道具有很强的排他性，谁先站住了就会拥有先发优势，后来者的成本会很高，所以，拥有互联网上的农村渠道网络资源，就等于掌握了农村互联网发展的关键点，未来可以大展拳脚。

（3）“互联网+教育”：在线教育大爆发。近年来，中国政府一直致力于促进教育公平发展和质量提升，其中包括加快义务教育学校标准化建设，改善薄弱学校和寄宿制学校基本办学条件，落实农民工随迁子女在流入地接受义务教育等政策，据称仅 2015 年教育部为教育信息化投入 700 亿元。

在过去的 2014 年，K12 在线教育、在线外语培训、在线职业教育等细分领域成为中国在线教育市场规模增长的主要动力，很多传统教育机构，如新东方也正在从线下向线上教育转型，而一些在移动互联网平台上掌握了高黏性人群的互联网公司，也在转型在线教育，如网易旗下的有道词典，就在英语垂直应用领域掌握了 4 亿的高价值用户，这部分用户对于在线学习英语的需求非常强烈，因此，有道词典推出了类似在线学英语、口语大师等产品和服务，将用户需求深度挖掘，而通过大数据技术，可以实现个性化推荐，而基于移动终端的特性，用户可以用碎片化时间进行沉浸式学习，让在线教育切中了传统教育的一些痛点和盲区。

（4）“互联网+医疗”：移动医疗垂直化发展。“互联网+医疗”的融合，最简单的做法是实现信息透明和资源分配不均等问题，例如，类似挂号网等服务，可以解决大家看病时挂号排队时间长、看病等待时间长、结算排队时间长、诊断时间短的“三长一短”问题。春雨医生、丁香园等轻问诊型应用的使用，则解决了部分用户的就诊难问题。

然而互联网医疗的未来，将会向更加专业的移动医疗垂直化产品发展，可穿戴监测设备就将会是其中最可能突破的领域。例如，iHealth 推出了 Align 性能强大的血糖仪能够直接插入智能手机的耳机插孔，然后通过移动应用在手机屏幕上显示结果，紧凑的外形和移动能力使其成为糖尿病患者最便利的工具；健康智能硬件厂商 Withings 发布了 Activite Pop 智能手表，计步器、睡眠追踪、震动提醒等功能，其电池续航时间长达 8 个月；南京熙健信息将心电图与移动互联网结合，建立随时可以监测心脏疾病风险的移动心电图……大数据和移动互联网、健康数据管理未来有较大的机遇甚至可能改变健康产品的营销模式。同时，随着互联网个人健康的实时管理兴起，在未来传统的医疗模式也或将迎来新的变革，以医院为中心的就诊模式或将演变为以医患实时问诊、互动为代表的新医疗社群模式。

（5）“互联网+金融”：全民理财与微小企业发展。从余额宝、微信红包再到网络银行……互联网金融已悄然来到每个人身边。数据显示，2014 年上半年，国内 P2P 网络借贷平台半年成交金额近千亿元，互联网支付用户 2.92 亿。传统金融向互联网转型，金融服务普惠民生，成为大势所趋。“互联网+金融”的结合将掀起全民理财热潮，低门槛与便捷性让资金快速流动，大数据让征信更加容易，P2P 和小额贷款发展也越加火热。这也将有助于中小微企业、工薪阶层、自由职业者、进城务工人员等普罗大众获得金融服务。

小微企业是中国经济中最有活力的实体，小微企业约占全国企业数量的 90%，创造约 80%的就业岗位、约 60%的 GDP 和约 50%的税收，但央行数据显示，截至 2014 年底，小微企业贷款余额占企业贷款余额的比例为 30.4%，维持在较低水平。“互联网+”金融将让小微企业贷款门槛降低，激活小微企业活力。

互联网金融包括第三方支付、P2P 小额信贷、众筹融资、新型电子货币以及其他网络金融服务平台都将迎来全新发展机遇，社会征信系统也会由此建立。

（6）“互联网+交通和旅游业”：一切资源共享起来。我们的物理空间越来越有限，住房越来越小，车位越来越少。很多产品，你并不一定需要 100%拥有，你只需要考虑如何更好地使用，如果能便捷地使用，“拥有权”其实不再重要。“互联网+交通”不仅可以缓解道路交通拥堵，还可以为人们出行提供便利，为交通领域的从业者创造财富。

例如，实时公交应用，可以方便出行用户对于公交汽车的到站情况进行实时查询，减少延误和久等；嘀嘀和快的不仅为用户出行带来便捷，对于出租车而言也减少了空车率；而易到用车、嘀嘀专车和 PP 租车则发挥了汽车资源的共享，掀起了新时代互联网交通出行领域的新浪潮。

而在旅游服务行业，旅游服务在线化、去中介化会越来越明显，自助游会成为主流，基于旅游的互联网体验社会化分享还有很大空间，而类似 Airbnb 和途家等共享模式可以让住房资源共享起来，旅游服务、旅游产品的互联网化也将有较大的想象空间。

（7）“互联网+文化”：让创意更具延展性和想象力。文化创意产业的核心是创意，是以创意为核心，向大众提供文化、艺术、精神、心理、娱乐等产品的新兴产业。互联网与文化产业高度融合，推动了产业自身的整体转型和升级换代。互联网对创客文化、创意经济的推动非常明显，它再次激发起全民创新、创业，以及文化产业、创意经济的无限可能。

互联网带来的多终端、多屏幕，将产生大量内容服务的市场，而在内容版权的衍生产品，互联网可以将内容与衍生品与电商平台一体化对接，无论是视频电商、TV 电商等都将迎来新机遇；一些区域型的特色文化产品，将可以使用互联网，通过创意方式走向全国，未来设计师品牌、族群文化品牌、小品类时尚品牌都将迎来机会；而明星粉丝经济和基于兴趣为细分的社群经济，也将拥有巨大的想象空间。

(8)“互联网+家电/家居”：让家电会说话，家居更聪明。目前大部分家电产品还处于互联阶段，即仅仅是介入了互联网，或者是与手机实现了链接。但是，真正有价值的是互联网家电产品的互通，即不同家电产品之间的互联互通，实现基于特定场景的联动，手机不仅仅是智能家居的唯一的入口，是让更多的智能终端作为智能家居的入口和控制中心，实现互联网智能家电产品的硬件与服务融合解决方案，“家电+家居”产品衍生的“智能化家居”，将是新的生态系统的竞争。

例如，2015 年中国家电博览会上，无论是海尔、美的、创维等传统家电大佬，还是京东、360、乐视等互联网新贵，或推出智能系统和产品或主推和参与搭建智能平台，一场智能家居的圈地大战进行得如火如荼。例如，海尔针对智能家居体系建立了七大生态圈，包括洗护、用水、空气、美食、健康、安全、娱乐居家生活，利用海尔 U+智慧生活 APP 将旗下产品贯穿起来；美的则发布了智慧家居系统白皮书，并明确美的构建的 M-Smart 系统将建立智能路由和家庭控制中心，提供除 Wi-Fi 之外其他新的连接方案，并扩展到黑电、娱乐、机器人、医疗健康等品类；在智能电视领域，乐视在展示乐视 TV 超级电视的同时，还主推“LePar 超级合伙人”计划，希望通过创新的“O2O+C2B+众筹”多维一体合作模式，邀请 LePar 项目的超级合伙人，共同挖掘大屏互联网潜在市场。

(9)“互联网+生活服务”：O2O 才刚刚开始。“互联网+服务业”将会带动生活服务 O2O 的大市场，互联网化的融合就是去中介化，让供给直接对接消费者需求，并用移动互联网进行实时链接。例如，家装公司、理发店、美甲店、洗车店、家政公司、洗衣店等，都是直接面对消费者，如河狸家、爱洗车、点到等线上预订线下服务的企业，不仅节省了固定员工成本，还节省了传统服务业最为头疼的店面成本，真正地将服务产业带入了高效输出与转化的 O2O 服务市场，再加上在线评价机制，评分机制，会让参与的这些手艺人，精益求精，自我完善。

当下 O2O 成为投资热点，事实上，这个市场才刚刚开始，大量的规模用户，对于传统垂直领域的改造，形成固定的黏性，打造平台都还有很大的探索空间。

(10)“互联网+媒体”：新业态的出现。互联网对于媒体的影响，不只改变了传播渠道，在传播界面与形式上也有了极大的改变。传统媒体是自上而下的单向信息输出源，用户多数是被动的接受信息，而融入互联网后的媒体形态则是以双向、多渠道、跨屏等形式进行内容的传播与扩散，此时的用户参与到内容传播当中，并且成为内容传播介质。

交互化、实时化、社交化、社群化、人格化、亲民化、个性化、精选化、融合化将是未来媒体的几个重要的方向。以交互化、实时化和社交化为例子，央视春晚微信抢红包就是这三个特征的重要表现，让媒体可以与手机互动起来，还塑造了品牌与消费者对话的新的界面。社群化和人格化，一批有观点有性格的自媒体将迎来发展机遇，用人格形成品牌，用内容构建社群将是这类媒体的方向；个性化和精选化的表现则是一些用大数据筛选和聚合信息精准到人的媒体的崛起，例如，今日头条等新的新闻资讯客户端就是代表。

（11）“互联网+广告”：互联网语境+创意+技术+实效的协同。所有的传统广告公司都在思考互联网时代的生存问题，显然，赖以生存的单一广告的模式已经终结，它的内生动力和发展动力已经终结。未来广告公司需要思考互联网时代的传播逻辑，并且要用互联网创意思维和互联网技术来实现。

互联网语境的创意模式，过去考验广告公司的能力靠的是出大创意拍大广告片做大平面广告的能力，现在考验广告公司的则是实时创意、互联网语境的创意能力、整合能力、技术的创新和应用能力。例如，现在很多品牌都需要朋友圈的转发热图，要 HTML5，要微电影，要信息图，要与当下热点结合的传播创意，这些都在考验创意能力，新创意公司和内容为主导的广告公司还有很大的潜力，而依托于程序化购买等新精准技术，以及以优化互联网广告投放的技术公司也将成为新的市场。总的来说，互联网语境+创意+技术+实效的协同才是“互联网+”下的广告公司的出路。

（12）“互联网+零售”：零售体验、跨境电商和移动电商的未来。实体店与网店并不冲突，实体店不仅不会受到冲击，还会借助“互联网+”从而重获新生，传统零售和线上电商正在融合，例如，苏宁电器表示，传统的电器卖场今后要转型为可以和互联网互动的店铺，展示商品，让消费者亲身体验产品；2014年5月，顺丰旗下的网购社区服务店“嘿客”店引入线下体验线上购买的模式，打通逆向 O2O；1 号店在上海大型社区中远两湾城开通首个社区服务点，成为上海第一个由电商开通，为社区居民提供现场网购辅导、商品配送自提等综合服务的网购线下服务站。这些都在阐明零售业的创新方向，线上线下未来是融合和协同的而不是冲突的。

跨境电商也成为零售业的新机会，最近，国务院批准杭州设立跨境电子商务综合试验区，其中提出要在跨境电子商务交易、支付、物流、通关、退税、结汇等环节的技术标准、业务流程、监管模式和信息化建设等方面先行先试，随着跨境电商的贸易流程梳理得越来越通畅，跨境电商在未来的对外贸易中也将占据更加重要的地位，如何将中国商品借助跨境平台推出去，值得很多企业思考。

此外，如果说电子商务对实体店生存构成巨大挑战，那么移动电子商务则正在改变整个市场营销的生态。智能手机和平板电脑的普及，大量移动电商平台的创建，为消费者提供了更多便利的购物选择，如微信将推出购物圈，正在构建新的移动电商生态系统，移动电商将会成为很多新品牌借助社交网络走向市场的重要平台。

应该说，“互联网+”是一个人人皆可获得商机的概念，但是“互联网+”不是要颠覆，而是要思考跨界和融合，更多的是思考互联网时代产业如何与互联网结合创造新的商业价值，企业不能因此陷入“互联网+”的焦虑和误区，“互联网+”更重要是“+”，而不是“-”，也不是毁灭。

案例：阿里巴巴打造全国首个智慧住房租赁平台①

租售并举、建立双轨制的房地产市场长效机制，已然成为中国房地产市场的必然趋势。2017 年 8 月 9 日，在杭州市政府主导下，杭州市房管局和阿里巴巴集团旗下创新业务事业部、蚂蚁金服集团旗下芝麻信用达成战略合作，杭州市将借助阿里的技术能力、生态资源，打造全国首个“智慧住房租赁平台”，把公共租赁住房、长租公寓、开发企业自持房源、中介居间代理房源、个人出租房源全部纳入平台管理。同时，淘宝评价体系、芝麻信用体系的引入，有望让杭州人率先过上“免押金”租房的生活，化解租房纠纷。由此，杭州将率先进入信用租房时代。

建成后的杭州住房租赁监管服务平台，将实现租赁环节、租赁房源、租赁信息“三个全”的目标——实现供应主体、租赁合同网签、评价信用体系租赁环节的全覆盖；实现国有租赁住房、长租公寓、开发企业自持房源、中介居间代理房源、个人出租房源的全纳入；实现企业、人员、房源、评价、信用等信息的全共享，从而有力解决租赁市场中房源信息不实、租赁关系不稳定、租赁行为不规范等诸多痛点。在住建部等部委的支持下，杭州市政府携阿里打造的智慧住房租赁平台，有望实现产品化并向全国推广。

首先，阿里提供的技术，可以帮助租赁平台将通过实名身份验证以及人脸识别等技术，确保中介、房东、租客的身份真实性和操作真实性，从而提高房屋租赁业务的可靠性、安全性。其次，租赁平台将通过房管局房屋权属核验与阿里巴

① 陆英．阿里重磅杀入！房地产市场将彻底被颠覆？[N]．上海证券报，2017-08-10.

巴验真服务相结合的方式，通过房源真假核验、服务可靠度核验可以做到“十真”，即“真实产权、真实存在、真实委托、真实价格、真实图片、真实房东、真实租客、真实中介、真实信用、真实评价”，在房源发布之前就已经完成全局验真。

此外，阿里还将成熟的互联网产品进行输出，帮助杭州住房租赁实现“移动智能网签”、建立线上“评价系统”，可有效推广租赁网签、形成市场网络自评机制。由于租赁平台将结合“杭州市二手房交易监管服务平台”管理体系和阿里提供的线上评价体系，租赁主体可在租前、租中、租后，进行多维度、多阶段互评，包括买卖双方对经纪人的服务评价、租客对房屋核验情况的评价、租客对房东的服务评价、房东对租客的收房评价以及对租客的缴费行为评价等，从而鼓励租赁主体自觉履约，规范租赁行为。此外，通过将评价纳入租赁主体的整体信用状况，供平台用户参考评估。

3. 制造业与互联网融合发展

制造业是国民经济的主体，是实施“互联网+”行动的主战场。我国是制造业大国，也是互联网大国，推动制造业与互联网融合，有利于形成叠加效应、聚合效应、倍增效应，加快新旧发展动能和生产体系转换，前景广阔、潜力巨大。当前，我国制造业与互联网融合步伐不断加快，在激发“双创”活力、培育新模式新业态、推进供给侧结构性改革等方面已初见成效，但仍存在平台支撑不足、核心技术薄弱、应用水平不高、安全保障有待加强、体制机制亟须完善等问题。为进一步深化制造业与互联网融合发展，协同推进《中国制造 2025》和“互联网+”行动，加快制造强国建设，国家制定了《关于深化制造业与互联网融合发展的指导意见》，指导意见重点强调以下几方面：

（1）积极搭建支撑制造业转型升级的各类互联网平台，充分汇聚整合制造企业、互联网企业等“双创”力量和资源，带动技术产品、组织管理、经营机制、销售理念和模式等创新，提高供给质量和效率，激发制造业转型升级新动能。

（2）推动制造企业与互联网企业在发展理念、产业体系、生产模式、业务模式等方面全面融合，发挥互联网聚集优化各类要素资源的优势，构建开放式生产组织体系，大力发展个性化定制、服务型制造等新模式。

（3）深刻把握互联网技术在不同行业、环节的扩散规律和融合方式，针对不同行业、企业融合发展的基础和水平差异，完善融合推进机制和政策体系，培育制造业竞争新优势。

（4）推动互联网与制造业融合，提升制造业数字化、网络化、智能化水平，加强产业链协作，发展基于互联网的协同制造新模式。在重点领域推进智能制造、大规模个性化定制、网络化协同制造和服务型制造，打造一批网络化协同制造公共服务平台，加快形成制造业网络化产业生态体系。

（5）鼓励制造企业与互联网企业合资合作培育新的经营主体，建立适应融合发展的技术体系、标准规范、商业模式和竞争规则，形成优势互补、合作共赢的融合发展格局。推动中小企业制造资源与互联网平台全面对接，实现制造能力的在线发布、协同和交易，积极发展面向制造环节的分享经济，打破企业界限，共享技术、设备和服务，提升中小企业快速响应和柔性高效的供给能力。支持制造企业与电子商务企业开展战略投资、品牌培育、网上销售、物流配送等领域合作，整合线上线下交易资源，拓展销售渠道，打造制造、营销、物流等高效协同的生产流通一体化新生态。

（6）发展大规模个性化定制。企业利用互联网采集并对接用户个性化需求，推进设计研发、生产制造和供应链管理等关键环节的柔性化改造，开展基于个性化产品的服务模式和商业模式创新。互联网企业整合市场信息，挖掘细分市场需求与发展趋势，为制造企业开展个性化定制提供决策支撑。

（7）提升网络化协同制造水平。制造业骨干企业通过互联网与产业链各环节紧密协同，促进生产、质量控制和运营管理系统全面互联，推行众包设计研发和网络化制造等新模式。有实力的互联网企业构建网络化协同制造公共服务平台，面向细分行业提供云制造服务，促进创新资源、生产能力、市场需求的集聚与对接，提升服务中小微企业能力，加快全社会多元化制造资源的有效协同，提高产业链资源整合能力。

（8）加速制造业服务化转型。制造企业利用物联网、云计算、大数据等技术，整合产品全生命周期数据，形成面向生产组织全过程的决策服务信息，为产品优化升级提供数据支撑。鼓励企业基于互联网开展故障预警、远程维护、质量诊断、远程过程优化等在线增值服务，拓展产品价值空间，实现从制造向“制造+服务”的转型升级。

（9）积极探索制造业与互联网融合新模式。面向生产制造全过程、全产业链、产品全生命周期，实施智能制造等重大工程，企业深化质量管理与互联网的融合，推动在线计量、在线检测等全产业链质量控制，大力发展网络化协同制造等新生产模式。支持企业利用互联网采集并对接用户个性化需求，开展基于个性化产品的研发、生产、服务和商业模式创新，促进供给与需求精准匹配。推动企业运用互联网开展在线增值服务，鼓励发展面向智能产品和智能装备的产品全生命周期管理和服务，拓展产品价值空间，实现从制造向“制造+服务”转型升级。积极培育工业电子商务等新业态，支持重点行业骨干企业建立行业在线采购、销售、服务平台，推动建设一批第三方电子商务服务平台。

（10）营造有利于制造业与互联网融合发展的环境。适应制造业与互联网跨界融合发展趋势，积极发挥行业协会和中介组织的桥梁纽带作用，鼓励建立跨行业、跨领域的新型产学研用联盟，开展关键共性技术攻关、融合标准制定和公共服务平台建设。围绕新商业模式知识产权保护需求，完善相关政策法规，建设结构合理、层次分明、可持续发展的知识产权运营服务网络。

（11）充分发挥市场机制作用，更好发挥政府引导作用，突出企业主体地位，优化政府服务，妥善处理鼓励创新与加强监管、全面推进与错位发展、加快发展与保障安全的关系，形成公平有序的融合发展新环境。

扩展阅读　互联网金融是否会颠覆传统金融模式？

随着移动互联网技术的发展和应用，互联网与金融行业的结合（互联网金融）将极大地降低交易成本，提高交易效率，将社会沉淀资金与互联网入口相结合将会产生巨大的共振，互联网金融在一些方面对比传统金融体现出了较强的创新性和优势，如第三方支付、在线理财等。互联网企业对金融业的渗透已经很明显，比如互联网企业还可以控股券商、银行等其他金融机构。利用自身成本比较低等优势，可能将佣金打到近乎零；互联网金融对市场利率形成倒逼，对银行存款利率形成冲击等。互联网企业能否从根本上颠覆传统金融业？

互联网金融对传统银行在融资中介、支付职能和服务模式三方面存在挑战。网络技术让金融脱媒势不可当，资金供需双方通过网络平台得以直接连通，原本依靠银行完成的货币和商品切换的过程也出现可替代的第三方支付，物理网点对客户的了解也不如网络行为研究来得深刻。互联网金融在技术领域的优势，在支付领域，第三方支付公司已成为网络支付的重要力量；在信贷领域，人人贷、众筹融资等新模式异军突起。在中国做零售金融最大的制约因素是成本，要求银行有服务网点、人员和机制，互联网金融的低成本运作和平台的广泛客户量恰好可以弥补传统银行业在零售金融服务方面的不完善。商业银行已不再是客户办理存、贷、汇业务的唯一渠道，互联网金融已成为一种新的金融业态。

互联网对金融体系的冲击很大，但互联网金融并不能从根本上颠覆传统金融，因为互联网对金融业的冲击仍然难以撼动传统金融业的核心能力。金融市场最核心的功能是基于风险判断、对金融资产定价的能力。在风险识别、资产定价方面，互联网只能在大数据方面起到帮助作用，但在一般意义上，互联网无法从根本上触及传统金融的风险定价能力，这个能力互联网是替代不了的。

互联网金融的竞争力仅在技术层面，传统银行在经济调控、社会征信和专业服务方面的功能不能被取代。首先，只要中央银行体系没有改变，中央银行发行货币控制通胀的职能继续存在，银行体系作为调节市场经济、传导宏观政策的主渠道功能也就继续存在。其次，银行体系是健全社会信用体系的中枢，尽管互联网金融在信息透明度和交易成本方面具备独有优势，但其身份认定的不确定性仍无法与社会信用体系形成有效对接。最后，通过面对面的交流而量身定做的专业化金融服务，包括零售中的私人银行业务，对公的投行业务、信托业务、托管业务等，此类服务必须依赖商业银行的专业服务进行，互联网的发展对其冲击和影响并不大。在大额信贷业务集成式金融解决方案方面，需要专业知识背景及法律顾问、会计审计、评估等团队支持，银行体系仍然拥有互联网金融模式难以企及的优势。简言之，银行体系在经济调控、社会征信和专业服务方面的功能都不可能被取代。

传统银行有广泛的客户资源，普遍认可的信任度和日渐完善的物理网点与电子渠道。银行作为信用媒介、支付媒介、渠道媒介的作用不会被颠覆。以支付领域为例，无论是第三方支付，还是手机支付，目前都无法离开银行独立存在，这些业务发展越快，银行业务就越多，因为它们终究都是银行的客户，相当于延伸了银行的支付半径，强化了银行的辐射能力，因而银行与第三方支付不是对手是合作伙伴。

面对互联网金融的日趋紧逼，传统银行要加强技术与体制创新，推动金融网络化与互联网金融的双轮驱动，银行可以采取依托互联网的主动出击策略有以下几方面：

一要加快传统金融服务的网络化。传统银行要以网络化、移动化为方向，重构商业银行的渠道体系，重组内部的组织架构、扩大自助终端、视频对话、远程支持、集中作业、加密控制等，突破金融服务在时间和空间上的限制，提高渠道的便捷性。

二要加强技术创新和体制创新，主动发展互联网金融。充分利用开放式平台、大数据等新的信息技术，对产品、业务、流程等进行全方位的重构，将产品和服务融入各种形态的网络平台与商业生态。银行必须为自身注入互联网基因，不仅包括市场端的产品、渠道的金融互联网化，更包括银行的运行平台、决策体系，都要遵循互联网金融的逻辑，让传统基础优势激发出互联网金融的新能量，如工商银行利用银行已掌握的客户信息、支付信息、融资信息，把“三流”整合起来，自我创造一种新型的互联网金融。

三要传统银行与互联网金融企业可以在支付、贷款和理财领域结合发展，如民生银行与阿里在理财业务、直销银行业务、互联网终端金融、IT科技等方面开启合作战略，中信银行与腾讯旗下财付通开展全面战略合作，紧接着又和万事达、银联等签订合作意向，大跨步进军移动支付市场。

此外，银行应该积极发展金融超市、嵌入电子商务、在线融资等，满足企业和个人基于互联网应用所产生的新的金融服务。

第七章 产业结构的优化升级

明者因时而变，知者随事而制。

——（汉）桓宽《盐铁论》

产业结构是决定资源在产业之间能否优化配置、高效利用的关键性因素。产业结构优化的程度是经济发展水平高低的主要标志。消费升级的主要动力来自居民收入的持续增长、人口结构的变化。产业升级的主要动力主要来自人力、资金、土地、环境等要素价格的上升。

第一节 产业结构优化

产业结构优化是指通过产业结构调整，使产业之间协调发展、产业总体发展水平不断提高的动态过程。具体来说，产业结构优化既包括产业之间经济技术联系由不协调走向协调的合理化过程，又包括产业结构由低层次不断向高层次演进的升级过程，即包括产业结构合理化和产业结构高度化两方面内容。

产业结构优化的实质是要实现资源在产业之间的优化配置和高效利用，目的是促进产业经济协调、稳定、高效发展。

一、产业结构的高度化

1. 产业结构高度化的基本内容

产业结构高度化是随着经济的发展，在需求牵引、科技推动等因素作用下，产业结构不断从低级向高级演进的过程，也可称其为产业结构升级。产业结构作为资源转换器，通过自身不断升级，充分发挥其转换效力。

产业结构高度化主要包括以下基本内容：从结构发展方向上，产业结构依次由第一、二、三产业向占优势地位的方向演进；在资源结构上，依次由劳动密集型、资金密集型和技术密集型产业向占优势的方向发展；在加工深度上，由低加工度化产业占优势地位向高加工度产业占优势地位方向发展；在效益结构上，由低附加价值产业向高附加价值产为方向演进。

产业结构高度化的标志：高加工度化、高附加价值化、技术集约化。

2. 产业结构高度化的动因

产业结构高度化是通过产业间优势地位的更迭来实现的。产业的扩张和收缩与创新能力和潜力密切相关。

产业结构高度化的根本动因是技术创新。技术创新导致技术变革、技术进步和新产业的产生，导致生产方式的变革和生产社会化程度的提高，并且创造了新的市场需求。新的产出满足了生产和生活中潜在的和更高层次的需求，反过来又刺激新产业的扩张，从而直接拉动产业结构的升级。

当创新带来的是新产品开发或原有产品的改善时，由于新产品的需求弹性较大，会吸引生产要素流入该部门，而当创新仅是导致了原有产品的生产效率提高时，如果这些产品的需求弹性较小，则将促使该部门的生产要素向外流出。因此，创新通过对生产要素相对收益的影响引起生产要素在产业部门之间的转移，导致不同产业的扩张或收缩。

二、产业结构的合理化

1. 产业结构合理化的含义

产业结构合理化是产业间协调能力的加强和关联水平提高的动态过程。主要根据市场需求、资源条件和产业关联技术经济的客观比例关系，来调整不协调的产业结构，促进资源在产业间合理配置和有效利用。

产业结构合理化是产业结构的动态均衡协调的过程，协调是产业结构合理化的中心内容。产业结构的协调不是指产业间的绝对均衡，而是指各产业间有较强互补关系的和谐运动。产业间的协调主要是在生产、技术、利益和分配等方面，如产业素质之间是否协调（是否存在技术水平的断层和劳动生产率的强烈反差）；产业间的联系方式是否协调（投入产出的相互依赖和相互促进）；产业间的相对地位是否协调等。

2. 产业结构趋于合理化的标志

一般主要从以下方面对产业结构合理化进行判断：

（1）产业结构与需求结构相适应，并随着需求结构的变化而变化。

（2）各大产业之间、各大产业内部的具体部门之间数量比例合理、各产业部门生产能力能够充分发挥，保证社会扩大再生产能够顺利进行。

（3）产业结构与资源结构相协调，能充分有效地利用国内外资源。

三、产业结构高度化与合理化的关系

产业结构合理化与高度化既相互对立，又相互渗透、相互作用。

只有产业结构合理化，资源才能得到充分利用、防止积压和浪费；只有产业结构高级化，产业的资源才能得到高效利用。合理化强调平衡和稳定，而高度化需要打破平衡，追求开放。

产业结构高度化与合理化是相辅相成的关系。合理化是高度化的基础，没有产业结构的合理化，高度化就失去了基础条件，脱离合理化，盲目追求高度化，必然会破坏产业结构的稳定发展，非但达不到产业结构升级的目的，反而有可能发生结构的逆转；而产业结构高度化则是合理化进一步发展的目的，单纯追求合理化，排斥高度化，也必然会阻碍产业结构向长期的更高层次的转换。

产业结构有序演进的过程就是合理化与高度化辩证统一的过程。首先，产业结构合理化本身就是一个不断调整产业间比例关系和提高产业间关联作用程度的过程，这包含了产业结构高度化的因素；其次，产业结构高度化过程是产业结构由较低水平的均衡状态向较高水平的均衡状态发展的过程，产业结构发展水平越高，其结构合理化的要求也越高。因为随着结构水平的提高，产业间技术经济联系更为密切和复杂，结构的整体性、协调性的要求就更高，产业结构的高度化必须以更高层次的合理化为目标。

因此，在产业结构优化过程中，应把合理化与高度化有机结合起来，以结构合理化促进结构高度化；以结构高度化带动结构合理化。在产业结构合理化过程中，实现结构高度化发展；在高度化过程中，实现结构的合理化调整。

四、产业结构的调整

产业结构调整就是对初始不合理的产业结构进行调整、理顺，使资源在产业间合理配置、有效利用。产业结构调整的要求一方面来自需求和需求结构的变化，另一方面来自技术进步导致的产业供给能力的相对变化。

产业结构僵化是造成超高利润率产业和极低利润率产业长期并存及生产大量过剩与生产严重不足长期并存的根本原因。产业结构之所以要调整，是因为不同产业、行业之间存在着生产率差异，调整的意义就在于让资源和生产要素从生产率低的领域流向生产率高的领域。

产业结构调整机制分为市场机制和计划机制。市场机制优化产业结构在很大程度上是一种产业系统的自我调整过程，通过供求、价格和竞争的作用，引导产业自行扩张或收缩的过程。动力是无数分散的经济主体对增加利润和避免损失的追求，信号是市场价格，即经济主体在市场信号的引导下，通过生产资源的重组和在产业间的流动，使产业结构尽可能适应需求结构变动的过程。产业结构的计划调整机制是一种对经济系统的调控过程，即政府采取鼓励、保护、支持、扶植、限制、淘汰等措施和手段对产业间的资源配置进行干预，使产业结构得以优化的过程。

推动产业结构调整的基本力量是市场机制。高效率、高技术含量的产业利润率高于平均水平，不断吸收各种资源，从而获得较快增长，比重不断增大；而低效率、低技术含量的产业则与此相反。

产业结构调整不能简单地以成熟经济体的“标准结构”作为参照依据，还要充分考虑中国的大国特征、结构快速变动期和发展的不平衡不充分等因素。要实现产业结构调整的目标，最根本途径还是通过深化改革、扩大开放增强经济的活力、创新力和竞争力。

第二节 我国产业结构优化的途径

一、我国产业转型升级的客观必然性

中国经济正面临着从追求数量规模扩张型向注重质量效益型转变的历史性任务，需要转变经济发展方式、优化经济结构、转换增长动力、提高经济增长质量和效益，实现新常态下的可持续稳定发展。

从经济增长源泉看，经济增长有三个来源：一是劳动力的投入，二是资本的投入，三是效率的提高。如果讲人均的增长，则基本的来源是两个：一是要素投入，二是效率提高。现代经济增长主要的来源不是要素投放，而是来自效率的提高，这是现代经济增长模式的特点。多年来的经济增长主要是依靠高投入而不是依靠技术进步和效率提高来实现的。传统经济增长方式带来了投资与消费失衡、资源环境不堪重负、产业结构失衡、社会建设滞后、居民收入差距扩大等矛盾。因此，迫切要求增长方式从主要依靠生产要素投入转到依靠效率提高上来。

从经济增长的驱动力来说，长期以来，中国经济发展过分依赖投资和出口的驱动。中国已经基本完成重化工业阶段，工业化到了中后期，投资驱动的粗放经济发展模式已到了尽头，中国的经济发展模式要求增加居民消费对经济增长的拉动作用，由过多地投资拉动转变为更多地依靠扩大消费，由过多的依赖工业转变为依赖服务业，由过多地依靠资源和环境消耗转到依靠科技进步。产业转型升级势在必行，“扩大消费和产业升级”作为转型的两大方向逐步达成共识。

阅读材料：从高速增长阶段转向高质量发展阶段要推进经济“三个转型”[①]

我国经济要实现从高速增长阶段转向高质量发展阶段，要积极推进经济“三个转型”：

一是要从“数量追赶”转向“质量追赶”。以往几十年我国主要关注的是以

① 王一鸣．高质量发展要创新体制机制［EB/OL］．新浪财经·意见领袖，2018-03-15.

数量指标为核心的高增长率，主要是在填补产品产量、资本存量等“数量缺口”，现在这个缺口基本填满，很多领域出现了产能过剩。但是，未来中国要从数量关注型到质量关注型，高质量发展阶段主要是填补产品质量、生产效率等“质量缺口”。这个阶段的主要任务是增强发展的质量优势。

二是要从“规模扩张”转向“结构升级”。高速增长阶段结束后，传统制造业大规模扩张的阶段基本结束，陆续进入到峰值期。未来的产业发展主要不是规模扩张，而是产业价值链和产品附加值的提升。要完成这个转型，就要推动要素在行业内企业间的自由流动，实现要素再配置。

三是要从“要素驱动”转向“创新驱动”。要素的数量红利，无论劳动力、资源还是土地，都正在减弱。要转向高质量发展，面临的最大瓶颈是创新能力和人力资本的不足，这与高速增长时期遇到的“电力瓶颈”“能源瓶颈”“交通瓶颈”是不同的。要进一步加强创新能力建设，增加人力资本投资，着力提高全要素生产率。靠技术创新来拉动内生型的增长，这才是真正有效的增长。

从转型成功国家的经验来看，由高速增长向中速增长的过渡，对应的是由工业化时代向后工业化时代的逐步过渡。反映在产业变迁上主要表现为，即传统重工业对经济的贡献逐步下降，通常会通过兼并重组等方式实现落后产能淘汰与产能升级，而生产性服务业以及消费升级相关的产业会兴起。

案例：煤炭告别黄金十年

煤炭作为大宗商品，是典型的下游需求拉动行业，决定煤价的最主要最直接因素是有效的需求和供给（供给的重要性相对次于需求的重要性）。煤炭的实际供需环境决定整个煤炭行业景气度。

2012 年之前的十年时间，是煤炭行业快速发展的黄金十年，也是煤炭行业享尽了风光与荣耀的十年。无论是产量、勘探量、煤企数量还是盈利指标，煤炭行业一直都在延续比较高的增速，这与这一时期我国经济持续快速增长和工业化正处于重化工业化阶段有关。下游产业如房地产、汽车行业及火电、钢铁、水泥行业的高速增长持续拉动了煤炭需求，推动着煤炭价格的上升。

但 2012 年以后，随着我国经济增长放缓和转变经济发展方式，煤炭行业下游需求疲软、产能过剩，中国煤炭供大于求的趋势正在形成，之前黄金十年时的高企价格，逐步回落，甚至已经进入开采成本，煤炭行业风光不再。

煤炭企业的生存环境压力加大，一方面，煤炭企业今后的主营业务或说盈利增长点将会发生改变，促使煤炭企业进行多元化经营；另一方面，也是煤炭企业资源整合的好时机，大型煤炭企业通过兼并收购式外延扩张，实现资源、资产、技术、人力等生产要素的整合和重组，提高产业集中度，增加市场控制力，并引起煤炭产业上下游关系的逐步调整。

二、我国产业结构优化的主要途径

我国产业结构优化的主要途径有：加快传统产业的转型升级，大力发展现代服务，积极推动现代制造业的重点领域发展，促进新兴战略产业发展。

1. 加快传统产业的转型升级

传统产业转型升级是未来发展的必然方向，而实现传统产业的转型升级有两大突破口：一是加强对传统产业整合，提高产业集中度；二是加强技术创新，提高效率。

在转型期，传统产业将面临结构调整和产业升级的巨大压力，由于产能过剩和要素成本上升的原因，产业投资回报率呈下降趋势。很多传统的产能过剩行业注定要面临着漫长而痛苦的去产能化过程，只有等到过剩产能慢慢被消化掉，同时行业集中度得到提高，出现一定的寡头企业时，它们的盈利能力才能真正提高。在产业转型过程中，结构也会发生深刻的变化，行业和企业盈利将分化，企业未来的经营风险、不确定性较以往正常时期更大，有赢家有输家，会产生胜出者，也会产生被淘汰者或弱化的行业和企业。

阅读材料：传统商贸零售受到电商的冲击

作为典型的消费类行业受到成本端上升压缩利润以及盈利模式失去竞争力的影响，商贸零售行业面临中长期的增长困境。

首先来看成本，房屋租金和人工成本是商贸零售企业的最重要成本源头，近年，随着整体中国劳动力价格进入长期趋势性上涨阶段，以及商业用房出现了租金价格大幅上涨，两项成本显著增加。

再来看盈利模式，近年来传统商业零售企业遭遇了电子商务的巨大冲击。从苏宁易购到天猫，从卓越、凡客到京东商城，在电子商务快速壮大的同时，其销售商品的范围也从图书、家电、服装扩散到百货，甚至包括食品。由于具有绝对的价格优势，电子商务对于传统零售卖场的冲击是巨大的。

正是由于上述两个长期变化的因素，传统零售业面临销售规模和利润的双重挤压，商贸零售企业只能依靠经营模式及业态的变革方能重新获得高速成长。

纺织业一直给人以“传统产业”的形象，但这种状况近几年正被积极改写，行业集中度越来越明显地向“研发技术突出”“品牌优势显著”“整体管理实力强”的企业集中，整合已经展开。用“微笑曲线”理论来解释：首先，拥有强研发能力和持续创新能力的企业才有可能持续获得优质订单；其次，率先实现盈利模式转型的企业才有可能占得市场先机；最后，拥有自主品牌的企业才具备更强议价、提价能力。照此趋势，纺织业将很快见证强者恒强的局面。

很多中国企业正在实行从中国制造到中国创造的转型升级。例如，美的已经不再是大家普遍印象中的那个做空调的家电企业了，而是一家国际化的家用电器和智能制造的综合性工业企业，空调只是美的一部分的利润和收入来源。美的的版图已经不光是家电，而是扩张到智能制造、工业制造领域。

案例：康佳集团加速转型，剑指千亿目标

2018 年 5 月 21 日，康佳集团在深圳举行了主题为“新时代、新动能、新跨越”的 38 周年庆暨转型升级战略发布会。康佳集团总裁周彬宣布，到 2022 年要实现营收千亿的宏大目标，公司的愿景是成为“一家以科技创新驱动的，具有全球竞争力的国际一流企业”。新战略期，康佳将围绕“一个核心定位、两条发展主线、三项发展策略、四大业务群组”新战略加速推进转型升级，以实现跨越式发展。“1234”新战略：一个核心定位，即打造“科技创新驱动的平台型公司”。两条发展主线，一是构建“科技+产业+城镇化”的发展方向，统领康佳战略转型升级；二是构建“硬件+软件”“终端+用户”“科技+投控”发展模式，推进战略转型升级的落地。三项发展策略：“改革——围绕业务形态，实施混改聚力发展”“转型——围绕新兴产业，打造新产业赛道”“升级——围绕智慧家庭，升级现有业务模式”，为康佳跨越式发展指明了道路。通过搭建“科技园区业务群”“产业产品业务群”“平台服务业务群”“投资金融业务群”四大业务群，实现产业格局的转型升级。在其核心战略指导下，康佳集团表示将在“十三五”完成营收目标 600 亿元，2022 年完成营收目标 1000 亿元。

目前，在科技产业园区、多媒体、白电、互联网等方面已经相对成熟，接下来将重点围绕节能环保、半导体、新材料领域集中发力。

康佳已成立环保科技事业部、半导体科技事业部，正式进入环保科技和半导体等新兴产业。环保科技方面，康佳将业务方向瞄准“水污染防治”“大气污染防治”“固体废料治理与回收再加工利用”“土壤污染处理及修复”等热门领域。用 3~5 年，打造出国内一流的环保运维高端品牌，实现年营收 180 亿~260 亿元的战略目标。半导体的发展重点在半导体设备、半导体材料、半导体设计、半导体制造等产业链布局，重点研发存储芯片、物联网器件、光电器件等产品。用 5~10年，跻身于国际优秀半导体公司行列，致力于成为中国前十大半导体公司，年营收过百亿元。

国家经济转型升级、大力发展战略性新兴产业的重大机遇为康佳的新一轮发

展创造了良好的条件。康佳结合自身资源与优势，在改革成效初步显现的基础上，进一步系统性推进战略转型升级，以期实现跨越式发展。如今的康佳集团已不是普通的家电企业，其产业已经涉及家电、互联网运营、供应链管理、金融投资、产业园区五大领域，形成了以家电为基础支撑的多元业务协同发展的产业格局。

康佳这次的战略升级跨度前所未有，将实现从传统家电企业向营收达千亿级的投控型科技产业集团转型。作为家电巨头之一，其转型和突围的过程给行业带来许多新思考，注入新能量。在坚守老本行的同时如何跟上时代潮流而不盲从，这也是所有包括家电在内的传统行业都在面临的问题。

2. 大力发展现代服务业

现代产业结构优化升级重要方向为推动现代服务业发展，通过现代服务业发展来带动整体现代产业发展。

现代服务业在中国有巨大空间，中国接近 14 亿人口，要加大服务业发展，让服务业带动经济增长。美国现在每年新增 GDP 的 70%来源于服务业。我国服务业占 GDP 的比重不断提升，2017 年服务业占比已超过一半以上，我国经济从传统工业向服务业转型的路径越发清晰，服务业将成为支撑中国经济增长的“中流砥柱”。

现代服务业分为四大类：

第一类，消费服务业。所谓消费服务，为人们消费生活提供服务。消费服务包括六个部分：一是餐饮与商贸，二是医疗与健康，三是养老消费服务，四是儿童消费服务，五是家政消费服务，六是信息消费服务。

中国消费主流市场将从消费制造业转移到消费服务业，消费服务已成为未来最确定的产业发展方向。一方面，中国人均 GDP 的提升会带来需求层次的升级，在物质需求基本得到满足的基础上对精神需求的渴望度上升；另一方面，中国人口结构的变迁会带来消费结构的变化，人口老龄化的趋势会带来对医疗、养老领域的需求，而二胎放开则会带来教育、娱乐等领域的需求。

第二类，商务服务业。商务服务就是为人们的商务活动提供服务帮助的行业。商务服务是个很宽泛的产业概念。第一是金融综合服务类，如商业银行服务、投资银行、证券、基金、保险等隶属于金融综合服务。第二是会计事务所、审计事务所。第三是投资咨询服务。第四是园区管理类服务。中国的商务服务业还有巨大的投资空间。

第三类，生产服务业。生产服务是直接为生产过程提供的服务。技术服务是生产服务的重要内容。比如设计也属于生产服务，像服装设计、工业产品设计、建筑设计等都属于生产服务。金融、保险、物流等是生产性服务业的重要部分，外包服务也是生产服务的范畴。

第四类是精神服务业。精神服务就是为人们精神生活提供的服务。人的享受实际上分两种，一是物质享受，二是精神享受。为物质享受服务的就是所谓的消费服务，为精神享受提供服务就是精神服务业。精神服务包括影视、旅游、文化、出版等都属于精神服务，同样具有巨大的发展空间。

3. 推动现代制造业的重点领域发展

先进制造业将推动我国迈向全球价值链的中高端，助力我国跨越中等收入陷阱。中国要实现持续的增长必须进行制造业转型升级。《中国制造 2025》指出的我国现代制造业十大重点领域：①新一代信息技术，重点方向包括集成电路及专用设备、信息通信设备、操作系统与工业软件、智能制造核心信息设备；②高档数控机床和机器人，重点方向包括高档数控机床与基础制造装备、机器人；③航空航天装备，重点方向包括飞机、航空发动机、航空机载设备与系统、航天装备；④海洋工程装备及高技术船舶；⑤先进轨道交通装备；⑥节能与新能源汽车，重点方向包括节能汽车、新能源汽车、智能网联汽车；⑦电力装备，重点方向包括发电装备、输变电装备；⑧农业装备；⑨新材料，重点方向包括先进基础材料、关键战略材料、前沿新材料；⑩生物医药、高性能医疗器械。“新时代”的主导产业，如先进制造、品牌消费、现代服务等立足人民美好生活需要的行业。

制造业升级是确定性趋势，传统制造业的巨大存量中，存在着设备更新改造、技术升级的庞大机会。“技术升级”正替代“产能扩张”，高端装备产业具备广阔的成长空间。随着我国人口红利逐渐消失、土地成本提升，“世界工厂”正逐渐从中国向东南亚等其他国家和地区转移，产业升级的诉求出现了前所未有的迫切。中国高端制造技术不断获得突破，自动化、智能化将成为制造业未来升级的方向，云计算、AI、5G 高频通信等行业正在迎来高速发展期。

4. 促进战略性新兴产业的发展

战略性新兴产业是新兴科技和新兴产业的深度融合，体现了技术和产业的发展趋势，能引领产业发展方向，有效带动其他产业的发展。我国发展战略新兴产业对国家产业发展具有重大战略作用，顺应了世界新技术革命和产业变革趋势，是促进产业转型升级、加快发展方式转变的根本要求。

我国战略新兴产业主要包括：①新能源。化石原料是传统能源，非化石原料统归为新能源，六个形态：水能、风能、地能、生物能、太阳能、核能。②新材料。新材料是众多高新产业的基础和支撑。③生命生物工程。生命生物工程市场需求巨大，涉及农业、医疗、健康等多个产业。④信息技术和移动互联网。重点在信息元部件和装备、信息终端使用、大数据与安全性三个领域。⑤节能环保。

解决资源节约和污染问题是可持续发展的客观要求，也关系到人民生活环境质量。⑥新能源汽车。国家已经把新能源汽车作为未来发展重点方向。⑦人工智能。智能化和机器人在未来都有很大的空间。⑧高端装备制造。

从技术的成熟度、市场的成熟度和产业的成熟度，可以将战略新兴战略产业区分为四类：第一类有些属于研发初期，市场的推广需要一段时间；第二类处于技术初步成熟，处于爆发的前夜；第三类是技术已经比较成熟，需要正常来推动这样的产业，像太阳能、风能；第四类是技术还在发展，产业格局已经基本确立。

大力发展战略性新兴产业，需要实现市场和政府相结合，一方面要充分释放市场机制的牵引作用；另一方面，国家加大要对战略性新兴产业的投入和政策支持，使战略性新兴产业尽早成为国民经济先导产业和支柱产业。

第三节 消费升级为企业带来战略商机

随着居民人均收入的稳步增加，在满足了吃、穿、住、行等基本生活需要的基础上，人们将追求更高质量的消费，除了更高档次的吃、穿、住、行以外，还会有医疗保健、娱乐休闲等多方面的消费需求，即消费升级。

我国消费升级将是一个长期趋势。改革开放 40 余年以来，中国经济快速增长，居民财富的增长和消费偏好的改变，对于未来收入增长的预期，品质生活的需求不断增加，均有利于促进消费升级。我国的经济增长正逐渐由投资驱动转变为消费拉动，由过往的“三驾马车”拉动转化为消费一马当先的格局。消费和消费升级已经成了中国经济增长的核心动能。据统计，2014 年起，消费对于 GDP 增长的贡献率超过投资，此后一直呈上升趋势，2016 年消费对 GDP 增长的贡献率达到 64.6%，消费在经济增长中的重要性日益凸显，已经成了中国经济增长的核心动力。

一、中国消费升级的驱动力

中国目前已到了消费引领发展，消费升级阶段。

1. 城乡居民收入稳步增长为消费升级提供基础保证

改革开放以来，中国城镇居民人均可支配收入持续快速增长，农民的纯收入也显著提高，且高于 GDP 的增长速度。伴随人均收入的不断提高，消费购买力也在稳步攀升。中国的中产阶级正在快速成长，目前中等收入群体在 3 亿人左右，与美国总人口数量相当。随着收入水平的持续提升，预计中等收入水平的人口占比还会显著提高，同时富豪阶层人数仍将继续增加。中产及富裕阶层人群已经成为主要消费人群，对衣食住行、文教体娱等美好生活的新需求将不断涌现，为生活品质的追求创造了蓬勃的新市场。中低端收入稳步提升也驱动了居民消费升级的边际倾向。

2. 城市化进程加快，对消费升级产生巨大的推动作用

中国城市化比例在逐年提升，从 1978 年的 18%跃升至 2017 年的 58%。城市化改变着人们的消费习惯转变，也有效地拉动消费。据估计，城镇居民的人均消费水平是农村的三倍以上。一、二线城市居民消费意识逐步增强，三、四线城市中产群体不断增长，表现出消费升级趋势。加上消费主体的个性化需求特征越来越明显，大量的新兴消费品和服务开始涌现，这些变化将进一步提高居民的消费倾向，并改变居民的消费结构，进而推动了居民消费升级的趋势。

3. 人口结构支撑着消费升级

人口结构的变迁会带来消费结构的变化。有研究显示，我国人口总体年龄结构已由成长型阶段步入成熟阶段，即青壮年为主体，他们收入的不断提高决定了我国进入了消费的快速增长期。未来消费人口占总人口的比例上升，整个环境有利于消费，特别是新生代包括“80 后”“90 后”“00 后”已成为消费主力，消费增长速度远远高于中国平均消费增长速度，对消费品质的要求更高。家庭结构的改变带来家电、汽车、通信、医疗、文化、教育服务的需求。

4. 政策导向鼓励内需、鼓励消费

消费推动中国经济增长的作用越来越大。国家政策支持消费和消费升级，包括提高个人收入所得税起征点，消费信贷、现有补贴政策，进行医改、完善社会保障体系等，对于培育中产阶级、激发居民消费潜力将起到巨大的推动作用。

5. 基础设施和技术手段为消费升级创造条件

“四纵四横”的高速铁路和发达的航空、高速公路网将彻底重写中国经济地理，国内统一大市场的形成极大拓宽了品牌消费品的市场空间。移动互联网和便捷的运输网络在虚拟和现实层面引起共振，全方位提升了从消费诉求、产品制造、物流供应、服务保障等各层面的运转效率。微信、网购等移动互联网产品及智能手机等新的电子产品都在改变着人们的生活方式。

综合考虑我国经济发展、城市化进程、人口结构、收入分配的调整、社会保障完善和经济发展模式的转型等多个积极因素的叠加，消费和服务业将成为我国经济增长的新引擎。消费者逐步从被动应付生活转变为主动经营生活、享受生活，传统的生存型、物质型消费开始让位于发展型、服务型等新型消费。娱乐、通信、教育、医疗保健、旅游等领域的消费出现快速增长，从品质和数量两个方面对供给侧形成牵引，从而充分发挥出消费在经济增长中的基础性作用和促进产业转型的关键作用。

阅读材料：我国已经经历了三次消费结构升级

消费结构的变化是引起产业结构变动的最主要的因素。改革开放以来，我国已经经历了三次消费结构升级。第一次消费结构升级出现在20世纪80年代，粮食消费呈现下降、轻工产品消费呈现上升趋势，由于居民对吃、穿、用需求层次的显著提高，对轻工、纺织产品的生产产生了强烈拉动，带动了第一轮经济增长。第二次消费结构升级表现在家用电器消费的快速增加，耐用消费品向高档化方向发展，大屏幕高清晰度彩电、空调器、微波炉、影碟机、摄像机成为城镇居民的消费热点，普及率进一步提高。这一转变对电子、钢铁、机械制造业等行业产生了强大驱动力，带动了第二轮经济增长高潮。2000年以后进行的第三次转型升级驱动着相关产业的增长。2001年中国人均GDP超过1000美元。按照国际经验，人均GDP达到1000美元以后，社会消费结构将会由温饱型向发展型、享受型升级，特别是当人均GDP超过3000美元之后，由于居民收入水平提高为消费结构升级创造了购买力条件，过去的奢侈品将转化为居民的必需品，居民消费结构由吃、穿、用向住、行的升级和转变，这次消费结构的升级，带动的将是投资结构和生产结构的变化。住房、汽车、电子通信等高成长产业群，成为产业升级和经济增长的主要动力，由于汽车、房地产等行业具有产业链长的特点，对大批相关产业的带动作用明显，尤其是对钢铁、机械、化工、水泥等重工业产生了较大需求。三次消费结构升级由以自行车、缝纫机、收音机等为标志的千元级提升到以洗衣机、电视机、冰箱、空调器、电脑等为标志的万元级，再到以住房、汽车为标志的10万元以上级迈进。

由于我国区域发展的不平衡，消费升级还表现在居民消费能力从一、二线城市向三、四线城市转移、发达地区向落后地区转移的过程。

二、消费升级中的市场机会

收入水平的持续提高、消费人群的持续扩大、消费结构的升级为消费与服务行业提供了巨大的市场空间。

在消费升级过程中，一方面是中产阶层和富裕人群大幅增加，这将带动中高端消费的提高；另一方面，乡镇地区的需求也将随着收入的增加而强劲增长，人们的消费将从低端逐渐向中端转移。

随着人均可支配收入的上升和中产阶层人数的扩大，新的消费模式和需求空间将被打开，只要是和人数有关的，能改变人们生活方式和提升生活品质的终端产品，就有能产生趋势向上的行业，消费电子、移动互联网、休闲娱乐、文化传媒、医疗健康、教育等现代服务业都是未来消费升级受益的主要行业。能提供优秀的消费品或相关服务的公司是不缺市场需求和成长空间的，而且完全可以实现穿越经济周期的持续增长。

在消费升级环境下，更具竞争优势的品牌消费品才能脱颖而出。对传统消费行业来说，具有一定品牌知名度的企业和产品将获得更多青睐，比如，贵州茅台、东阿阿胶等，而对新的消费行业来说，那些迎合消费者新的消费习惯、抢占市场先机的企业将从中受益，比如海参成为商务人士新的消费习惯。

阅读材料：中国消费升级的三大主线①

收入上升、人口老龄化、技术进步，是目前中国消费升级的三大驱动力，也决定了中国消费升级的三大主线：

第一条主线是从传统消费到新兴消费。随着收入上升和人口老龄化，食品在消费中的占比正在持续下滑，而耐用消费品占比也将见顶下滑，以衣食住行为代表的传统消费比重趋于下行，而新兴消费占比则趋于上行。

第二条主线是从数量消费到质量消费。收入上升为人们改善生活质量提供了物质基础，而人口老龄化的到来令提升生活质量变得更为迫切，技术进步则降低了生活质量提升的成本，使这种改善加速到来。在食品消费中，饮食不再纯粹以温饱为目标，膳食均衡、膳食健康被赋予更高的权重，这在肉类、饮料类消费中均有所体现。在耐用品消费中，舒适化和智能化成为新的方向。

第三条主线是从物质消费到服务消费。随着收入持续上升，我们早已告别商品紧缺年代，消费并不仅限于有形的商品领域，无形的服务消费重要性得到凸显，如医疗教育、信息服务、文化娱乐等领域的消费爆发式增长。在服务业内部，收入改善和技术进步使人们愿意为“省时、省事、省力”买单，节约时间和提升体验被赋予更高的溢价。

回顾2000年以来，伴随着经济持续高速增长和消费升级，相关行业和企业的成长历程，就可以深切体会到，只有顺应时代发展趋势，满足消费者需求变化，提供独特的产品，有着良好的公司治理结构、优秀的管理团队的企业才能快速成长，才能实现由小到大、由优秀到卓越。表7-1简要概括了2000年以来，随着人均收入增长，我国的各个阶段的消费特征。顺应这些消费趋势的相关企业及其品牌现在已家喻户晓，如家电行业的格力、美的、青岛海尔，食品饮料行业的伊利、蒙牛、双汇、茅台、张裕，房地产行业的万科、恒大、万达，汽车行业的上海大众、一汽、二汽、宇通、吉利，电商社交行业的阿里巴巴、腾讯服务。

① 姜超．中国消费升级的三大主线［N］．中国证券报，2018-06-22.

表 7-1 我国经济的消费升级与企业战略机会

人均 GDP（美元）	消费特征
1000~1500	汽车开始进入家庭，商品房价格开始上涨，旅游剧增，品牌消费品需求加速
1500~2000	消费结构出现质的提高，连锁超市诞生，乳制品行业快速增长，理财需求出现，服务性消费支出占比提升，艺术收藏市场启动，社会两极分化严重
2000~3000	休闲游剧增，便利店、专卖店大量出现，高档白酒消费启动，海外人才回流，地铁开发利用向高水平发展，中产阶级大量出现，金融资产比重快速上升
3000~4000	私人购车爆发性增长，便利店、专卖店大量出现，啤酒消费剧增，住房是投资热点，生活质量与 GDP 弱化，有钱不等于幸福
4000~5000	别墅市场兴起，教育成为关注重点，高级时尚品牌专卖店、奢侈品、艺术品专卖流行
5000~6000	经济增长由投资拉动进入消费拉动，服务业将进入快速发展阶段，信息消费、文化消费增长迅速，红酒啤酒消费结合，保健品消费支出增加，信贷消费进入高速成长期，民生受到广泛关注
6000~8000	国家进入休闲时代，产业发展更多依赖于服务体系的优化和完善，其中提升物流效率是重要环节，环保消费、医疗卫生是消费增长点，大规模海外人才回流
8000~10000	住宅产业进入平稳期，艺术收藏市场出现繁荣，准备进入民主阶段

目前我国居民人均 GDP 已达 8000 多美元，消费需求从住行向服务消费全面升级，服务业占 GDP 比重已超过 50%，服务业将迎来一个加速发展的转折点。服务业层次的提升、总量的增加，将是必然的趋势。休闲娱乐、文化教育、交通通信、医疗保健、住宅、旅游等实际支出明显增加，相关产业有望迎来较长持续时间的高速发展期；在消费习惯上，进行网购的比例出现大幅跳升，网络购物、移动支付，直至移动互联等新型渠道的消费在一定时期内增长最为迅速。据中国互联网络信息中心统计，从很大程度上讲，居民网络消费的剧增，大大推动了我国 IT 产业的腾飞。

阅读材料：大健康产业的投资机会

未来 20 年，健康问题日益凸显，主要原因有：第一，老龄化趋势。目前，我国老年人口数量为 2.2 亿，老龄化水平为 15.5%。2020 年，中国将会进入老龄化社会，中国的老年人口会突破 3 亿。据国外测算，人在 65 岁以后的医疗支出占人一生的一半，对医疗保健等需求大幅上升。第二，生活方式。暴饮暴食、富营养化、缺乏锻炼等因素将导致亚健康人群不断增加。第三，环境污染残留经由食物进入人体造成人体病变是最主要的致病因素。因此，健康将成为严重的问题，健康产业将引来前所未有的产业机遇！这将是推动我国医疗产业未来十年继续快速增长。

以大健康为核心的消费时代的来临。大健康的七大领域：

(1) 医药产业。其是大健康产业最为基础的产业，它可以分为医药工业和医药商业两大部分。医药工业主要可分为原料药制造、化药制造、中药饮片加工(含中药配方颗粒)、中成药制造、生物产品制造和售药制造、医疗器械制造、制药机械制造、卫生材料及医用品制造九个子分类，医药商业一般包括分销、物流以及医药研发服务等。

(2) 医疗服务产业。包括医院、诊所等传统医疗服务方式。

(3) 保健品产业。包括食品、保健食品、营养补充剂等细分行业。

(4) 健康管理产业。主要是从“治未病”的理念中延伸出来的健康管理和服务产业，包括健康体检、健康咨询、调理康复、养生养老服务等。

(5) 健康护理产业。在健康护理行业，大健康的概念将进一步延伸，将美容、娱乐、个人护理生产及销售等都可以纳入进去。

(6) 与健康相关的其他产业。包括医疗旅游、养老地产、健康保险等。

(7) 心理健康和咨询行业，这是一个新兴的行业。

健康产业不仅仅局限在医药、医疗服务，还包括未来与居民健康生活和品质生活相关的如保健、康复、养生、养老和心理咨询等大健康产业的消费品。

我国的健康业产值仅占 GDP 的 5%左右，而美国的健康产业占 GDP 比重超过 15%，加拿大、日本等健康产业占 GDP 比重超过 10%，“健康中国”有望开启十万亿级的健康产业盛宴。健康消费品、消费类医疗器械和提供养老服务的医疗机构等养老健康细分行业都将是直接受益者。

三、消费升级中的白酒行业分析

以白酒行业为例，分析消费升级趋势下，行业内生产不同档次产品的企业发展战略和盈利模式。我国的白酒行业是一个古老的传统产业，市场需求受收入水平、消费习惯、社交礼仪、国家政策等因素的影响。市场销售的产品明显分为三个档次。典型高档白酒是茅台、五粮液，再加上水井坊、1573、梦之蓝等，中高档白酒比较多，如泸州老窖、剑南春、汾酒、洋河、古井贡酒、杜康等，中低档白酒众多品牌，不再一一列举。

1. 白酒需求曲线的特征

白酒需求曲线有两个基本特征；一是高、中、低档产品需求价格弹性依次上升；二是收入上升带动所有产品需求价格弹性下降。高档白酒需求曲线非常陡陗，低档白酒需求曲线比较平坦，中档白酒需求曲线介于两者之间。

2. 白酒的供给特征

高档白酒生产厂商数量少，寡头垄断经营，产品供不应求；中档白酒生产厂商较多，垄断竞争，供求基本平衡；低档白酒生产厂商众多，竞争异常激烈，供求自由竞争。

3. 企业战略和盈利模式

三种档次的白酒供需特征决定了相关企业的战略和盈利模式：高档白酒陡峭的需求曲线和供给寡头垄断决定，厂商应持续控量提价是最优战略；中档白酒需求曲线相对平缓和供给垄断竞争决定，厂商应保持价量平衡才能实现最大利润；低档白酒需求曲线平缓，供给自由竞争，厂商因此打造综合成本优势以整合行业是最优战略选择。

随着人民收入水平的提高和消费升级，对生活品质的追求，人们对白酒的价格敏感性下降，而对产品的质量档次要求提升，自然对中高档白酒的需求快速增加，而对中低档白酒的需求相对下降。中华民族酒之精华国粹茅台之所以这么多年价升量增，最根本的原因是富裕起来的中国人民对美好生活不断追求的体现。如表 7-2 所示，自 2001 年以来，贵州茅台的出厂价格、零售价格和基酒产量总体上持续增长。

表 7-2　贵州茅台历年价格及产量

年份	出厂价格		基酒产量		零售价格	
	价格（元/瓶）	增长率（%）	产量（吨）	增长率（%）	价格（元/瓶）	增长率（%）
2001	218	—	7317	—	220	—
2002	218	0	8640	18.08	260	18.18
2003	268	22.94	9257	7.14	280	7.69
2004	268	0	11500	24.23	320	14.29
2005	268	0	12540	9.04	350	9.38
2006	308	14.93	13839	10.36	350	0
2007	358	16.23	16865	21.87	400	14.29
2008	438	22.35	20431	21.14	500	25.00
2009	499	13.93	23004	12.59	650	30.00
2010	563	12.83	26284	14.26	800	23.08
2011	619	9.95	30026	14.24	1000	25.00
2012	819	32.31	33600	11.90	1600	60.00
2013	819	0	38452	14.44	2300	43.75

续表

年份	出厂价格		基酒产量		零售价格	
	价格（元/瓶）	增长率（%）	产量（吨）	增长率（%）	价格（元/瓶）	增长率（%）
2014	819	0	38745	0.76	1519	-33.96
2015	819	0	32179	-16.95	1000	-34.17
2016	819	0	39000	21.20	1200	20.00
2017	819	0	42700	9.49	1500	25.00
2018	966	18	—	—	1500	0
年增长率（%）	9.15		11.66		11.95	

注：根据贵州茅台历年报表和公开信息整理。

“三公消费”是需求的一部分，但只是次要原因。2012 年开始执行的中央“八项规定”，抑制“三公消费”确实影响到茅台的“公务市场”消费，但近几年居民的消费升级不但填补了这块市场，而且保持对茅台酒总体需求的持续增加，茅台公司的销售收入和净利润十余年持续快速增长（见表 7-3）。

表 7-3 贵州茅台年度财务

指标＼年份	2018	2017	2016	2015	2014	2013	2012	2011	2010	2009	2008	2007	2006	2005
净利润（亿元）	352	270	167	155	153	151	133.0	87.6	50.5	43.1	38	28.3	15.5	11.2
增长率（%）	30	62	25.2	1.01	1.38	13.7	51.9	73.5	17.1	13.5	34.2	83.3	38.1	36.3

资料来源：贵州茅台历年财务报表。

因此，大众消费品最强调“物美价廉”，价格是衡量竞争力的首要标准；而在高端、奢侈品市场，居民对品牌的认知度和信任度不断提高，愿意为认可的品牌付出更高溢价，这为高端品牌较快速发展提供契机，同时居民表现出超前消费意识和超强消费能力，导致对高端奢侈品的消费量不断增加。对生产高端产品的生产企业来说，保持产品高品质和强化高端品牌印象是重点。

特别需要说明的是，在大众消费品市场中，“中低收入”并不代表“中低消费”，在消费环境显著改善、实际收入水平有较大提升的背景下，这类人群恰恰是消费升级的主力军，是拥有改善性需求最大的一类人，品牌商在其中最易获得较高市场份额。

第四节 人口红利、刘易斯拐点与产业转型升级

一、人口红利与刘易斯拐点

1. 人口红利及拐点

人口红利是指一个国家的劳动年龄人口占总人口比重较大，抚养率比较低，人口抚养比较低为经济发展创造了有利的人口条件。若劳动年龄人口（一般为15~64岁）的比重高，则有两个有利于经济增长的效应：一方面，劳动力供应充足，人口的生产性强，有利于经济增长；另一方面，人口的抚养负担轻，会提高社会储蓄率，增加资本积累，有利于经济增长。把在老年人口比例达到较高水平之前所形成的一个劳动力资源相对丰富、抚养负担轻、对经济发展十分有利的阶段称为“人口红利期”。

在整个改革开放期间，特别是1980~2010年，我国劳动年龄人口的数量持续增加，比重不断上升，人口抚养比相应下降。中国的劳动年龄人口从5.60亿增长到9.18亿，而总抚养比则不断下降。这种人口结构特征一方面保证了经济增长过程中劳动力的充分供给，另一方面提高了资本积累率。

1980~2010年我国经济能保持10%左右的增速，与充分挖掘了人口红利有关。研究显示，1982~2007年，中国的总抚养比下降24.6%，对同期人均GDP增长有25%到30%的贡献。[①]

但近年来中国的人口红利已开始出现转折性变化。

首先，近年来劳动年龄人口占比开始下降。国家统计公报显示，我国2011年第一次劳动力资源占总人口比重出现了下降。2011年我国15~64岁劳动年龄人口占总人口比重为74.4%，比2010年微降0.1个百分点，总抚养比由34.17%上升到34.35%。2012年，劳动年龄人口占比为74.1%，较2011年继续下降0.3个百分点。这意味着中国人口红利消失的拐点开始出现。

其次，劳动资源总量开始下降。2013年16周岁以上至60周岁以下（不含60周岁）的劳动年龄人口91954万人，比2012年末减少244万人，占总人口的比重为67.6%，这是2012年我国的劳动力资源总量首次出现绝对下降了345万后，再一次总量下降。劳动年龄人口占总人口比重持续降低。2016年，全国劳动年龄人口数量为90747万人，占总人口的比重为65.6%。2017年劳动年龄人口为90199万人，占总人口的比重为64.9%。中国发展研究基金会发布的报告认

① 蔡昉. 人口红利退坡，经济该如何持续挖掘经济潜力？［EB/OL］. 新华网·客户端，2018-07-26.

为，2010~2020 年劳动年龄人口将减少 2900 多万，人口抚养比则相应上升，人口红利趋于消失。

最后，人口老龄化日趋明显。国家统计局数据表明，2011 年 65 岁及以上人口占总人口 9.1%，2012 年 65 岁及以上人口占总人口的 9.4%，2017 年全国人口中 60 周岁及以上人口 24090 万人，占总人口的 17.3%，其中 65 周岁及以上人口 15831 万人，占总人口的 11.4%；60 周岁以上人口和 65 周岁以上人口都比 2016 年增加了 0.6 个百分点。一般认为，65 岁及以上老年人口比例在 7%以上为老龄化社会，14%以上为深度老龄化，20%以上为超级老龄化。中国 2001 年进入老龄化社会。联合国预计中国将于 2025 年前后进入深度老龄化社会，2034 年前后进入超级老龄化社会，老龄化速度前所未有，并且由于人口基数大，中国老年人口规模也是前所未有的。

2. 刘易斯拐点

诺贝尔经济学奖得主 W. 刘易斯认为，发展中国家或地区具有两种性质不同的部门：以传统方式进行生产的农业部门和以现代方式进行生产的城市工业部门。城市工业由市场调节和以利润为导向，不存在隐性失业，而传统农业部门存在着大量隐性失业者，创造了劳动力无限供给的条件。经济发展的过程实质是农村剩余劳动力不断向城市工业转移的过程。

但在工业化中后期，随着农村富余劳动力向非农产业的逐步转移，农村富余劳动力逐渐减少，最终枯竭。刘易斯拐点就是劳动力由过剩向短缺的转折点。

1980~2010 年，我国农村劳动力持续大规模地向城市非农产业转移，同时劳动力成本保持相对低廉，工业化过程所需要的劳动力供给得到充分保障。

但近些年，劳动力供求关系的变化，劳动力开始持续短缺，随之进入“刘易斯拐点”。我国适龄劳动人口数量从 2012 年开始减少，劳动力成本抬升对我国制造业的全球竞争力提出新的挑战。事实上，近年来，沿海地区频频出现的“用工荒”最根本的原因就是劳动年龄人口的增长速度在逐渐减缓。

一是农民工越来越稀缺，招工难越来越普遍（见表 7-4）。

表 7-4 2011~2015 年全国农民工总量的变化

年份	全国农民工总量（万人）	增长率（%）
2011	25278	4.4
2012	26261	3.9
2013	26894	2.4

续表

年份	全国农民工总量（万人）	增长率（%）
2014	27395	1.9
2015	27747	1.3

资料来源：根据国家统计局数据整理。

二是企业用工成本持续上涨（见表7-5）。劳动力供给的减少导致人工成本上升。根据人社部的数据，2005年，农民工月均收入为875元，这一数字在2010年上升到1690元，并在2015年上升到3072元，即在十年内农民工的月均收入增长幅度为251%。

表7-5 2011~2015年农民工月收入及增长

年份	农民工月收入（元）	增长率（%）
2011	2049	21.2
2012	2290	11.8
2013	2609	13.9
2014	2864	9.8
2015	3072	7.2

资料来源：根据国家统计局数据整理。

中国正在经历刘易斯拐点对应的结构性短缺局面。中国在低端劳动力层面的供应已经达到顶峰，当前正面临向下的巨大拐点。与低端劳动力供应层面相反的是，高端层面的劳动力（大学毕业生以上）供应未达到顶峰。据统计，2000年以来，由于大学持续扩招，我国大学毕业生数量增长较快（见表7-6）。

表7-6 2001~2018年全国大学毕业生数量和增幅

年份	数量（个）	同比增长（%）
2001	115	7.48
2002	145	26.10
2003	212	46.20
2004	280	32.10
2005	338	22.20

续表

年份	数量（个）	同比增长（%）
2006	413	19.90
2007	495	12.90
2008	559	9.30
2009	611	3.27
2010	631	4.60
2011	660	3.03
2012	680	2.79
2013	699	4.01
2014	727	3.03
2015	749	2.14
2016	765	2.14
2017	795	3.90
2018	820	3.15

资料来源：根据公开数据整理。

中国大学生就业追踪调查发现，《2016 年中国大学生就业报告》显示，2005 年的高校毕业生平均月收入为 1588 元，2010 年高校应届毕业生平均起薪为每月 2153 元。2015 年大学毕业生半年后平均月收入为 3726 元。大学毕业生的薪酬的增幅在过去十年大约为 135%。大学毕业生与农民工收入的差距，从 2005 年底约 1.8 倍，到 2015 年大约为 1.2 倍。换句话说，大学毕业生十年前收入比农民工高 80%，目前仍然高出 20%，但薪酬差距较此前快速缩窄（见表 7-7）。

表 7-7　2005~2015 年农民工、大学毕业生薪酬增长比较

年份	2005	2010	2015	2005~2015 年增长率（%）
农民工（元）	875	1690	3072	251
大学生（元）	1588	2153	3726	135

高等教育的规模在不断扩大，每年都有大量的大学毕业生人才为产业转型升级提供丰富的人才资源支持。目前一年的应届大学毕业生已达 800 万人，相当于一个欧洲中等国家的总人口数量。在产业升级换代过程中，工程师红利才刚刚开始。

二、人口红利与刘易斯拐点倒逼产业转型升级

随着人口红利拐点和刘易斯拐点的到来，我国传统制造业低成本优势逐渐失去，正面临着劳动力成本不断上升、人口老龄化等诸多挑战，因此，加快转变发展方式，促进产业升级迫在眉睫。

劳动力成本上升压力会成为企业转型升级、创新发展的动力。劳动力成本提高会影响制造企业效益，一些创新能力不足的企业会面临困境或出现破产。在制造业全球价值链分工条件下，这会促使一些制造企业将生产工厂转移到东南亚等劳动力成本更低的国家和地区。

劳动力成本的持续上升会导致机器对劳动力的广泛替代和熟练劳动力对非熟练劳动力的替代。企业更多地用机器、自动化生产来替代劳工，给机械和设备行业带来很大的发展空间，如工业机器人行业，由于越来越多的制造业的生产对精密度、质量、效率和可靠性的要求越来越高，机器人具有快速、高效、灵活、可靠、抗压等显著优势，国内机器人的应用领域不断扩展，包括汽车制造、电子电器、金属、化工橡胶塑料、食品等行业，尤其是低端制造和劳动密集行业机器人具有广阔的应用市场。

案例：富士康加快机器代替人工的进程

一直以来，中国制造都以低廉的人工取胜，随着中国社会的老龄化，制造业的缺工高潮正在到来，人工成本在攀升，机器人取代人工的步伐加快。

在过去的10余年中，全球最大的代工企业富士康充分利用了中国从高收入国家取得高质量设计然后将其转变为廉价产品的能力，通过120多万人的代工队伍将富士康打造成为全球最大的代工厂商，其中仅中国大陆就有超过100万的工人。在劳动力短缺和工人成本上涨等压力下，富士康正通过配备机器人来提高资金和劳动力的组合配置比例，向西方工业生产模式靠拢，弥补用工空缺并逐渐摆脱对不可持续的廉价劳动力的依赖，从而实现全球交货的代工版图。

波士顿咨询发布的一份研究报告称，考虑到人民币的升值因素和美国工人相对较高的劳动生产率，2015年中国制造业的净劳动力成本已与美国相当。

由于担心劳动力成本上升，一些发达经济体的企业已经把他们的生产转移到成本较低的国家或搬回自己国家。作为与机器人自动化生存出路对应另外一极，更多的中国制造的重心流失到了人力成本更加低廉的东南亚和南美等地。

人口红利式增长是粗放型经济增长所必需的，而集约型增长靠的是创新红利，是技术红利，靠的是劳动生产率的提高。中国依靠廉价劳动力大力发展劳动力密集产业推动经济的增长方式难以为继。产业将由低附加值、劳动密集型向高

附加值的资本密集型、技术密集型升级，并通过促进新兴技术的产业化和传统产业的高技术化来实现产业的升级换代。中国经济从过去数十年的资本推动和人口红利推动正式进入了创新驱动、人力资本红利驱动的新阶段。

阅读材料：制造业转型升级的三个方向①

本质上制造业成功的原因和发展的模式都是一样的，是依靠中国的低成本优势和发达国家之间的成本差异，迅速地从低端制造业发展起来，珠三角是一个典型的例子，其模式本质就是大规模、低成本。

到了2008年金融危机是一个转折点，过往制造业发展模式的两个前提都发生了变化，中国2008年之后各种要素成本，包括看得见的，还有一些隐形成本都在上升，中国制造业低成本优势已丧失。

制造业的转型路径，我认为是以下几点：寻求新的成本优势、培养建立差异化的能力以及实现产业间转型升级。

第一转型路程，即制造业要保持成本优势，因为中国制造业过去就是靠成本优势发展起来的，成本优势也是制造业非常重要的一个竞争力，如果要建立成本优势，保持成本优势只有两条路径可选，要么是你转移到低成本地区，比如转移到西部或者东南亚、非洲去，这是一种方法。绝大多数企业是无法转移的，因为它受到管理能力、资本力量以及业务区域、战略的限制，怎么办？最根本的是第二种，我们要建立效率驱动基础上的新的成本优势，全价值链的一个工具和方法，你要保持你的成本优势。

如果你在成本方面的优势很难保持，或是你想要找一个更高的竞争能力，那就是第二个转型路径，即建立差异化能力。差异化的能力，包含了以下这三个方面：第一，是产品领先，就是说你能够比竞争对手更快推出新的产品或者服务给消费者，大家都有这个东西，你可以比竞争对手提前六个月，这就是你产品领先的能力。产品领先能力的背后需要大量的积累。第二，你要有技术真正意义上的差异化，这更是厚积薄发，需要15年、20年漫长的积累、投入才能形成你的技术能力。第三，商业模式创新，它要创造以用户为中心的新的经营模式。

第三个转型路径，就是进行产业间的转型，我以前做劳动密集型的，现在转移到技术密集型和资本密集型。进行升级，从低端制造业向高端制造业或者向先进制造业去转型。

美的转型都是围绕这三个方向来开展的，即产品领先、效率驱动、全球经

① 方洪波，美的集团董事长，本文为作者2018年1月13日在“2018中国制造论坛：全球制造业变局下的新产业革命”上的演讲。

营。未来的愿景，希望真正转型成为一家以消费家电、暖通空调、机器人与自动化系统、智能供应链四大块业务的科技集团，靠科技来驱动，不再是一个劳动密集型的公司。

从长期来看，一个经济体实现产业的成功转型，必须依靠原有的制造业的改造以及整合重整。经济转型成功与否不仅仅在于有多少新兴产业脱颖而出，更多是看大量的传统产业是否改造成功。转型是一个承接和继承的过程，制造业的整合和技术创新为产业转型提供技术保证。通过创新驱动，提高全要素生产率，摆脱高投入、低产出、高污染等恶性循环，实现产业结构和增长质量的脱胎换骨。

扩展阅读 第四次零售革命①

新技术正在给各行各业带来巨大冲击，也把零售业推到了风口浪尖。今天市场上会不断地出现和零售有关的新名词、新标签、新概念、新模式。一个明确的共识是：零售业正处在变革的前夜。一场暴风雨过后，整个行业会焕然一新，即带来一些新的机会，同时也颠覆一些旧的模式。

但是必须要看到的是：对零售业来说，变革常在、创新常在。从零售历史来看，今天我们所面临的变革和过去相比并没有什么特别。技术的应用从来都没有在根本上改变零售的本质。所以说，我们并不需要不断地用新词汇去定义一个行业。零售业的本质万变不离其宗：成本、效率、体验。抓住了这一点，我们可以很清晰地看到未来行业的机会。

零售的本质不变，仍然是成本、效率、体验。那么改变的又是什么？其实当下有很多讨论，我们的思维还停留在互联网时代。过去 20 年的互联网只是整个零售数字化进程的一个“序幕”。互联网改变了交易端，但对供应端的影响还很小。数字化进程的下一幕——物联网和智能化对行业的改变会更加深刻、彻底。在我们即将跨入的智能时代，实现成本、效率、体验的方式将变得完全不同，这也是未来零售业创新和价值实现的机会所在。

零售业会走到哪里去？我希望和大家分享京东是如何思考零售未来的：下一个 10 年到 20 年，零售业将迎来第四次零售革命。这场革命改变的不是零售，而是零售的基础设施。零售的基础设施将变得极其可塑化、智能化和协同化，推动“无界零售”时代的到来，实现成本、效率、体验的升级。

一、零售的本质没有改变

零售不存在新与旧。零售的本质一直都是：成本、效率和体验，这一点从来

① 刘强东. 第四次零售革命［J］. 财经，2017（7）：5-12. 略有删减。

没有变过。我们回顾一下零售业的历史，就可以非常清楚地看到这一点。

第一次零售革命：百货商店。世界上第一家百货商店在1852年建立，打破了“前店后厂”的小作坊运作模式。百货商店带来两方面的变化：在生产端支持大批量生产，降低了商品的价格。在消费端，百货商店像博物馆一样陈列商品，减少奔波，使购物成为一种娱乐和享受。由于兼顾了成本和体验，百货店成为一种经典的零售业态，一直延续到今天。

第二次零售革命：连锁商店。1859年后开始走向高潮的连锁商店也是一种经典业态。连锁店建立了统一化管理和规模化运作的体系，提高了门店运营的效率，降低了成本。同时，连锁商店分布范围更广，选址贴近居民社区，使购物变得非常便捷。

第三次零售革命：超级市场。超级市场大约在1930年开始发展成形。超级市场开创了开架销售、自我服务的模式，创造了一种全新体验。此外超级市场还引入了现代化IT系统（收银系统、订货系统、核算系统等），进一步提高了商品的流通速度和周转效率。

第四次零售革命的序幕。20世纪90年代左右，电子商务开始普及。由于不受物理空间限制，商品的选择范围急剧扩大，使消费者拥有更多选择。电商颠覆了传统多级分销体系，降低了分销成本，使商品价格进一步下降。

可以看到，从百货商店、连锁商店、超级市场，再到电子商务，零售历史的发展一直围绕着“成本、效率、体验”在做文章。每一次新业态的出现，都至少在某一方面有所创新，而经得起时间考验的业态往往能够同时满足成本、效率和体验升级的要求。

所以说零售的本质是不变的。零售未来可能会演化出更多新的业态，超越今天的想象，但无论它怎么发展，还是会紧紧围绕“成本、效率、体验”。过去是这样，现在是这样，我们坚信未来还会是这样（见表7-8）。

表7-8 零售业态的成本、效率、体验创新

业态类型	成本/效率	体验
百货商店	支持大批量生产，降低价格	博物馆式陈列，购物更便捷
连锁商店	通过统一化管理和规模化运作降低成本，提高效率	选址贴近居民社区，更具便捷性
超级市场	现代化IT系统的应用进一步提高流通速度和周转效率	开架销售、自我服务，提升购物体验
电子商务*	颠覆传统多级分销体系，降低分销成本	虚拟空间不受物理限制，商品选择范围更大

注：*电子商务对体验和成本/效率的影响不全是正向的：纯虚拟空间的商品展示会一定程度损害体验，同时物流成本也可能上升，给成本/效率带来负面影响。因此，电子商务还不能称为“第四次零售革命”。

二、零售基础设施的改变

零售的本质没有变，那么什么在发生改变？我们认为，是零售的基础设施一直在升级换代，不断改变“成本、效率、体验”的价值创造与价值获取方式。准确地说，“零售基础设施”这个概念是京东提出来的，以前并没有。京东为什么要提出“零售基础设施”？其实整个零售系统的进化说到底就是信息、商品和资金流动效率的升级。在这个过程中我们注意到一个趋势：信息、商品和资金服务的提供者在一步步走向社会化、专业化。

在最传统的“前店后厂”小作坊模式中，不存在什么公共的基础设施。该生产什么、生产多少（信息）、怎么把原材料运到店里（商品）、钱不够了向谁去借（资金），这些问题通常是靠店主的一己之力去解决。

随着现代商业的发展，信息、商品、资金的流动开始逐渐转移到外部，由第三方公司提供专业化的服务。比如，金融体系的创新解决了一部分资金问题，通过向银行借款，而不是靠人情、靠“刷脸”，资金流动变得更有效率。互联网金融出现后，进一步简化了程序，降低了借贷门槛。

在信息流方面，沃尔玛的 Retail Link 是一个重要里程碑。20 世纪 90 年代时，沃尔玛建立了一个与上万供应商共享的零售数据分享平台（Retail Link），将销售、库存、门店数据等与合作的供应商进行共享，帮助他们对商品的生产、配送、定价、促销等一系列活动进行优化。这标志着零售数据不再是某个企业的专有资产，而是大家可以共享、共同利用的公共资源。

在商品流动方面，物流也在从自有走向公共服务。早期很多制造商、销售流通企业都自建仓储设施、配置自有车辆和司机。第三方物流公司出现后，不仅实现了规模经济，增强了专业性，还促进了专业分工——生产和销售商可以将物流外包出去，自己更加专注于核心价值的创造。在电商物流方面也有同样的趋势：亚马逊推出的 FBA（Fulfillment by Amazon）服务、京东的开放物流，都是把专业的第三方物流服务覆盖到客户端，实现了规模经济和效率提升。

从中我们可以看到很明显的一个趋势：在信息、商品和资金流动效率提升的背后，是一套越来越社会化、专业化的服务系统。社会化是专业化的基础，通过社会化能够更好地实现规模经济和网络效应，提高专业化的水平。最终，信息、商品和资金流的服务会变成像水电煤一样的公共基础设施，将零售业的成本、效率、体验推向新的层次。

所以，京东认为，零售的改变其实是背后零售基础设施的改变。未来零售的业态可以有许多新的形式，但背后的基础设施会越来越社会化、专业化。零售业会演变成互联、共享的生态。看到了这一点，我们可以去理解即将到来的第四次零售革命。

三、京东的判断是第四次零售革命即将来临

零售业公认的革命有三次：百货商店、连锁商店和超级市场。20 世纪 90 年代开始的电商大潮虽然改变了零售业的很多方面，但还不能算作一次零售革命，这是因为电商对体验和成本效率的升级还不彻底。在体验方面，纯虚拟空间的展示有局限性；在成本效率方面，电商虽然可以砍掉层层分销的环节，但是履约成本并不低。

第四次零售革命是建立在互联网电商基础上，又超越互联网的一次革命。过去 20 年互联网的普及为零售业数字化奠定了良好的基础，沉淀了大量数据，再加上近几年来计算能力的飞跃和智能算法的突破，为零售业的智能商业化提供了成熟的条件。

不同于以往的三次革命，第四次零售革命将会是颠覆性的。百货商店、连锁商店和超级市场的冲击力强、影响面广、持续时间长，但从创新性质上看，仅仅是围绕“成本、效率、体验”进行渐进式的创新。说到底，它们解决的问题无非是：第一，产品的价格能不能更便宜（成本、效率）？第二，顾客能不能更方便地购物（体验）？

但是今天，消费者所期望的不仅仅是低价和便捷。比如说，如消费者面临的困境可能并不是商品短缺，而是选择过剩；不是价格过高，而是品质不齐；不是性能欠佳，而是缺乏个性。如果沿着旧思路，一味控制价格、扩张地盘，并不能解决今天消费者的痛点。如今，“成本、效率、体验”必须被重新定义。

100 多年来零售业的发展一直都相当平稳，接下来的第四次零售革命会打破这一惯性，把行业带入动荡期。这会是一个大浪潮，而不是小波浪。零售业的游戏规则需要被重新制定。

如今我们已经能够隐约感受到这样的动荡。我们看到各种新事物不断涌现：拍照即可实现商品搜索和购物的应用，营造沉浸式购物体验的 AR、VR 技术，支持自动结账、刷脸付款的无人超市，能够自动下单订购生鲜食品的智能冰箱……大家都在不约而同地探索未来零售的新标准。那么，零售未来究竟会走到哪里去？新的标准和范式会是什么？对今天的零售企业会带来哪些影响？

四、四次零售革命的驱动力

判断趋势先要分析趋势背后的驱动因素。从历史上看，每一次零售革命都是由两股力量共同推动的结果。这两股力量第一是消费的改变，第二是技术的更新。

消费的变化对零售业态的影响显而易见：城市化促进了消费者的聚集和购买力的集中，催生了百货商店的繁荣；在工作压力增加、生活节奏加快的背景下，消费者对低价与便捷提出更高要求，这带来了连锁商店的兴起；随着消费者自我服务意识的觉醒，超级市场的开架销售模式受到欢迎。

同样，技术的更新也与零售业态的改变息息相关。百货商店的背后是大规模生产、产销分离模式的成熟应用；连锁商店依靠的是统一管理和标准化运作的零售组织方式；超级市场离不开现代化信息系统（收银、订货、核算系统等）的支撑。

前三次零售革命，背后都有消费和技术的影子。它们共同作用，牵引零售业务发展的轨迹。那么，今天推动第四次零售革命的因素是什么呢？

五、消费的变化：消费主权时代的到来

需求个性化（Personalized）是指消费者越来越注重自身个性的表达。他们的关注点从性价比、产品功能等共性特征转向美学设计、价值标签等个性特征，这对产品和零售的适配度提出更高要求。比如说，未来每个消费者可能都会拥有一个“个人信息账户”，账户内记录了包括肤质特点在内的个人生物信息。根据每个人不同的肤质，企业或公司可以生成完全个性化的美妆用品提供给消费者，人的需求会变得越来越分散。

场景多元化（Pluralistic）是指消费场景会越来越分散，企业和消费者的触点不再局限于单一的商场、网站等高流量入口，而会变得空前丰富。比如说，未来消费者可以通过家里的智能冰箱自动识别鸡蛋、牛奶等常规食品的余量，自动下单；可以对着电视剧中喜欢的服装搭配随手拍照，自动识别售卖来源并实现购买；还可以一边和虚拟助手聊天，一边让它购买朋友最近关注的时尚新品作为生日礼物……未来流量中心的作用会弱化，购物场景会变得非常即时化、碎片化。

价值参与化（Participative）是说消费者正在扮演越来越积极的角色，从被动接受和选择到主动影响和创造。比如，爱好、身份、标签相似的消费者可以非常方便地通过网络聚集在一起。他们形成社群，抓住一切机会与品牌互动：从内容创造、设计参与、决策参谋、体验分享到品牌传播……最终，消费者会融合在整个价值链条的各个环节，与企业一起创造价值。

可以预见的是，消费变化带来的结果是：客户需求、消费场景和商品产出会变得极其分散。这会给零售活动带来非常大的挑战：如何才能把这些散乱的点有序地串联起来、协同起来？可以通过更新的技术来实现。

六、技术的更新：技术赋能时代的到来

即将到来的智能商业时代赋予我们全新的能力去改造零售业和零售基础设施。必须要强调的是：我们所说的是超越于互联网时代的技术。互联网可以有效连接起分散的顾客、产品和消费场景，但很难实现协同，而智能商业的协同是建立在“3 个 I”的基础上：感知（Instrumented）、互联（Interconnected）、智能（Intelligent）。

感知（Instrumented）指的是智能技术对场景的感应能力变得越来越强，最终使场景能够数据化，把宝贵的数据资源留存下来。例如，京东的叮咚音箱可以

感知和识别用户的声音，了解用户需求，并将其数据化；京东智能冰箱能够通过内置的高清摄像头实现图像识别和门箱对拍，让用户不需要手动输入名称就可以获得不同品类食品如蔬果、生鲜、鸡蛋、牛奶等的主动过期提示。感知和数据化是洞察客户需求的基础。

互联（Interconnected）指的是打通不同场景的数据，最大限度地实现数据共享，从而创造更高的协同价值。比如，京东的叮咚音箱不仅仅是一个音箱，它和喜马拉雅 FM、E 袋洗、京东商城等 150 种第三方服务连接，能够灵活地调用不同应用，从而打造了庞大的智能生活生态圈；智能冰箱的背后也是一个生态系统。例如，通过与超市互联，冰箱可以自动下单购买鸡蛋、牛奶等日常商品，保证这些食品不断供。

智能（Intelligent）指的是整个零售系统的智能化水平会不断提升优化。例如，未来零售会实现更精准的销售预测、更高转化率的商品推荐、更合理的配送路线规划、更符合需求的库存计划等。随着数据的完善和算法的迭代，产品的生产、推荐、交付都会变得越来越精准，各个模块之间的组合也会变得极其灵活。

消费和技术就像 DNA 的双螺旋结构一样，是相互联系、相互配合的。消费端的变化代表了第四次零售革命的方向，但如果没有智能技术的支撑，这一切都是空谈，技术端的更新则为第四次零售革命提供了支撑。消费与技术两股力量绞合在一起，带来第四次零售革命。

七、未来的零售图景

所以未来的零售图景会是什么样呢？消费端的变化（3 个 P）加上技术端的更新（3 个 I），交叉组合后得出的其实就是两个关键词：无界、精准。

无界，就是从“N→1”到“1→∞”。过去的互联网时代是中心化的（N→1）：N 多个网民上同一个网页，网页就成了流量的中心。未来我们会走到 1→∞ 的时代，也就是一个人会面对无数多的屏、无数多的场景、无数多的入口。今天的流量中心会变得不重要，真正重要的是以客户为中心。对于零售来说，未来一定是无界的——无处不在、无时不在。当购物的入口变得极为分散、多变时，固守单一平台的零售商会非常脆弱，而新型、数字化的零售基础设施就变得非常重要，通过它可以更高效地服务于多元多变的场景。

精准，就是从“大众市场”到“人人市场”。过去的零售和生产活动是以品类和市场为单位进行管理的，瞄准的是大众市场，提供的是批量商品，难以满足每个人独特的需求。未来的感知技术将会赋予我们洞察每个消费者个性化需要的能力，并且我们可以通过连接外部资源灵活地实现个性化需求，还可以通过智能算法使互动和交付更高效。这就是说，未来的零售一定会越来越精准，否则无法达成“成本、效率、体验”，一定会被淘汰。

无界，代表的是宽度。精准，代表的是深度。在这幅未来的零售图景里，零售企业如何兼顾拓宽和加深？一定是借助数字化、智能化的零售基础设施。说到底，只有创新的技术应用才能不断突破零售生产率边界，实现体验和成本效率的同时升级。

在第四次零售革命所定义的“无界零售”图景里，体验的升级不仅仅是“便捷”，还是对消费者需求的理解（比你懂你）、连接（随处随想）和实现（所见即得），最终消费者可以随时、随处地满足随心的需求。成本和效率的升级也会更依赖智能技术，并且跨越企业的边界，在整个零售系统内实现资金、商品和信息流动的不断优化。

八、未来的零售基础设施

零售基础设施在未来的“无界零售”图景里扮演非常重要的角色。这是因为它是串联起消费变化和技术更新的重要载体（见图7-1）。未来消费的需求和场景会变得极为多元、分散，零售企业需要一整套覆盖信息、商品和资金流的全新支撑体系。当这套体系是公共的基础服务时，能够更有效地实现资源的统一协调，最大化共享的价值。

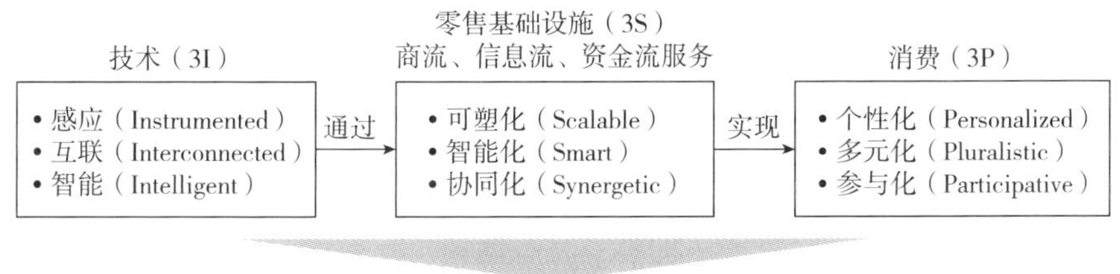

图7-1 未来的“无界零售”图景

比如，现在每个零售企业都很重视对消费者的研究，会做用户画像，但是现在企业得到的信息都是碎片化的，因为每家都只有一部分的信息，无法拼凑起一幅完整的画像，所以目前我们对用户的理解非常有限。通过数据的协同（零售基础设施之一），我们能全天地覆盖一个顾客，了解他的偏好和消费场景，用户画像就会变得非常准确，这就是公共基础设施的价值。

为了更好地实现资源的统一协调，京东认为未来一流的零售基础设施应该具备三大特征：可塑化（Scalable）、智能化（Smart）和协同化（Synergetic）。

可塑化（Scalable），指的是零售的基础设施具有很强的适配能力，满足不同合作伙伴的不同需要——比如说，既能满足大型综合电商的供应链管理需要，又能适配个人微商/网红的电商业务。这意味着基础设施的服务商一定要有开放的心态和灵活的组织，最重要的是还要具有制定和执行服务标准的号召力。京东物流在多年运营的基础上向社会开放，不仅仅是输出，还会连接社会化的物流一起提供多样化的服务；不仅仅是连接，还会输出物流服务的标准，最终和全社会一起为降低社会物流总成本而贡献价值。

智能化（Smart），指的是零售的基础设施要依托数据，以及基于数据的算法，输出智能化的解决方案，不断提升零售系统的整体效率。智能化是全方位的，从采购端、物流端、消费端到服务端都有巨大的提升和服务空间。这意味着一流的零售基础设施服务需要覆盖全链条的数据，具备零售领域的专业知识，从而更有效地对外赋能。京东有超过十年的商城自营经验，积累了从采销、物流、营销到售后服务等各个环节丰富的专业知识，在零售全流程的智能化上进行了积极、有效的探索。未来京东会进一步输出这些能力，与零售伙伴一起分享、成长。

协同化（Synergetic），指的是信息、商品、资金流服务的组合可以互相强化，形成合力。比如数据+金融=更低的坏账率，物流+金融=无缝的供应链金融服务，数据+物流=更快的周转率和更低的库存。不同服务的组合能够带来额外的附加值。这说明未来一流的零售基础设施服务商一定会走向“软硬结合”：既要上得了天——贯通数据和金融，又要下得了地——干得了物流的苦活、脏活、累活。京东在物流领域进行了大量投入，建立了竞争壁垒，同时又在金融和数据领域快速发展，在未来会与社会分享更多的协同价值。

随着可塑化、智能化、协同化零售基础设施的完善，零售未来的生态会彻底变革与重构。零售基础设施一定是开放、赋能的。它不是消灭当今许多的零售业态，而是与它们融合在一起，共同发展。它影响的不仅仅是消费领域，还包括流通领域，最终给整条供应链（从订单到生产到终端再到消费）带来翻天覆地的变化。

结语

未来零售的本质是什么？我想仍然应该是成本、效率和体验。但是创造价值和实现价值的方式一定会改变。

在即将到来的第四次零售革命中，智能技术会驱动整个零售系统的资金、商品和信息流动不断优化，在供应端提高效率、降低成本，在需求端实现“比你懂你”“随处随想”“所见即得”的体验升级。未来零售基础设施会变得极其可塑化、智能化、协同化。

这就是京东看到的零售业未来。

第八章 产业组织分析

观天之象，执天之行。

——老子

产业组织分析的核心是产业内部企业间的竞争与垄断的关系。在市场经济中，同一产业内企业之间的关系是通过市场形成的利益关系，主要是竞争和垄断关系、市场占有关系及资源占用关系。产业组织影响着产业内资源配置的效率。

第一节 产业组织的基本分析框架

一、产业组织理论的演进

1. 产业组织的含义

产业组织是以具体的特定产业作为研究对象，研究产业内部企业间的资源配置，揭示的是产业内企业间的竞争与垄断的关系以及表现出来的市场竞争秩序或竞争状态。这里的特定产业是指提供同一种商品或具有密切替代关系的产品或服务的企业形成的集合。

2. 产业组织理论渊源

产业组织理论渊源可以追溯到古典经济学家亚当·斯密。斯密第一次系统阐述了劳动分工及由此而产生的专业化协作等原理，分析了市场自发调节和自由竞争的市场机制以及这一条件下厂商的市场行为，最早较为全面地论述了合理的生产组织能节约社会资源。斯密在1776年出版的巨著《国富论》中系统论述了市场竞争机制是一种有效的组织形式，它能使有限的资源得到合理的配置。自由竞争的力量来自自发决定的价格体系。通过“看不见的手”的作用，资源会自动地从资源分配过多、价格下跌的产业向资源分配不足、价格上涨的产业转移，同时又不断地从经营不善、效率低下的生产者向效率更高的生产者转移，实现资源最优配置和经济福利的最大化。政府不应过多地干预经济活动，因为没有比竞争机制更优越的市场组织形式了。并且他认为，一个国家财富的增长主要依靠劳动生产率的提升，而劳动生产率的提升依靠技术进步。劳动分工是不同的人、不同的企业在做不同的事情，它可以促进技术更快的进步，而劳动分工依赖于市场，如果没有市场，不可能有真正的劳动分工，特别是市场的规模决定着专业化和分工的范围，若市场规模越大，分工就会越细，分工越细，技术进步越快，技术进步越快，财富增长也就越快，财富增长越快，从而导致资产规模的进一步扩大，由此形成了良性经济增长的循环。

尽管产业组织理论的思想渊源可追溯到亚当·斯密关于市场竞争机制的论述，但最初把产业组织概念引入经济学的，是新古典学派经济学家马歇尔。20世纪初，马歇尔第一次把产业内部的结构定义为产业组织。在他的名著《经济学原理》中论及生产要素问题时，把组织作为继土地、劳动和资本之后的第四种生产要素，并专门设章分析了分工的利益、产业向特定区域集中的利益、大规模生产的利益、经营管理专业化的利益、马歇尔意义上的“内部经济”与“外部经济”、收益递减与收益递增等现代产业组织的重要概念与内容，并提出企业的规模经济效应与竞争活力之间的矛盾，即著名的“马歇尔冲突”，这正是现代产业组织理论的核心问题。马歇尔认为，大规模生产能提高企业的生产效率，但企业追求规模经济的结果必然导致垄断，而垄断将会扼杀自由竞争这一经济运行的原动力，破坏价格机制，使经济丧失活力，导致资源配置失效。马歇尔的研究为后来者从事产业组织的研究者提供了极富价值的启迪，被称为产业组织理论的先驱。

20世纪30年代，美国哈佛大学的张伯伦、英国剑桥大学琼·罗宾逊几乎同时提出了垄断竞争理论，这一理论否认了要么垄断，要么竞争这种极端又相互对立的观点，他们认为在现实生活中，通常是各种形式不同程度的垄断和不同程度的竞争交织并存，把市场结构划分为从完全竞争到独家垄断等多种形态，总结了不同市场形态下价格的形成和作用，还着重分析了垄断竞争、同类产品的生产者集团和退出市场、产品差别化、过剩能力下的竞争等问题。张伯伦特别注重分析现实的市场关系，所提出的一些概念和观点成为现代产业组织理论的重要来源。

20世纪40~60年代哈佛学派形成，其代表人物是梅森、贝恩和谢勒等，按结构、行为和绩效三个方面构建了产业组织理论的正统分析框架（SCP模式），称为哈佛学派（即结构主义学派）。

20世纪60年代后期以施蒂格勒、德姆塞茨、波斯纳等为代表形成芝加哥学派。芝加哥学派强调维护市场竞争机制、鼓励竞争、反对政府干预，认为市场自由竞争出效率，主张国家应尽量减少对市场竞争过程的干预，把这种干预仅仅限制在为市场竞争过程确立制度框架的范围之内。他们认为一个产业持续出现高利润率，完全可能是该产业中的企业高效率和创新的结果，而不是哈佛学派所说的因为是该产业中存在垄断势力。

20世纪70年代鲍莫尔、帕恩查等提出了可竞争理论，认为与其说重视市场结构，不如重视是否存在充分的潜在竞争压力。潜在竞争压力的存在，迫使既存企业无论处于何种市场结构形态中，都只能遵循可维持定价原则，而确保潜在竞争压力存在的关键是要尽可能地降低沉没成本。因此，主张一方面要积极研究能减少沉没成本的新技术、新工艺，另一方面要排除一切人为地进入和退出壁垒。

20 世纪 80 年代前后，以吉恩·泰勒尔、克瑞普斯等为代表的经济学家将博弈论和信息经济学等理论引入产业组织理论，用以分析企业的策略性行为，形成“新产业组织学”。1988 年以泰勒尔的《产业组织》（Tirole，1988）著作的出版为标志，研究重点从重视市场结构转向厂商行为。该派理论对阻止进入定价、产品扩散和技术创新、内部整合、区域独占、网络竞争、竞争中的合作、各种串谋与默契、捆绑行为等策略性行为的动态分析，使人们对各种复杂交易现象的动机和效果的理解达到了新高度。

20 世纪 80 年代以来，新制度经济学派把交易费用引入产业组织的分析，其代表人物是科斯、威廉姆森。新制度学派至少在两个方面对产业组织理论的发展做出了重要的贡献：一是使产业组织理论的研究重心从市场结构转向企业行为；二是使产业组织理论的研究领域延伸到了企业内部，并以企业内部的产权安排和组织结构优化等为主要研究对象，说明企业与市场的边界关系。产业组织理论的演进如表 8-1 所示。

表 8-1 产业组织理论的演进

代表人物及提出年代	主要观点
亚当·斯密（18 世纪）	劳动分工、专业化、强调市场竞争的重要性
马歇尔（20 世纪初）	提出竞争活力与规模经济相克（马歇尔冲突）
张伯伦和琼·罗宾逊（20 世纪 30 年代）	不完全竞争下的厂商行为
梅森、贝恩和谢勒（20 世纪 40~60 年代）	哈佛学派经（结构主义学派）：市场结构、行为和绩效模式
施蒂格勒、德姆塞茨、波斯纳（20 世纪 60 年代后期）	芝加哥学派（效率学派）：运用局部均衡、经济福利分析法来判断市场势力和效率间的权衡取舍
鲍莫尔、帕恩查（20 世纪 70 年代）	可竞争性市场理论
吉恩·泰勒尔、克瑞普斯（20 世纪 80 年代前后）	运用博弈论分析企业的策略性行为（新产业组织学）
科斯、威廉姆森（20 世纪 80 年代以后）	新制度经济学派把交易费用引入产业组织的分析，说明企业与市场的边界关系

近些年，西方现代产业组织理论更加注重其政策含义的解释和运用，相当一

部分文献探讨公共经济政策中有争议的问题，如兼并能否提高效率、反托拉斯是否有利于竞争、管制是否弊大于利等。

二、产业组织分析的基本框架

产业组织分析的正统分析框架是哈佛学派提出的SCP分析框架，它以新古典学派的价格理论为基础，以实证研究为主要手段，把产业分解为特定的市场，按市场结构（structure）—市场行为（厂商行为）（conduct）—市场绩效（performance）三个方面构建了一个既能深入具体环节又有系统逻辑体系的分析框架。按照正统的产业组织理论的逻辑，市场结构、厂商行为和市场绩效之间存在着确定的、单向的因果关系，即市场结构决定厂商行为，从而市场结构通过厂商行为影响产业市场绩效。

20世纪70年代以来，许多经济学家认为，市场结构、厂商行为和市场绩效之间的关系远不是如此简单和确定，而是非常错综复杂的，并采纳信息经济学和博弈论等最新的研究成果，使SCP单向静态的分析范式转变为双向动态的分析范式。厂商行为不仅由市场结构内生的决定，而且市场结构还受厂商行为的影响，即现在的市场结构是过去的厂商行为积累的结果，并且买卖双方的信息是不完备的，只能具有有限理性。市场结构是决定厂商行为和市场绩效的基础，厂商行为取决于市场结构，而厂商行为又决定市场绩效；市场绩效受市场结构和厂商行为的共同制约，是反映资源配置优劣的最终评估标志；厂商行为和市场绩效又会反作用于市场结构，影响未来的市场结构；而某一市场结构又取决于特定情况下市场供求的基本环境，从而形成了基于SCP框架下的现代产业组织分析体系。产业组织分析的基本框架如图8-1所示。

第二节　市场结构：竞争格局的描述与分析

市场结构是反映市场主体之间市场关系的表现形式，包括买方之间、卖方之间、买卖双方之间以及市场内已有买卖双方与正在进入市场的买卖双方之间的交易、利益分配等方面存在的竞争关系。市场结构是对产业内竞争程度及价格形成等产生战略性影响的市场组织特征。市场结构可以通过买方和卖方的数量和规模分布、规模经济和多样化经营的程度、产品差别化程度和进入退出壁垒高低等来描述。

一、规模经济与范围经济

马歇尔在1890年出版的《经济学原理》中把规模经济分为两类：第一类是外部规模经济，即产业发展的规模经济，与专业化的地区性集中有很大关系；第二类是内部规模经济，即单个企业的规模经济，它取决于企业的组织管理效率和资源的使用效率，这里指内部规模经济性。

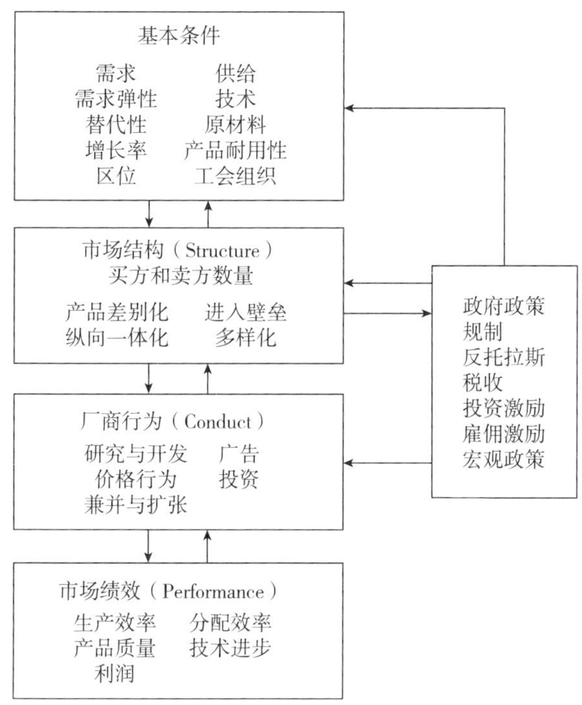

图 8-1 产业组织分析的基本框架

1. 规模经济

规模经济是指在单一产品的生产过程中，随着生产规模的扩大，其平均成本不断下降的经济现象。在规模经济显著的行业，大企业会利用其资金、人才等方面的优势，扩大生产规模，使平均生产成本降低，从而有能力以更低的价格向市场提供产品，形成竞争优势；反观中小企业，由于自身规模的限制，无法在产品生产成本最低处组织生产，从而其生产成本较高，失去竞争优势。

对规模经济进行实证研究最著名的是马克西和西尔伯斯通，他们通对 20 世纪 30~50 年代轿车产业工厂的规模经济研究，得到马克西—西尔伯斯通曲线（见图 8-2），横轴表示轿车工厂年产量，纵轴表示单位生产成本。

马克西—西尔伯斯通曲线显示，在当时的技术经济条件下，当轿车年产量由 1000 辆增加到 5 万辆时，单位成本将下降 40%；当年产量由 5 万辆增加到 10 万辆时，单位成本将下降 15%；当年产量由 10 万辆增加到 20 万辆时，单位成本将下降 10%；当年产量由 20 万辆增加到 40 万辆时，单位成本将下降 5%；当年产量超过 40 万辆时，成本下降幅度急剧减少，在达到 100 万辆水平时，再加大批

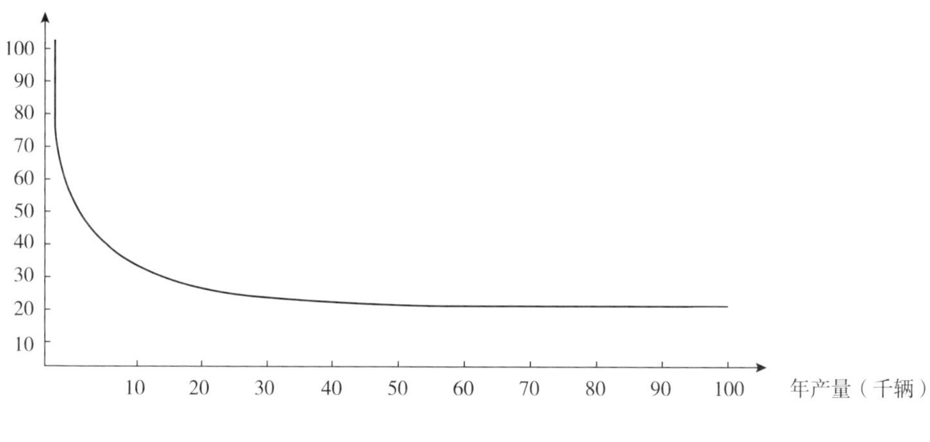

图 8-2　马克西—西尔伯斯通曲线

量就不再存在规模经济了。

产业内客观上存在着工厂规模和企业规模的区别。工厂规模经济主要来源于分工、专业化和标准化生产以及固定成本的不可分割性和分摊的经济性；企业规模经济还来自采购、营销的经济性，存货的经济性，管理人员的专业化和节约，研究开发的经济性。

当然，企业规模扩大会增加有效管理的难度，增加企业内部交易成本。一个企业的适度规模取决于两个因素：企业的生产技术和市场需求。生产技术影响企业的生产效率，市场需求决定企业生产扩张的边界。“企业的最有效规模和在行业中的企业数当然是技术和相应的市场规模的函数”（诺斯，1991）。

2. 范围经济与企业多元化战略

范围经济是随着企业生产的产品品种或提供的服务多样化，企业平均成本下降的现象。假设 $T_C(Q_X, Q_Y)$ 表示企业生产 Q_X 单位的产品 X 和生产 Q_Y 单位的产品 Y 的总成本，$T_C(Q_X, 0)$ 为企业仅生产 Q_X 单位的 X 时的总成本，$T_C(0, Q_Y)$ 为企业仅生产 Q_Y 单位的产品 Y 时的总成本，则范围经济用下式表述：

$$T_C(Q_X, Q_Y) < T_C(Q_X, 0) + T_C(0, Q_Y)$$

范围经济的一般来源主要有技术设备的通用性、零部件或中间产品的多用途性、研究与开发的外溢效应以及声誉效应等。

范围经济与规模经济有密切联系。两者都是实现社会资源的有效使用、提高经济效率的重要手段和途径，但规模经济强调单一产品或服务生产经济性。

企业实施多元化战略具有多种动机，包括分散风险、寻求新的利润增长点、防止恶意收购等，但多元化具有合理边界，即受到范围经济的制约，实行多元化战略带来的长期收益大于由此带来的各种成本。

企业实行多元化经营可概括为两种基本形式：一是关联多元化，是指企业新发展的业务与原有业务具有战略上的关联性和适应性，在技术、市场等方面具有相同或相近的特点，可以共享；二是无关联多元化，是指企业新发展的业务与原有业务之间没有战略上的关联性和适应性。

企业多样化经营的效果在很大程度上取决于多样化产业的关联程度，产业的关联度高意味着多样化发展战略更易达到资源共享和优势互补。企业多元化发展战略的成功实践一般是从关联度较高的产业逐渐延伸到关联度低、差异性大的产业。在中国当前的经济生活中，经常看到许多企业由于盲目多样化而造成资源分散，形不成核心的聚合能力，从而不能获得范围经济。针对我国目前企业的状况，把握跨产业经营的范围和程度，更适宜做相关多元化发展战略，而对关联度低的无关多元化发展战略应谨慎选择。

另外，企业在进行多样化经营决策时，需要综合判断行业处于哪个阶段，行业目前所处阶段产能是否持续过剩，是否已经达到“天花板”上限？如果行业达到了饱和状态，面对行业“天花板”，企业应怎么做？

案例:家电企业低速成长,多元化已成共选

近些年，家电行业成长速度明显放慢，在主营家电业务惨淡的情况下，多元化已经成为家电企业的共同选择。

首先，基于白电盈利能力较强，利润较低的黑电企业对白电业务的并购整合，康佳、长虹等几大彩电巨头都已经涉足白电领域。2009 年长虹便通过挂牌转让，成功将空调资产挪到白电资产平台美菱电器内，开始实施大白电计划，而 2010~2011 年，康佳与创维的白电基地正式落户安徽滁州与江苏南京。

高速增长的小家电也成为众多家电企业的共同选择。长虹和海尔电器纷纷通过自建或收购发力小家电业务。

除了在家电内部寻找新的增长点外，家电企业还在尝试跳出家电领域，向周边相关领域开拓，TC 除了涉足能源外，还与浩然资本合作，成立 TCL 医疗集团，涉足医疗设备市场，而海尔、康佳、美的等企业，也都涉足金融、投资、房地产等多个领域，甚至多年以专业化著名的格力电器也在谋划在手机、汽车和芯片等领域的发展。

值得注意的是，多元化也并非一颗万能药。澳柯玛当年多元化出击导致的困局至今难解，而海尔、海信、康佳、厦华等一大批企业，曾纷纷推出了各自的电

脑、手机、数码摄像机等产品，但逐渐默默无闻于市场。

另外，中国家电企业必须要面对的是产业升级、调整优化，低增长时代的家电企业能否交出一张令人满意的成绩单，还有待于自身的产业升级以及对新兴市场的开发。作为以制造业为主的中国家电企业目前要做的还是要守好自己的主业，毕竟面对的是一个那么大的内销市场，任何一个产业都不是轻易做成的，都有它的特殊性。家电企业的多元化主要还是要做相关的产业。

二、市场集中

市场集中是从某个特定产业或市场中卖方或买方的企业数目以及企业的相对市场规模（市场占有率）的分布程度来把握市场竞争状态。

1. 常用的集中度指标

（1）集中率指标（绝对集中度）。集中率表示产业内规模最大的前几位企业的累积市场占有率：

$$CRn = \sum xi/X$$

式中，$\sum xi$ 代表前 n 家企业的销售额、资产额或职工人数之和。X 代表产业全部。n 的值取决于产业的特征和分析研究的目的，一般取 4、8、10 等。

该指标的主要优点是：含义比较直观且对数据要求不高；缺点主要是它没有同时考虑企业规模分布和集中程度两方面内容。假设某市场的四大企业各占 15% 的份额，那么 CR4 为 60%；但如果第一大企业的份额为 57%，后 3 家企业各为 1%，那么 CR4 仍然为 60%。显然这两个市场中垄断竞争的情况是有本质区别的。

阅读材料：开放经济条件下的集中率

在开放经济（考虑进出口）下，假设 Q_n 为 n 家最大企业在国内外市场上的销售额；X_n 为 n 家最大企业的出口额；Q 为整个产业的销售总额；X 为整个产业的出口总额；M 为整个产业的进口总额。则：

$$CRn = (Q_n - X_n) / (Q - X + M)$$

在考虑进出口情况下，会降低绝对集中度，其下降的程度取决于进出口在销售总额中的比例。

（2）洛伦兹曲线和基尼系数（相对集中度）。基尼系数是建立在洛伦兹曲线基础上的一个表示不均匀程度的统计指标，实质上是洛伦兹曲线的数学表达式。它最初是用来反映收入分配不均的一个指标，这里用来反映产业内企业规模分布的不均匀程度（见图 8-3）。

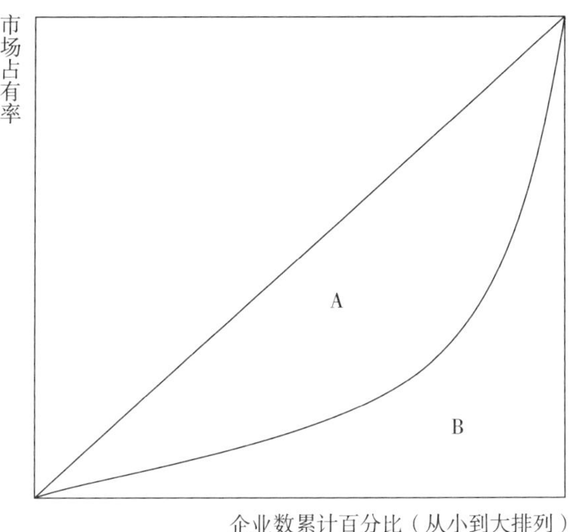

图 8-3 洛伦兹曲线

洛伦兹曲线的横轴表示由企业小到大的数量累计百分比。纵轴表示市场占有率。则：

$$基尼系数 = A/(A+B)$$

式中，A 为均等分布线与洛伦兹曲线之间的面积，B 为均等分布线以下的三角线面积。

基尼系数在 0 和 1 之间变动，等于 0 时，表示所有企业规模完全相等；等于 1 时，表示企业完全垄断。基尼系数越大，洛伦兹曲线越是偏离均等分布线，则企业规模的分布越不均匀。当行业内所有厂商规模都相同时，洛伦兹曲线与对角线重合，称之为完全均等线（均等分布线）。一般而言，洛伦兹曲线越凸向右下角，表明企业规模分布的不均匀程度越大，市场集中程度越高。

洛伦兹曲线和基尼系数指标在一定程度上可以反映出某一特定市场上所有企业的规模分布状况。基尼系数的缺点在于它度量的只是相对规模，而没有考虑厂商的个数。例如，无论厂商数量有多少，如果所有厂商规模相等，洛伦兹曲线便成为对角线（完全均等曲线）。事实上，两家均等的寡头垄断时基尼系数是 0，而行业内有 n 家等规模厂商时基尼系数也是 0，但这两种情况下的市场结构显然是不同的，实际竞争程度也相去甚远。

（3）HHI 指数（赫芬因德指数）。HHI 指数是反映市场集中度的综合指标：

$$HHI = \sum_{i=1}^{N}(X_i/X)^2 = \sum_{i=1}^{N} S_i^2$$

式中，X 代表市场总规模，X_i 代表 i 企业的规模，S_i 代表第 i 个企业的市场占有率。当市场由一家企业独占，HHI=1；当所有的企业规模相同，HHI=1/n；产业内部企业规模越是接近，且企业数量越多，HHI 指数越是接近于 0。

HHI 指数综合地反映了企业的数目和相对规模，能够反映出集中率指标所无法反映的差别。HHI 指数对规模较大的企业比规模较小的企业给予更大的权重。因此，HHI 指数对规模较大的前几家企业的市场份额比重的变化反应更为敏感，能真实地反映市场中企业之间规模的差距大小，并在一定程度上可以反映企业支配力的变化。

HHI 指数的缺陷是：对数据的要求较高，而且含义不直观。

2. 影响市场集中度的因素

一个产业市场集中高低是由该产业的市场容量和企业规模的相对关系决定的。因此，影响市场集中的因素主要有：市场容量及其变化；企业自身追求规模扩展的动机；技术进步为能企业提供的条件和可能（技术进步具有促进集中和阻止集中的两重性，如光纤技术和无线通信技术改变了电信产业的技术经济特征）及政府的政策和法律（如反垄断政策、中小企业政策、专利法）。

市场集中度还与产业成长阶段有一定的相关性。一般来说，产业集中度随着产业兴衰而先降低后提高。日本著名产业组织专家马场正雄动态分析了产业增长与集中度的关系后，得出以下结论：

（1）产业的增长将使集中度下降，产业增长停滞将促进集中度上升。

（2）集中度对产业停滞的反应，要比对产业增长的反应更敏感，即产业停滞对促进集中的影响，要比产业增长对降低集中度的影响更为有力。

（3）只有在出现高增长率时，产业增长的变化才可能成为降低集中度的决定性因素。

阅读材料：我国产业集中度呈提升趋势，行业内企业分化严重

近几年来，随着中国经济进入新常态，增长速度放缓，几乎绝大多数产业集中度都在提升，不管是传统行业，比如钢铁、水泥、煤炭、房地产、家电、食品饮料，还是新兴行业或正在变革的行业，比如互联网、手机、智能设备制造等都有这样的趋势。基于大量调研和上市公司数据研究发现：在 2010~2018 年过去的几年时间里，所有的传统产业都出现产业集中度的上升，且速度较快。例如，截至 2017 年末，销售规模达千亿的房企有 18 家。前十大房企已占据 25%的市场份额，集中度较 2016 年末提升 5.7 个百分点；前 200 强房地产企业的市场份额已达 62.3%。在空调行业，格力和美的两家公司就占据了整个行业六成的市场份额和近八成的利润。

再如，在互联网行业，整个社会大量的 APP，真正常用的只有 20~30 个，集中使用的主要是腾讯系、阿里和百度系，其中有一半甚至更多的时间会花费在腾讯系的 APP 上，目前腾讯有 10 亿的用户。除了互联网行业，不少行业出现了寡头或者双寡头，无论是传统的还是新兴的行业，安防、空调、白酒，还是游戏都出现了这个现象。以前一些区域性的品牌，或是山寨品牌会随着互联网带来的信息透明和购物可达性，被越来越多地挤出市场，这正是市场份额越来越向龙头企业集中的背后驱动力。

同时，同一行业内企业景气分化，甚至冰火两重天。一方面，一些大型企业、上市企业紧抓市场、政策机遇，发挥其规模、品牌等优势，市场占有率提高，发展相对较好；另一方面，量大面广的传统企业、中小企业依然普遍面临生存难、转型难的困境，小散乱差企业加速淘汰。

未来几年，在总体供过于求的背景下，随着市场竞争的优胜劣汰和并购整合，中小企业缺乏规模效应，在融资受限的压力下，综合经营成本高企，生存越发艰难。

行业龙头企业受益于规模效应，议价能力、研发投入、品牌价值得以持续提升，市场份额和公司规模仍将会持续提升，产业集中度会进一步提高。

三、产品差异化

产品差异化是指同一产业内，不同企业生产的同类产品间替代的不完全性。

产品差异化本来是企业在经营上进行竞争的一种主要手段，但产品差异化对买者需求造成影响，使消费者对某些企业或品牌的产品产生偏好甚至愿意多付钱。这样，同一产业内不同企业所生产的产品就减少了可替代性，从而带来市场竞争的不完全性。差异化能够导致企业在某一细分市场的垄断地位。

1. 形成产品差异化的原因

产品差异化可以分为客观差异和主观差异。客观差异（或实体差异）来自外观、大小、款式、材质、性能、质量、包装、使用便利性、耐用性、销售服务等方面形成的差异。这种差异是企业在产品开发、设计、制造、销售等过程中形成的；主观差异（或心理差异）是消费者对不同企业或品牌的相同产品偏好上的差异，这种差异可能来自企业的广告宣传、销售推广或消费者的主观认知。对消费者而言，不同产品差异可能是具体的，也可能是想象的，只有产品的某种品质特征引起购买者的认知差异，使购买者喜好这种产品，而不喜好那种产品，就可能构成产品差异的标准。具体地说，包括产品主体差异化、品牌差异化、价格差异化、促销差异化、销售渠道差异化、销售服务差异化等。

产品差异既是垄断因素，又是一种竞争力量，只要销售量与产品差异有关，则产品差别的非价格竞争就可能比传统的价格竞争更为重要。

2. 产品差异化的度量方法

反映产品差异化的方法主要有需求交叉弹性和广告密度。

广告是产品差异化的手段，通过诉求与众不同，影响消费者的主观偏好，建立本企业及其产品品牌的知名度和忠诚度，从而增强进入壁垒。由于广告宣传对产品差别化形成的影响较大，且广告活动数据相对比较容易获得，因此，常用广告密度（广告费/销售额）来分析产品差异化程度。

$$广告密度=AD/SL$$

式中，AD 表示产品广告费用的绝对金额；SL 表示产品销售额。

除了上述两种定量的测量产品差异化的指标，还可以采用其他方法，如使用技术指标来表示产品性能的差异，用销售网络的状况表示企业销售能力的差异，可以用顾客对服务的评分来表示产品服务质量的差异等。

我国主要上市银行的战略目标和定位差异化如表 8-2 所示。

表 8-2 主要上市银行的战略目标和定位差异化

银行	战略目标和定位
工商银行	“三大一化”：大零售、大资管、大数据和信息化
建设银行	多元化服务、集约化发展、含有创新银行+智慧银行基因的综合银行集团
农业银行	立足“三农”、城乡联动，走向国际、服务多元的国际一流银行
中国银行	服务多元化、海内外一体化的大型跨国银行
交通银行	打造国际化、综合化的财富管理银行
招商银行	一体两翼：以零售银行为体，公司和同业金融为两翼，打造轻型银行
兴业银行	一体两翼服务体系+七大核心业务群
民生银行	特色鲜明、拥有全球竞争力的跨界互联、聪慧共赢、平台型现代金融服务集团
浦发银行	围绕“spdb+”互联网金融战略为客户搭建共赢金融生态圈
光大银行	综合金融、大零售、互联网金融
平安银行	专业化、集约化、综合金融四大特色，公司、零售、同业、投行四轮驱动
华夏银行	中小企业金融服务商，定位“三中”业务
北京银行	综合化、差异化、精细化，以大零售和交易银行为基础确立可持续发展优势
南京银行	综合化、消费金融、金融市场专业银行
青岛银行	以接口银行为特色，以对公业务为基础，以金融市场业务为新增长点，全面树立零售业务优势
哈尔滨银行	打造国际一流的小额信贷银行

资料来源：各上市银行近年年报汇总整理。

四、进入壁垒和退出壁垒

一个产业的兴起、发展和衰退必然面临企业的进入和退出问题。进入与退出壁垒从企业进入与退出的角度考察产业内已有企业与潜在进入和退出企业之间的竞争关系。

1. 进入壁垒及其构成因素

进入是指某产业内出现新的企业。进入壁垒是指在特定产业中各种阻止新企业进入的不利因素或障碍。这种障碍的存在，使潜在的进入者与现存的企业相比存在种种不利的条件，承受着在位企业不必承受的成本负担，从而在竞争过程中处于不利地位。

如果说集中度和产品差异化反映的是产业内已有企业的竞争强度，那么进入壁垒则是反映产业内已有企业与潜在企业间的竞争关系。

构成进入壁垒的因素可分为三大类：结构性的壁垒、策略性的壁垒和政策性壁垒。结构性壁垒又称经济性壁垒，源于欲进入产业本身的基本特性，即进入某一特定产业时遇到的经济障碍以及克服这些障碍导致成本的提高，主要包括：①规模经济壁垒；②必要资本壁垒；③绝对成本壁垒，如现有企业对原材料的控制、专利技术的控制、对销售渠道的控制、对特殊的经营能力和专业人才的占有、学习与经验曲线效应等；④沉淀成本壁垒；⑤产品差别化壁垒。

策略性进入壁垒或行为性壁垒，是在位企业的阻止进入策略行为，特别是在寡占垄断行业中，现有企业通过相互协调，实施控制产业利润率、形成过剩生产能力、针对新企业的歧视性价格等措施阻止新企业进入。

政策性进入壁垒，是政府制定的产业政策和法律限制了新企业的进入，如政府的批准和执照、企业进出口许可证、资金筹措和税收等。

一个特定产业的进入壁垒的高低，可以用该产业的最高阻止进入价格高于该产业平均成本的百分比的大小来测定。最高阻止进入价格是能阻止新企业进入市场的价格最高值。

2. 退出壁垒及其构成因素

退出意味着企业停止生产原来的产品，将资产转让或转为他用。退出壁垒是企业在退出某个行业市场时所遇到的阻碍。退出壁垒的构成因素包括资产专用性和沉没成本、解雇费用、管理层的抗拒、资产处理问题、策略上的相互牵制、情绪上的难以接受、政策法律限制。

构成进入壁垒的因素往往与构成退出壁垒的因素紧密相关。一般情况下，进入壁垒较高的产业，退出壁垒也较高（如电信、电力、铁路运输、自来水）；进入壁垒较低的产业，退出壁垒也较低（服装、家具）。双高行业垄断性就比较强，双低行业的竞争性比较强。退出壁垒的高低会影响企业进入市场的决策。

阅读材料：巴菲特所谓的“护城河”形成因素

拥有“护城河”便意味着公司具备了竞争优势，而如何判断一家公司的“护城河”也成了关键。首先，“无形资产”（如专利、品牌、专营授权）可以视为真正的商业护城河。拥有无形资产的企业，能够出售竞争对手无法效仿的产品或服务。其次，“客户转换成本”或者客户黏性也可以看作商业“护城河”。客户的转换成本，指顾客为了更换产品供应商必须付出的额外费用。当客户转换产品或者服务时，要承受很大的代价甚至是风险，企业就拥有了客户转换成本的优势。最后，“网络效应”是互联网公司建立“护城河”非常重要的因素。互联网公司发展到如今，最重要的不是流量，而是连接——把人与人之间连接起来，把人与服务之间连接起来，把服务与服务之间连接起来，从而形成一个“互联网络”，并构筑一个牢不可破的“护城河”。除此之外，“成本优势”对于构建“护城河”同样重要，所谓的成本优势，就是依托于地理位置、经营规模、企业流程等形成的企业经营优势。

五、市场结构的四个基本类型

现代微观经济学根据竞争强度的不同，一般把市场结构或市场竞争格局分为四种类型：完全竞争、垄断竞争、寡头垄断、完全垄断。在此基础上，还可以依据市场份额、市场势力等反映市场结构的指标对市场结构进行更细致的分类。

从经济结果看，完全竞争和垄断竞争的结果相似：所有参与人都是价格接受者，超额利润在竞争中被不断挤压，直至没有超额利润（甚至为负）；寡头垄断和垄断的竞争结果相似，即市场参与者不是价格接受者，而能够具有“定价权”，他们可以通过定价来实现剩余利润最大化。

从经营者或投资者角度，格局决定结局。大多喜欢的“竞争格局好”的行业，基本是具有垄断属性（护城河/壁垒都是垄断属性的变种说法）的行业。这些行业往往表现为：盈利能力稳步提升，资产负债率低，现金流情况良好。例如，空调行业，2005 年价格战之后形成了格力和美的市场占有率具有绝对优势的格局。行业格局优化后即使整体行业增速下滑，格力和美的业绩增长也很快。

阅读材料：手机的寡头时代

2017 年，中国作为全球最大的手机市场，手机行业进入成熟期，整体来看，中国智能手机市场整体增速放缓，消费升级性质的换机成了主流。2018 年第二季度手机市场，苹果靠 iPhone X 的热销在销售均大幅增长的四大中国手机厂商面前依然坐稳最赚钱手机厂商的宝座，全球手机销量排名老大三星手机在中国遭遇大幅下滑，华为以 22.77%的市场销量份额稳居市场第一的位置，保持逆势稳定增长。OPPO、vivo、苹果、小米等分列二、三、四、五位，前五大品牌共占据中国智能手机超过 82%的销量份额，而且在中高端手机市场上不乏创新亮点（见表 8-3）。

表 8-3　2018 年第二季度内地手机出货量及市场份额

排名	手机厂商	市场份额	出货量按年变幅
1	华为	27%	22%
2	OPPO	21%	3%
3	vivo	20%	30%
4	小米	14%	0%
	其他	18%	-8%

资料来源：市场研究机构 Canalys 报告。

中国手机市场“蛋糕不断增长”的时代远去，替代而来的是“僧多粥少”“从对手口里抢食物”的状态，寡头效应的趋势更加明显。

第三节　市场行为：产业运行的方式与过程

市场行为是指企业为谋取更多利润和更高的市场份额，在充分考虑市场的供求条件和其他企业反应的基础上，所采取的各种战略性行为，主要包括企业确定的价格策略、产品与广告策略、研究开发和排挤竞争对手的行为等。市场竞争行为总体上可以分成两类：市场竞争行为和市场协调行为。

一、价格行为

企业的价格行为包括三类：一类是企业不考虑其他企业相应行为的独立定价行为；二类是企业考虑其他企业价格时的价格竞争行为；三类是企业与其他企业形成合谋的价格行为。这里先介绍前两种价格行为，价格合谋行为在市场协调行为中介绍。

1. 企业定价

现实世界中的企业不按边际原则（MR = MC）定价，而是广泛采取以平均成本为基础的“成本加成定价”，即 P = AC（1+s），式中 P 为价格，AC 为平均成本，s 为加成率，其中加成率的高低取决于产品需求价格弹性的高低。这种定价方法的优点是：企业计算简单方便；成本一般短期比较稳定，以此定价也相对稳定，避免了根据市场变化频繁改变价格；长期可根据成本变化变动价格理由充分；一般消费者也会认为公平合理，容易接受。

除成本加成定价外，企业还采用差别定价。差别定价又称价格歧视，是指企业只对购买生产成本相同的同一产品的不同购买者收取不同价格，或对同一购买者的不同购买量收取不同价格的行为。可以分为三类：一级差别定价是每一个产品对不同消费者或者同一消费者都卖出不同的价格，如拍卖和一对一的讨价还价；二级差别定价是对不同购买数量的消费者收取不同的价格，如批发价和零售价、会员价和非会员价、团购价与非团购价、新顾客价和老顾客价等，电力、电信、自来水、煤气等多采取这种定价法；三级差别定价是根据消费者的身份不同收取不同价格，如老人、学生等收半价、外地游客高价本地游客低价等。

企业实行价差别价格一般需要具备三个条件：企业必须拥有一定的“市场垄断力量”；不同的购买者（不同购买量）的需求价格弹性不同；实行差别价格的企业必须能够防止购买者之间转卖行为的发生。

2. 价格竞争定价法

在竞争激烈的市场上，价格是最重要的竞争手段。企业定价会根据竞争的需要调整自己的价格策略。下面仅介绍掠夺性定价和限制性定价。

（1）掠夺性定价（驱逐对手定价）。某企业为了把竞争对手挤出市场和吓退试图进入市场的潜在对手，而采取降低价格（甚至低于成本）的策略。

掠夺性定价的特征：采取此策略的大都是势力雄厚的大企业，较对手更能忍受低价造成的亏损；目标是长期利润最大化；先降后升，先亏损后盈利；实质是要缩减供给量而不是扩大需求量。

在掠夺期间，掠夺者将比其对手付出更大的代价，因为为维持较低的掠夺性价格，掠夺者须满足在此价格基础上的所有需求，而它的对手为达到损失最小化，则可以自由减产。在快进快出而转换成本很小的完全可竞争市场，掠夺性定价不可能成功。

掠夺性定价对市场结构的竞争性产生极为不利影响。确认是否采用掠夺性定价一般以长期边际成本（有人建议以平均成本）为标准，但界定有难度。

（2）限制性定价（阻止进入定价）。指寡头垄断市场上的卖主将价格定在足以获得经济利润，但又不致引起新企业进入的水平上，其实质是牺牲短期利润以追求长期利润最大化的行为。与掠夺性定价不同的是，采用限制性定价的企业在短期内仍有“微利”，而采用掠夺性定价的企业在短期内处于亏损状态。

限制性定价动态化即企业在长期内确定价格（或产量）来减少或消除招致

新企业进入它所在市场的动因的行为。一般做法是先订立一个高价，然后随着新企业的进入逐渐降低价格，这样做最符合追求利润最大化的目标，如企业新产品导入市场时定高价，随着新厂商的逐步进入，企业开始降价，来抑制或减少新企业的进入。

二、企业创新行为

美籍奥地利经济学家熊彼特把创新定义为建立一种新的生产函数，即企业家实行对生产要素的新结合。它包括：①引入一种新产品；②采用一种新的生产方法；③开辟新市场；④获得原料或半成品的新供给来源；⑤建立新的企业组织形式。

随着技术创新的迅猛发展，创新表现出了越来越强的知识依赖性。创新由易变难，逐渐成为高知识积累群体才能完成的工作，这也无形中造成了创新与应用间壁垒的形成。

创新是企业成长的重要推动力量，技术创新对企业和行业的影响越来越重要。熊彼特认为，创新比价格竞争更重要，因为，创新能够使企业获得比竞争对手更强的优势，创新与市场优势之间存在正相关关系。从 PC 时代的微软、英特尔，到互联网早期的雅虎、美国在线，再到互联网近期的 MySpace、脸书、推特，从功能机时代的诺基亚、摩托罗拉到智能机时代的苹果、三星，每一次重大的技术创新，都有可能演变成改朝换代的颠覆性飞跃，让原有的行业领先者一夜之间发现“护城河”被夷为平地，或者进攻者已经绕过旧城在别的地方建起一座更大更辉煌的新城了，而技术更替的残酷性又决定了一次错判就有可能导致毁灭性的后果。

企业的创新会影响产品差别、进入条件等，从而导致市场结构的变化，而市场结构或竞争格局也对企业创新产生重要影响。竞争和垄断都存在有利于和不利于技术创新活动的因素。一种观点认为：垄断是企业 R&D 自然滋生的基础，即一定程度垄断的市场结构有利于创新活动的开展。这是因为：①垄断企业一般都是规模较大的企业，其 R&D 活动存在着规模效益；②处于垄断地位的企业有更好的条件保护其获得的技术专利；③R&D 是一项风险较大的活动，而垄断企业由于获得超额利润，承担风险的能力较强，可以从企业内部筹集到创新活动资金；④垄断企业能吸引更多的高水平研究人员，具有资源占有上的部分优势。但是另一种观点认为，垄断也可能阻碍创新活动的开展，从创新动力来讲，垄断企业受“替代效应”（The replacement effect）的支配，可能出现创新的动力不足；另外，垄断企业缺乏竞争也会影响 R&D 的效率。现代产业组织理论认为，战略行为包括价格行为和非价格行为，其中技术创新活动是很重要的非价格行为。

因此，完全竞争与完全垄断对技术创新是不利的，只有适当的垄断与适当的竞争共存，才能有效地激励企业进行技术创新。一般来说，垄断与技术创新能力成正比，与技术创新倾向成反比，即垄断型企业有较好的创新条件，却缺乏足够的创新能力，而竞争型企业有较高的创新动力，却缺乏必要的创新条件。

阅读材料：巴菲特投资苹果的逻辑：看好未来长时间的竞争优势

有股神之称的巴菲特，2010 年之前一直回避科技股，而 2016~2018 年不断增持巨量的苹果公司股票。其所掌管的伯克希尔·哈撒韦公司在 2018 年第二季度末已持有苹果股票数量 2.52 亿股，季末市值高达 466 亿美元。

2010 年以来，手机行业的革新，已经在极大程度上改变了人们的信息渠道、思维方式乃至一些商业形态。

在巴菲特广为人知的“护城河”比喻中，收益较高的企业就如同城垒，会遭到竞争对手们持续不断的攻击，因此能够经久不衰的企业，必须要有一条自己的“护城河”，用来抵御来自竞争对手们的攻击。苹果在产品与品牌上具备极大的差异性，从手机硬件的设计、产品价格定位，到苹果手机系统、应用商店平台，难以找到其他手机厂商能够在以上诸多方面与苹果手机抗衡的。

巴菲特非常看重产品的黏性，而黏性大才能保持公司竞争优势的可持续性，才能保持高盈利的可持续性，而科技股的黏性比他想象得还要大。这意味着，这些高科技明星企业的竞争优势持续性也会非常稳。苹果产品有极大的黏性：苹果的黏性甚至比传统企业还要大，我们只是渴了才会喝可口可乐，只是想看动画片了，才会去看迪斯尼动画片，但苹果拥有这种魔力，它能够嵌入客户的生活，成为客户生活中不可缺少的一部分。

三、并购行为

并购是兼并、收购与合并的合称。企业并购是企业为获得其他企业的控制权而进行的产权交易活动；企业并购是企业的一种组织调整行为，并伴随着产权关系的转移和法人地位的变化。企业并购包括横向并购、纵向并购和混合并购。

企业的成长有两类基本途径：内部性成长和外部性成长。内部性成长主要依靠企业自身积累和筹资扩大再生产，主要是利润的再投资；而外部性成长则是通过兼并、收购或联合其他企业而实现的。外部性成长是快速、经济的企业扩张重要手段，而兼并是企业实现外部增长的有效方式。诺贝尔经济学奖得主、美国著名的经济学家乔治·斯蒂格勒通过对美国兼并收购历史考察后指出：“一个企业通过兼并其竞争对手的途径成为巨型企业是现代经济史上一个突出的现象，没有一个美国大公司不是通过某种程度、某种方式的兼并而成长起来的，几乎没有一家大公司主要是靠内部积累成长起来的。”①

1. 企业并购的动因

企业并购的动因主要包括：追求规模经济效益，减少代理费用，降低交易成本，提高市场竞争力和市场支配力量，降低市场进入壁垒，减少资产经营风险（多元化经营），获得管理和财务上的协同效应，提高经理人员的声望。

企业并购应把战略目标定位于尽快获取对核心竞争力的培养和发展有重要意义的资源和专长，而不要被短期的利益所蒙蔽。很多情况下，具有显著短期财务利益的兼并对象，由于不能对培养企业竞争力做出显著贡献，从长远发展看，并没有多少价值，而短期内不具备明显盈利能力的兼并对象却完全有可能包含某些建立核心竞争力所需要的重要要素。例如，吉利花费不到 20 亿美元收购了沃尔沃汽车，并在此基础上适当地开展了扩张和国际化的战略，让一个本地土品牌一下升级为国际性品牌。通过收购，吉利不仅让世界级汽车企业成为自己的一部分，提升技术和产品能力，而且巧妙地利用这样的机会建设新基地，扩大了生产规模，进一步推动了收入的提升。

2. 企业并购对市场结构的影响

并购是推动产业存量结构调整的重要手段，通过企业并购，使生产要素从经营不善、效率低下的企业向具有生存能力强、效率高的优势企业集中，从而提高资源的配置效率。在某些情况下企业并购会促进竞争，但并购尤其是横向并购，导致的市场集中如果超过一定的限度，就会产生市场支配力量和垄断的出现，纵向并购强化进入壁垒的形成，垄断市场势力，并由此带来低效率和社会总福利的损失。

20 世纪，汽车工业刚刚开始发展的时候，美国有 200 多家汽车公司，在市场力量的驱动下，几十年间美国的 200 多家汽车公司最后变成了 3 家。我国上千家的汽车公司，要通过并购、通过行业重组来提高市场的集中度，只有集中才有规模效益，只有集中才能有足够的资源进行研究与开发。

3. 企业并购的时机

一般来说，经济下行的末期和萧条时期是企业并购的最佳时机，企业利用经济萧条时期，寻猎廉价资产，低谷扩张。萧条阶段，往往会使众多企业出现亏损、业绩下滑，大量的失业人口，闲置的机器与厂房设备，这些因素造就了低廉的收购成本，这时出手并购容易低价获得优质资产，实现低成本扩张，为下一轮繁荣积累力量。

① 乔治·斯蒂格勒．产业组织与政府管制［M］．上海：三联书店，1989.

台湾“经营之神”王永庆，对经济低谷中的投资机会把握相当果断。1954年王永庆创立台塑，刚入行整个塑料行业即遭遇寒冬，台塑也难以为继。面对危局，王永庆没有缩手缩脚，而选择了逆势扩张。他准备了一个方案去说服银行投资，逻辑很简单：只要你给我钱，我就能去收购别人，收购了别人我就能上规模，上了规模我的成本就能降下来，降下来我就能生存，这样我就能等到下一轮周期。下一轮周期来了，塑料行业就是我的天下了。他果真做到了，以一己之力整合了台湾石化产业链。

四、市场协调行为

同一市场上的企业为了某些共同的目标而采取相互协调的市场行为。

1. 卡特尔与串谋

在寡头垄断市场上，某一企业的利润不仅取决于其自身的决策和行为，还受到其他企业决策和行为的影响。若干企业为达到稳固的垄断市场的目的而结成的联盟，称为卡特尔。

卡特尔分成价格卡特尔、条件卡特尔（对销售条件、支付条件的规定）、产量限制卡特尔和销售卡特尔（对销售区域、销售渠道的规定）等，其中价格卡特尔是最常见和最基本的卡特尔。

卡特尔成功必须具备两个条件：第一，一个稳定的卡特尔组织必须要在其成员对价格和生产水平达成协定并遵守该协定的基础上形成的；第二，取决于垄断势力的潜在可能，如果它面临的是一条高度弹性的需求曲线，它提价的余地也很小。

卡特尔具有不稳定性，其原因有三：①卡特尔成员具有违反协议的诱因。一个成员增加产量而其他成员的产量不变时，由于增产导致的收益增加全部由该成员取得，而增产导致降价所带来的收益损失却是由全体成员分担。②卡特尔成员的协调难（产量、市场和利润等）。③非成员可能进入或增产。

战略联盟是两个或两个以上的独立企业在自愿的基础上为实现一定的战略目标而组建的松散企业联盟。

2. 价格领导制

价格领导制是在某一产业市场中，一家企业首先改变价格，其他企业则跟随这个企业采取相应的行动。价格领导制分为三种类型：

（1）支配型价格领导制。一个大企业拥有整个产业大部分市场份额（通常50%以上），其他企业分享余下的份额，如格兰仕微波炉。

（2）串谋式价格领导制。若干规模相当的大企业控制的寡头垄断产业。例如，1922~1946年美国烟草产业基本上由三大企业控制：雷诺兹、美国烟草和梅尔斯，三个公司的三大品牌的零售价完全相同。

产生串谋式价格领导制的市场结构条件：产业集中度高，大企业规模大致相同；进入壁垒较高；企业间产品具有高度替代性；市场需求缺乏弹性；企业间成本条件大致相同，从而利润率比较接近。

（3）“晴雨表”式价格领导制。在竞争程度较高的市场结构中，当市场需求、成本条件发生变化时，有的企业率先变动价格，其他企业以不断的调价表示响应。

相应条件：有相对较低的市场集中度；有一批小企业；企业间产品具有高度替代性；进入壁垒较低。

三种价格领导制模式的比较如表 8-4 所示。

表 8-4 三种价格领导制模式的比较

	支配型价格领导制	串谋式价格领导制	“晴雨表”式价格领导制
市场集中度	很高	较高	较低
价格领袖	产业中最大企业	规模、历史、顾客效率等方面较有优势	预测能力强、反应敏感
成本条件	企业间差别较大	企业间大体相同	企业间差别较大
领袖地位变化	固定不变	偶尔变化	经常变化

五、企业策略性行为

在寡头垄断的市场上，企业间存在着相互依赖、相互影响的关系。每一个企业做决策时都意识到竞争对手的存在，所作的决策都要建立在对竞争对手行为的猜测或者对竞争对手行为作出反应的基础上。每个企业的行为得益和利润不仅取决于自身的决策，也取决于其他企业的决策，即部分地取决于厂商决策间的相互作用。

第四节 市场绩效：产业运行效率的结果与反映

市场绩效是指在一定的市场结构下，通过一定的市场行为，市场运行的最终效果。主要从产业的资源配置效率和利润率水平、与规模经济和过剩生产能力相关的生产相对效率、销售费用的规模、技术进步状况与 X 非效率、价格的伸缩性以及产品的质量水准、款式、交换频度和多样性等方面直接或间接地对市场绩效优劣进行评价。

一、市场绩效的衡量

1. 贝恩指数

根据标准的微观经济学的一般均衡理论，在完全竞争市场结构中，资源在产业间和企业间可以自由流动，各产业、企业的长期利润率趋于平均化，所有企业都获得正常利润，且不同产业的利润率水平趋向一致，资源配置实现最优。如果一个产业的利润率高于其他产业，则资源会大量流入该产业，最终导致其利润率下降；反之，则利润率提高。因此，产业间是否形成平均利润率是衡量社会资源配置效率是否达到最优的标准。如果一个产业的利润率持续偏高，说明这个产业的竞争不足。

贝恩指数代表的是行业的超额利润率，它的理论依据是，市场中如果持续存在超额利润（或经济利润），表明市场上存在垄断势力，且超额利润越高，垄断力量越强。

在产业组织理论中的收益或利润是指经济利润，而不是会计利润。经济利润等于收入减去机会成本。

$$经济利润\ \pi=收入\ R-劳动力成本-原材料成本-资本成本$$

资本成本等于如果出租资本财产可获得的总租金，等于资本的租金率乘以资本的价值。

$$资本价值=资本价格（Pk）\times资本量（k）$$

资本的租金率是使资本的所有者在设备折旧以后所能获得的一定收益率。租金率为收益率 γ 加上折旧率 δ，则：

$$经济利润\ \pi=R-劳动力成本-原材料成本-（\gamma+\delta）\times Pk\times K$$

$$贝恩指数\ B=经济利润\ \pi/总投资\ K$$

哈佛学派认为，在具有寡占或垄断市场结构的产业中，由于存在着少数企业间的共谋、协调行为以及通过市场进入壁垒限制竞争的行为，削弱了竞争，其结果往往是产生超额利润，破坏资源配置效率。因此，如果具有市场支配力的企业存在，产业必然存在超额利润。反之，如果产业超额利润，说明产业存在着垄断。因此，主张必须对这些产业采取企业分割、禁止兼并等直接作用于市场结构的公共政策，以恢复和维护有效竞争市场秩序。

尼达姆（1978）研究表明，企业的利润率与自己的市场份额成正比，与商品需求的价格弹性和竞争对手的市场份额成反比。即

$$(P-MC)/P=1/\varepsilon[\,,\ d]=Si/\{\varepsilon[\,,\ d]-\varepsilon[\,,\ r]\}S[\,,\ j]$$

式中，P 为市场价格，MC 为边际成本，ε［，d］为厂商的需求价格弹性，ε［，r］为竞争对手对价格的反应，S［，i］为厂商的市场份额，S［，j］为竞争对手的市场份额。

德姆塞茨（1973）研究的结论是：不同规模企业利润率差异是由成本差异造

成的，企业规模差异和进入壁垒差异归根结底反映到企业成本水平上，从而造成企业利润的差异，他根据企业的资产规模将企业加以划分，并计算了其集中度系数，得出的结论是当大企业的集中度系数在60%以上时，其与利润率的相关性才非常显著。产业利润率综合了产业创新能力和竞争垄断状态等多种因素的影响。

阅读材料：引起超额利润的因素

企业获得超额利润除垄断引起的外，还可能由其他不同因素引起的，如作为风险性投资报酬的风险利润、有不可预期的需求和费用变化形成的预料外的利润、因成功地开发和引入新技术而实现的创新利润。此外，还有规模经济和高管理效率带来的高利润率。

企业家对市场的了解是通过竞争而逐渐加深的，企业家所具有的只有对利润机会的"敏锐"，能迅速地发现并把握住新的盈利机会。市场效果的高低与企业内部的组织形式有密切的联系。

2. 勒纳指数

设R是收入，P为价格，Q为销售量，ε是价格需求弹性，MR是边际收入，则：

$$R=PQ$$

$$MR=P(1+1/\varepsilon)$$

企业利润最大化时MR=MC，则勒纳指数为：

$$L=(P-MC)/P=1/\varepsilon$$

勒纳指数数值在0和1之间变动，在完全竞争条件下，L为0，L越大，市场的竞争程度就越低。价格需求弹性越小，勒纳指数越大，市场支配能力越强，垄断引起的社会福利净损失越大。

3. 托宾q

托宾q是一家企业资产的市场价值（通过其已公开发行并售出的股票和债券来衡量）与这家厂商资产的重置成本比率。若一家企业资产价值比重置成本为基础的价值更多，则说明其赚的是超额利润。

阅读材料：经济特权企业与普通企业的区别①

一种经济特权（Economic Franchise）来自具有以下三个特点的一种产品或服

① 巴菲特1991年度致股东的信。

务：①客户确实需要或期望得到；②客户认为没有与其非常近似的替代品；③不受政府的价格管制。产品或服务具有以上三个特点，就会体现为公司具有定期对产品与服务进行攻击性定价的能力，从而能够获得更高的投入资本收益率。而且，经济特权能够容忍错误不当的管理，且不适合的经理人虽然会降低经济特权的盈利能力，但是并不会造成致命的损害。

与经济特权企业相反，“普通企业”想要获得远远高出平均收益率水平的盈利，只有成为低成本经营者，或者是赶上市场非常紧俏供给严重不足的好时候，但是这种供给严重不足的情况通常不会持续很久。通过超一流的管理，一家公司可能持续保持低成本经营者的地位相当长的时间，但是即使如此，还是会面临持续不断地竞争对手攻击的可能性。普通企业，不同于经济特权企业，会被糟糕的管理彻底毁掉。

二、市场绩效的综合评价

1. 产业的资源配置效率

规范的微观经济学认为，市场机制有效地运行能保证资源的最佳配置，表现为社会总效用或社会总剩余的最大化，即社会福利的最大化。一般用消费者剩余、生产者剩余和社会总剩余三个指标来全面分析和衡量社会资源的效率状况。

市场竞争越充分，资源配置的效率就越高，市场垄断程度越高，资源配置效率越低。

2. X 非效率

所谓 X 非效率是指在垄断企业的大组织内部存在着资源配置的低效率状态，即由于免受竞争压力，垄断厂商内部明显存在超额的单位生产成本。日本产业组织学者马场正雄研究表明，大企业内部普遍存在 X 非效率的主要原因有：企业内不同集团的利益目标的不一致；企业规模扩大导致组织层次增加，信息沟通的速度和质量下降，从而使企业的管理成本上升，效率下降；成员“搭便车”的动机往往强烈，监督和激励成本高昂；垄断企业在没有竞争压力的条件下，缺乏成本最小化的动机。

3. 产业规模经济利用状况

产业规模结构效率既与产业内单个企业的规模经济水平密切相关，还反映出产业内企业间分工协作水平的程度和效率。衡量某个特定产业的规模结构效率可以从以下三个方面进行：

（1）用达到或接近经济规模的企业的产量占整个产业产量的比例来反映产业内经济规模的实现程度。

（2）用实现垂直一体化的企业产量占流程各阶段产量的比例来反映经济规

模的纵向程度。

（3）通过考察产业内是否存在企业生产能力的剩余来反映产业内规模能力的利用程度。

产业内规模经济性的三种状态：

（1）低效率状态。未达到经济规模的企业是市场的主要供应者。

（2）过度集中状态。超过经济规模的大企业是市场的主要供应者。

（3）理想状态。达到或接近经济规模的企业是市场的主要供应者。

在市场经济发达的国家，如美国、日本和欧洲，多数产业（贝恩对美国的研究结果是70%~90%）已经实现了产业规模经济水平的理想状态，即主要生产企业是经济规模的企业，尤其是在规模经济显著的产业，如钢铁、石化、汽车、家电等。还有一部分产业存在着超经济规模的过度集中。

市场中的远低于经济规模的小企业能获得一定利润的主要原因是产品差异化和廉价劳动力，而且产业生产能力长期过剩是配置效率低下的表现。

4. 产业技术进步（动态的经济效率）

一般认为，寡头垄断的市场结构比完全垄断更有利于技术进步，松散寡头垄断比紧密寡头更有利于技术进步。

我国买方市场的形成，是改革开放以来经济高速增长的一个重大成果。买方市场的出现，使市场机制发生了根本性转变，需求在市场供求关系中上升为矛盾的主要方面，市场竞争主要在供给者之间展开。在这种条件下，企业生产不仅要满足市场需求数量的增长，而且要适应市场需求质量的上升和需求结构的变化；市场竞争的日益加剧促使企业要不断提高效率、降低成本、改进产品质量、更新产品结构，企业不再只是被动地适应市场的现实需求，而且要积极地适应和开拓市场的潜在需求。因此，买方市场的调节机制能够改变企业的短期行为，使企业树立长期发展目标，转变经济增长方式。

阅读材料：中国行业发展一般经过的三个阶段

第一个阶段是野蛮生长时期。行业快速增长，行业容量快速增加，大量投资纷纷介入抢夺增量市场，这时候大家的日子过得都不错，都在快速增长，只是增长快和慢的问题。比如2006年之前国内的乳制品市场就属于一个高速增长的大市场，伊利每年营收增长在40%以上，但利润增长仅在20%左右，这个阶段营收增长是主线条，利润增长并不重要，大家都在抢市场，抢到市场以后再考虑利润的问题。

第二个阶段是行业整合期。这时候行业增速开始降低，但龙头企业开始整合市场，通过提高市场占有率开始挤压式增长，这个时期只有行业龙头可以获得确定性的增长，中小企业则纷纷被整合或者倒闭。比如2008年之后的空调行业，2014年之后的房地产市场就属于典型的行业整合期。格力电器在2008年营收显著降低了，但利润开始高速增长，空调行业开始了格力和美的的双雄时代。万科、恒大、融创从2014年左右开始呈爆发性增长，市占率开始大幅提升，反观大量中小房地产企业都拿不到地，不是倒闭就是被巨头收购，房地产的行业整合期已经到来。

第三个阶段是胜者为王。通过行业整合以后，行业内的竞争态势大大降低，竞争格局开始良性发展，行业龙头企业的毛利率和净利率水平开始快速提升，利润增速显著高于营收增速，比如，2012年之后的伊利股份以及2013年之后的美的和格力，利润都获得了爆发性的增长。

从行业发展的三个阶段来看，最大的受益者都是行业龙头，每一个阶段的成长都是超越行业的。这里所说的龙头企业未必是行业内最大的企业，而是行业内综合竞争力最强的企业，比如银行业的龙头是招商银行，而不是所谓的五大行，保险业的龙头是中国平安，而不是中国人寿或者中国人保，医药行业的龙头是恒瑞医药，而不是上海医药。当然许多行业内的老大就是竞争力最强的企业，比如乳制品的伊利股份，肉制品的双汇发展，调味品的海天味业，煤炭行业的中国神华，啤酒行业的华润啤酒。

第五节 网络经济与产业组织

一、网络及其分类

网络通常可以被抽象为节点与节点间连线组成的网状结构体。节点代表网络中的个体用户，连线则代表了个体用户之间的某种联系。网络可以按照不同的分类标准进行分类。

1. 单向网络和双向网络

根据网络节点之间联系的方向，将网络区分为单向网络和双向网络。如果作为网络节点的用户可以实现双向联系，该网络称为双向网络，如电话网络、电子邮件网络等。如果节点之间的联系是单向的，该网络称为单向网络，如供电网络、有线电视网络等。单向网络中，入网人数的增加并不能给其他节点带来更大的效用，即用户从网络产品中所获得的效用并不能随着其他用户的加入而增加，这种网络并不存在明显的直接网络效应。

2. 物理网络和虚拟网络

将具有物理连接的网络称为物理网络，如电话网络、铁路网络、电力网络以及运输网络等。将没有具体物理连接的网络称为虚拟网络，如通信网络、互联网等。

二、网络效应

网络效应是指产品价值随购买这种产品及其兼容产品的消费者的数量增加而增加。例如，在电信系统中，当人们都不使用电话时，安装电话是没有价值的，只有装电话的人多了，电话网络的价值才能充分体现，而电话越普及，安装电话的价值就越高。在互联网、传媒、航空运输、金融等行业普遍存在网络效应。网络效应是说，一个网络的价值，与网络中的节点数成正比。

网络效应可分为直接网络效应和间接网络效应两种。直接网络效应是指同一网络内消费者之间的相互依赖性，即使用同一网络产品的消费者可以直接增加其他消费者的效用，如电话、传真以及互联网等。间接网络效应主要产生于基础产品和辅助产品之间技术上的互补性，这种互补性导致了产品需求上的相互依赖性，即用户使用一种产品的价值取决于该产品互补性产品的数量和质量，一种产品的互补性产品越多，那么该产品的市场需求也就越大。

网络效应同网络外部性并不是一回事。只有当市场参与者不能把网络效应内化（Internalize），即网络效应不能通过价格机制进入收益或成本函数的时候，网络效应才可以被称为网络外部性。虽然个体消费者在加入网络时，由于存在大量消费者的分散决策，以及信息的不完备性，很难做到把他们对网络中其他成员的影响内化，但是对于网络的所有者，可以做到集中决策，拥有比较完备的信息，可以把这种效应很好地内化。当网络（或技术）的所有者可以内化这种网络效应的时候，网络效应就不再是外部性，这时，网络效应已经被内化了，产品已经被正确定价，市场中不存在外部性问题。

三、网络经济与企业竞争

网络经济的发展对产业组织产生了深刻影响，它重新整合了生产要素，改革了社会生产分工方式，提升了企业组织和产业竞争力。

网络效应的存在使竞争厂商之间的关系和竞争格局呈现出不同于一般市场的特性，市场更倾向于寡占乃至垄断的市场结构。

在具有网络效应的产业中，“先下手为强”（First-mover advantage）和“赢家通吃”（Winner-takes-all）是市场竞争的重要特征。

竞争优势的一方可以获得较大的市场份额，形成较大的网络规模，这种较大的网络规模会使一般用户获得较大的网络效应和效用水平，进而进一步吸引更多用户加入，这种正反馈机制使少数网络获得较高的市场份额，甚至“赢家通吃”现象。网络效应可能放大网络竞争中微小差距，并导致较大的市场差别，市场更趋向于形成较高的集中度。

由于网络经济更倾向于形成寡占型甚至垄断型市场结构，网络厂商间的竞争相对于一般产业中的企业更为激烈。网络厂商十分重视通过特定的竞争策略谋求竞争优势，这些竞争策略包括提前宣告、锁定和渗透定价、网络兼容等。

（1）提前宣告策略。用户对网络规模的了解将影响用户的技术选择和技术标准竞争的结果。用户在竞争技术间做出选择时，是建立在对网络规模（包括对现有网络规模和对未来网络规模）进行预期的基础上。用户对网络规模的认知可以通过两条途径，分别是厂商的销售发布和自身的感知。实际销售量往往是厂商的商业秘密，厂商往往采用各种手段影响用户的预期，尽量使用户的选择更有利于己方技术的推广。因而，为了影响消费者的预期，厂商的销售量发布往往带有夸大动机。在位厂商可能通过向用户传递技术平台的优势和改进时间表，使用户延缓采用新引进技术。

（2）锁定和渗透定价。有限理性的消费者做出网络选择后要改变选择往往需要付出一定的成本，称为转移成本。转移成本的存在使消费者不能在发生误判的情况下自由转移网络，只有当误判造成的损失达到一定程度时转移才可能发生，即转移成本的存在对消费者产生了锁定，锁定是厂商实施渗透定价的基础。锁定效应的存在使厂商可以充分利用消费者的有限理性，通过制定渗透定价策略吸引消费者加入自己的网络，并在达到一定的网络规模后，对网络实施一定程度的垄断定价，将价格确定在使消费者的转移成本恰好大于转移后效用的提高上。转移成本的高低决定了厂商实施渗透定价动机的强烈程度，对于那些具有较高转移成本的网络竞争，厂商具有更强烈的动机去实施渗透定价。

（3）网络兼容。网络兼容是指原本分割的两个网络通过某种途径实现了联系，使原本分割的网络用户能够分享对方网络成长带来的网络效应。兼容可以是完全兼容或不完全兼容，完全兼容是指不同网络的用户可以获得的网络效应取决于兼容网络总体的规模，如 CDMA 和 GSM 无线通信之间的兼容接近于完全兼容；不完全兼容是指不同网络的用户可以部分地从对方网络规模的增长中受益，如微软操作系统的用户网络与苹果操作系统的用户网络之间的兼容具有不完全兼容特性。兼容的外部条件是网络之间达成兼容协议，兼容的内部动机是通过兼容实现“兼容技术进步”并从中受益。

扩展阅读　“隐形冠军”的市场垄断

“隐形冠军”是指在某个全球性或区域性细分市场处于垄断性地位却默默无闻的中小企业。“隐形冠军”是美国著名管理大师赫尔曼·西蒙教授在《隐形冠军：谁是最优秀的公司》一书中首先提出的。赫尔曼·西蒙教授概括了“隐形冠军”的特点：①规模较小，属于中小型企业，所占市场份额却大，一般为50%以上；②产品经常“无形”或“不被人们所知”；③生存时间长，领导层非常稳定；④产品出口比例大，为国家的外贸平衡做出了巨大贡献；⑤竞争力强，是地地道道的全球竞争斗士；⑥多属家庭拥有的私营公司；⑦成功但非奇迹，在市场中占据统治地位，但这种地位的取得绝非偶然，也并不轻松。

据称，全世界3000多家隐形冠军公司，主要是欧美日中小企业，特别是德国拥有1300家这样的中小企业。世界范围内有较大影响的隐性冠军，如“豪尼”公司制造的高速卷烟机占全球市场份额的90%；热带鱼饮料市场供应商“德彩”公司拥有50%以上的全球市场份额；专门运送葡萄酒运输的“希拉布兰德”公司占有全球市场份额的60%；生产滤水器的“布里塔”公司占据全球同类产品市场份额的85%。中国改革开以来曾产生了一批隐性冠军：广州珠江钢琴公司占有国内钢琴市场30%以上的份额，产销规模稳居全球第一位；指甲钳专业生产企业圣雅伦公司，占据中国指甲钳高端市场份额的60%；全球最大的微波炉生产商格兰仕，全球市场份额35%；露露占有植物蛋白饮料80%的市场份额；中集集团和振华港机分别是世界集装箱和集装箱起重机的隐性冠军，万象钱潮是汽车万象节的隐性冠军。还有张裕、新中基、安琪酵母等公司都是各自细分行业的隐性冠军。

一般认为，在绝对多数市场，处于垄断地位的往往是大型甚至跨国性的巨型企业。由于规模经济及范围经济因素的存在，大型企业总是比中小型企业具有无可比拟的且难以模仿的竞争优势。这种竞争优势一方面把市场中已有的企业挤出市场，从而使自己的市场份额进一步扩大；另一方面又能够借以形成进入壁垒，防止外部潜在性企业的进入。特别像汽车、机械制造、石化、钢铁、电子、计算机、通信、金融等这些规模经济显著的行业，都是规模庞大的大型甚至巨型企业在市场中占据垄断地位。

但在有些市场中，特别是一些细分市场，中小企业处于垄断地位，他们牢牢控制着本地甚至全球市场，占有率往往大幅领先第二名及以后的追随者，这个细分领域，产品一般比较单一，通过规模和成本控制来盈利，有一定的技术门槛，大公司不愿意进入。

对世界范围内“隐形冠军”的研究发现，这些“隐形冠军”能够摆脱由于自身规模较小带来的一系列竞争劣势，在激烈的市场竞争中脱颖而出，进而占据垄断性地位，最关键的秘诀是：

（1）专注。专注于选定的细分市场，争做利基市场的领袖。中小企业通过市场细分，寻找和挖掘与自己有限的资源与能力相匹配的尚未被完全满足地细分市场，集中力量做精做强，逐步提高市场占有率，形成自己的经营特色。其市场定位狭窄和产品范围单一，重视向深度进军，而不是广度发展。

（2）专业。长期不懈地研发和创新，不断加强自己核心能力的培养，用匠心、耐心、恒心和信心，把技术、工艺、材料做到极致。欧美日的隐形冠军企业无不是因掌握行业核心技术，关键部件或关键材料，形成本身独特的竞争优势，享有不可替代的地位，其往往是游戏规则的制定者。

（3）低调。所处的细分行业不显著，在行业分工中的具有隐蔽性，并且大部分“隐形冠军”位于产业链中上游，不与终端消费者产生直接联系，加上自身低调，公众知名度比较低，故名“隐形”。保持着“隐形”状态，可以避免更多的企业加入，减少了竞争对手，从而降低所在市场的竞争强度。

第九章 产业空间布局分析

大处着眼，小处着手。

——曾国藩

产业的发展总是在一定的时间和空间中进行的，产业布局是产业生产力在一定地域空间上的分布与组合；从纵向方面考察，产业布局是同一产业在各地区的配置与关联；从横向方面考察，是集聚于同一地域空间的各产业的关联与组合；从静态方面考察，产业布局是产业生产力在一定地域空间的分布状态；从动态方面考察，产业布局是产业生产力诸要素在空间上的安排部署和动态调整。产业布局的目标是实现资源在地域空间上的最优配置。

第一节　产业布局的理论基础

一、产业布局理论的形成和发展

1. 古典区位理论

19 世纪 30 年代到 20 世纪 20 年代是产业布局区位理论的形成时期。产业布局的区位理论主要由 V. 杜能奠基，经过 A. 韦伯及后人较为系统的研究形成的。

（1）杜能的农业区位理论。1926 年，法国经济学家 V. 杜能撰写了著名的《孤立国同农业和国民经济的关系》，提出了著名的孤立国农业圈层理论。他认为：在农业布局上，并不是哪个地方适合种什么就种什么，在这方面起决定作用的是级差地租。距离以城市为代表的农产品消费市场的远近对农作物的布局有重大影响，由内到外，他将假设的孤立国划分成六个同心农业圈层。

其中心内容是：农业土地利用类型和农业土地经营集约化程度，不仅取决于土地的天然特性，更重要的是依赖于当时的经济状况和生产力发展水平，其中取决于农业生产用地到农产品消费地（市场）的距离。

尽管杜能的理论忽视了农业生产的自然条件，也没有研究其他产业的布局，但他的农业区位理论给西方许多工业区位理论的研究者带来深刻的启发，杜能也因第一个研究区位问题，被誉为产业布局学的鼻祖，杜能的《孤立国同农业和国民经济的关系》是区位论的奠基之作。

（2）韦伯的工业区位理论。韦伯继承了杜能的思想，他认为工业区位的选择取决于生产成本的高低。他提出了三个影响工业布局的一般性区位因子，即运输费用、劳动费用和聚集力，其中运输费用对工业布局起决定作用，工业部门生产成本的地区差别主要是运费造成的，但对劳动费在生产成本中占很大比重的工业而言，运费最低点不一定是生产成本最低点。当存在一个劳动费最低点时，它同样会对工业区位产生影响。聚集力是指企业规模扩大和工厂在一地集中所带来的规模经济效益和企业外部经济效益的增长。

西方古典区位论的基本特征：①研究宗旨是为各个企业或部门寻找最优生产区位，其实质是在寻找一种比较优势以保证企业利润的极大化；②区位研究是以完全竞争市场机制下的价格理论为基础的，属于古典微观经济学范畴；③虽然没有明确的区域产业协调发展思想，但有隐含的意思。

2. 近代区位理论

两次世界大战后产业布局理论的发展，逐步形成了近代区位理论。

（1）成本学派理论。该理论的核心是以生产成本最低为准则来确定产业的最优区位，主要代表人物是韦伯、胡佛等。

在韦伯研究的基础上，胡佛进一步把运输成本分解成两部分：线路运营费用和站场费用。线路运营费用是距离的函数，站场费用不一定与距离正相关。若企业用一种原料生产一种产品，在一个市场出售，在原料与市场之间有直达运输，则企业布局在交通线的起点最佳，因为在中间设厂将增加站场费用。如果原料地和市场之间无法直达运输线，原料又是地方失重原料，则港口或其他转运点是最小运输成本区位。

（2）市场学派理论。随着经济发展和市场规模的扩大，韦伯以后的研究者发现，最小生产成本并不能完全确定企业的最优区位，成本最低也不完全意味着利润最大化，市场因素对产品价格影响越来越大。产业布局必须充分考虑市场因素，尽量将企业布局在利润最大区位。为此，克里斯塔勒等认为高效的组织物质生产和流通的空间结构，必然是以城市这一大市场为中心，并由相应的多数市场构成相应的网络体系。

此后，廖什又考察了市场规模和市场需求结构对产业区位的影响，区位分析也由生产扩展到市场，并且从单个厂商扩展到整个产业。

（3）成本—市场学派理论。成本—市场学派是在成本学派与市场学派的基本上形成的，不仅综合了成本和市场对产业布局的影响，而且拓宽了区位理论的研究领域。系统提出了选择工业厂址的七大指向，即原材料指向、市场指向、动力燃料指向、劳动力指向、技术指向、资金供给指向和环境指向，主要代表人物是艾萨德、俄林、弗农等。

俄林（Ohlin）建立了一般区位理论，该理论认为，地区是分工和贸易的基本地域单位。运输方便的区域经济能够吸引到大量的资本和劳动力，且能成为重要市场，因此可专门生产面向市场、规模经济优势明显和难以运输的产品；而运输不方便的地方则应专门生产易于运输、小规模生产可以获利的产品。

弗农提出了产品生命周期理论，并认为处于不同生命周期的产业布局各有特色：处于创新期的产业属于技术密集型产业，一般趋向于科研信息与市场信息集中，人才较多，配套设施齐全，销售渠道畅通的发达城市；处于成熟期的产业会出现波浪扩展效应，开始向周边地区扩散（因为生产定型化使技术普及化，同时大城市的成本费用一般比较高）；衰退期的产业沦为劳动密集型，技术完全定型化，产品需求已趋于饱和，生产发展潜力不大，于是从发达地区向落后地区转移。

3. 现代区位理论

20 世纪 60 年代以来，现代科技革命的深化、工业化和城市化进程加快，经济全球化趋势的加强，不仅使近代区位理论得到了进一步的修正和发展，而且产生了各种不同的区位理论流派。发展经济学的兴起和发展为产业布局理论的发展提供了新的理论基础，使以后以国家或地区为研究出发点的产业布局理论得到发展。

（1）增长极理论。增长极理论由法国经济学家佩鲁于 20 世纪 50 年代提出，又经以后经济学家进一步发展完善。其理论核心内容是：在一国经济增长过程中，由于某些主导部门或者有创新力的企业在特定区域或者城市聚集，从而形成一种资本和技术高度集中、增长迅速并且有显著经济效益的经济发展机制。由于其对临近地区经济发展同时有着强大的辐射作用，因此被称为“增长极”。增长极具有极化效应和扩散效应两种效应。极化效应是指增长极对周边地区的劳动力、资源、原材料及资金、技术和建设项目产生强大的吸引力，使生产要素集中并带来集聚经济效益，从而使增长极的经济实力和人口规模迅速扩大。扩散效应是指增长极的企业、人口、资金和技术等经济因素向外围地区扩散并由此带动周边区域经济发展的过程。根据增长极理论，后起国家在进行产业布局时，首先可通过政府计划和重点吸引投资的形式，有选择地在特定地区和城市形成增长极，其次凭借市场机制的引导，使增长极的经济辐射作用得以充分发挥，并从其临近地区开始逐步带动增长极以外地区经济的共同发展。

（2）点轴布局理论。点轴布局理论是增长极理论的延伸。从区域经济发展的空间过程看，产业特别是工业等首先集中于少数区域，形成增长点或增长极。随着经济的发展，工业的增多，点与点之间由于经济联系的加强，必然会建设各种形式的交通线路使之相联系，形成轴。轴线一经形成，对人口和产业就具有极大的吸引力，吸引企业和人口向轴线两侧聚集，并产生新的增长点。从而由点到轴，由轴带面，最终促进整个区域经济的发展。点轴开发论认为，资源的分配和产业的布局应按线状基础设施（主要是水陆空交通干线）展开，因而强调已有的经济技术基础在产业布局中的作用。

（3）地理性二元经济理论。发达地区由于要素报酬率高、投资风险较低，吸引大量劳动力、资金、技术等生产要素和重要物质资源等由不发达地区流向发达地区，从而在一定时期内使发达地区与不发达地区的差距越来越大。另外，产业集中超过一定限度后，往往出现规模报酬递减现象，这样发达地区会通过资金、技术乃至人力资源向不发达地区逐步扩散，以降低生产成本、提高收益，增强竞争力，从而给不发达地区经济增长带来发展机会。

4. 产业集群理论

产业集群是特定产业中互有联系的公司或机构聚集在特定地理位置的一种现象。集群包括一系列上、中、下游产业以及其他企业或机构，这些产业、企业或机构对竞争都很重要，它们包括了零件、设备、服务等特殊原料品的供应商以及特殊基础设施建设的提供者。集群通常会向下延伸到下游的通路或顾客，也会延伸到互补性产品的制造商以及与本产业有关的技能、科技或是使用共同原材料等方面的公司。集群还包括了政府和提供专业的训练、教育、信息、研究以及技术支持的机构，如大学、制定标准的机构、职业训练中心以及贸易组织等。

产业集群是产业发展适应经济全球化和竞争日益剧烈的环境，为创造竞争优势而形成的一种产业空间组织形式，它具有的群体竞争优势和规模经效益是其他形式无法比拟的。主要表现在：产业集群促进技术设备发展的专业化，从而降低生产成本；产业集群促进劳动力组织的发展，从而降低搜寻劳动力的相关成本；产业集群可以提高原材料的购买规模和产品销售规模，促进专业市场的发展，降低交易成本；产业集群有利于道路、煤气、自来水等基础设施的建设和公用，从而减少经常性开支成本。

波特强调从产业集群在组织变革、价值链、经济效率和柔性方面所创造的优势来研究产业集群对产业竞争的影响，认为形成产业集群的区域产业竞争优势主要体现在以下几个方面：提高该区域企业的生产率；指明创新方向和提高创新速度；促进新企业的建立，从而扩大和加强集群本身。

产业集群不但强调企业在空间或地理上的集聚，而且更多地强调企业间的相互联系和相互促进，集群内部企业之间、集群与外部经济系统之间是互动发展的关系。它能够充分利用本地资源，根据集群内部紧密的产业链，能够实现低成本、高产出、低消耗、高效率、可循环的发展模式，能够增强企业之间的关联度、促进企业之间共享资源和互换产品，为推动循环经济发展奠定良好的基础。从微观上看，波特把集群的作用归纳为：集群通过资源的共享和互补可以提高生产率；集群可以改善激励和绩效的评估；集群在提高创新率和创新成功方面十分重要；集群降低了新企业形成的障碍，形成了提高生产率的环境。

企业规模扩大和企业在一地集中能带来规模经济效益和企业外部经济效益的增长。聚集经济效益，一方面取决于聚集的产业或企业的种类与结构；另一方面取决于聚集的规模。

二、产业布局的影响因素

产业布局受一系列客观条件与因素的制约，这些条件和因素概括起来主要包括以下几个方面：

（1）自然因素，例如，土地、气候、水、生物等自然条件和自然资源。各地资源蕴藏种类不一，数量多寡不等，质量优劣有别，赋存开采、加工条件有难易之分，这些差异直接影响着产业布局。

（2）劳动力因素。劳动力因素对产业布局的影响包括两个方面：劳动力成本和劳动力质量。

不同地区间的劳动力成本往往差异很大，这与当地的经济发展水平、生活费用要求、社会保障健全与否、工业化水平等都有关系。雇佣劳动力的难易程度也是产业布局中需要考虑的因素。劳动力质量如劳动者的技能、工作态度和道德水平也会对产业布局产生影响。

（3）经济因素。包括经济发展水平、历史基础、市场条件。

（4）科学技术因素。包括资源开发技术、加工技术、运输技术。

（5）基础设施因素。包括：交通、通信、能源、信息。

（6）政策法律和行政效率。包括政策法规的公平性、连续性、稳定性、优惠度等。

三、产业布局的机制

产业布局机制包括市场机制和计划机制。

产业布局的市场机制的特点是产业布局的主体是企业；企业的目标是利润最大化，倾向于投资环境好、产出效率高的地点；产业布局的手段是经济利益导向，即依据市场价格信号，自主选择最优区位。新古典区域增长理论认为，只要存在完全的竞争市场，仅依靠市场即可实现区域共同增长。

产业布局的计划机制特点：产业布局的主体是中央政府，产业布局的决策权、建设项目的分配权集中，产业布局的目标是国家整体利益。市场经济力量的正常趋势与其说是缩小区域间差距，不如说是扩大区域间的差距。

在市场经济条件下，要同时发挥政府在产业布局的政策导向和企业内在利益驱动力，使宏观调控机制和市场运行机制有机结合。

第二节　中国产业布局的战略演变

自中华人民共和国成立以来，我国产业布局的历史轨迹，表现为“均衡发展—非均衡发展—区域协调发展”逐渐演变的过程，并具有明显的阶段性特征。

一、追求地区间公平的均衡发展战略（1949~1979 年）

中华人民共和国成立初期，占国土面积不到 12%的东部沿海地带，聚集了全国 70%以上的工业，上海、天津、青岛、广州、北京、南京、无锡等城市的工业产值占整个工业产值的 94%。

中华人民共和国成立后，国家采取大规模向内地推行工业化模式，以求均衡发展。将一半以上的基本建设基金投入内地开发，使内地工业从无到有，从小到大迅速发展。

均衡产业布局政策选择的评价：从 1949 年开始，经过 30 年的建设与调整，旧中国遗留下来的产业畸形布局有了极大的改变。在高度集中的计划经济体制下，产业布局主要依靠国家投资的计划分配和建设项目的计划安排。这种高度集中的行政性动员，集中总额有限的财力，在较短时间内奠定了工业化的初步基础，部分扭转了原有产业布局过程偏集沿海地区状况，但同时也带来不少问题，特别是行政性和实物化的产业布局形成和调节方式，排斥市场机制，人为地扭曲了土地、矿产资源、水资源、环境资源等生产要素的价格，区位成本严重失真和残缺不全，过分强调生产力的均衡布局和地方工业自成体系，违背比较优势原则；对空间公平的追求高于对效率的提高，用整体的效率损失换取区域的均衡发展，表现为资源配置效率低下，表面较高的增长速度是在扭曲的产业结构和绩效较低的情况下实现的。

二、追求效率优先的非均衡发展战略（1980~2000 年）

1979 年以后，根据对我国和其他国家生产力布局演变历程和经验教训的分析，逐步认识到一个疆域辽阔、原有地区经济基础很不平衡的大国，产业布局的均衡度和与该国产业和国民经济的总水平存在正相关关系，均衡配置只可能在经济发展水平不断提高的过程中逐步地相对实现。

在对传统计划体制进行改革和实行对外开放的过程中，我国区域经济发展和产业布局的主导思想发生了根本性的变化，从侧重公平转向侧重效率，一改过去的均衡发展，实施区域经济倾斜发展战略，把建设的重点转向东部沿海地区，相继设立了经济特区、沿海开放城市和经济开放区，无论在引进外资、国家投资、优惠政策还是体制改革的力度都开始向东部地区倾斜。

非均衡产业布局战略的积极影响：实现了国民经济的快速增长和经济实力的增强；初步形成了产业布局的地域分工；一批东部中心城市的辐射带动作用增强，有效带动了周围区域经济的增长，形成了工业密集区域，如长江三角洲地区、环渤海地区、珠江三角洲；提升了中国的国际形象等。

非均衡产业布局战略的负面影响：东、中、西部地区经济差距急剧扩大，区域间发展不平衡加剧；区域间经济摩擦、地区封锁强化；产业布局非区位化，区域间产业结构趋同；只注重地区倾斜，而忽视产业倾斜。

三、区域协调发展战略（2000 年至今）

从一些市场经济国家的经验来看，在工业化的过程中市场的力量将会在一段时期内扩大而不是缩小地区差距。

在市场力量的作用下，中国中西部地区的劳动力、资金、人才、原材料等生产要素出现大量向沿海地区集聚的趋势，而这一趋势会进一步加剧东部与中西部经济发展的不平衡。针对“八五”末期地区差距过大的状况，从“九五”开始，国家开始着手实施有利于缓解差距扩大，推进区域协调发展的战略与政策。

2002 年中共十六次代表大会正式提出促进区域经济协调发展的战略。《“十一五”规划纲要》又明确指出：根据资源环境承载能力、发展基础和潜力，按照发挥比较优势、加强薄弱环节、享受均等化基本公共服务的要求，逐步形成主体功能定位清晰，东中西良性互动，公共服务和人民生活水平差距趋向缩小的区域协调发展格局。同时进一步明确了区域协调发展的基本内容：坚持实施推进西部大开发，振兴东北地区等老工业基地，促进中部地区崛起，鼓励东部地区率先发展的区域发展总体战略，健全区域协调互动机制，形成合理的区域发展格局。

区域协调发展战略要求各地区平等交换，各展所长，合理分工，协调发展。东部沿海地区要充分利用大陆海岸线和优良的港湾条件，依托现有大中城市特别是港口城市，临海布局，沿江沿线扩展，大力发展高、精、新产品和出口创汇产品，特别是在国际市场上有竞争力的优质名牌产品，从而使之逐步成为我国的高新技术产业基地和出口产业地带。中西部则要立足区内的资源优势，重点发展能源、原材料工业，并逐步延长产业加工链条，不断提高资源的加工深度和增值程度，走资源综合开发利用的新路子。在这一过程中，东部地区要注意在中西部扩大投资，利用中西部的资源优势，降低成本，同时促进中西部地区产业结构的升级换代。

1. 西部大开发

国务院 2000 年 12 月《关于实施西部大开发若干政策措施的通知》，将传统中部地区的内蒙古和传统的西部 11 省（区、市）一并纳入西部大开发的政策范畴，享受增加转移支付、改善发展环境、扩大对外开放、吸引优秀人才以及促进科技教育四项十六条政策措施。西部大开发十周年的2010年6月，中共中央在《关于深入实施西部大开发战略的若干意见》中再次强调西部大开发的地位和作用：西部大开发在我国区域协调发展总体战略中具有优先地位，在构建和谐社会中具有基础地位，在可持续发展中具有特殊地位。新十年西部大开发的突出特点是在加强基础设施建设和生态保护的同时优先发展特色优势产业。经过多年的努力，西部地区的发展相当快，速度超过了全国的平均速度，特别是基础设施逐步完善，扶贫开发、基本公共服务的水平明显提高，培育了一批特色优势产业。

2. 振兴东北老工业基地战略

2003年10月，国务院提出《关于实施东北地区等老工业基地振兴战略若干意见》，意见中明确提出振兴东北老工业基地的重点：一是扶持钢铁石化；二是促进资源型城市转型，尤其是资源扩建；三是加快国有企业的改制步伐；四是促进了粮食生产，并且制定了森林保护一系列优惠政策。

3. 中部崛起战略

2006年4月，国务院发布《关于促进中部地区崛起的若干意见》，提出中部六省是我国重要的能源、材料工业基地和农产品生产基地。要强化三个基地一个枢纽建设（把中部地区建设成全国重要的粮食生产基地、能源原材料基地、现代装备制造及高技术产业基地和综合交通运输枢纽），进一步加大中部地区“两个比照”（中部六省中26个城市比照实施振兴东北地区等老工业基地有关政策，243个县市区比照实施西部大开发有关政策）政策实施力度，完善实施细则。同时，要求中部地区要牢牢抓住新一轮技术革命和产业转移的机遇，推动国际和东部的资本、技术要素与中部的劳动力、资源要素有机结合，大力发展新能源、新材料、现代装备制造等高技术产业和现代服务业，加快实现产业结构升级。

4. 打造带动区域经济发展的增长集

我国经过十多年的努力已经形成一批带动区域经济发展的增长集，如西部西南地区的成渝经济区、西北地区的关中天水经济区和广西北部湾经济区，中部的武汉城市圈、中原经济区、皖江经济带等，东部的海西经济区等。

皖江城市带承接产业转移示范区规划（2010年1月）。皖江城市带成为中国首个获批的国家级承接产业转移示范区，其范围包括安徽省的合肥、宣城等九个城市。

成渝经济区区域规划（2011年6月）。成渝经济区的战略定位是：建成西部地区重要的经济中心、全国重要的现代产业基地、深化内陆开放的试验区、统筹城乡发展的示范区和长江上游生态安全的保障区。

中原经济区规划（2011年9月）。中原经济区包括晋、冀、鲁、豫、皖5省

30个地级市和两个县将进行统一规划。例如，晋东南的晋城、长治、运城，鲁西南的聊城、菏泽、泰安市东平县，冀南的邯郸、邢台，以及皖北的淮北、亳州、宿州、蚌埠、阜阳及淮南市凤台县，区域面积达28.9万平方公里，涉及人口1.7亿。

雄安新区建设规划（2016年4月）。2016年4月，国家经过充分论证决定推进“千年大计”雄安新区建设。雄安新区承载北京的非首都功能。北京首都功能主要是指，第一是政治中心，第二是国际交往中心，第三是文化中心，第四是科学创新中心，其余都属于非首都功能。其建立目的是把北京非首都功能剥离出去。

此外，广西北部湾的规划（2008年2月）、天水经济区的规划（2009年6月）、海峡西岸经济区的规划（2011年4月）等都列为国家区域战略。

5. 全国主体功能区规划

2010年12月，《全国主体功能区规划》正式发布。实施全国主体功能区规划，就是要根据不同区域的资源环境承载能力、现有开发密度和发展潜力，统筹谋划未来人口分布、经济布局、国土利用和城镇化格局，将国土空间划分为优化开发、重点开发、限制开发和禁止开发四类，确定主体功能定位，明确开发方向，控制开发强度，规范开发秩序，完善开发政策，逐步形成人口、经济、资源环境相协调的空间开发格局。

推进区域协调发展的战略与政策，取得了显著的成效。中西部地区增长明显提速，近十年来一直处于领先水平；一些落后地区或困难地区实现跨越式发展，跃居发展前列；区域间合作联动全面展开，一体化进程不断加快；一些关键性制度障碍着手破除，不同区域、人群享受均等基本公共服务和平等发展权利的状况得到改善等。

党的十八大以来，中央更加重视制定和实施我国区域发展总体战略，统筹国际国内两个大局，在深入实施西部开发、东北振兴、中部崛起和东部率先发展战略的基础上，提出并重点实施“一带一路”倡议建设、京津冀协同发展、长江经济带发展、粤港澳大湾区建设四大政策，同时加大支持革命老区、民族地区、边疆地区、贫困地区加快发展，区域协调发展呈现良好局面。

第三节 产业转移

产业转移是指某些产业（或资本、技术等生产要素）从一个国家或地区转移到另一个国家或地区的过程。产业转移是经济发展过程中普遍存在的一种经济现象。产业转移主要是生产在空间分布上的变化，与所有权主体的转变没有必然的直接联系，所有权主体可能发生变化，也可能不发生变化。产业转移的主要表现形式是资本流动，核心内在机制是利益，引进与利用外来资金是承担产业转移的主要形式。

产业转移是地区分工和国际分工的客观要求，是发挥比较优势、获得比较利益，促进产业高效发展的重要途径。由于各个国家或地区的自然资源的禀赋不同、拥有的生产要素状况不一样，经济发展的水平存在差异，而且拥有的生产要素会随着经济发展水平的提高而变化，在实现国际分工和地区分工的条件下，只有重点发展本国或本地区具有资源和要素优势的产业，才能扬长避短，发挥比较优势，充分有效利用本国或本地区的资源和要素，取得分工效率和比较收益，推动国民经济快速、高效发展。

一、产业转移的类型

由于划分标准的区别，产业转移类型可以有不同的划分。

(1) 按照涉及的地域范围不同，产业转移大体可分为国际产业转移、区际产业转移和城乡产业转移三种类型。国际产业转移是指产业由于某些国家或地区转移到另一些国家或地区，它的重要特点是产业转移突破了国界线的地域限制。区域产业转移是一个国家某些产业由一个地区转移到另一个地区，从而使产业表现为在空间上移动的现象，这是一个国家的不同区域之间经济发展不平衡的产物。城乡产业转移是指某些产业由城市中心向周围农村地区转移，它的重要特点是产业转移发生在一个区域范围内进行，伴随着城市的郊区化而产生的。

阅读材料："二战"后世界三次大规模产业转移及近年的新特征

"二战"以后世界共有三次大的产业转移。第一次是20世纪50年代，美国把钢铁、纺织、服装、制鞋这些没有比较优势的传统产业转移到了日本和西德。美国国内则率先集中力量发展石油化学、原子能、通信和电子计算机等新兴的技术密集型产业，特别是朝鲜战争的爆发，形成了"特需经济"，加快了美国对日本产业转移的步伐，也优化了所转移产业的结构，成就了日本和西德的发展。第二次转移是20世纪60~70年代，日本、德国把纺织、玩具、服装等劳动密集型产业转移到韩国、新加坡、中国台湾、中国香港亚洲新兴工业化国家和地区，诞生了"亚洲四小龙"。日本、德国产业结构转向集成电路、精密机械、精细化工、家用电器和汽车等相对能耗低、耗材少、附加价值高的资本密集型和技术密集型产业。随着产业转移的升级，逐步扩展到了部分汽车、造船、电子等资本密集型和技术密集型产业。第三次是20世纪80年代"亚洲四小龙"把玩具、纺织、服装等劳动密集型和一些高能耗、高污染、低效率的产业转移到中国和东盟国家。当时，“亚洲四小龙”都面临着资源不足、市场狭小的问题，随着它们的迅速崛起，迫切需要廉价资源与广阔的市场，而中国的改革开放正好提供了这种机遇。中国大陆特别是沿海地区凭借其区位优势、低廉的生产成本和政府开出的优惠政策，吸引了大批劳动密集型产业，中国成为这次产业转移的最大受益者，逐渐成为“世界工厂”。这三次转移都是从生产成本高的向生产成本低的国家和地区迁移。

进入20世纪90年代以来，美国、日本和欧洲发达国家开始发展以微电子技术、互联网技术、新能源和新材料等为核心的知识密集型产业，产业结构进入新一轮的调整，开始了新的一轮国际产业转移。新一轮国际产业转移具有新的特征：一是产业转移由单一形式向立体交叉形式转换，产业转移结构高度化、知识化有进一步加强的态势。20世纪50~80年代，国际产业转移主要以初级产品加工和原材料为主要转移产业，并且主要是由发达国家向发展国家单向进行转移，进入20世纪90年代以后，国际产业不仅由发达国家向发展中国家进行，也有发展中国家向发达国家和次发达国家转移，并且重心开始由原材料工业向加工工业、由初级工业向高附加值工业、由传统工业向新兴产业、由制造业向服务业转移，其中第三产业的金融、保险、咨询等服务业和电子信息业是当前国际产业转移的重点领域。二是国际产业转移具有区域内部化的趋势。

在国际产业转移中，跨国公司是主要的承担者。跨国公司具有雄厚的经济实力，拥有在全世界配置资源和开拓市场的优势。

（2）按照转入区与转出区之间的发展水平差异，产业转移分为水平转移和垂直转移两种类型。水平转移是指某些在发展水平接近的地区之间的转移；垂直转移则是指某些产业在发展水平相差较大的地区之间的转移。水平转移和垂直转移一般是交叉进行的。

（3）按照转移的程度，产业转移分为局部转移和整体转移。这里的局部和整体是针对一个产业的产业链而言的。所谓局部转移是指一个产业的部分产业链从一个区域转移到另一个区域，如产业链的某一个环节（零部件或原材料）转移到其他地区，而最终产品仍然留在原地组装，或者某一产业的核心部件仍在原地生产，将部分零配件及装配线转移到其他地区，或只保留产品设计、品牌和营销系统，将生产全部转移到其他地区。所谓整体转移，是指一个产业的全部产业链从一个区域转移到另一个区域。

（4）按照产业转移的出发点划分，产业转移可以分为要素导向型转移、市场导向型转移和战略导向型转移三种类型。所谓要素导向型转移是指根据要素禀赋原则，以寻求廉价的生产要素，降低成本为目的而进行的产业转移。所谓市场导向型转移是企业为了克服某些地区市场准入壁垒，扩大产品在市场上的销售规模而进行的产业转移。这种以市场为导向的产业转移，有利于企业绕过其他国家或地区的关税壁垒和非关税措施，在一国范围内可以冲破一些地方保护主义，扩大市场份额，提高生产规模，从而降低生产成本，提高市场竞争力。所谓战略导向型产业转移是企业以提高市场竞争力为目标，着眼于全球范围或全国范围资源的优化配置，从而在全球范围或全国范围内对产业进行合理布局。它是一种综合性的战略布局，既包括要素导向型的产业转移，也包括市场导向型产业转移，还可能是出于企业本身价值链的战略性调整。

二、产业转移方式

产业转移是生产要素跨地区的综合性转移，一般通过企业新建投资、并购和非股权参与等形式才能实现。

投资新建式转移。通过直接投资，新建一个工厂或新建一个企业，建立新的生产体系，以实现生产能力扩张。无论是国际产业转移，还是一个国家内不同地区之间的产业转移，投资新建的一个重要问题是采取独资还是合资企业。产业转移必须借助于直接投资，但直接投资不等于产业转移。

并购式转移。并购是兼并、合并和收购三者的合称。并购一般泛指企业为了获得对其他企业的控制权而进行的产权交易活动。并购进一步分为横向并购、纵向并购和混合并购三种形式。

非股权方式转移。指转出地企业不以直接投资获取股权的方式，而以签订合同参与生产经营活动的各种方式的总称。非股权方式的形式很多，包括许可证交易、特许授权经营、技术转让、管理合同、钥匙工程、制造合同、联合销售合同、国际生产分包和国际战略联盟等。从产业转移转移的角度看，最主要的有许可证交易、特许授权经营、合同生产、分包。

三、产业转移的特点

（1）产业转移的综合性。与单个生产要素的流动不同，产业转移是生产要素跨地区的综合性转移。产业转移首先是资本与技术的转移，也可能包括部分劳动力的转移。在产业转移过程中，一般要求高层次的管理人员和技术人员转移，在一些产业也要求部分熟练工人随之转移。但在国际产业转移中，由于劳动力跨国界流动比较困难，劳动力转移的数量比较少，多局限于高层次的管理人员和技术人员的转移。

（2）产业转移的层次性。产业转移可以是整个产业的转移，也可以是产业链中的某个环节的转移。在社会分工和生产专业化日益发展的条件下，产业链中的某个环节的转移越来越普遍。在国际产业转移中，产业链从简单的组装—复杂的组装—零部件制造—主机和关键零部件制造—零部件研发—最终产品研发逐步升级，甚至成为“虚拟制造”，即制造业公司只控制产品设计、关键技术或者品牌、营销系统，而将产品的实际生产转移到其他国家或地区。

（3）产业转移的阶段性。产业转移与产业结构演变的阶段性是一致的。在20世纪60年代，随着发达国家的产业结构升级，如纺织、食品等劳动密集型产业向海外转移；20世纪70年代，发达国家的产业结构向技术密集型升级，如钢铁、造船、化工等资本密集型号产业开始向海外转移；20世纪80年代以来，随着发达国家高新技术产业的进一步发展，如汽车、家电等产业又向海外转移。一个国家内部的区域间产业转移，也是与产业结构的升级同步的。

（4）产业转移的梯度性。产业转移往往源自其所依赖的生产要素禀赋的变化和相对价格的变化，因此从生产要素比较昂贵的经济发达区域转移到生产要素比较廉价的经济落后区域。无论在全球范围内，还是在一个国家范围内，不同国家或地区的经济发展水平存在着多层次的不平衡。相应地，一个特定的产业往往从经济发达区域向经济次发达区域转移，再向不发达区域转移，呈现出梯度性的特征。

（5）产业转移的主体性。无论是国家之间，还是地区之间，产业转移的主体是制造业。产业转移是产业内企业生产经营重心转移的结果，实质是企业的区位调整过程。由于企业战略的调整和外部环境的变化，一些企业将部分或整个生产经营活动迁移到条件更有利的其他地区。因此，产业转移的主体是产业内的企业，产业转移过程要通过企业的空间调整过程来实现。产业转移过程实际上是企业根据要素禀赋、市场规模和结构以及企业组织结构的动态变化，通过调整空间布局，以获取新的生产要素，寻求新的优势，提高市场竞争力的过程。

产业转移受多种因素影响，区域经济发展梯度、要素禀赋、企业组织、政府行为和政策环境、生态环境、基础设施等外部环境会影响产业转移的规模和方向。产业转移或企业迁移受诸多因素影响，生产成本只是其中之一，其还受到转移成本、政策因素、体制因素、文化因素以及产业基础、人力资源素质等因素的影响。

四、产业转移效应

（1）产业转移对转出区域的影响。对转出区来说，产业转移的结果将会导致该产业生产能力的下降甚至消失，伴随着这种产业生产能力的转移，会降低转移产业的竞争力和该产业的就业机会，但产业转移往往是与该区域产业结构升级、产业转入联系在一起的。转移出去的产业通常是不适合本区域发展和失去竞争优势的产业，有的是迫于产业结构调整和升级而向外迁移的。这些不适合本区发展的产业及时转移转出可以腾出更多的资本、劳动力和土地等生产要素，发展一些更高层次的技术含量更高的产业。如果转出区产业结构升级、产业转入与产业转出同步进行，甚至步伐更快，转入产业和新兴产业快速成长所带来的就业和产出量增加大大超过产业转出所造成的就业和产出量下降，该区域经济的综合竞争力不仅不会出现下降，反而会得到进一步的增强。但如果转出区产业结构升级、转入产业与转出产业没有同步进行，也就是说，产业出现大规模转移，而转入产业和新兴产业又没有及时发展起来，就可能导致该区域经济的衰退，失业率上升，产业“空心化”就是反映了这种情况。

（2）产业转移对转入区域的影响。对转入区来说，产业转移不仅会提高转移产业的生产能力，而且可以通过传递扩散机制，提高整个地区的产业竞争力。首先，产业转移提高了转入区产业规模和产出能力，并通过产业关联效应，带动与转入产业相关的投入品产业的发展，也会促进下游产业的发展，优化转入区的产业结构；其次，产业转移带动了技术扩散；最后，产业转移增加了转入区就业机会。从经济发达地区转入技术和管理先进的产业，就会对本地原有的产业产生排挤作用。

案例：全球最大的代工企业富士康入驻郑州

近年来，随着东部地区产业向附加值更高的高端制造业与第三产业转型升级和劳动力、土地、资源环境等综合成本上升，部分传统加工组装产业向中西部转移。

富士康是全球最大的代工企业。处于信息产业中的加工装配环节，是高科技产业中的劳动密集型企业，对劳动力等要素的成本较为敏感。富士康这样的重量级企业由沿海向河南郑州大规模转移，就是利用河南省劳动力丰富优势来大力推动劳动密集型发展。

2010 年 8 月 2 日，富士康宣布落户郑州并投产。

2010 年 9 月 16 日，富士康科技园项目正式进驻郑州航空港区。

2010 年 10 月 24 日，郑州新郑综合保税区获国务院批准设立，富士康项目成为综合保税区第一家入驻企业。

2010 年 11 月 30 日，由郑州市和富士康联合制定郑州航空城总体规划。

……

截至 2012 年 1 月，富士康郑州工厂的员工总数达到了 13 万人。

2013 年 3 月 3 日，国务院正式批复了《郑州航空港经济综合实验区发展规划（2013～2025 年）》，这是全国首个上升为国家战略的航空港经济发展先行区。

富士康郑州科技园项目主要生产计算机、通信、手机、消费性电子等零组件、机构件及系统等。富士康落户郑州吸引了智能手机全产业链几百家上下游相关配套企业在郑州设厂，推动了河南省对外贸易的大幅增长。郑州航空港区希望借助富士康项目的“龙头”带动作用，快速壮大培育电子信息产业集群，促进了产业结构的调整和升级，扩大城乡就业。

中原经济区建设和产业转移步伐加快，将带来更多的就业机会，外出务工人员回流人数将逐渐增加，这也将对人力资源利用模式、劳动力素质等方面提出更高要求。

第四节 企业的区域战略

企业的区域战略是企业发展战略框架的重要组成部分，企业发展除依靠业务战略提供发展动力外，还需要区域发展战略支撑点。企业从小到大，必然经历一个区域经营范围的变化，初创时期可能在一个城市经营，但发展到一定规模和一定阶段外，必然会从现有区域向其他区域发展，可能从一个城市发展到一个省或跨几个省经营，甚至面向一个全国性公司或全球性公司。区域发展通常包括跨区域发展、全国化发展、国际化发展、全球化发展等。企业的区域战略就是企业在一定时期内对区域发展的选择、规划及策略。

企业的区域战略的制定需要根据企业内外部环境，以及对不同区域市场、生产、采购等情况进行分析，确定开发方式，明确重点开发区域，确定重点开发区域和非重点开发区域的开发策略与措施，提出区域近期重点建设项目的地区安排等。

区域战略按企业的功能性特点包括区域市场战略、区域生产战略、区域采购战略、区域研发战略等。

一、企业的区域选择战略

区域选择战略是企业对企业经营区域的比较、评估和选择。区域选择的方法部分与产业选择的类似，如波士顿矩阵法、通用电器矩阵法。除此之外，还可以采取其他选择方法。

1. 区域选择战略的评价方法

对区域的战略选择主要考虑两大因素：一是区域的发展前景，二是区域的竞争强度。可以根据区域的市场吸引力和区域竞争强度来建立一个矩阵，对企业某些区域进行评估。按照区域的市场吸引力和区域竞争强度两个维度评估现有业务，每个维度又可分为三级，两个维度上不同级别形成九个格的组合，两个维度上可以根据不同情况确定评价指标。

根据区域选择矩阵，把区域分成九类，依据区分做出相应的战略选择（见图 9-1）。

市场吸引力 \ 竞争强度	弱	中	强
强	选择性进入或发展	进入或发展	积极发展
中	收缩或退出	选择性维持或收缩	保持优势
弱	退出	全面收缩	有限收缩

图 9-1　企业的区域选择战略矩阵

（1）区域市场吸引力强、竞争强度强。这类区域市场要求具有较强的竞争力，企业可以根据企业实力选择性进入或发展。

（2）区域市场吸引力强、竞争强度中。这类区域市场适合进入或发展，企业应加大投入，提高区域市场的竞争地位。

（3）区域市场吸引力强、竞争强度弱。这类区域宜直接进入并大力发展，加大投入提高自己的竞争地位。

（4）区域市场吸引力中、竞争强度强。这类区域市场宜收缩或退出。

（5）区域市场吸引力中、竞争强度中。这类区域市场宜选择维持或收缩。

（6）区域市场吸引力中、竞争强度弱。这类区域市场宜采取维持战略。保持原来的优势地位。

（7）区域市场吸引力弱、竞争强度强。这类区域市场宜直接退出，减少损失。

（8）区域市场吸引力弱、竞争强度中。这类区域市场应进行全面收缩。

（9）区域市场吸引力弱、竞争强度弱。这类区域市场应进行有限收缩，逐步地、适当地收回企业的投资。

通过区域选择矩阵，企业可以直观地对某些区域或者某些城市市场做出评估和选择或做出优先顺序的安排。

2. 产业梯度转移下的区域选择战略

产业梯度转移理论认为，区域经济的发展取决于其产业结构的状况，地区经济发展的水平与其产业结构的高度密切相关。产业结构的高度又与其主导产业所处的创新阶段有关。创新活动是决定区域发展梯度的决定性因素，而创新活动大都发生在高梯度地区，并且随着时间的推移和产业生命周期阶段的变化，生产活动逐渐从高梯度地区向低梯度地区转移。

产业梯度转移可分为国家产业梯度转移和地区产业梯度转移。企业应把握好产业转移的规律，合理安排企业的区域发展战略，包括生产的区域战略布局和市场的区域选择，以适应或主动创造发展机会，通过产业从发达国家或地区向发展中国家或地区的转移，延续产业的生命周期，使企业更快、更持续地发展。

二、企业的区域组合战略

区域组合选择战略是企业对多个区域的战略安排，主要包括类似性区域组合战略和互补性区域组合战略。

1. 类似性区域组合战略

类似性区域组合战略是指企业发展上具有类似性属性的多个区域组合。通常有：经济发达程度相近区域组合、顾客消费习惯相近区域组合、语言相同区域组合、地理特征类似组合、气候条件类似组合等，如按照经济发达程度可以把我国城市分为一线城市、二线城市、三线城市、四线城市和乡镇等多层级市场。

不具类似性的区域通常会涉及战略模式和经营模式的差异，会增加企业经营管理的复杂程度；具有战略属性类似性的区域组合，会使企业对未来发展的确定性有更加准确的认识，企业经营管理的规模效应也会显现。

2. 互补性区域组合战略

互补性区域组合战略是指企业的发展中具有互补性属性的多个区域组合。这些属性通常包括：功能互补区域组合，阶梯传递型区域组合、品牌与经济型区域组合等。例如，企业通常在经济发达的地方建立总部和品牌中心，而在土地成本和劳动力成本低的地方建立生产中心或物流枢纽，最终通过不同区域功能上的设置，实现比较完美的功能组合。

扩展阅读　中国产业大迁移全景图①

中国正在进入产业迁移和产业转型的协调阶段。产业迁移必然带来劳动力、资本、税收、基建等方方面面的提升，进而对人口流动、房价、区域消费等产生深远影响。

① 天风宏观团队．中国产业大迁移全景图［EB/OL］．金融行业网．2018－04－21. http://news.fdc.com.cn/yjgd/969619.shtml.

我们从产业的角度观察中国各产业在地理分布上的变化，数据包括16041家中国上市公司。

1. 传统制造：不是转移而是出清，区域集中度提升，强者恒强

我们首先观察了汽车制造、化肥与农用化工、多元化工、钢铁、煤炭、化纤、纺织等传统制造业，整体来看，这些行业经历的不是迁移，而是出清。一方面，传统制造的区域集中度提升，向着具有成本和效率优势的地区集聚，强者恒强；另一方面，那种“低端制造从沿海向内陆转移”的说法是一种想当然的错误推断，沿海地区也有土地和劳动力成本不高的地区，这些并不是产业迁移的必要因素，产业迁移的发生是多方面的结果。

在“3. 新兴制造业”部分的分析中你会看到，向内陆迁移的产业不是低端产业，而是中高端产业。

汽车制造仍然是一个传统产业，中国汽车制造的中心仍然在上海，上海的汽车制造上市企业收入占全国将近一半，其他区域的汽车制造集中度也进一步提升。北部区域从东三省（主要是长春、沈阳）向河北、北京集聚，中部区域向湖北、重庆集聚，南部区域向广东集聚。目前汽车制造已经跃升至湖北第一大产业（东风），也是河北（长城）、广东（广汽）的支柱产业之一。

新能源车属于新兴制造，中国新能源车产业即将改变全球汽车零部件行业的成本结构和供应格局，但是整车制造这个传统产业仍然是强者恒强，其正向优势区域集聚。

化工（化肥与农用化工、多元化工）整体上是由南向北聚集。东部沿海的山东、河北、江苏以及西部的青海是化肥与农用化工的主要生产地，集中度进一步提升。多元化工集中分布在山东、湖南、长三角地区，也展现出区域集中度提升和强者恒强的特点。

钢铁的产能分布很明显受到了去产能和环保限产的影响，环京一带的河北、山西、山东和成本较高的西南、华南地区经历了产能出清，钢铁行业整体向生产效率较高的江苏（沙钢）和中部腹地（马钢、华菱、新余钢铁）聚集。

煤炭经历了和钢铁类似的去产能，从环京一带向以煤炭为支柱的内蒙古、山西集聚。

化纤也出现了明显的区域集中度提升的现象。东三省的化纤向辽宁集聚，辽宁是东三省重要的化纤生产基地，化纤也是其十大产业之一。中东部地区，山东、江苏、河南、安徽等地区的化纤产出占比下降，产出向占比最高的浙江集聚。化纤是浙江前五大产业，强者恒强的特征明显。纺织也是向优势地区如浙江、江苏、河北等集聚。长三角地区在化工化纤、纺织等领域的产业链完备，具有全面优势。

2. 服务业：一线城市高房价下的制造业空心化和消费型社会

虽然前面提到“中国汽车制造的中心仍然是上海，汽车制造也是广东的支柱产业之一”，但整体上看，一线城市的产业结构已经表现出制造业的空心化和中高端服务业的集中化。

2014~2016 年，北京占比上升最快的产业是建筑工程、互联网、金融；广东占比上升最快的是房地产、保险、互联网；上海占比上升最快的是房地产和互联网。2017 年，北上深三个城市的服务业产出占比均超过了 60%，其中北京的服务业产出占比已经达到了 81%，上海和深圳分别是 69%和 61%。一线城市上市公司收入占比最高的服务业主要是金融、房地产、互联网、电信服务等。

一线城市的高服务业占比和高房价是一个硬币的两面，优质的教育医疗资源吸引了高学历高收入的人才聚集，高收入推升了房价，抬高了产业成本（投资成本和经营成本），对低附加值的中低端制造业形成挤出，促使产业结构向更高附加值的知识密集型制造和中高端服务业聚集。

2014 年，华为将手机业务从深圳迁至东莞，2016 年又将企业数据中心迁至东莞，原因是深圳房价太高了，高成本促使华为向东莞转移。华为代表了中国通信设备制造的最高水准，尚不能承受高房价的挤压，这反映出中国一线城市在高房价压力下的服务业集中化和制造业空心化的趋势。

中国一线城市的最终产业发展形态可能类似于纽约和东京，成为一个服务型和消费型社会，纽约和东京的服务业占比 GDP 分别为 71. 5%和 88. 8%。

3. 新兴制造业：向地理纵深发展，中西部核心二线崛起

华为从深圳部分迁往东莞并非个例。过去几年，中国的新兴制造业（半导体、通信设备、电子元件）都不同程度地出现了从一线（北京、上海、广东）向中部核心城市聚集的现象。当然，这些产业并不都像华为一样是迁移过去的，有些产业本身就在中部地区有深厚的基础，但结果都一样，就是中国的中高端制造业正在中部区域的核心城市崛起。

过去几年，半导体制造和通信制造从环京、上海、广东向中部腹地以及江苏聚集。半导体是江西的支柱产业，南昌是国家半导体照明工程产业化基地之一。陕西是国家半导体材料与器件研发和生产的重要基地，拥有全球最大的太阳能单晶硅棒和硅片制造商隆基股份。江苏的半导体产业始于 20 世纪 60 年代初，有国营第七四二厂、苏州半导体厂、常州半导体厂、南京半导体厂等，形成了从 IC 设计到芯片制造到封装测试再到材料配套的半导体产业完整链条。

通信设备行业整体向受国家政策支持、产业技术资源优势的地区集聚。湖北是重要的通信设备生产基地，拥有国家级光电子产业基地“武汉光谷”。江苏拥有中国光电通信领域最大的集成商亨通光电。山东大力发展新型电力电子器件、

半导体照明、高频频率器件、光通信器件等新型电子元器件产品，歌尔股份是全球微电声领域领导厂商。浙江在“十二五”期间，已经形成千亿级电子元器件和材料产业集群。合肥是芯片、半导体、电子元件生产基地，2009 年京东方就在合肥上了 6 代线，2017 年京东方的 10.5 代线也在合肥投产。

新兴制造的集聚方向和地方政策、工业基础、区位优势的匹配度高度相关，如合肥的中科系、武汉的光谷系、郑州的富士康系以及成都西安的科研和半导体产业等。合肥重点扶持芯片、半导体、人工智能等核心基础产业，以及软件、5G 等核心信息技术。武汉重点扶持光纤通信产业，东湖高新区（“中国光谷”）是国家光电子产业基地。郑州围绕着富士康作配套，搭建电子制造的产业链集群，建设五千亿级电子信息产业基地。西安将半导体产业列为重点发展的高新技术产业，打造千亿级半导体产业集群。贵阳重点扶持电子元件产业，大力推动与英特尔、戴尔等国际龙头企业的合作。

新兴产业在中部核心二线城市的不断集聚，又促使这些地区进一步开放人才引进政策和落户政策以吸引人才配套，这些政策起初是小步慢走，但最近开始愈演愈烈，演变成二线城市的抢人大战。比如成都、西安、郑州、长沙放松了针对大学生、高级技能人才、投资纳税者的落户条件，西安、成都、郑州、合肥推出了针对高端人才的引进补贴政策，武汉、长沙推出了青年创业基金等。同时，中部核心二线城市的新兴产业崛起离不开四纵四横的高铁网络布局，每日经过郑州的高铁班次有 409 次，武汉 327 次，合肥 237 次，西安 214 次，从各省“十三五”规划中也可以看到未来五年中西部各省的高铁通车里程继续排名靠前。

4. 产业迁移对房价、人口流动和区域消费影响深远

产业迁移影响的不仅仅是中国制造的地理分布，也对中国的人口流动、区域消费力和房地产市场产生了深远影响。

产业迁移的第一个影响体现在了房价上。过去几年中，那些承接了高附加值产业迁入的中西部核心二线城市，房价增速更高。我们列举了七个中西部核心二线城市和七个东部沿海二线城市在 2014~2017 年的房价涨幅，中西部核心二线城市的整体涨幅更高。

沿着这个趋势，未来有高附加值产业迁入优势的中西部核心二线城市的房价涨幅可能与一线和东部二线城市的房价涨幅持续分化。

产业迁移的第二个影响体现在了流动人口下降和就业本地化这两个变化上。

中国劳动力流向的基本格局都是从中西部地区向东部和沿海地区流动。从 2014 年开始，中国的流动人口数量开始下滑，这表明越来越多的人选择留在本地就业。东部和沿海地区的产业升级部分弥补了劳动人口下降的不足，中西部地区承接了来自东部和沿海地区的中高端产业迁移和劳动人口回流，中西部核心二

线城市的经济增长进一步吸引劳动力本地化就业。

产业迁移的第三个影响体现在了二线城市群的整体消费提升上。人口回流和就业本地化的直接结果是中部二线城市群的消费主体扩大了，并且随着高附加产业在这些地区的占比提升，居民收入和消费能力也在慢慢提高，消费主体的扩大和消费能力的提升是我们观察到二线及以下城市的服务业和零售业发展迅速的原因之一。2013~2018 年，虽然中国社会消费品零售增速逐年下降，但中部核心二线城市的社零增速从 2016 年以来是回升的。

5. 中国产业大迁移的美国模板

当今中国制造业向纵深地带迁移，中西部地区核心城市吸纳新兴产业、争夺人才的这个过程，几乎是美国 20 世纪 70 年代的制造业南迁和南部崛起的历史重演。“二战”后，美国传统工业增速放缓，产能过剩，逐渐失去了昔日的光彩。为了增强竞争力，位于东北部和中央北部的传统工业部门开始在新的技术条件下进行自动化和信息化技术改造，传统工业部门容纳的劳动力越来越少，相对过剩的劳动人口大大增加，这使人口的大规模迁移成为可能。美国的南部和西部具有丰富的自然资源和广阔的空间地带，是发展新兴工业的理想地区。

20 世纪 70 年代开始，美国南部地区开始承接东北部及五大湖区制造业带的产业和人口迁移。人口流动和产业迁移带动了美国南部地区的经济和房价水平增长。随着人口的迁移和新兴产业的布局，昔日被贴上贫困落后、种族歧视、人口外流等标签的南部地区，逐渐成为美国三大工业区之一的南部工业区，后来被称为美国的“阳光地带”。

20 世纪 70 年代后美国南部地区逐渐建成的高速公路网为南部工业区的崛起提供了良好的基础设施保障。20 世纪 80 年代，美国高速公路网基本建成，占当时全球高速公路总里程的一半。另外，大西洋沿岸的波士顿—纽约—华盛顿—杰克逊维尔—迈阿密铁路线路，中部平原的芝加哥—圣路易斯—孟菲斯—新奥尔良铁路线路，东北—西南方向的纽约—费城—亚特兰大—新奥尔良铁路，布法罗—孟菲斯—休斯敦铁路，都明显改善了南部制造业带的对外交通条件。铁路网和全美高速公路网的建成提升了南部工业区的对外运输能力，基础设施的互联互通使要素和产品流动成本下降，带动制造业向南部地区迁移。

真正让南部工业区崛起的并不是传统工业，而是新兴工业，比如电子、石油化工、飞机制造、核工业、航空航天等。新兴工业在“阳光地带”落地生根并发展，其中发展较快的是西南部的加利福尼亚州和南部的得克萨斯州，这一地带形成了诸多以新兴产业为主的新工业中心，如休斯敦、达拉斯、亚特兰大、旧金山、洛杉矶等。依托知识、技术发展的新兴工业如电子、航空航天（飞机、导弹、人造卫星）、核工业、半导体等要求高科技素质的劳动者，核电技术和超高压输电技术的应用又可使工业摆脱能源地域限制，因而在美国西部、南部一些科学、教育中心形成了电脑信息产业的生产基地。

位于加利福尼亚州的旧金山附近圣克拉拉谷地“硅谷”，集中了斯坦福大学等众多高等学校及8000多家高技术公司，生产全美1/3的半导体集成电路，也是世界电子工业的巨头。合肥的中科系、武汉的光谷系、西安的军工电子系，均与之相似。

美国西部、南部地区石油、天然气资源丰富，使这一地带采油业和化学工业发展迅速。得克萨斯州的休斯敦享有“世界石油之都”的称号，是全国最大的石油加工、石油化学、基本化学工业中心，内陆的达拉斯—沃斯堡被称为美国的“石油首府”。新原料、燃料的开发和利用，也带动了其他工业部门的发展，如飞机制造、汽车工业、造船工业和一些轻工业。

“二战”期间，美国就将740亿美元军事拨款的60%倾注到这一地区，建立了强大的军火工业以及航空、原子能和电子等相关工业。“二战”后，南部工业区的核武器、导弹、军机制造、造船（航空母舰、核潜艇）、坦克制造等军工业的发展都领先北部地区。

另外与苏联的空间技术竞赛也促使政府大量拨款于南部的航天中心和卫星发射场（如休斯敦的航天中心），从而使新兴工业在西部、南部迅速发展。西部的洛杉矶（加利福尼亚州），南部的达拉斯—沃斯堡，都是著名的飞机制造中心。

所以，美国南部地区的产业发展，绝不是东北部地区传统工业的简单转移，而是劳动力迁移结合各地特有资源禀赋后的再创业、再出发。

与美国南部地区的崛起相似，中国中西部经济带的工业发展，也离不开丰富的能源原材料资源和国防科技工业基础。

中西部经济带和中部地区平行，分布了中国重要的农业资源、能源原材料资源。更重要的是，这个地区继承了20世纪60年代“三线建设”留下的大量工业制造基础和国防科工资源，如成都主要接收轻工业与电子工业，贵阳主要接收光电工业等。

现在中国正在进入区域发展再平衡、产业布局优化、产业链集聚的新阶段，这也是产业迁移和产业转型的彼此协调的过程。这一过程不是简单地把旧产业从东转到西，实际上旧产业并没有转移，只是在出清过程中向高效率低成本地区集聚。真正发生了产业迁移的是新兴产业里的中高端制造，这也是各地再创业的过程。产业迁移的发生是多方面的结果，土地和劳动力成本的比较优势并不是产业迁移的必要因素。基础设施、工业基础、科研教育政策等特定资源禀赋更加重要，一旦时机配合，产业布局的再平衡就会出现。

中国产业大迁移，始于制造业，必然带来劳动力、资本、税收、基建等方方面面的变化，进而对人口流动、房价、区域消费等产生深远影响。

20 世纪 70 年代美国开始从北到南的产业大迁移后，美国的新兴制造业、消费零售和服务业在 20 世纪 80 年代前后出现了爆发式增长。

随着中国新兴产业持续向地理纵深发展，未来几年的中国在消费、服务、中高端制造上的潜力不可估量。

第十章 产业环境分析

没有成功的企业，只有时代的企业。

——张瑞敏

海尔董事局主席张瑞敏有一句最著名的话，“没有成功的企业，只有时代的企业”。在张瑞敏看来，所谓成功，“只不过是踏上了时代的节拍”。于是，这句话的下一句就是，“所有的企业都要跟上时代的步伐才能生存，但是时代变迁太快，所以必须不断地挑战自我、战胜自我”，这句话后来也被万科总裁郁亮在各个场合反复引用。

第一节 产业环境因素

影响产业和企业运行的环境因素比较多，概括起来主要包括：政治法律环境、人口因素、社会文化环境、宏观经济环境、产业技术环境、产业供求环境、产业国际环境等，通过对这些环境因素的分析为判断和预测产业发展的方向和趋势提供依据。

一、政治法律环境

政治法律环境主要包括国家或地区的政治制度与体制、政局稳定状况、国家或地区制定和推行的相关法律法规和政策。政局稳定是一切产业生存和发展的基础条件，政商环境影响着产业和企业的经营活动方式和边界。商界流行着这样一句话：“做小生意要看市道，做中生意要看政道，做大生意要看世道。”政府制定的一些法律和法规会直接或间接影响到产业的活动和收益，如《质量法》《专利法》《劳动法》《企业所得税法》《环境保护法》等对产业的活动进行规范和限制。

政策包括财政政策、货币政策、产业政策以及国家和地方出台的各类规范和制约相关利益主体行为的政策等。产业作为生产同类产品或提供同类服务的企业集合体，政府对市场和产业优化调整的政策实际上直接影响着产业运行。中国经济在过去长期发展过程中呈现出较明显的政策驱动性特征，受益于财政支持、政策倾斜等利好政策的行业和企业将获得更高的增长速度。政府对产品市场或要素市场的任何一种干预都会给产业和企业带来积极的或消极的影响，对要素市场的干预将会改变企业成本函数，对产品市场的干预会改变企业收入函数，由此将对企业的经营绩效产生深远影响。

二、人口因素

人口是影响产业发展的一个重要因素，包括人口数量、年龄结构、地区分布、民族构成、家庭规模、受教育程度、人口素质等。人口数量和结构决定着市场总规模和需求结构，进而影响着产业规模和结构，人口质量最终决定着产业的运行质量和高度。当我国的人口数量、质量与结构均处于明显的拐点与调整时期，对于制造业、商业、旅游业和住房等产业将产生深远影响。

三、社会文化环境

社会文化环境包括产业所处社会的民族特征、文化传统、社会习俗、社会伦理观念、社会公众的价值观、宗教信仰、工作态度等，社会文化是人们的价值观、思想观念、社会行为等的综合体，文化又分为主导文化、亚文化等。

文化因素强烈地影响着产业运行和企业经营。例如，饮酒文化在中国根深蒂固，能喝酒曾被认为是男性价值的重要标志。但如今，以大城市为中心，越来越多的年轻人认为通过酒桌建立人际关系这一观念十分陈腐，并且不少人更倾向于红酒和啤酒，所以中国白酒消费量在 2016 年达到顶峰，2017 年后呈现下降趋势。对中国白酒厂商而言，中国年轻人饮酒文化改变将对白酒企业未来发展带来诸多不确定性因素。

四、宏观经济环境

宏观经济环境是产业运行的大背景，如宏观经济发展状况、资源状况、经济结构、经济周期、利率、失业率、汇率水平、通货膨胀状况等因素对产业产生持续而全面的影响。

在产业分析时，需要关注本产业与宏观经济环境有何关联和影响逻辑，弄清楚产业在国民经济结构的位置和地位，掌握宏观经济变化对该产业所造成的影响，从而提前预判产业发展趋势和产业盛衰。

五、产业技术环境

技术进步与发展是产业演变的核心驱动要素及相关产业颠覆性改变的重要导火索。研究产业技术变化有利于把握产业未来可能的发展方向及对产业、企业影响状况。在产业分析时，需要清晰了解产业技术总体状况、产业技术需求和技术发展趋势。技术发展趋势对产业和企业的影响主要分为渐进型影响和颠覆性影响，特别应重点关注颠覆性技术影响。应经常思考以下问题：技术变革是否可能会使整个产业不复存在？产业技术变革对产业生产和商业模式带来什么变化？

六、产业国际环境

国际环境包括了世界的政治格局、经贸关系等。随着全球经济一体化和中国贸易体量增加及中国经济日益融入全球经济，世界经济发展状况、产业变迁轨迹等将直接或间接影响中国经济和产业。

七、产业供求环境

各种影响产业运行的因素最终都反映在对产业供求关系的影响上。所以对产业供求环境的分析是各类产业环境因素的最简洁明了和综合有效的体现。

本章下面几节将重点对宏观经济环境、国家政策环境、产业技术环境和产业供求环境进行深入分析。

第二节　宏观经济环境

宏观经济环境分析主要是分析产业所在的国家或地区的整体经济状况和趋势，包括经济增长、经济周期、可支配收入、投资、消费、资源等。大多数产业的发展与经济增长都表现出较强的正相关性，经济周期会对产业产生波动性影响。

通过观测经济运行的指标可以大体判断经济运行的状态。经济运行的指标分为领先指标、同步指标和滞后指标。通过先行指标预测未来的周期变化，再由同步与滞后指标进一步证实或否定相应的预测。

判断经济运行状况的指标主要有存货（库存）、PMI 指数、CPI 和 PPI、大宗商品价格、发电量五个敏感的经济先行指标，下面着重介绍前三个指标。

一、存货分析

存货主要包括原材料存货和产成品存货，当然还包括半成品和在制品。

通过观测社会总库存或某一产业库存的动态变化可以判断经济或产业的运行状况。

企业的存货波动具有显著的顺周期特征：经济处于上升周期时，企业存货增加，促进生产；在经济过热阶段，社会需求拉动原材料和产成品价格上涨，企业存货有利可图；经济进入衰退周期时，企业存货减少，规避风险，甚至可能出现恐慌性的存货清理。

存货顺周期的规律是市场经济的特征，企业的存货调整行为是一个利润最大化和风险最小化的市场化行为。企业存货调整放大了经济和价格波动，令产出波动大于总需求波动。

企业存货增长会减缓企业资金周转率，在价格下跌的情况下，先进先出法还会直接抬高成本，影响毛利率；存货堆积导致的现金流短缺会影响公司长期盈利能力。

当遭遇经济调整时，实体企业首先会通过收缩产量的办法来应对冲击。产量的快速下降，使库存能够在弱需求的条件下逐步得到消化；当库存降到低位时，补库存的行为会使产量有所恢复，完成库存的第一次去化，由于供给收缩领先于需求的变化，第一次去库存化形成的产量和库存增长将处于不稳定状态，需要经历一次需求推动的再次去库存化，只有在需求的支撑下，去库存化才会得以成功。所以，去库存化至少要经历两次，一次以供给收缩为主，表现为低产量；另一次以需求推动为主，表现为高产量。

当遭遇经济调整时，由于需求下降，引发企业主动削减存货，企业利用减产与加强产成品销售消化库存，同时，减少甚至停止原材料采购，产能利用率大幅下降。往往原材料存货调整快于产成品库存调整，价格和生产大幅度下降，企业利润下滑，企业新增投资大幅度减少，经济和产业增长放慢，经过一段时间的存货消化（短期在6~9个月），随着存货逐步到达一定水平，企业各种投资项目开工备货，生产资料价格将逐渐稳定，由于消化库存而停顿下来的生产也开始启动，由于生产者和经销商预期经济好转，他们便通过补充库存，产能利用率开始回升，工业生产和投资也将回升，企业利润恢复增长。

特别是，上游库存对经济变化是最敏感的，这种敏感性使上游库存周期具有长期经济领先指标的特质。因此，通过观察经济或产业的库存数据的变化可以推测经济或产业的景气度变化。

案例：房地产去不了库存，去库存需靠供求关系[①]

与一般讲的钢铁、煤炭等商品去库存不一样，房地产“去库存”这个概念并不准确。这是因为房地产不是消费品，而是耐用投资品，其“去库存”只是改变持有人的身份，也就是从地产商转手到了购房者，其物理形态和数量不会改变，也就不会被“消费掉”，而一般的商品去库存是被消费掉了，比如煤炭被烧掉产生电，钢铁被用掉制造汽车。从整个经济来讲，房地产去不了库存（只有开发企业去库存），房地产需求面对的供给不仅是开发企业手中的库存，更多的是现有二手市场中的大量的供给。换句话说，需求的增量要大大超过开发企业手中的“库存”才能“去库存”。

房地产需求在什么情况下才能大幅上升呢？这涉及房地产与一般商品的另一

① 中信证券全球首席经济学家彭文生．房地产去库存的宏观经济含义［EB/OL］. 2016-04-29. http：//finance. qq. com/original/caijingzhiku/pwsslsqkc. html.

个重要差别，房地产具有很强的“金融资产”的属性。虽然大家买房一方面是为了居住，但也有保值增值动机，如果没有保值增值动机，租房即可。决定资产需求的是预期收益，预期的房价越高，需求越大，也就是一般讲的买涨不买跌。这与一般的商品不同，即使大家预期某种商品价格上升，也难以提前消费（耐用消费品比如汽车可能例外，但幅度有限），大家更多地会减少这个产品的消费或找其他产品替代。

上述的两个特殊的属性使房地产去库存可能不是一个线性的过程，要么效果不大，要有明显的效果可能就伴随整个市场的火爆。从一线城市来看，前期政策推升了房价上涨预期，房地产交易量大幅上升，地产商去库存速度加快。

一线城市的发展已经给了我们警示，应该谨慎对待三、四线城市的房地产去库存。房地产不是一般的商品，若将“去库存”作为政策的主要目标，政府会采取了退出限购、降低税费、提高杠杆、打通商品房和保障房通道、公积金异地流转、停止土地供应、发展新房租赁等措施，可能会带来意想不到的结果，将导致地产泡沫的进一步加大，加剧中期的金融风险，那无异于饮鸩止渴。政策需要把握好对市场刺激的度，不能形成不顾一切“去库存”的氛围，要加强宏观审慎监管，遏制房地产投资的杠杆的增加。

二、采购经理指数（PMI）

采购经理指数PMI，是一套月度发布的、综合性的经济监测指标体系，分为制造业PMI、服务业PMI，也有一些国家建立了建筑业PMI。

PMI是通过对企业采购经理的月度调查结果统计汇总、编制而成的指数，它涵盖了企业采购、生产、流通等各个环节，是国际上通用的监测宏观经济走势的先行性指数之一，能及时、真实地反映经济的变化趋势，具有较强的预测、预警作用。

我国国家信息中心统计的制造业PMI涉及《国民经济行业分类》（GB/T 4754—2017）中制造业的31个行业大类，每个行业按其规模比重分配样本企业，从全国抽取820家样本企业进行调查。调查采用PPS（Probability Proportional to Size）抽样方法，以制造业行业大类为层，行业样本量按其增加值占全部制造业增加值的比重分配，层内样本使用与企业主营业务收入成比例的概率抽取样本。制造业采购经理调查问卷涉及生产量、新订单、出口订货、现有订货、产成品库存、采购量、进口、购进价格、原材料库存、从业人员、供应商配送时间11个问题，对每个问题分别计算扩散指数，即正向回答的企业个数百分比加上回答不变的百分比的一半。

制造业PMI由五个扩散指数（分类指数）加权计算而成。五个分类指数及其权数是依据其对经济的先行影响程度确定的。具体包括：新订单指数，权数为

30%；生产指数，权数为25%；从业人员指数，权数为20%；供应商配送时间指数，权数为15%；原材料库存指数，权数为10%。其中，供应商配送时间指数为逆指数，在合成PMI综合指数时进行反向运算。

采购经理调查是一项月度调查，受季节因素影响，数据波动较大。现发布的PMI综合指数和各分类指数均为经季节调整后的数据。

制造业PMI通常以50%作为经济强弱的分界点，PMI高于50%时，反映制造业经济扩张；低于50%，则反映制造业经济收缩。PMI指数与GDP具有高度相关性，且其转折点往往领先于GDP几个月。随着时间推移和数据积累，这一指数在预测短期经济走势，特别在预测经济增长的拐点性变化方面，会发挥越来越重要的作用。

表10-1 2015年以来中国制造业PMI数据（经季节调整）

时间（年·月）	制造业PMI	时间（年·月）	制造业PMI
2015.1	49.8	2016.7	49.9
2015.2	49.9	2016.8	50.4
2015.3	50.1	2016.9	50.4
2015.4	50.1	2016.10	51.2
2015.5	50.2	2016.11	51.7
2015.6	50.2	2016.12	51.9
2015.7	50	2017.1	51.3
2015.8	49.7	2017.2	51.6
2015.9	49.8	2017.3	51.8
2015.10	49.8	2017.4	51.4
2015.11	49.6	2017.5	51.2
2015.12	49.7	2017.6	51.7
2016.1	49.4	2017.7	51.4
2016.2	49	2017.8	51.7
2016.3	50.2	2017.9	52.4
2016.4	50.1	2017.10	51.6
2016.5	50.1	2017.11	51.8
2016.6	50.0	2017.12	51.6

续表

时间（年·月）	制造业 PMI	时间（年·月）	制造业 PMI
2018.1	51.3	2018.7	51.2
2018.2	50.3	2018.8	51.3
2018.3	51.5	2018.9	50.8
2018.4	51.4	2018.10	50.2
2018.5	51.9	2018.11	50.0
2018.6	51.5	2018.12	49.4

资料来源：根据国家统计局每月初公布的 PMI 数据整理得到。

随着时间推移和数据积累，这一指数在预测短期经济走势，特别在预测经济增长的拐点性变化方面，会发挥越来越重要的作用。

三、CPI 和 PPI

CPI 与 PPI 是最重要的两个物价指数，物价指数是两个不同时期的物价平均水平的比值。

CPI（Consumer Price Index）是“消费者价格指数”的缩写，在我国，也称作“居民消费价格指数”。它是度量一个国家或地区的居民生活消费品和服务平均价格水平随着时间变动的相对指标。其综合反映居民购买的生活消费品和服务价格水平的变动情况。

目前我国的 CPI 指数统一执行国家统计局规定的八大类体系，即统计调查涵盖全国城乡居民生活消费的食品烟酒、衣着、居住、生活用品及服务、交通和通信、教育文化和娱乐、医疗保健、其他用品和服务八大类、262 个基本分类的商品与服务价格，其中食品及居住所占权重最大，分别占 CPI 篮子的 31%及 20%。食品价格，主要由猪肉主导。生猪市场是一个典型的蛛网市场，供给增加将抑制猪价继续上行。根据我国城乡居民消费结构、消费习惯，并参照抽样调查原理，采用抽样调查方法抽选确定调查网点，按照“定人、定点、定时”的原则，直接派人到调查网点采集原始价格。数据来源于全国 31 个省（区、市）500 个市县、8.8 万余家价格调查点，包括商场（店）、超市、农贸市场、服务网点和互联网电商等。

CPI 主要反映消费者（居民或家庭）的平均生活成本变化，它基本上覆盖了人们的吃（食品）、穿（服装）、医（医疗）、住（住房）、行（交通）、文化教育等方面的商品和服务。

PPI（Producer Price Index）则是“生产者价格指数”的缩写，在我国，也称作“工业品出厂价格指数”。它是测量生产资料（包括原材料和资本品）价格平均水平变动的一个相对指标。

CPI 是消费者的生活成本，而 PPI 就是企业的生产成本。

PPI 上涨是 CPI 上涨的先行指标，或者说，PPI 上涨最终会传导并加速 CPI 上涨。然而，PPI 的上涨，对加大企业生产成本（降低利润率）的压力却远大于传导给 CPI 上涨而带来的压力，尤其是在制造业产能过剩的情况下，企业将上涨的生产成本转嫁给消费者的难度加大，为此，无法转嫁的生产成本必将冲减企业利润。因此，PPI 上涨意味着企业经营成本的进一步加大，利润率将会明显下降。2016 年以来我国 CPI 和 PPI 同比数据如表 10-2 所示。

表 10-2　2016 年以来我国 CPI 和 PPI 同比数据

时间（年·月）	CPI（%）	PPI（%）
2016.1	1.8	-5.3
2016.2	2.3	-4.9
2016.3	2.3	-4.3
2016.4	2.3	-3.4
2016.5	2	-2.8
2016.6	1.9	-2.6
2016.7	1.8	-1.7
2016.8	1.3	-0.8
2016.9	1.9	-0.1
2016.10	1.2	0.9
2016.11	2.3	3.3
2016.12	2.1	5.5
2017.1	2.5	6.9
2017.2	0.8	7.8
2017.3	0.9	7.6
2017.4	1.2	6.4
2017.5	1.5	5.5
2017.6	1.5	5.5

续表

时间（年·月）	CPI（%）	PPI（%）
2017.7	1.4	5.5
2017.8	2.3	4.1
2017.9	1.6	6.9
2017.10	1.9	6.9
2017.11	1.7	5.8
2017.12	1.8	4.9
2018.1	1.5	4.3
2018.2	2.9	3.7
2018.3	2.1	3.1
2018.4	1.8	3.4
2018.5	1.8	4.1
2018.6	1.9	4.7
2018.7	2.1	4.3
2018.8	2.3	4.1
2018.9	2.5	3.6
2018.10	2.5	3.3
2018.11	2.2	2.7
2018.12	1.9	1.7

资料来源：根据国家统计局每月公布的统计数据整理得到。

CPI-PPI 的差值能反映企业盈利情况。通过实证研究发现，CPI-PPI 对于工业企业的利润有较强的领先作用，CPI-PPI 指标也与经济整体增长速度呈较强的相关性。CPI-PPI 的差值越小，即 CPI-PPI 指标走势向下，说明企业经营成本增加，企业利润被压缩，企业利润增长速度下降，经济增长趋缓；CPI-PPI 的差值越大，即 CPI-PPI 指标走势向上，说明企业利润在反弹，企业利润增长速度上升，经济增长动力强劲。

物价的全面上涨即为通货膨胀，通胀不但带来紧缩政策，而且通胀使利润在产业链上进行重新分配。最上游的行业可以将成本上升的压力转嫁给下游，从而可以从成本推动型通货膨胀中受益；受到成本上升挤压的中下游行业很难从通货膨胀中获益，但市场集中度较高的行业因为具有较强的定价能力，也会将成本转嫁出去，从而受益于成本推动型通货膨胀；有较大需求增量的行业会受益于需求结构转型通货膨胀；资产价值重估物品和具有投资价值的奢侈品、医疗保健、文化娱乐、教育医疗保健、文化娱乐、教育作为最终服务消费，他们对上游的价格依赖较小，其价格上涨主要来源于工业化成熟阶段城镇化进程加快、劳动力出现短缺趋势从而人口结构变化、居民收入水平提高引发的需求增加所致，这些行业可以将劳动力等成本上涨通过价格上涨的方式转嫁出去，从而在通胀中获益。

另外，大宗商品价格、发电量等变化是敏感的经济先行指标。大宗商品作为重要的生产原材料，处于生产和消费的上游，其价格变化能够在一定程度上反映整个经济环境景气度的走势。用电量是经济运行的“晴雨表”，与铁路货运量和新增银行贷款一道，组成著名的“克强指数”。股市、房市和用工情况也能在一定程度上反映出经济的景气变化。

第三节 国家政策环境

国家政策是国家或政府以权威形式规范化地规定在一定的历史时期内，应该完成的明确任务、遵循的行动原则、实行的工作方式、采取的一般步骤和具体措施。政策涉及政治方面、经济方面、社会方面、文化方面等，其中经济政策是最直接的、最重要的产业环境。经济政策是国家或政府为了达到一定时期内的经济目标，为增进经济福利而制定的解决经济问题的指导原则和措施，特别是目前中国经济正处在经济转型升级的重要时期，经济政策对产业发展能够起到至关重要的作用。

调控经济运行的三大经济，即政策财政政策、金融政策和产业政策。由于产业政策在本书中的重要性，在本书第十一章将单独分析。

财政政策是指政府根据一定时期经济、社会发展的任务而规定的财政工作的指导原则，并通过财政税收与支出调节社会总需求的政策。政府支出的增减会引起社会总需求的增减，进而引起国民收入的增减；税收增减会间接地引起社会总需求的减增，进而引起国民收入的减增。政府可以通过调整财政支出结构和差异性税收增减免，对不同的产业进行引导和调节。例如，对软件、新能源汽车、集成电路生产企业采取减免税，减轻相关企业的负担，鼓励和引导企业扩大投资；对部分小微企业实施所得税优惠政策，支持中小企业和现代服务业发展等。财政支出的显著增长可能会对基建产业产生明显的正影响。

金融政策是指中央银行为实现宏观经济调控目标而采用调节货币、利率和汇率水平的措施总称。一国金融政策主要包括货币政策、利率政策和汇率政策，其中，货币政策是中央银行调整货币总供应的方针政策，传统的货币政策工具包括法定准备金、贴现率、公开市场业务等；利率政策是中央银行通过变动存贷利率来调节社会资本的流量和流向；汇率政策是政府调节或影响本币与外币比价从而影响国际贸易和国际资本流动所采取的措施。货币供给的增加会导致利率下降，利率下降会引起投资开支上升，进而增加总需求并导致总产出上升。货币供给的减少会带来相反的过程，导致利率上升和产出下降。政府也可以通过运用不同的金融政策工具来促进或限制某些产业的发展。例如，加大对战略性新兴产业的信贷投入，限制高能耗、高污染产业的贷款规模等。

第四节　产业技术环境

技术发展与进步是产业驱动的核心要素及产业颠覆性改变的重要导火索。研究产业技术发展有利于把握产业未来可能的发展方向及对产业内企业的影响。

技术发展趋势对产业的影响可以分为渐进型影响和颠覆性影响。技术进步为产业提供机遇或构成威胁。新技术的出现可能直接或间接为本产业带来社会需求，或提供了新生产方法、技术手段提高效率；另外，新技术的出现可能对本产业产生“创造性破坏”或创造性毁灭，形成对本产业的替代，转移了社会需求。颠覆性技术变革可能会使整个行业重塑甚至被颠覆，其产品和服务将逐步取代甚至完全取代旧的产品，如特斯拉电动车和苹果的创新对各自行业的冲击。企业应重点关注颠覆性技术影响。

新技术浪潮包括移动互联网、大数据、人工智能、区块链技术、O2O、工业4.0、新能源、新材料、生物技术、环保节能、航天、军工等。过去几十年TMT行业集中了人类历史上最大规模的技术进步与商业模式创新，也是全球过去几十年最为重要的增长动力。科技革命，尤其是过去20多年的互联网革命完全重构了全球经济格局、产业演进与人类生活方式的全新面貌。TMT的技术演进路径、技术成果的商用普及以及由此带来商业模式的创新路径尤为重要。移动互联网的发展，对包括产业格局、商业模式等方面产生颠覆性变化，会在未来持续显现。互联网将颠覆几乎所有行业的商业模式，不仅包括产业下游，会延伸到中游上游。一系列传统行业和商业模式面临着全新竞争、彻底改造甚至全面颠覆。例如，5G通信的布置，会带来比4G时代的移动互联网更大的红利，反映在工业和产业物联网，云计算在消费互联网的快速普及，改变内容消费和社交的模式，为人工智能的应用奠定数据和高速通信的基础。这将会对未来经济和产业环境产生深远的影响。

技术与商业模式的领导者由于“报酬递增原理”，其领先优势与市场份额在相当长的时间里持续扩大，行业集中度迅速提高。无论是硬件，还是软件、服务，都显示出这个特征，比如芯片、显示、存储、各种应用软件、流量平台、社交网络等各个细分行业都是如此。所以，在同一个细分行业，不同公司的命运是天壤地别的。以市场为中心的改革可能使已经在市场化竞争中胜出的优秀公司呈现“强者恒强”的态势，甚至通过市场化并购等形式跨界经营，更多涉足代表未来的新兴行业。TMT 行业的技术路径选择的错误成本非常高，错误的选择会是灭顶之灾，经典商业读物《追求卓越》案例中的一些“伟大企业”，现在不是惨淡经营就是已经不在了。这就要求每一个企业都需要去拥抱互联网的精神，即开放、透明、平等。

产业创新是产业链上的某一环节的创新所引发的整个产业创新，或者根据需求而形成的新兴产业。如果单纯从技术的角度来看，产业创新起码包括：产业核心技术和关键技术的创新；原料、材料和燃料技术创新；产品构架创新和零部件技术创新；产业技术创新的标准锁定和主导设计；产业共性技术创新；产业主导型工艺创新。产业创新对企业的产业战略产生重大影响，在开创新产业的过程中尤为明显。企业可以通过产业创新从原来衰退的产业退出，进入一个创新产业，并通过技术专利手段，构成产业进入壁垒，形成先发优势。

互联网革命的深化，信息通过互联网高速传递，推动了社会资源进入高效率的优质公司，推动了行业寡头的集中。

人工智能（AI）行业的投资额从 2016 年起开始翻倍增长，2018 年全球 AI 行业股本融资额已达到 185.3 亿美元。可以预见，未来几年内，AI 开始挑战绝大部分行业的技术壁垒，很多巨头的技术优势将被打破，行业格局甚至将发生根本改变。

案例：银行生态面临剧变[①]

银行的生态环境确实面临史无前例的大变革。麦肯锡统计研究显示，全球大约有 16000 家金融科技公司正在分解和蚕食传统银行的各项业务，个人和机构客户的支付、现金管理及资产管理业务变化巨大。即便以客户为中心的经营理念在互联网浪潮到来之前就已经被广大商业银行接受，但是新锐互联网企业和产业巨头对金融的渗透还是让银行感觉颇为紧迫。

银行的紧迫感来自方方面面。VR 技术未来可能让银行丧失网点的优势，而区块链技术可能挑战银行的支付和信用中介功能，更有可能促进新的金融业态的

① 何方竹．银行谋求转型　普惠金融既是目标也是动力［J］．中国经济周刊，2016（11）．

形成。技术的冲击只是一方面。越来越多致力于为银行转型发展提供服务的企业正在崛起。他们在网络信息安全、大数据分析、客户体验提升等领域各有所长，金融的产业链正在分解，银行等传统金融机构“大而全”的产业地位正在受到冲击，业务外包、优势互补的模式正在出现。

除了愈加收窄的息差，不断被蚕食的支付市场，银行还面临很多现实的挑战。过去银行扩张的一个重要办法就是发卡，但在互联网时代日益受到支付宝、微信等第三方支付方式的冲击。

第五节　产业供求环境

所有的产业外部环境因素对产业的影响最终都会落实和反映到对产业供求关系的影响上。产业供求分析是基础，也是最实用、有效的产业分析方法。

美国著名经济学家、诺贝尔经济学奖获得者萨缪尔森曾经说过一句话：“你可以将一只鹦鹉训练成半个经济学家，只要它学会两个词：供给和需求。”

一、产业需求

需求指的是消费者在一定时期内的某个价格水平下愿意而且能够购买该商品的数量。需求不是自然和主观的愿望，而是有效的需要，它包括两个条件：消费者有购买的欲望和有购买的能力。

产业需求分析包括产业产品的需求规模、增长速度及原因分析；产业替代品的种类、规模、可替代性分析；产品需求变化规律及特点；需求细分市场分析等。通常要重点关注市场需求规模（市场容量）、价格需求弹性、替代性需求等关键因素。

1. 产业需求的影响因素

产业需求是动态变化的，会随着人均收入增长等因素的变化而改变，反映产业产品需求的变化与人均收入改变的关系是需求收入弹性，即指在价格不变的情况下，产业产品的需求增长率与人均国民收入的增长率之比。

产业需求分析不仅要看目前的需求，还应看随着经济发展和人民生活提高，需求的增长速度和潜力，因为这决定了产业目前市场容量和潜在市场容量的大小。

可以把产业需求分为短期、中期和长期。短中长期的划分依据需求的特点和分析的需要而定。一般认为，短期在几个月到 1~2 年、中期是 3~5 年，而长期则是在 5 年以上。

市场需求规模还受到总人口和人口结构、消费支出结构、消费习惯等因素的影响。

一般规律：在假定供给相对固定的情况下，需求高增长的产业，通常会维持较高的产品价格，因而可以获得较高附加价值；反之，需求低增长的产业则只能维持较低的价格和较低附加价值。

2. 产业的市场容量与企业的扩张边界

市场对产业产品总的现实和潜在需求大小即为市场容量。市场容量决定了产业成长的最大可能规模。行业的市场容量及其变化决定了企业扩张的速度和边界。一般来说，市场容量成长越快，产业成长越快。

主要从界定区域市场、容量大小和增长速度三个方面界定市场容量。

有时需要对市场进行必要的细分。从经济发展历史规律来看，产业逐步细分是经济发展的必然，这样便于研究企业所在的细分市场及该细分市场在整个产业链中的比例和地位、企业规模及市场占有率状况和其是否能成为该细分市场的龙头企业。

企业需要判断行业所处哪个阶段、是否产能已过剩，行业达到了饱和状态，已经达到“天花板”上限时，企业应做什么。

有的企业规模做不上去，不是企业本身的问题，而是行业规模就那么大，就算做到了行业第一又能怎样，这样的企业可以通过收购延长产业链，因为通过自身力量很难突破行业瓶颈。

阅读材料：为什么富豪榜上地产大佬那么多？①

对企业影响最大的外部因素是什么？第一就是市场规模。因为有些行业规模很大，有些行业规模并不大。

地产企业之所以能发展这么快，很多地产商都上了所谓的富豪榜，其中一个原因就是这个行业的市场规模目前在中国的确非常大。

如果你所处的行业非常小，那你想成为一家突破增长极限、快速发展的企业就很难。在美国，娱乐行业有1000多亿美元的市场，也就是有将近1万亿的市场，而在中国，电影、电视加在一起，不算广告只算内容（节目）这部分，大概也就100亿元的市场。中国整个电影市场的规模可能还没有房地产的一个项目大。我相信，这个行业越来越大以后，会出现越来越多的像美国好莱坞的很多大公司或者默多克的新闻集团这样的，横跨影视、娱乐、媒体领域的综合性大公司。所以，市场规模对企业能否持续发展来说非常重要。

互联网最初的功能就相当于一个工具，像电话一样，在发展过程中，它逐步带来了其他一些相关的产业。目前，中国的互联网用户是全球最多的，手机用户

① 冯仑．行在宽处［M］．长沙：湖南人民出版社，2014.

的人数也是全球第一。可见，这个行业的市场是非常大的。

现在大家在富豪排行榜上看到的富豪，基本上是出自三个领域：首先是房地产，其次是互联网，最后是流通消费领域。这些领域的市场都足够大，而市场足够大就一定会产生很大的企业，企业的增长边界就会很宽。

如果你所从事的行业很小，即使你增长得再大，也会被它的市场规模所限制。就像娱乐业，再热闹，在媒体上占的版面再多，规模也很小。所以，我们谈企业增长的极限，要先看你所处的行业，如果这个行业给你限定了一个边界，那你就不要感叹，只能等待。也就是说，我们要分析市场规模，认识环境极限。如果行业规模不够大，要么等待行业成长，要么及时调整战略，转移阵地。

二、产业供给

1. 产业供给的影响因素

供给是生产者在一定时期内以一定的价格愿意而且能够提供出售的该商品的数量。这种供给是指有效供给，必须满足两个条件：生产者有出售的愿望和有供应的能力。

产业供给分为短期、中期和长期。一般认为，短期在几个月到 1~2 年、中期是 3~5 年，而长期则是在 5 年以上。

影响产业供给的主要因素包括产业供给技术特征、产业集中度、进入和退出壁垒、竞争态势等。产业技术进步决定着产业生产率提高程度，进而影响成本和产品质量等。产业供给分析特别要重点关注产业的技术创新、投入价格的变化等关键因素。投资是供给和产能形成的基本条件，而技术进步则决定了供给的效率。

2. 供给侧结构改革改变了钢铁、煤炭等传统产业的供求环境

2010 年以来，经过过去 6 年的经济衰退和长达 54 个月的通缩，至 2015 年末，钢铁、煤炭、水泥、玻璃、化工、机械、造纸等传统行业领域，虽有部分中小企业退出，行业龙头压缩淘汰过剩产能，但产能过剩仍较严重，多数行业处于微利或亏损状态。

2015 年末的中央经济工作会议明确提出以供给侧结构性改革为主线，推进“去产能、去库存、去杠杆、降成本、补短板”五大任务。供给侧改革目的是“着力提高供给体系质量和效率，增强经济持续增长动力”。

2016 年启动的供给侧结构性改革和行政化去产能，加速了已经多年底部徘徊的产能过剩传统行业的产能出清。通过行政强制、银行对“两高一剩”行业限贷和环保督查等各种约束，一大批僵尸企业、弱势企业和落后产能被淘汰退出市场，这引起了产能的收缩，产能利用率触底回升，规模以上工业企业产能利用

率回升至80%。据统计，钢铁产业在2016年和2017年分别压缩了钢铁产能6500万吨和5500万吨，两年累计1.2亿吨，2018年再压减钢铁产能3000万吨左右，同时，近两年取缔“地条钢”产能1.4亿吨。由此，截至2018年末，全国要有2.9亿吨过剩和“地条钢”产能退出。钢铁行业竞争环境趋于良性。钢铁产业2016年、2017年全国分别退出煤炭产能2.9亿吨、1.5亿吨以上，淘汰关停不达标的30万千瓦以下煤电机组。

近几年钢铁、有色、建材等中游行业、化工、造纸等中下游行产能投资大幅下滑，部分年份负增长。

在需求没有大的提升情况下，通过供给侧结构改革引起产能的收缩，钢铁、煤炭、水泥、玻璃、造纸等产品价格明显回升，资产负债率下降、企业盈利改善，银行不良率降低。

传统行业竞争格局优化，钢铁、煤炭、水泥、玻璃、化工、造纸、有色、机械行业等传统产业集中度提升，利润向龙头企业集中，步入剩者为王、强者恒强的时代。传统行业的龙头企业产能利用率大于行业平均水平。龙头企业通过规模效应、打通产业链上下游、节省成本、设备更新、研发投入、提高环保标准等建立壁垒和护城河，盈利能力提升更为明显。

三、供求关系分析

市场上的供给量与需求量之间的配比，直接反映在产业的产品价格走势上，当供不应求时，市场价格上涨，当供大于求时，市场价格下跌。价格的变化又反过来影响需求和供给的增减。

关于供给与需求的关系，人们普遍认为需求决定供给，如人们有穿皮鞋的需求，市场上才会出现皮鞋的生产与销售。不过，供给学派强调经济的供给方面，认为供给能自动创造自己的需求或需求会自动适应供给。

在一般情况下，需求与价格的关系成反比，即价格越高，需求量越小；价格下降，需求量上升。价格与需求量之间的这种关系对大部分物品都是适用的，而且，实际上这种关系非常普遍，以至于经济学家称为需求规律：在其他条件相同时，一种物品价格上升，该物品需求量减少。

但在少数情况下会出现相反的情形，即价格越高，需求量越大；价格越低，需求量反而越小。这种商品通常是社会上具有象征地位的炫耀性商品，比如钻石、古董等，它们常常会因为价格的提高需求量反而增加。

需求量提高会引发产业机会，而下降则会引发产业内竞争；供给量越大，竞争越激烈，减少则市场会宽松。同时，产业产品的市场需求和产业的供给能力之间存在着内在的互动联系。决定产业供给能力的关键要素是产业的技术进步，技术决定着产业的生产率上升率，生产率上升率影响着生产成本和供给能力。供给能力的增加往往是以不断扩大的需求为基础的，而广阔的市场需求是大批量生产的先决条件，同时，大批量生产带来的成本下降又是扩大需求的必不可少的条件。

产业成长是需求、供给两方面力量共同作用的结果，对于产业短期需求、供给两方面力量进行对比分析，可以判断产品价格趋势；对于产业中长期供求关系的分析，可以判断产业成长的快慢、规模以及产业成长阶段和拐点等。

现实的情况远比理论更为错综复杂，需求和供给的组合方式也是千变万化的。

把供求关系理论实际应用到具体行业分析时，应结合具体行业的属性和特征，具体落实到影响价格的供给因素还是需求因素，就构成了行业分析的多元性。例如，影响航空业产能的不仅有飞机的采购周期，还有更深层次的机场规划建设周期等。同时需要理解商品的消费属性，如奢侈品打折更能够在短期中诱发消费者的购买欲望，但必需消费品的情况则大相径庭。同时需要了解库存的细节，如电子行业的渠道库存则像是一颗定时炸弹，一旦电子产品库存超过两个月，减值压力就会直线上升。

在产业研究中，供需关系分析占大部分，因为供需关系的变化是持续进行的，它比产业发展阶段、产业政策和竞争格局等更容易发生波动。同时，供需关系变化时，还需要及时判断这个变化是意味着发展阶段的变化或只是一个小的阶段性波动，因为这两者对应的企业经营决策是完全不同的。

扩展阅读　电视行业将被颠覆？①

在当下有关互联网视频对电视台造成冲击的话题中，业内外争论不休的莫过于前者取代后者的可能性，从目前各自站队的观点看基本呈现极左极右的态势。悲观一方认为互联网媒介未来必定将取代电视台，成为节目内容最主要的渠道乃至唯一渠道，成为主流观众首选，这一趋势无法逆转；乐观一方则普遍认为传统电视台如今虽被互联网新势力所排挤，但出于电视台本身在内容制作与分发和盈利模式的差异性，尤其是在中国并不会被任何来自互联网的平台所替代。

一方面是来自外界视频网站的来势汹汹，另一方面是源自内部，收入与产出的失衡，人才流失等问题接踵而来，似乎腹背受敌的电视台注定终将让位互联网模式，让自己走上一条成就新网络产业形态的不归路。

1. 岌岌可危，传统电视产业面临颠覆

作为继报纸、广播、电视之后的“第四媒体”，20 世纪发生在信息传播界最

① 创事记．Netflix 预言电视将消亡——近 3 万频道何去何从？［EB/OL］．2017－04－08．https：//tech．sina．com．cn/zl/post/detail/i/2017－04－07/pid_ 8510421．htm．略有删减。

伟大的革命之一就是网络媒体的兴起与繁荣。YouTube 商务总监 Robert Kyncl 就曾表示过自己已经看到数字视频在逐步取代电视的趋势，且这个进程都将发生在未来短短的十年之间；而美国在线视频网站 Netflix 的创始人兼 CEO 里德·哈斯廷斯也曾说过："所有电视都会在 20 年内转移到互联网上，传统的电视网络则会和固定电话一样逐渐消亡。"

就全球范围不同媒介从出现到形成 5000 万受众规模的历程比较，广播用了 38 年，电视用了 13 年，有线电视用了 10 年，而互联网仅仅用了短短的 5 年。由这种态势看，电视被取代的预言似乎又是有章可循的。

时至今日，电视及其播放的节目虽仍是网络内容传播的重要渠道，但在现有的电影、电视渠道无法明显拓展的情况下，广电行业对以视频网站为代表的新兴媒介保持了抵制态度，而过剩的影视产能无法流向新媒体的结果，则悖论性地使视频网站开始自制内容。

我国的电视台多达 4000 余家，24000 多个频道，数量上位列全球之首，如今当各个电视台还在为各种节目形态竞争的时候，电视台前所未遇的危机悄然成型，而此次困境可能导致的后果甚至会比纸媒的没落更加严重。

广电限令、人才外流等单是这些内部问题便让很多电视台步履维艰，举例来说一些不具自产自销能力的二、三线电视台，买不起好的电视剧，没有好电视剧就吸引不来广告的营收，没有广告更谈不到购买好的剧集内容，接下来导致的后果就是收视率下降、观众流失，彻底进入万劫不复的恶性循环，甚至更严重的经济效益不好的电视台只能大范围拖欠影视公司的购片款项，以后即便是囤积到充足的资本进行交易，也很难取得影视公司的信任了。

事实上目前很多三线卫视已是名存实亡，能够存活的可能也只是少数省级以上的电视台而已，且恰恰鉴于"身居高位"的属性，这些省市级电视台相对新闻职能中政治责任与社会责任更多些，盈利能力并不会有外界臆测的那么强。不只如此，全国大部分电视频道广告收入相比以往均有 20% 以上的下跌。与此同时，体制内部的人才显然已经发现了电视台的颓势，纷纷离开体制。

在宏观经济低迷的大环境下，在互联网的流量渠道里，电视台的生存空间将如何巩固，相信这是困扰在目前每一个电视人心中的难题。

从 2013 年起，网站的自制内容就开始朝向传统电视节目的标准化发展，综艺节目和自制剧最先成为试验田，甚至还出现网络节目反向输出电视台的案例。例如，腾讯视频《我们 15 个》就曾在东方卫视播出，优酷、土豆《侣行》也登陆旅游卫视，乐视网《十周嫁出去》反输到安徽卫视。

电视台在互联时代的亟待转型虽已成定局，且在被影响群体正在逐渐萎缩这方面与纸媒面临着相似的问题，但电视台的自身优势还是颇为显著的。从内容来源看，视频网站在节目丰富度和内容制作水准上都远逊于传统电视台；从分发渠道上看，网络视频在移动端的优势也很容易被秒杀。这一点在年青一代观众中体现得更为明显，这个主要受众群体热衷手机和Pad，电视对于他们已经是可有可无的存在。前几年，我们在讨论报纸危机的时候，报纸可以选择自然转型为新闻APP，而部分先知先觉的纸媒，也确实做到了在今日头条等APP扎紧包围圈的口袋之前，划定了自己的生存空间。

那么，没有财力去做APP，也没有实力去做独播剧的电视台，生存空间何在呢？通常的做法就是拆除自己的围墙，把自己的优势板块以IP的形态在大而成熟别家的平台上去展现，在别人的舞台上去制作爆款，获得流量从而变现价值，争取在大平台上获得分账的话语权。现在的情况是电视台在整个视频产业链里扮演的更像一个经销商的角色，卫视作为全国性覆盖媒体，还具备相应的广度优势。地面频道地域优势不再，就像一个产品地区经销商总是被其他经销商串货销售（视频网站把内容传播延伸至每个可上网设备上）。从盈利模式看，网络视频不仅在广告量上难以与传统电视相匹敌，在广告的呈现形式上也没法与传统电视台较量。此外，视频网站现今在政策上也处于一个天然弱势的阶段。

广电总局对互联网视频在监管政策上也逐步增强，除了限制互联网电视和互联网盒子等必须要与牌照方合作外，还对视频网站内容监管加大了力度，实行了内容审核制。在如此被动的形势下，政策上得不到太多利好，视频网站的发展由此不仅在核心的内容开发上受制于人，且也没能形成自己特色化的盈利模式，更重要的是跟传统电视台相比，诸多硬伤难以弥补。

2. 异军突起，互联网自制内容从兴起到制霸

2016年，网综、网剧、网大的风云迭起以及大大小小原创IP的流行，让我们时常会用到“现象级”这个词来形容这种潮流的兴起。人们对于习以为常的事不会将其定义为“现象级”。但当“现象级”的事物成为常态的存在，我们也同样不会再提。

然而作为电视台两个支柱节目板块——电视剧集与综艺节目，越发被网综、网剧、网大这些半路的“程咬金”抢占着市场，伴随着电视机顶盒以及智能电视APP应用的普及，这些本来属于电视的独有内容透过网络媒介完全脱离了电视台渠道，这些作品可以完全不倚靠于电视台首发，就能够获得极高的“现象级”点击率。从此黄河改道，岸边风景不复以往，虽是斩监候，同时也是杀无赦。

在近期中国互联网网络信息中心发布的《第39次中国互联网网络发展状况统计报告》中，对当下网络自制剧有如下评价：国内的网络自制剧在专业性、观赏性和艺术性上也有显著提升，品牌意识、精品意识增强，部分网络剧跻身年度

热剧行列。

电视式微是不争的现实，是时代转型下的必然。网络视频终将接过电视曾经扮演的社会功能，从娱乐、教育到监督，不一而足，未来的内容市场将会是一个融媒体时代，但目前也只能说是进入了一个过渡时期，而这段时期仍将会是一个漫长的过程。

要说网络势力逆袭电视平台的一个最好例子，定当属从租赁光碟起家到现今市值达 600 亿美元，全球订阅用户接近 1 亿的 Netflix 了。Netflix 的“触手”几乎伸入了影视圈你所能想到的每个角落，从一众传统电视网到好莱坞六大制片厂，再到北美主流商业院线，都时刻紧盯着其一举一动，其中最早感受到来自 Netflix“恶意”的就是各大传统电视网络。最近，Netflix 还放话要像当初“搞死”嘲笑自己的百视达一样颠覆电视行业。

Netflix 首席内容官泰德·沙兰多斯表示：“影视剧消费者们常年来都未曾有过丝毫的主动权。观看渠道一直受制于观众们无法理解也漠不关心的商业模式，而由此给他们带来的苦恼，正是我们的立足之本。”不用等待首播重播时间，无须忍受广告煎熬，Netflix 充分利用互联网和流媒体的优势，以几何式增长的速度扩建自己的片库。在过去五年中，北美传统电视网络流失了 670 万用户，电视观看时间下降了 3%，其中半数都是由 Netflix 的壮大所直接导致的。

从数据看，当前美国宽带用户数量已经超越有线电视用户，越来越多的消费者开始放弃传统有线电视，转向互联网入口。当网络速率提升到更令人满意的阶段、电视台完成互联网转型之后，有线电视服务将极有可能被流媒体取代。

从上线运营起，Netflix 就开始打造属于自己的数据库，详尽记录每个用户在网站上的每个动作，包括什么样的用户，在什么时间段看了什么电影剧集，看到哪里按下了暂停快进、哪里又开始打小差点开浏览器摸鱼等，事无巨细的庞大数据收集，而依据这些海量且繁杂的数据进行的相关算法，Netflix 不但可以精准预测每个用户群的口味和偏好并进行相应推荐，更是可以照此“照方抓药”打造出观众真正想看的剧集，于是早在《纸牌屋》还没推出前，高层们便已然料到“此剧必火”。

现在 Netflix 已经建立起了一个独立于传统电视网外的完整生态体系，让自己有能力去和任意一家电视网络在不同类型和市场内进行竞争。在大潮流的推动下，AMC、FX、Showtime 也被席卷入这个浪潮之中，纷纷推出网络观看平台和各种 APP 终端，HBO 更是率先推出独立网络付费平台 HBO NOW，使观众无须订阅有线电视便可观看旗下的所有节目。然而随着以 Netflix 为首的流媒体开始为观众提供更个性化、更有针对性的内容，有竞争力的平台如 HBO、AMC 或 FX，便逐渐脱离传统电视网，开始和各自目标观众群建立一对一的关系。

互联网的发展催生了流媒体的形式，流媒体与智能硬件的合璧则改变了人们观看电视的“习性”。从实际作用看这无疑是灵活方便且贴心的，只需打开一个视频 APP，就可找到取之不尽的视频内容。当然，现在我们谈电视危机，或许为时尚早，作为权威的发声媒介，电视台自有它存在的价值，但不可否认它的黄金时代已一去不复返，传统电视台未来将更多在互联网、流媒体化的趋势下转型，寻求融合化发展的可能。

然而电视强大的娱乐功能则被网络视频完美继承，借助社交网络与个性化分发等全新的技术和组织形式，网络视频蜕变成一个比电视更为“娱乐至死”的超级平台，但电视教育和社会化功能，网络视频却尚未完全承袭，或者说当下如直播、短视频平台的内容对年轻观众影响的呈现还有待显现。此外，如今流媒体点播技术已将 VR 技术推向了重点，加上对 360 度角全景视频的支持，都预示着数字视频将成为主流，所以，现在问题不再是消费者会不会接受这种新发展，而是他们何时会接受。

第十一章 产业政策分析

为可为于可为之时，则从；为不可为于不可为之时，则凶。

——忍经

产业政策是国家为了弥补或修正市场机制在资源配置中的缺陷，对产业运行施加的引导和调节。产业政策和财政政策、货币政策被称为国家干预和影响产业经济运行的三大主要经济政策。财政政策、货币政策主要调节社会需求，而产业政策主要调节生产供给，并且财政政策和货币政策经常充当实现产业目标的基本工具。

产业政策深刻影响着企业的经营方向、经营手段和经营绩效。企业应基于对产业发展趋势规律的理解，深入分析产业政策对产业发展和企业经营的影响，为企业战略决策提供依据。

第一节 产业政策概论

一、产业政策的含义和分类

1. 产业政策的含义

产业政策是一国政府为了实现一定的经济与社会目标而主动干预产业活动的各种政策总称。

产业政策的构成要素包括政策对象、政策目标、政策手段与措施、政策实施机构，以及产业政策的决策程序与决策方式。产业政策的调节对象是产业主体——企业。产业政策通过对产业的保护、扶植、调整和完善，参与某个产业或企业的生产、经营、交易活动，以及直接或间接干预商品、服务、金融等市场形成和市场机制。

产业政策是国家宏观经济管理的重要组成部分，表现在不仅涉及经济总量的均衡和增长，而且涉及产业结构变化和产业组织调整等。产业政策比其他经济政策更深入社会经济运行的内部结构，直接干预产业间和产业内资源配置；对经济的干预更直接、更深刻、更具体。

产业政策实施手段是多元的，需要综合运用经济、行政、法律等各种手段，如财政手段、金融手段、直接管制、行政指导等。

产业政策的基本功能是指示产业发展方向、规划产业发展目标、调节产业之间的相互关系及其内部变化关系。

2. 产业政策的分类

产业政策从其作用特征来说包括秩序型（或制度型）和过程型（或行为型）产业政策。秩序型产业政策是指与产业经济行为有关的规则性产业政策，一般通过制定规章制度、法律或者通过诱导、说服和规劝等方式对产业活动进行干预。过程型产业政策是指对产业活动的具体进程进行干预的政策，它通过对产业经济活动过程中的具体产业要素或产业关系进行调整，从而保证产业政策目标的实现。

产业政策依其内容可划分为产业结构政策、产业组织政策两大基本类型。产业结构政策是政府制定的影响产业结构转换、促进经济增长的政策，产业组织政策是政府调整市场结构、规范市场行为的政策。有部分学者把产业技术政策和产业布局政策单独列出，作为产业政策的基本类型。产业技术政策是引导或影响产业技术进步的政策，产业布局政策是政府干预产业空间分布的政策，这些政策相互联系、相互配合、相互交叉。本书把产业技术政策视为实现特定的产业结构、产业组织目标的措施、手段，而产业布局政策则可以归并到产业结构政策中去，不再单独论述。

产业结构政策和产业组织政策存在着密切的互动关系。产业结构政策是产业组织演化的向导和外部拉力，产业组织政策是产业结构变化的工具和内在动力。两者之间的中介是某个或某些产业或企业，它们的活动是这种互动关系的主要载体。产业组织政策通过维护公平竞争的市场秩序，引导资源配置，为产业结构合理化、高度化创造良好的外部环境。

二、产业政策的作用和局限性

一般来说，在市场经济条件下，市场机制在资源配置中发挥基础作用。由于价格机制的作用，通过产业间、产业内企业间利润率的动态差异，市场会自行促进和引导资本、劳动力和技术等资源的流向，提高资源的配置效率。

1. 产业政策的作用

（1）弥补市场失灵的缺陷。产业政策形成的逻辑起点，在于政府有责任弥补市场失灵的缺陷。由于垄断、公共产品、外部性、信息不充分或信息不对称等市场失灵领域的存在，如果仅仅依靠市场机制，就无法避免垄断、不正当竞争、基础设施投资不足、过度竞争、环境污染、资源浪费等现象的发生与蔓延。政府针对资源分配方面出现的市场失灵，采用相应对策对市场机制的缺陷进行矫正。

（2）实现常规发展，缩短赶超时间。产业政策形成的另一个逻辑起点，是充当国家经济发展战略的工具，充分发挥后发优势。在资源有限的条件下，如何争取快速发展和取得较好经济效益是发展中国家面临的根本任务。政府通过制定有效的产业政策，加强基础产业，调整改造传统产业，支持高新技术产业，推动产业结构协调和向高层次转换，提升产业组织效率，从而加快经济发展。

（3）增强产业的国际竞争力。产业的国际竞争力是建立在本国资源的国际比较优势以及骨干企业的生产力水平、技术创新能力和国际市场的开拓能力基础上，产业政策对促进企业创新和开拓国际市场等都有重要作用。

（4）实现产业资源的优化配置。资源优化配置，包括资源在产业间的合理分配和有效利用、资源在产业内企业间的合理分配和有效利用。发展中国家市场发育迟缓，市场资源配置效率较低，更需要有资源配置导向的结构政策。另外，产业政策同总量政策相配合，可以熨平经济的周期波动，促进经济平稳协调运行。

2. 产业政策的局限性

（1）产业政策的作用不是万能的。经验表明，产业政策的成功需要有高素质的公务员队伍、完备的法律体系，以及健全的企业制度等相关条件。

（2）产业政策的制定和实施是需要一定的成本和代价的。通常，产业政策的力度越大，越需要相应的政策投入做保障。

（3）产业政策作为政府行为，也存在失败的可能性。政府依据市场调节失灵实行产业干预时，政府失灵同样存在，如政府干预难以避免信息成本和各种操作成本，容易抑制微观主体的创造力和主动性等。

导致产业政策失败的主要因素包括政策目标违背客观规律，政策措施与政策目标不配套，政策手段不合理，政策执行不力，政策环境不可预见的较大变化，产业界的愿望与政策要求不一致等。

特别需要强调，产业政策的核心功能在于对市场失灵的弥补，而不是对市场功能的排斥和取代。产业政策应建立在充分利用市场机制、充分发挥企业家的积极能动作用的基础上。

阅读材料：产业政策有效性：林毅夫和张维迎的十年争论

产业政策从它开始出现就始终伴随着其是否有效的争论，即使是在号称产业政策大国的日本有关产业政策有效性的争论也从没有停止过。第一种观点认为，产业政策是有效的，日本通产省认为有效的产业政策是创造日本“二战”后经济奇迹的主要原因。因为产业政策弥补了由于垄断、外部性和信息不对称等带来的市场失灵；产业政策对后进国家经济发展具有促进作用，通过实施产业政策，扶持和促进某些特定产业的发展，进而带动整个国民经济发展，缩小与发达国家的差距。第二种观点认为，产业政策是无效的。由于信息不完整和不对称，政府没有足够能力比私人更好判断市场失灵，找出潜力产业；政府由“经济人”构成，难以避免政府官员在制定和实施产业政策时不受相关利益集团的影响。当然还有第三种观点认为，产业政策的作用有限。

国内关于产业政策有效性也一直是学术界争论的热门话题。国内两位著名经济学家林毅夫和张维迎的十年争论最具有代表性。

林毅夫认为，一个高质量的经济体系应该是有效的市场加上有为的政府，二者缺一不可。讨论的重点不应该是“政府要不要干预”，而是哪一种政府干预能够真正促进经济发展，哪一种干预会失败。政府协调，有可能失败，但是没有政府协调更失败。必须承认中国政府的政策绝大多数是正确的，如果没有绝大多数正确，不可能连续35年每年平均9.8%的增长，也不可能是新兴大国中唯一没有出现严重危机的国家。尽管许多产业政策失败了，但是不能由此认为政府不能制定正确的产业政策，关键不是要不要产业政策，而是要制定什么样的产业政策。

张维迎认为，市场有三个最重要的要素：自由、财产权和企业家精神。政府要做的就是创造自由、法治的环境及对产权制度的保证。市场经济制度的维护需要政府。但是，他心中的“有为政府”，不是直接“制定产业政策”之类的停留在“术”层面的机构，而是保护自由、保护财产权。产业政策是穿着马甲的计划经济，产业政策阻碍着企业家精神的发挥和市场经济的发展。实现创新的唯一途径是经济试验的自由，而不是通过产业政策将自己锁定在预定的路径上。1980年以来，中国的产业政策有太多的失败例子，从早期的CRT彩电、汽车到后来的半导体、国产软件、等离子、新能源光伏、电动汽车等，财政投了大量的钱，普遍都是失败的。

尽管对于产业政策的有效性争论始终存在，但国家确实制定并实施了一系列内容不同的产业政策，对企业经营的影响是客观存在的。国家产业政策直接影响企业的战略选择，国家鼓励、支持的领域，企业的战略选择空间就大，国家禁止、限制的领域，企业战略选择就受到较大限制。国家产业政策的调整，会对企业带来较大的机会或威胁。

因此，产业政策是企业经营的重要外部环境。对企业来说，需要关注的是在产业政策变化的时候，产业的发展趋势会发生什么变化，产业的竞争格局会发生什么变化，评估产业政策对行业发展和企业经营长中短期的重要影响，为企业战略决策提供依据。

三、产业政策的手段

产业政策通过包括财政税收、金融信贷、贸易保护、行政管制与指导等措施，以实现政策对产业的支持、保护或调整以及促进产业创新、激发产业活力的战略意图。

从产业政策干预方式上划分为三种：

（1）直接干预。包括政府以配额制、许可证制、审批制、政府直接投资经营等方式，直接干预某产业的资源分配与运行态势。

（2）间接诱导。主要指通过提供行政指导、信息服务、税收减免、融资支持、财政补贴、关税保护、出口退税等方式，诱导企业在有利可图的情况下自主决定服从政府的产业政策目标。

（3）法律规制。以立法方式来严格规范企业行为、政府执行机构的工作程序、政府目标与措施等，以保障预定产业政策目标的实现。通常适用于比较成熟和稳定的产业政策。

从产业政策的作用方向，可以划分为三种：

（1）支持政策。鼓励政策是指政府为支持某些产业发展，调动相关经济主体积极性所制定的政策措施。例如，汽车产业是国民经济的支柱产业，国家曾经制定从费改税、低排量购置税减半、汽车下乡、汽车以旧换新等措施支持汽车产业发展。政策可以是鼓励性的，其包括财政补贴、税收优惠、出口退税等，如对风电和太阳能进行补贴。

案例：2007~2011年家电下乡支持政策的实证分析

2007~2011 年，政府对家电行业实施了家电下乡—以旧换新—节能惠民等一系列政策来推动主要家电品类在中国的普及。补贴政策的效果立竿见影，三四线市场和农村市场的空调、冰箱、洗衣机保有量快速上升，高能效产品占比快速提升，有效地达到了政府促进消费，提升存量家电能效，提升人民生活品质的目标，也促进了家电企业的业绩提升。但是补贴政策也带来一些负面影响，如骗补行为扰乱了市场秩序，低品质的产品涌入市场会损害消费者的利益，以及消费透支等问题。这样来看，国家补贴政策对刺激消费，优化产品结构有较显著的作用，但是也产生了一些副作用。就短期而言，政策补贴让所有的家电厂商和大多数消费者受益，但补贴政策结束之后，情况就有些不同了。对空调行业而言，补贴政策刺激了农村市场的需求，更像是一个催化剂，因为空调在农村的普及还远未完成，但对冰箱子行业就不太一样了，家电下乡使冰箱的农村保有量快速上升，补贴政策结束后，行业增速从高位明显下滑，后来几年对行业形成了明显的压力。

（2）限制政策。限制政策是政府为了限制某些产业发展所制定的相关政策措施。出台的政策措施会提高企业的成本、降低利润，遏制企业扩张的积极性。例如，对高能耗、高污染产业环保排放实施严厉监管、征收排污费。

（3）救助政策，救助政策是政府为了救助某产业经营，保护其正常运行而制定的政策措施。产业政策手段与分类如表11-1所示。

表11-1　产业政策手段与分类

	直接干预型支持	直接干预型限制	间接引导型支持	间接引导型限制
财政手段	政府财政投资、财政补贴	财政资金不许进入	减税、免税 加速折旧	高税率
金融手段	贷款优先权 直接投资	不准贷款 贷款附加条件	优惠利率 有利的还贷条件	不利的还贷条件
外汇、外贸	给予进出口配额、政府间贷款优先使用、政府担保借款	不给进出口配额	减免进出口关税、进口出口高关税	—
审批、行政指令	准许立项执行者奖励	不许立项、违者受罚	—	—

产业政策的最终落脚点是企业。无论是支持类产业、限制类产业还是禁止类产业，一系列政策措施旨在影响企业的预期从而改变企业的经营、决策、进入和退出决策，改变企业规模和数量，调整企业的生产组织过程和提升企业效率。国家"十二五""十三五"规划把新能源作为战略性新兴产业，如淘汰煤炭、水泥、造纸等行业的落后产能，那么，等于提示企业把钱投向那些即将没落的夕阳产业的前景是不妙的。

阅读材料　2005年以来我国的房地产政策梳理

1998年国务院颁布《关于进一步深化住房制度改革加快住房建设的通知》(23号文)，停止住房实物分配，逐步实行住房分配货币化。1999~2003年住房市场化全面推进，2003年国务院颁布《关于进一步深化城镇住房制度改革加快住房建设的通知》，中国彻底结束了福利分房制度，从此，城镇住房建设和使用完全商品化。2001年后全国房价全面上涨，国家和地方出台了一系列的房地产政策，表11-2仅对2005年以来国家层面出台的主要房地产政策做个简单梳理。

表 11-2　2005 年以来房地产政策梳理

公布时间	政策	内容摘要
2005 年 3 月	“国八条”	高度重视稳定住房价格工作；切实负起稳定住房价格的责任；大力调整和改善住房供应结构；严格控制被动性住房需求；正确引导居民合理消费预期；全面监测房地产市场运行；积极贯彻调控住房供求的各项政策措施；认真组织对稳定住房价格工作的督促检查
2006 年 5 月	“国六条”	切实调整住房供应结构；重点发展中低价位、中小套型普通商品住房、经济适用房和廉租住房；进一步发挥税收、信贷、土地政策的调节作用；合理控制城市房屋拆迁规模和进度，减缓被动性住房需求过快增长；进一步整顿和规范房地产市场秩序；加快城镇廉租住房制度建设，规范发展经济适用住房，积极发展住房二级市场和租赁市场，有步骤地解决低收入家庭的住房困难；完善房地产统计和信息披露制度
2007 年 9 月	“二套房首付款新政”	中国人民银行、银监会发布通知明确要求，对已利用贷款购买住房，又申请购买第二套（含）以上住房的，贷款首付款比例不得低于 40%
2008 年 12 月	“国十三条”	加大保障性住房建设力度；进一步鼓励普通商品住房消费；对已贷款购买一套住房但人均面积低于当地平均水平，再申请购买第二套普通自住房的居民，比照执行首次贷款购买普通自住房的优惠政策；支持合理融资需求，加大对中低价位、中小套型普通商品住房建设特别是在建项目的信贷支持，对有实力、有信誉的房地产开发企业兼并重组提供融资和相关金融服务；按照法定程序取消城市房地产税
2009 年 12 月	“国四条”	增加供给、抑制投机、加强监管、推进保障房建设；遏制房价过快上涨
2010 年 1 月	“国十一条”	加快中低价位、中小套型普通商品住房建设；增加住房建设用地有效供应，提高土地供应和开发利用效率；加大差别化信贷政策执行力度，支持首套房，管理二套房；继续实施差别化的住房税收政策，加强房地产信贷风险管理；继续整顿房地产市场秩序；进一步加强土地供应管理和商品房销售管理；加强市场监测；力争基本解决 1540 万户低收入住房困难家庭的住房问题；加大对保障性安居工程建设的支持力度
2010 年 4 月	新“国十条”	商品住房价格高、上涨过快、供应紧张的地区，商业银行可根据风险状况，暂停发放购买第三套及以上住房贷款；对不能提供 1 年以上当地纳税证明或社会保险缴纳证明的非本地居民暂停发放购买住房贷款；地方人民政府可根据实际情况，采取临时性措施，在一定时期内限定购房套数；发挥税收政策对住房消费和房地产收益的调节作用；各地区、各有关部门必须充分认识房价过快上涨的危害性，认真落实中央确定的房地产市场调控政策，采取坚决的措施，遏制房价过快上涨，促进民生改善和经济发展；建立考核问责机制，对稳定房价、推进保障性住房建设工作不力，影响社会发展和稳定的，要追究责任
2011 年 1 月	新“国八条”	强化差别化住房信贷政策，对贷款购买第二套住房的家庭，首付款比例不低于 60%，贷款利率不低于基准利率的 1.1 倍

续表

公布时间	政策	内容摘要
2013 年 2 月	“国五条”	要求各直辖市、计划单列市和除拉萨外的省会城市要按照保持房价基本稳定的原则，制定并公布年度新建商品住房价格控制目标，建立健全稳定房价工作的考核问责制度；严格执行商品住房限购措施，已实施限购措施的直辖市、计划单列市和省会城市要在限购区域、限购住房类型、购房资格审查等方面，按统一要求完善限购措施
2014 年	一系列放松政策	针对不同城市情况分类调控，增加中小套型商品房和共有产权住房供应，抑制投机投资性需求；优先满足居民家庭首次购买自住普通商品住房的贷款需求，合理确定首套房贷款利率水平，及时审批和发放符合条件的个人住房贷款；全国 40 多个城市相继取消或者大幅度松绑限购；各地放宽公积金贷款条件，职工连续缴存 6 个月即可申请公积金贷款，并取消四项收费；对于自住房弃选房源，开发商将统一对符合条件的购房人公开销售
2015 年~2016 年 9 月	一系列放松政策，去库存	二套房和公积金首付比例下调；二手房营业税免征年限改为两年；降低商品住房转让手续费等；下调房地产交易环节契税、营业税；进一步降低首付比例
2017 年以后	保持房价相对稳定	“坚持房子是住的，不是炒的”的定位，加快建立多主体供给、多渠道保障、租购并举的住房制度；完善促进房地产市场平稳健康发展的长效机制，保持房地产市场调控政策连续性和稳定性，分清中央和地方事权，实行差别化调控

资料来源：根据公开资料整理。

第二节 产业结构政策

产业结构政策是指政府依据在一定时期内经济社会发展的具体情况，遵循产业结构演变趋势，制定并实施的旨在促进产业结构优化的政策。产业结构政策的基本目标是促进产业结构优化，即产业结构的合理化和高度化。

产业结构政策的主要内容是根据本国具体情况和产业结构演进趋势，规划产业发展优先顺序，选择主导产业，支持支柱产业，保护幼稚产业，调整衰退产业，优化产业间资源配置方式，促进产业间的协调和产业结构升级，加快经济增长。

一、主导产业的选择

产业结构政策先要选择和确定一定时期的主导产业，通过主导产业的发展来带动或推动国民经济各产业部门的发展。

1. 主导产业的特征和效应

一个国家或地区在经济发展过程中的一定阶段，各个产业的发展速度、在产业结构中的地位和作用是不相同的。

主导产业（Leading Industry）是指在一国经济发展的某阶段，一些对产业结构和经济发展起着导向性和带动性作用，能迅速、有效地吸收创新成果、具有广阔市场前景并获得持续较高增长的产业部门。主导产业具有的主要特征为：①有较强的技术创新能力，能迅速地引入技术创新或制度创新。②市场潜力较大，发展前景广阔。③具有持续较高的产出能力和产出增长率，生产率上升较快，这种高增长率是由产业的技术进步和新市场需求所促成的，而不是经济扩张时期的短期效应。④具有突出的扩散效应，带动能力强，对其他产业的增长有直接和间接的诱发作用。

主导产业的扩散效应，包括后向效应、前向效应和旁侧效应。

（1）后向（后顾）效应。主导产业广阔的市场前景和持续的发展，必然扩大对相关设备、技术和原材料等投入要素的需求，带动为其提供生产资料的产业迅速发展。

（2）前向（前瞻）效应。主导产业技术领先、发展快速，能为其后续产业的发展提供更多的产品和技术，创造更好的产业活动基础条件，诱发和推动后续产业发展。

（3）旁侧效应。主导产业的发展还会引起一系列经济、社会、文化等方面的变化，对主导产业主要分布地区的市场繁荣、就业扩大、基础设备建设以及其他产业的形成和壮大产生积极影响。

由于主导产业的存在及其作用会受到特定的资源、制度和历史文化的约束，在不同的国家或同一个国家不同的经济发展阶段，主导产业也是不一样的，它会受所依赖的资源、体制、环境等因素的变化而演替。因此，特定阶段的主导产业是具体条件下选择的结果，也是主观因素和客观因素共同作用的结果。一旦条件（包括经济条件、政治条件、社会条件等）变化，原有的主导产业群对经济的带动作用就会弱化，被新一代的主导产业所替代。

经济成长的各个阶段都存在相应的起主导作用的产业部门，主导部门通过扩散效应带动其他部门发展。经济成长阶段的交替表现为主导部门顺序的变化，现代经济发展实际上是部门的成长过程。

随着科技进步和生产力发展，特别是社会分工日益深化，带动整个产业发展的已不是单个主导产业，而是几个产业共同作用的，罗斯托将此称为“主导部门综合体”。经济发展就是通过主导产业（或群）的更替，不断地从一个阶段迈向另一个阶段，呈现出从劳动密集型到资本密集型再到资本技术密集型和知识技术密集型的逐步更替过程，反映在工业化过程要素结构和产业结构的高级化。罗斯托的经济成长阶段和相应的主导产业如表 11-3 所示。

表 11-3　罗斯托的经济成长阶段和相应的主导产业

经济成长阶段	相应的主导产业
传统社会	绝大部分以农业为主体
为起飞创造条件	仍以农业为主体
起飞阶段	纺织业、铁路、建筑
向成熟推进阶段	钢铁工业、电力工业
高额群众消费阶段	家电、汽车工业
追求生活质量阶段	服务业、城郊建筑业

与六个经济成长阶段相对应，罗斯托列出了五种“主导部门综合体系”：①为起飞创造前提阶段。主导部门体系主要是食品、饮料、烟草、水泥、砖瓦等部门。②起飞阶段。非耐用消费品生产的综合体系，如纺织工业。③向成熟推进阶段。重型工业和制造业综合体系，如钢铁、煤炭、电力、通用机械、肥料等部门。④高额群众消费阶段。汽车工业综合体系。⑤追求生活质量阶段。生活质量部门综合体系，主要指服务业、城市建筑等部门。主导产业发展的五个历史阶段如表 11-4 所示。

表 11-4　主导产业发展的五个历史阶段

阶段	主导产业	主导产业群体或综合体
第一阶段	棉纺工业	纺织业、冶炼业、采煤业、早期制造业和交通运输业
第二阶段	钢铁工业 铁路修建业	钢铁业、采煤业、造船业、纺织业、机器制造、铁路运输业、轮船运输业及其他
第三阶段	电力、汽车、化工和钢铁业	电力工业、电器工业、机械制造、化学工业、汽车工业以及第二个主导产业群
第四阶段	汽车、石油、钢铁和耐用消费品	耐用消费品工业、宇航工业、计算机、原子能、合成材料以及第三个主导产业群各产业
第五阶段	信息产业	新材料、新能源、生物工程、宇航工业等新兴产业以及第四个主导产业群各产业

通过对主导产业演变进行考察，可以得出主导产业部门的若干发展特征：主导产业的形成往往与技术创新甚至技术革命联系在一起；主导产业已由早期的几

个产业部门向产业群发展；主导产业部门的演变呈现出从劳动密集（如纺织业）到资本密集（重化工业）再到资本技术密集（汽车、家电、航空等）到知识技术密集（计算机、新材料、机器人等）发展的要素结构特征；主导产业部门的演变具有从低附加价值到高附加价值再到更高附加价值发展的产出特征。

主导产业演进会表现出序列演替性和多层次性的特征。产业结构的高度化是主导产业及其群体不断更替、转换的演进过程。

2. 主导产业选择的基准

首次明确提出主导部门选择基准（依据）的是日本经济学家筱原三代平，他在 20 世纪 50 年代中期为规划日本产业结构提出了选择主导产业的两条重要基准，即“收入弹性基准”和“生产率上升基准”。差不多与罗斯托、筱原三代平提出主导产业理论的同一时期，美国经济学家艾伯特·赫希曼也提出了“产业关联度基准”。

（1）需求收入弹性基准。社会需求是推动产业发展最直接的原动力，其结构变化则是产业结构变化和发展的原动力。同样，市场需求是所选择的主导产业生存、发展和壮大的必要条件。需求收入弹性是需求增长率与收入增长率之比，表示需求增长对收入增长的依赖程度。在市场经济条件下，随着经济发展和国民收入的提高，需求收入弹性较大的产业在未来的产业结构中将会占据更高的份额，对进一步推动经济的增长将能起到更大的作用。

（2）生产率上升率基准。这里的生产率是全要素生产率（综合要素生产率），是产出对全部投入要素之比，而不仅仅是对某一种投入要素之比。全要素生产率主要取决于技术进步。生产率上升率高的产业，单位产品的生产费用比较低，必然吸引各种资源向该产业流动，使该产业在技术和资源的供给上比其他产业有更多的保证，从而使该产业发展更快。按生产率上升率基准选择主导产业，其实质是选择那些技术进步速度最快、产品附加值最高的产业作为主导产业。

以上为两个基准筱原三代平基准。根据这两个基准所选择的产业考虑了产业产品的市场需求和产业的技术进步两方面因素。收入弹性基准是基于社会需求对产业结构的影响，而生产率上升率是从社会供给对产业结构的影响，两者有着内在的联系。较高的生产率上升率是以较好的销售条件（不断扩大的需求）为基础的，而收入弹性较高的产业，意味着广阔的市场，广阔的市场是大批量生产的先决条件，同时，大批量生产带来的成本下降又是扩大需求的必不可少的条件。

（3）产业关联度基准（赫希曼基准）。产业关联度是指产业之间的关联效应。产业关联效应高的产业对其他产业会产生较强的带动作用。应选择关联强度较大、能对其前、后向产业起较大带动作用的产业作为主导产业。

当然，一国在选择主导产业时必须综合考虑本国的自然资源、经济发展阶段、科技力量和国民文化教育水平、比较优势、资金、市场需求，在全球产业供应链中寻求本国主导产业的精准定位。

半导体产业是中国政府巨额投入的战略性产业，此前的投入一直没有满意的回报，但近来是随着摩尔定律的“放缓”，给了中国半导体产业赶上的机会。中国每年在芯片方面的进口额高达 1.8 万亿元，大大超过原油的进口额。如果能从部分替代变成完全替代，将给中国半导体企业带来巨大的商机。如今，政府还在继续加大投入，设立的半导体产业基金总和是万亿级的。

特别需要指出的是，并不是所有的主导产业都需要政府扶持。在一国的全部产业中，符合收入弹性基准、生产率上升基准、产业关联基准的具体产业可能比较多，应分清主次和重点，根据一定时期的政治经济目标和财政力量进行扶持。理论上讲，符合上述选择主导产业基准的部门，都是具有高增长潜力的新兴产业。在产业基础比较完善、产业间生产要素流动充分、产业自我调整能力较高的条件下，相当部分具有高增长潜力的新兴产业不用政府的扶持也能独立发展起来，并不存在非要政府对这些产业进行扶持才能生存和发展下去的理由。

二、支柱产业的支持政策

支柱产业是指一定时期内在国民经济中占有较大比重，对经济增长起着举足轻重作用的产业。这类产业构成一国或地区产业体系的主体，是国民收入的主要来源和就业的主要产业。

在现代经济中，支柱产业通常是以一个支柱产业群的面貌出现，而不是特指一两个产业。所谓支柱产业群，就是一些产业关联相对密切的产业集合，支柱产业群的整体水平决定了一国产业结构高级化阶段，支柱产业的变换推进着产业结构的演变。

支柱产业的支持政策是根据产业结构演进的趋势和产业结构优化的目标，结合当前经济发展状况，确定需要支持的支柱产业，并采用一系列经济或非经济的政策措施促进其发展。

支柱产业支持政策的目标主要有三个：①消除支柱产业发展滞后的瓶颈和阻碍，强化与其他相关产业的联系，推动支柱产业持续发展；②促使主导产业向支柱产业的有序转换；③增强支柱产业的技术创新能力，延长支柱产业的生命周期，拉动国内经济增长和产业升级。

对战略产业扶植政策可分为对内和对外两个部分。对内主要是对战略产业采取种种优惠政策，如投资重点倾斜，财政方面贴息、减免税、特别折旧等；金融方面的低息贷款、政府保证金、特别产业开发基金等；对外主要是高关税壁垒、数量配额、质量商检限制及资金、技术的进出限制等。

聚焦：从中央一号文件看中国的农业政策

“中央一号文件”是中共中央每年发布的第一份文件，一号文件中提到的问题是中央全年需要重点解决，也是当前国家亟须解决的问题。该文件在国家全年工作中具有纲领性和指导性的地位。从2004年起，一号文件连续“锁定”三农主题。2014~2019年涉农一号文件一览如表11-5所示。

表11-5 2004~2019年涉农一号文件一览

年份	文件名	主要政策
2004	《中共中央国务院关于促进农民增加收入若干政策的意见》	调整农业结构，扩大农民就业，加快科技进步，深化农村改革
2005	《中共中央国务院关于进一步加强农村工作提高农业综合生产能力若干政策的意见》	坚持“多予少取放活”的方针，稳定、完善和强化各项支农政策
2006	《关于推进社会主义新农村建设的若干意见》	统筹城乡经济社会发展，扎实推进社会主义新农村建设等
2007	《中共中央 国务院关于积极发展现代农业扎实推进社会主义新农村建设的若干意见》	切实加大农业投入，促进粮食稳定发展、农民持续增收、农村更加和谐
2008	《中共中央国务院关于切实加强农业基础建设进一步促进农业发展农民增收的若干意见》	加快构建强化农业基础的长效机制，抓好农业基础设施建设等
2009	《中共中央国务院关于2009年促进农业稳定发展农民持续增收的若干意见》	提出了28条措施促进农业发展与农民增收
2010	《中共中央、国务院关于加大统筹城乡发展力度进一步夯实农业农村发展基础的若干意见》	提出“稳粮保供给、增收惠民生、改革促统筹、强基增后劲”的基本思路方针
2011	《中共中央国务院关于加快水利改革发展的决定》	提出力争通过5年到10年努力，从根本上扭转水利建设明显滞后的局面
2012	《中共中央国务院关于加快推进农业科技创新持续增强农产品供给保障能力的若干意见》	文件明确，要持续加大农业科技投入，确保增量和比例均有提高
2013	《中共中央国务院关于加快发展现代农业进一步增强农村发展活力的若干意见》	确保供增收惠民生、改革创新添活力。提出鼓励和支持承包土地向专业大户、家庭农场、农民合作社流转；探索建立严格的工商企业租赁农户承包耕地准入和监管制度；全面开展农村土地确权登记颁证工作

续表

年份	文件名	主要政策
2014	《关于全面深化农村改革加快推进农业现代化的若干意见》	完善国家粮食安全保障体系、强化农业支持保护制度、建立农业可持续发展长效机制、深化农村土地制度改革
2015	《关于加大改革创新力度加快农业现代化建设的若干意见》	加快转变农业发展方式，加大惠农政策力度，深入推进新农村建设，全面深化农村改革；加强农村法治建设
2016	《关于落实发展新理念加快农业现代化实现全面小康目标的若干意见》	厚植农业农村发展优势，加大创新驱动力度，推进农业供给侧结构性改革
2017	《中共中央国务院关于深入推进农业供给侧结构性改革加快培育农业农村发展新动能的若干意见》	优化产品产业结构，着力推进农业提质增效；推行绿色生产方式，增强农业可持续发展能力；壮大新产业新业态，拓展农业产业链价值链；强化科技创新驱动，引领现代农业加快发展；补齐农业农村“短板”，夯实农村共享发展基础；加大农村改革力度，激活农业农村内生发展动力
2018	《中共中央国务院关于实施乡村振兴战略的意见》	按照产业兴旺、生态宜居、乡风文明、治理有效、生活富裕的总要求，对统筹推进农村经济建设、政治建设、文化建设、社会建设、生态文明建设和党的建设作出全面部署
2019	《中共中央国务院关于坚持农业农村优先发展做好“三农”工作的若干意见》	稳定粮食产量、优化农业结构、推进乡村基建发展、乡村软实力提升、推广生态农业发展、发展特色农业、发展农村新型服务业、启动家庭农场培育计划、加快建立城乡统一的建设用地市场

注：根据 2004~2019 年中央一号文件整理。

中央一号文件的发布及其相应的配套政策措施，对农业的发展、农民生活水平的提高、农村面貌的改善起着巨大的推动作用，其中具有较大影响的政策，如 2006 年全国取消农业税，延续 2600 年的按地（亩）向农民征税的制度退出历史舞台，全国农民每年减轻负担上千亿元；实行农业生产补贴，如种粮农民直接补贴、良种补贴、农机具购置补贴和农资综合补贴，每年中央财政用于“四补贴”的支出达千亿；推动农产品市场化改革，2004 年国家全部放开粮食购销，实行最低收购价政策，使所有农产品流通纳入了市场化运行轨道；启动集体林权制度改革，2003 年国家启动集体林权制度改革试点，将林地承包经营权和林木所有权落实到农户，2008 年这项改革推向全国；加强农村水利设施建设，仅 2011 年中央水利投资首次破千亿，着力解决群众最关心、最直接、最现实的水利问题，推动民生水利新发展；建农村社会保障制度，实行新型农村合作医疗制度，着力解决农民看病难、看病贵问题，短短几年时间，基本建立起覆盖数亿农民的农村社会保障三项制度。此外，鼓励和支持承包土地向专业大户、家庭农场、农民合作社流转政策，促进农业稳定发展、农民持续增收的政策。推进农业科技创新、加快发展现代农业的政策，推进农业供给侧结构性改革和实施乡村振兴战略等一系列支持农业发展的政策必将产生重大深远影响。

三、幼稚产业保护政策

1. 幼稚产业保护政策的理论依据

幼稚产业是指经济发展落后国家一些刚兴起的，还达不到经济规模，没有能力与发达国家的同类产业相竞争的产业。该产业目前生产效率低下，生产成本较高，但具有较大发展潜力，为了发展本国民族产业，需要政府采取贸易保护政策和其他必要政策对其进行扶持，使其尽快成长起来。这些政策措施，称为产业保护政策。其根本目的是要尽快提高本国产业的竞争能力。

幼稚产业的保护政策对发展中国家的经济发展和政策取向起到了积极的影响，特别是“二战”后的一些新兴国家，如日本、韩国在不同的经济发展时期采取不同的贸易保护政策。

2. 幼稚产业保护政策的内容

主要可分为关税保护政策和非关税保护政策。

（1）关税保护。关税保护主要有两个目的：增加财政收入和保护本国经济。为增加收入而开征的关税称为“财政关税”，为保护产业和市场而设置的关税称为“保护关税”。保护关税按其保护的具体目的又分为普通保护关税和特别保护关税。普通保护关税以限制或阻止外国竞争性商品的进口，保护国内幼稚产业为目的。特别保护关税是以反倾销、报复、制裁等特定的目标而设置的关税，保护关税的保护程度取决于税率。一般地讲，税率越高，保护程度越高；反之则保护程度越低。从进口商品来说，进口商品之所以比本国商品有竞争力，主要是由两国产品的成本之间存在差异，如果进口产品被征收等于两国产品成本差额的关税，则进口商品的成本优势消失，进口商品竞争力受到严重影响，关税因此达到保护本国产业的目的。

（2）非关税的保护政策。包括进口限额、进口许可证和外汇管制。进口限额是一个政府限制一定时期内特定商品的进口数量或进口金额的政策措施，分为关税配额和绝对配额；进口许可证是一国政府对特定商品的进口颁发许可证，没有许可证不准进口的管理制度；外汇管制是国家为了达到维持本汇价和平衡国际收支的目的，以法令形式对国际结算和外汇交易实行限制的一种制度安排。

需要指出，不是所有的幼稚产业都要保护，也不是一直保护下去，而是保护到一定时期，就不应再保护了。

阅读材料：我国支持工业机器人产业发展的相关财税政策[①]

首先，中央财政重视工业机器人关键技术的研发扶持。

20世纪90年代以来，中央开始加大对工业机器人的研发投入，国家高技术研究发展计划（即“863”计划）的“自动化技术”领域，重点攻关支持视觉、控制理论与方法研究、装配系统等多个领域的智能机器人研发。

2010年以后，国务院、工业和信息化部、财政部、科技部等政府部门先后出台政策，促进制造业转型升级，发展智能装备产业。在2012年，出台了战略性新兴产业和高端装备制造发展“十二五”规划、智能制造科技发展“十二五”专项规划、设立智能制造装备发展专项资金，通过引导地方政府和社会化资金，重点支持关键智能部件、焊接加工等领域的工业机器人研制及产业化。项目通过审核后，再安排研发补助资金。比如，2014年上市公司机器人的数字化生产车间项目被列入专项，拟补助金额2000万元，占该项目开发总金额的20%。在2013年12月，工信部出台了推进工业机器人产业发展的指导意见，加大对伺服驱动器等关键技术的财政扶持力度，支持关键智能部件等领域的工业机器人研制及产业化。

在2016年，《机器人产业发展规划（2016~2020年）》明确攻克工业机器人关键技术，重点突破减速器、专用伺服电机和驱动器、控制器、传感器、末端执行器五大关键零部件的技术壁垒，发展弧焊机器人、全自主编程智能工业机器人等十类产品。2016年12月，工信部制定了《工业机器人行业规范条件》，加强工业机器人产品质量管理，从综合条件、企业规模、质量要求、研发创新能力、人才实力等方面对工业机器人本体生产企业和工业机器人集成应用企业提出要求。

其次，地方政府偏重工业机器人应用环节的补贴。

国内用工成本不断攀升，企业“机器换人”需求强烈，推动了机器人产业发展。中国工程院市场的一项市场调查显示，被调查企业中，64.2%的企业具有强烈意愿，有14.5%的企业正在做“机器换人”准备，而目前，中国每万名制造业工人拥有36台机器人，仅是德国和日本的十分之一，潜在需求空间极大。

各地政府大力支持“机器换人”，广东、浙江、上海、湖北、黑龙江等地区

① 赫荣亮．国内机器人产业已明显投资过剩［EB/OL］．新浪财经·意见领袖，2017-02-08.

均已出台支持工业机器人应用的相关财税补贴政策，其中广东省在省“工业与信息化发展专项资金”中安排机器人发展专题资金，2016 年安排金额 3.6 亿元，给予一定比例的采购价格补贴。深圳市政府每年出资 5 亿元专项资金，补助机器人等智能产业；东莞市政府给予企业购买国产机器人 15%的补助，镇一级还有 20%、30%、50%不等的配套补贴。在浙江省，省级财政已累计安排近 6 亿资金支持“机器换人”技术改造，出台工业机器人购置奖励补贴政策，省与地方 1：2 配套，购置工业机器人按价格 10%补贴。

四、衰退产业的调整政策

产业结构政策，不仅要保护和扶植主导产业、战略产业、幼稚产业的发展，而且要对陷入衰退的产业实行调整和援助政策。衰退产业调整政策是政府通过政策干预把资源从衰退产业再分配到其他产业部门的过程。

1. 衰退产业识别

衰退产业也称夕阳产业，是指在较长时期内，市场需求持续下降，产业增长陷入停滞甚至萎缩的产业。

衰退产业的基本特征为：需求增长持续减弱甚至停滞；全行业生产能力明显过剩，开工严重不足；行业收益率很低甚至出现严重亏损；由于退出障碍较高，企业长期处于过度竞争状况等。

需要特别注意几点：①不能把由于经济周期或经济不景气以及偶发事件造成的销售增长率下降归为衰退产业。②衰退产业具有较强的地域性。由于经济发展水平和消费结构存在着较大的地区差异，某一产业在某一国家或地区是衰退产业，在另一国家或地区则不然，如纺织业在 20 世纪 60 年代以后在大部分发达国家属于衰退产业，但对大部分发展中国家则不然。③一个在总体上处于衰退的产业，其结构的某些部分可能仍然具有活力。例如，钢铁产业在全球范围内已呈整体衰退势头，但钢铁产业中的某些高技术合金钢、特种钢仍然具有较人的市场潜力，且很有活力。④衰退产业具有一定的时间限制性。一个产业在某一个时期是衰退产业，但通过技术创新等途径还可能得以再生，如棉纺织业在 20 世纪 80 年代由于受到化纤业的替代冲击而逐渐衰落，但随着全球绿色消费浪潮的兴起和环保意识的增强，人们的衣着消费向天然纤维回归，生态纤维等高科技产品成为消费时尚，棉纺织业又获得了新生。⑤一个产业是衰退产业，并不是指该产业一定没有竞争力。在一个地区属于衰退产业，但其可能仍然有较强的竞争优势、较大的市场份额，在贸易方面有较大顺差，创汇能力还较强。⑥一个衰退产业可能会使大多数企业转行或衰落，但并非必定导致所有厂商的衰落，可能仍然存在个别或少数企业业绩骄人的优秀企业，如美国的钢铁产业中的纽柯公司。

2. 产业衰退的原因

（1）需求变化原因。需求的锐减或消失。随着经济发展、人均收入水平提高和生活方式改变，某些产业会因产品需求弹性趋于下降而出现衰退。

（2）技术原因。技术进步导致产业结构的变化。新技术、新产品的出现，使一些传统产业失去市场和竞争力，出现衰退。技术停滞、创新能力的衰减或趋于枯竭的逻辑结果就是产业的衰退。

（3）资源原因。例如，资源密集型产业的资源枯竭引起的产业衰退，自然资源枯竭。

（4）效率原因。在长期的产业发展过程中，由于各类生产要素价格上升，导致某些产业的成本上升、利润持续下降而引致衰退。

（5）国际竞争原因。由于国际分工格局变化，某种有比较优势的产业会因竞争优势丧失而引起的衰退。

3. 衰退产业调整政策的必要性

产业衰退是产业结构有序变动的表征，是一个自然的发展过程。根据优胜劣汰的自然法则，微观市场主体将根据市场价格信号和利润率高低，把生产要素及其他经营资源从衰退产业中转移出来，投向其他正处于形成期或成长期的盈利能力强的产业。然而，由于以下几方面障碍的存在，使产业之间的这种要素流动很不充分：①实物资产的专用性。不同的产业、不同的产品，对资产设备功能的要求存在差异，使某些经济资源以实物形态进入特定产业后，具备了程度不等的资产专用性，企业退出时，资产专用性会降低清算价值，形成沉没成本；资产专用性越强，沉没成本就越大，产品转换与产业转型越困难。②人力资源的专用性和工资刚性。人力资源在长期的工作中经过职业培训和“干中学”，积累了相当丰富的专业技能和适合特定工作的经验，形成了较强的人力资本的专用性。在企业转产、破产时，人力资本的专用性造成再就业困难。原有刚性工资水平成为过剩劳动力为其他产业所吸收的障碍。③联合生产的限制。在整个产品链上或多元化经营一个部分或阶段使产业退出往往受到关联产品的限制，联合生产程度越高，退出越困难。④公司治理结构存在的缺陷。在存在“内部人”控制的企业中，“内部人”由于受既得利益的牵制，往往抵触联合、兼并的实施，结果是只要企业还能够维持经营，就不会主动退出市场。

由此可见，市场在对衰退产业要素退出的引导上存在失灵，而且衰退产业的要素流动既涉及企业利益，也涉及社会福利，是具有较强外部性的活动，在这种情况下政府有必要适当介入，引导与促进衰退产业要素的流动。

4. 衰退产业调整政策的主要措施

主要通过财政、金融、价格等手段促进衰退产业生产要素的合理流动，促进企业资产重组，产品结构调整和技术改造，其中包括：①加速设备折旧。规定衰退产业设备的报废量、报废时间，采取促进折旧的特别税制，对因设备报废而产生的损失提供部分补偿等。②压产转产。规定某些衰退产业停产、限产的标准及原则，提供转产货款或信用保证，减免税收或发放转产补贴等促进资本转移。利用合适的政策手段，结合倾斜的金融和财政政策（如协助其选择适宜的转产方向，提供转产所需的设备贷款，发放转产补贴等）。③市场保护、援助。限制竞争品进口，价格补贴和政府采购。④技术与经营支持。提供及时的技术和经营上的指导、咨询与援助。⑤组织职工转岗培训和技能训练，为劳动力的产业转移提供信息，创造再就业机会。⑥完善社会保障体系。

调整衰退产业的立足点是帮助和促进衰退产业有序地收缩，促进资源顺利地从低效率产业向高效率产业转移，防止和缓解企业间的过度竞争和大面积亏损企业，缓解社会利益矛盾，而不是消极地维持衰退产业的生存，消极政策必然妨碍技术进步和产业结构高度化。

一般来讲，政府分配资源的效率不如市场分配资源的效率高。因此，指导思想上要明确，只有当要素退出涉及面广和依靠市场机制失灵时启用调整政策才有充足理由。

第三节 产业组织政策

一、产业组织政策的目标和手段

1. 产业组织政策的目标和依据

产业组织政策是指为了促进资源在产业内企业间的合理配置以获得理想的市场绩效，由政府制定用于引导和干预市场结构和行为的政策。

产业组织政策的目标是促进市场的有效竞争，建立和完善正常的市场秩序，提高产业内部的资源配置效率。所谓有效竞争，就是既有利于维护竞争又有利于发挥规模经济作用的竞争格局，即可以兼容竞争活力和规模经济效益的竞争。

产业组织政策产生的依据是市场力量本身并不能自发地避免过度竞争，也不能防止大规模凭借其垄断地位，采用共谋、卡特尔和价格歧视等不正当手段来获取高额利润、抑制竞争。在这种情况下，政府有必要制定市场规则、规范企业的市场行为，从而提高市场效果。

2. 产业组织政策的手段

实现产业组织政策的手段主要有以下三类：

（1）控制市场结构。对各产业的市场结构变动实行监测和控制，保障其合理性。具体措施包括依法分割处于垄断地位的巨型企业，降低市场集中度，降低市场进入壁垒，建立企业合并审批制度，对中小企业实施必要的扶持政策等。

（2）控制市场行为。对企业的市场行为实施监督和控制，扼制垄断势力的扩大，保障公平竞争。具体措施包括禁止和限制竞争者的共谋、卡特尔及不正当的价格歧视；对厂商的价格、质量实行全面监督，增加市场信息的透明度；对欺骗、行贿和中伤竞争者的各种不道德乃至非法的商业行为进行取缔和必要处罚。

（3）直接改善不合理的资源配置。这主要是指政府对“市场失灵”领域的直接干预，如政府直接投资于基础设施部门或“瓶颈产业”，对赢利不多或风险较大的重大技术开发项目提供资金援助，增加对教育、科研和技术推广的公共投资等。

从政策手段的属性看，可以将产业组织政策的手段分为法律手段、经济手段和行政手段。在各国普遍实行法治原则的21世纪，法律手段的重要性将会得到增强，经济手段将主要以法律为基础得以实施。

3. 产业组织政策的分类

根据产业组织政策着力点的差异把它分为两类：一类是鼓励竞争、限制垄断的竞争促进政策，它着眼于维持正常的市场秩序；另一类是鼓励专业化和规模经济的产业合理化政策，它着眼于限制过度竞争。

鼓励竞争、反对垄断是政府产业组织政策的重要内容之一，又可以分为两大类，一类是在大多数竞争性产业中用于保护和鼓励竞争、限制市场垄断和其他不正当竞争行为发生的促进竞争政策，主要包括反垄断政策、反不正当竞争行为政策以及中小企业政策等；另一类是适用于自然垄断产业的政府直接规制政策。

阅读材料：药品带量采购政策对医药行业格局的影响

与以往单个医院直接向药企采购不同，所谓带量采购，是指由政府主导、以全国或部分地区为单位，进行药品的集中招投标，明确采购数量的统一采购。带量采购是按照国家组织、联盟采购、平台操作的总体思路，进行跨区域集中药品采购的新型组织方式。2018年11月15日，国家组织药品集中采购试点方案公布，第一批带量采购目录31个品种，带量采购在4个直辖市+7个省会城市试点。在认真总结试点经验后，带量采购试点将在全国范围推广。

带量采购将对市场格局和药企经营带来实质和深远影响。

就短期影响来看，企业一旦中标，则可迅速占领大量市场份额，中标所付出的代价是给出最低的价格。由于承诺了采购数量，企业中标后不用再担心产品销售的问题，能够节省大量促销、流通等环节的费用。带量可以给药品企业明确的销售承诺和预期，方便企业安排生产和销售，控制成本，而一旦落选，只能眼睁睁看着别家企业“占领”市场，企业业绩将会受影响。因此，维系价格和市场的平衡，成为带量采购中最为关键的博弈。同时，带量采购导致药品降价，将压缩相关产业链上中游企业的利润，具体到不同定位的药企，影响也有不同。

从中长期来看，随着带量采购的推广，会促进医药公司优化产品结构，增加研发投入，降低生产成本，提高产品附加值，促进国内仿制药趋向集约化生产并有利于仿制药行业集中度提升。对整个行业来说，实现药价明显降低，减轻患者药费负担；带量可减少药品购销过程中的灰色空间，降低企业交易成本，净化流通环境；引导医疗机构规范用药，支持公立医院改革；最终有利于国民医疗健康事业的稳定发展，也有利于医疗产业的可持续成长。

二、反垄断政策

反垄断政策是政府对特定主体在特定市场上非法排斥或限制竞争的状态和行为进行调整和规范的总称，其目的是防止出现市场过度集中损害消费者利益，促进公平有效市场竞争。

企业间的竞争能给企业带来许多有形和无形的益处，比如当企业面临强大的竞争压力时，会有较强的降低成本、提升服务、促进创新的动力，从而带来经营活力。

市场经济意义下垄断是指单一的个人、组织或集团排他性地控制某种经济资源、产品、技术或市场，从而获得对相关产品或服务的市场支配能力或控制能力。

垄断的存在会导致竞争不充分，政府则用《反垄断法》来限制或禁止居于垄断地位的公司进行破坏公平市场秩序的行为。

反垄断和反不正当竞争政策是发达国家产业组织政策的重点，这是因为发达国家的市场机制相对完善，主要问题是来自垄断势力对市场效率的破坏和由此造成的社会经济矛盾的激化。在美国，反垄断政策通常是通过贯彻执行专门的反垄断法规，来限制集中和垄断。美国最高法院是反垄断的最高仲裁机关，司法部则是政府反垄断的执行机构。此外，还按行业设有许多独立于行政部门的专业委员会，负责在特定产业内执行反垄断政策，如联邦通信委员会、民用航空委员会分别在通信和民航业承担反垄断政策的执行。

美国最高法院曾在它的一个判决中指出《谢尔曼法反托拉斯法》的意义：“谢尔曼法依据的前提是，自由竞争将产生最经济的资源配置、最低的价格、最高的质量和最大的物质进步，同时创造一个有助于维护民主的政治和社会制度的环境”。

1. 反垄断政策的基本内容

①分割已经形成的垄断企业；②限制企业的横向与纵向合并，以防止生产过度集中而形成新的市场垄断；③限制价格共谋行为，鼓励竞争；④禁止削弱竞争的价格歧视；⑤禁止搭配销售和排他性交易；⑥禁止欺诈行为，如虚假广告、盗用商标名称等；⑦扶持小企业的发展，并为小企业营造公平的竞争环境。

美国洛克菲勒家族是全球最富有的私人财团之一，整个家族的历史就是美国近代和现代工业化的缩影。约翰·洛克菲勒和弟弟威廉·洛克菲勒于 1870 年建立了标准石油公司，并用 8 年的时间掌握了美国炼油业的 90%。1911 年，美国最高法院终审裁定，标准石油公司是垄断企业，勒令其分成 34 家公司，包括埃克森、美孚、雪佛龙等，这些石油企业至今仍在全球石油供应链中占有举足轻重的地位。此外，一批反托拉斯案件相继在美国被提出诉讼，其中包括 1969 年由美国司法部提出抗议诉讼的 IBM 案、1972 年的施乐复印机公司案，1982 年政府与美国电话电报公司达成协议，要求该公司出售一部分地区性电话经营公司等。

美国反垄断法一般并不反对一个或一个以上的企业在市场上占有支配地位，只是禁止滥用支配地位。20 世纪 80 年代以来，受芝加哥学派的影响，美国反托拉斯政策的重点对企业的市场行为进行干预，其中主要是对企业间的价格协调行为和分配市场的协调行为实行禁止和控制。

我国的《反垄断法》从立法研究到最终通过经历近 14 年时间，2008 年 8 月 1 日起正式施行。通过对垄断协议、滥用市场支配地位和经营者集中三类主要垄断行为的规范，构建了反垄断法体系的基本框架。国务院反垄断委员会负责组织、协调、指导反垄断工作。

2015 年 2 月，我国反垄断执法机构依法责令高通公司停止不公平高价、搭售和附加不合理交易条件等滥用市场支配地位行为，并处罚款 60.88 亿元。查处高通公司滥用市场支配地位案是《反垄断法》实施后查处的首个滥用知识产权排除、限制竞争案例，为技术创新和无线通信产业发展创造了良好的市场条件。

2017 年 10 月，我国国家发展和改革委员会公布了对湖北宜化集团有限责任公司等 18 家聚氯乙烯树脂（以下简称“PVC”）经营企业的处罚结果。由于联合操作推高 PVC 销售价格，18 家涉案企业分别被处以 2016 年度相关市场销售额 1%~2%的罚款，共计 4.57 亿元。这 18 家企业通过微信聊天群商量产品价格，并就统一涨价达成一致，形成了事实上的价格垄断协议。

2. 反垄断政策例外原则的适用范围

反垄断政策“例外原则”是产业组织政策必不可少的组成部分。由于国情的不同，各国反垄断政策的例外条款也各有特色。

美国反垄断政策的例外原则适用范围主要包括特殊行业、特殊组织和某些特殊活动。特殊行业包括：具有自然垄断性的公共事业，如通信、电力、自来水业等；容易波动和容易发生过度竞争的行业，如农业、零售业、自然资源开采业。特殊组织主要是指工会组织。特殊活动包括政府批准的为了加强与外国企业竞争的企业协调活动，以及在紧急状态下（如战争期间）暂停执行反托拉斯法。

日本反垄断政策的例外原则主要包括：不景气卡特尔、合理化卡特尔、自然垄断所固有的行为等。

聚焦　国务院反垄断委员会界定相关市场

任何竞争行为均发生在一定的市场范围内。界定相关市场就是明确经营者竞争的市场范围。在禁止经营者达成垄断协议、禁止经营者滥用市场支配地位、控制具有或者可能具有排除、限制竞争效果的经营者集中等反垄断执法工作中，均可能涉及相关市场的界定问题。

中国国务院反垄断委员会公布的《关于相关市场界定的指南》，对相关市场进行界定。相关市场是指经营者在一定时期内就特定商品或者服务进行竞争的商品范围和地域范围。在反垄断执法实践中，通常需要界定相关商品市场和相关地域市场。相关商品市场，是根据商品的特性、用途及价格等因素，由需求者认为具有较为紧密替代关系的一组或一类商品所构成的市场，这些商品表现出较强的竞争关系，在反垄断执法中可以作为经营者进行竞争的商品范围。相关地域市场，是指需求者获取具有较为紧密替代关系的商品的地理区域，这些地域表现出较强的竞争关系，在反垄断执法中可以作为经营者进行竞争的地域范围。

界定相关市场的方法不是唯一的。在反垄断执法实践中，根据实际情况，可能使用不同的方法。界定相关市场时，可以基于商品的特征、用途、价格等因素进行需求替代分析，必要时进行供给替代分析。在经营者竞争的市场范围不够清晰或不易确定时，可以按照“假定垄断者测试”的分析思路来界定相关市场。反垄断执法机构鼓励经营者根据案件具体情况运用客观、真实的数据，借助经济学分析方法来界定相关市场。

中国《反垄断法》第十八条规定：认定经营者具有市场支配地位，应当依据相关市场的市场份额，以及相关市场的竞争状况；其他经营者对该经营者在交易上的依赖程度；其他经营者进入相关市场的难易程度。第十九条规定：一个经营者在相关市场的市场份额达到1/2的，可以推定经营者具有市场支配地位。经营者滥用市场支配地位的，由反垄断执法机构责令停止违法行为，没收违法所得，并处上一年度销售额1%~10%的罚款。

但是中国法律没有明确规定对滥用市场支配地位企业的拆分权。只对企业合并“集中”的垄断，规定了有处分股权的权利。反垄断法第四十八条规定：经营者违反本法规定实施集中的，由国务院反垄断执法机构责令停止实施集中、限期处分股份或者资产。

阅读材料：中国十大反垄断典型案例[①]

在我国反垄断执法实施十年之际，国务院反垄断委员会专家咨询组发布了“十大有影响力的反垄断执法案件”。

1. 利乐公司滥用市场支配地位案

本案历经4年零10个月的调查，最终行政处罚决定书长达47页，利乐公司等被处6.67亿元的罚款，其无正当理由搭售、限定交易等非法垄断行为得到纠正，相关市场的竞争秩序得以恢复。

2. 附条件批准陶氏化学与杜邦合并案

本次合并交易额达1300亿美元，是全球农化行业最大的并购案。交易双方共向全球24个国家和地区进行了申报，我国执法机关在审查过程中与欧盟、美国等反垄断执法机构开展了多轮深度交流与合作，被誉为“双边合作典范”。

3. 高通公司滥用市场支配地位案

调查过程中，执法机关与当事人共进行28次沟通，当事人最终被处罚款达60.88亿元。该案是目前处罚金额最高、调查难度大、影响深远的反垄断大案。案例中承认、尊重和保护知识产权这一大前提始终得到牢固的遵守，公平交易和自由竞争理念也得到了充分的贯彻。社会福利水平，特别是消费者的福利水平得到了应有的关照。

4. 12个省份相关政府部门在“新居配”建设中滥用行政权力排除限制竞争案

本案涉及12个省份在新居配建设市场中颁布的2部省政府令、2份省级政府办公厅文件、8份省政府部门文件。因产生排除、限制竞争效果，这些文件先后被废止、停止执行或修改，新居配建设市场的公平竞争秩序得以恢复。

该案例向世界表明，中国政府始终坚持由市场对相应的资源进行调配，发挥主导的作用。政府与市场之间界限清晰，有序结合。

5. 上海港、天津港、大连港等港口经营企业滥用市场支配地位案

本案中，涉案企业因收取远高于竞争性国际中转集装箱装卸作业费受到处罚。查处后，有关部门要求全国沿海39个港口对照自查和整改，仅调降装卸作

① 丛琳．十大反垄断典型案例及点评［J］．工商行政管理，2018（16）．有删减。

业费一项，每年可降低进出口物流成本约35亿元。案件中，上海、天津这些港口企业实施的限定交易，包括歧视定价、附加不合理的交易条件等行为，在当时行业中都是普遍现象。经过此案，监管机构可以说是重新构建了我国港口行业的竞争秩序。

6. 禁止可口可乐收购汇源果汁案

本案是我国《反垄断法》实施后首个被禁止的并购案件，也是至今唯一被禁止的企业合并案件。原商务部反垄断局明确将经济学上的挤压效应和传导效应作为禁止收购决定的依据写入审查公告。

7. 禁止马士基、地中海航运、达飞设立网络中心案

该案是执法机关首次适用《反垄断法》的域外效力，对交易形成的紧密型联营予以禁止，维护了亚洲—欧洲航线、跨太平洋航线航运市场的竞争性市场结构。

8. 日本12家汽车零部件横向价格垄断协议案

该案中，12家日本汽车零配件企业多次达成并实施价格垄断协议，执法机关纠正了持续时间超过10年的卡特尔。该案是首次适用《反垄断法》查处的国际卡特尔案件，也是第一次在横向垄断案件中适用的宽松政策，反垄断罚款的数额比较高，12家企业共被罚款12亿余元。

9. 安徽信雅达等三家密码器企业垄断协议案

调查中，执法机关通过查看会议相关文件、销售记录，询问涉案企业、银行相关人员等方式，获得了中心辐射型协同行为的翔实证据。信雅达案对协同行为认定具有借鉴意义。该案是国内首个在调查过程中，给予被调查企业反垄断处罚的案件。信雅达公司不配合调查，被处以反垄断罚款。这也是首个协同行为垄断案件。案件中，监管部门对于协同行为及构成要件进行了详细分析。最后本案是一个行政限定下的垄断协议案件，也是非常典型的经济垄断和行政垄断交织的垄断协议案件。

10. 重庆青阳药业有限公司涉嫌滥用市场支配地位拒绝交易案

该案是首例关于滥用市场支配地位拒绝交易的反垄断执法案件，决定书中含8组证据、50余份依据，详细地从相关市场、支配地位和滥用行为进行了充分的认定和论证。

三、产业合理化政策

产业合理化政策旨在促进规模经济形成、建立大批量生产方式，推动产业组织的合理化和高效化，实现产业振兴。其基础是产品的规格化、标准化以及加工

的专业化，特别是在钢铁、汽车、石化、造船、海运和炼铝等规模经济效果显著的行业通过引导和支持骨干企业走向改组、联合和兼并，扩大生产规模，从而增强产业的国际竞争力。

日本产业合理化政策是世界上最系统、最富有成效的政策体系。日本在1983年之前就出台过55个比较重要的产业合理化法规，如推动企业合并与重组的《企业合理化促进法》、有旨在协调产业内企业间关系，防止在萧条或出口时产生过度竞争的协调政策，有鼓励大批量生产政策等。

20世纪80年代后期以来，中国政府出台了一系列产业合理化政策，主要特征有：①支持大企业发展，主要表现为保护和扶持在位的大型企业（尤其是国有企业），如1993年提出对国企进行战略性结构调整，主要措施包括兼并破产、组建大型企业集团、实行大公司战略等；1997年十五大提出“抓大放小”改革战略，一些地方和部门出于发展大型企业集团的考虑，出现了行政力量主导、推动国企强强联合或以强带弱。21世纪以来，“实施重点产业部门大企业集团战略、提高中国工业产业国际竞争力”等。实施这类政策的理由往往是“充分利用规模经济，打造具有国际竞争力的大型企业集团”。相关政策部门往往在制定行业发展规划和确定项目审批或核准条件时，偏向于在位大型企业，对新进入中小企业发展进行限制。②抑制部分产业产能过剩和防止过度竞争。21世纪以来，抑制部分产业产能过剩成为中国产业政策的主要目标之一。2004年以来，抑制产能过剩一直是宏观调控的重要内容。对被列入产能过剩行列的行业，原则上不再批准扩大产能的项目；对不符合产业政策要求、不按规定程序审批或核准的项目，一律不得通过企业债、IPO等方式进行融资等。③鼓励企业兼并重组、提高产业集中度。国务院出台了《关于促进企业兼并重组的意见》（2010年9月）等纲领性文件及一些部门性产业政策作为促进所辖区域企业兼并重组的政策依据，以“优化资源配置，产业优化升级和企业组织优化整合”为目标，大力推进企业兼并重组、提高产业集中度。

四、产业规制政策

规制（Regulation，有时翻译为管制）是指依据一定的规则对构成社会特定经济主体的活动进行规范和限制的行为。

1. 产业规制的内容

产业规制是在市场经济条件下，政府以矫正和改善市场机制内在的问题为目的，干预和干涉经济主体活动的行为。政府对特定产业和微观经济活动主体进入、退出、价格、投资及涉及环境、安全、生命、健康等行为进行督导和限制，其目的是维持市场经济秩序、保护社会公众的利益，提高资金资源配置效率。

产业规制政策的对象主要是自然垄断产业。自然垄断产业是指其主要业务具有显著的规模经济效益，需要大规模固定资本投资，边际成本不断下降，具有网络效益的产业，如电力、供水、铁路、天然气、通信等。

自然垄断产业规制存在的主要原因是市场失灵。在自然垄断产业中，必然存在着分配效率和生产效率的冲突。一家生产者，其独家经营价格必然远高于成本，因此不能保证分配效率；为了保证分配效率，需要多家企业竞争，但这又无法保证生产效率。因此，政府必须干预该产业以协调两种效率。政府对企业的市场行为和市场绩效直接加以规制，以防止重复投资和过度竞争带来的资源低效配置，确保产品的稳定供给、收入的公正分配和物价的稳定等。

产业规制主要包括经济性规制和社会性规制。经济规制是政府默许特定自然垄断产业进行垄断经营的前提下，依据政府手段对垄断市场采取的补救措施。经济性规制主要包括进入和退出规制、价格规制、投资规制、质量规制。

社会性规制是政府以保障国民生命安全、提高健康水平、防止灾害、公害和保护环境为目的，对市场主体活动进行的强制性干预行为。而社会性规制主要是针对负外部性、信息不对称和非价值物品问题。与经济性规制相比，社会性规制的对象比较宽泛，但很少针对特定的产业，而大多针对具体的行为。

从趋势上看，经济性规制趋向于放松，而社会性规制的力度越来越大，覆盖的范围和影响力越来越广。因为社会性规制的最终目标是以人为本的可持续发展理念。以人为本的目标主要体现在通过规制保证人民的健康成长，提高生活质量和水平。目前我国比较突出的需要社会性规制的领域有医药市场、食品安全、矿业秩序、环境保护等。

案例　要涨价先公开成本①

水、气等产品的涨价可以让公用事业单位得益，并可能减轻政府的负担，但同时也会导致居民生活成本的增加。如果不提价，公用事业单位说自己亏损越来越多，会影响到公用事业产品和服务的供给，反而不利于居民福利的改进；而如果涨价，老百姓口袋里支出更多的钱，福利也会下降。

就这些公用事业产品和服务本身来说，以水而言，是因为城市聚集人口越来越多，密度增大，对水资源的消耗也就相应增大；同时工业化和城市化导致了环境污染严重，降低了清洁水资源的供给，需求的不断上升和供给的不断下降，造成了如今城市的水资源匮乏，稀缺性逐步增大的结果必然会通过价格上涨反映出来。因此，水价上涨是一个必然的趋势。

---

① 周业安．要涨价先公开成本［N］．中国经营报，2009-11-28．有所删减。

天然气则是另外一种情形。天然气作为自然资源，和储量以及开采程度有关，同样存在一定的稀缺性。随着使用量的增加，天然气也会变得越来越稀缺，因而天然气的价格在未来也可能呈上升趋势。但和水不同，天然气作为能源的一种，还面临其他能源的替代问题，假如有更便宜的能源出现并大量使用，那么天然气就会被逐步替代，所以价格反而可能下降。因此，天然气的稀缺性及其价格变化还取决于未来能源的替代程度，尤其是新能源的开发进度。

水和气是垄断的。也不仅水源和气源上必然会产生垄断，而且运输过程也会产生垄断，是经济学中标准的自然垄断概念。也就是说，在一定范围内，一旦输送管道铺成，那么通过这些管道运输水和气的平均成本就是持续下降的，结果是运输越多越划算。在一个区域内，只要有一个管道系统，就足以覆盖整个区域的居民和企业的使用，而不需要重复建设。假如非要两个企业进入这一市场，两个企业之间的竞争反而可能降低整个社会福利，因为居民和企业的用水量和用气量是相对稳定的，企业进入越多，平均成本下降的好处就越难实现，资源配置效率就下降了。

由于供水、供气的天然垄断属性，那么无法通过竞争机制的引入来解决垄断问题。通常对于这类垄断企业都采取平均成本加成的定价方法，给垄断企业一个目标利润率。

水务企业总是以亏损的理由来提高水价，由于平均成本是企业的私人信息，这样企业就可以通过操纵自身的成本信息来获取实际利益。其实无论这个水和气等公用事业单位是国有还是民营，其垄断性质难以改变，在唯一可行的道路就是成本作为私人信息的公开化。可以借鉴上市公司的做法，对水务企业进行公司治理改革。首先，要求公用事业企业财务信息透明化，反正这些企业是垄断企业，不存在竞争对手的威胁，也没有什么商业机密，因而财务信息透明化是可行的。比如和上市公司一样每季度、半年和一年发布审计后的财务报告，同时发布一些关键财务数字的专项审计报告：人工成本、各种折旧计提摊销等。其次，如果这些公用事业企业要提高产品价格，那么就不仅仅是召开一个价格听证会那么简单，这些要求涨价的企业必须接受社会审计，所涉及的区域居民有权推选并雇佣审计师对公用事业单位进行审计。最后，建立公用事业单位多数外部董事组成的董事会，负责决策。对于这些单位的董事会构成，应该有特别要求，比如内部董事只能占 1/3；政府选派的外部董事占 1/3；相关区域的居民和企业可以选举代表进入董事会，比如这部分应该可以占 1/3。这样就能够在董事会内部形成制衡。

总之，居民参与和企业财务透明是公用事业单位走向和谐之路的关键。

2. 自然垄断产业的放松规制

放松规制是指政府取消或放松对自然垄断或其他产业的进入、价格等的行政、法律规制，是对直接规制的放松，走向间接规制的一种过渡情形。放松规制有两方面含义：一是完全撤销对受规制产业的各种价格、进入、投资、服务等方面的限制，使企业处于完全自由的竞争状态，如汽车运输业；二是部分地取消规制或规制条款变得宽松，如由原来的审批制改为登记制。

自然垄断产业放松规制的主要原因：①由于技术经济条件的变化，削弱了政府经济性规制的依据，如在通信领域，由于光纤的发明、计算机技术的应用以及卫星通信的引入等，使通信不再是自然垄断的。提供通信，特别是长途通信、电信增值业务并不需要太大规模投资，而且这部分固定资本也不是沉淀的，所有这些都使新企业加入电信领域变得容易，同时，对电信需求的持续增长使一家企业垄断市场的局面不再是最具效率的。②产业间替代竞争加剧，受规制产业发展受到限制，如铁路、航空、公路运输等属于结构性竞争产业。高速公路的发展，使受规制的铁路产业面临竞争的压力，效益恶化，受规制反而成为一个负担，要求放松规制，以保持更大的经营权和灵活性，对公路的竞争做出及时的反应。③规制引起的负作用日益显现，要求取消规制的声音高涨。规制压制了企业创新，庇护了低效率；受规制企业漠视消费者需求，服务单一，成本上升，供给不足；规制费用不断上升等。市场不是完美的，政府同样不完美，以一种不完美的手段去纠正另一种不完美，其结果不一定是完美。④由于可竞争市场经济理论的出现和传播，经济性规制不再被认为是提高经济效率的唯一手段。根据可竞争理论，自然垄断产业，只要是可竞争的，没有政府的外部干预，垄断者也只能获得平均利润（可维持价格）。政府明智的做法不是限制进入，而是减少产业的进入壁垒，使产业能够自由进出，形成对垄断者的竞争压力。一些产业虽然有巨大的沉淀成本，但当其面临其他产业的替代竞争时，其行为方式与可竞争行为方式是类似的，因而不需要政府规制。⑤世界经济一体化、国际经济交往的迅猛发展也迫切要求放松政府规制。国际贸易、跨国投资、战略联盟等国际合作必须有一个开放、公平、自由的环境，但政府规制是对经济的人为干预和限制，客观上是对国内市场的保护，不利于国际人、财、物、信息的交流。

扩展阅读　中国产业政策风雨兼程40年[①]

改革开放40年来，中国政府出台的产业政策，一言以蔽之：点多、面广、影响强、成就大。根据改革进程、发展阶段和国际环境变化，过去40年的产业政策大致可划分为体制转轨时期、市场经济体制初步确立时期、21世纪至国际

① 国务院发展研究中心产业经济研究部研究室主任魏际刚．中国产业政策风雨兼程40年［EB/OL］．2018-09-18．国务院发展研究中心网站．

金融危机爆发前以及国际金融危机发生至2018年4个阶段。

一、体制转轨时期的产业政策（1978~1991年）

1978年十一届三中全会的召开，标志着中国进入了改革开放时代。1978~1991年是国民经济的体制转轨时期，产业政策的重点是产业结构合理化，纠正产业结构重大比例关系的失调，促进短线产业加快发展，抑制长线产业发展，努力使各方面失调的比例调整过来。该时期，市场经济体制尚未完全建立起来，政府在推动产业结构调整和产业发展方面发挥着很大的作用，产业政策的措施更多以政府投资、银行信贷、税收和一定的计划等直接干预手段为主，间接干预手段为辅。

改革之初，中国的国民经济比例严重失调。农业和工业、轻工业和重工业、原料动力工业和其他工业的比例严重失调，造成国民经济总体运行和发展难以持续，迫切需要对产业结构做重大调整。1979年4月，中央工作会议提出了十二条调整比例关系的原则和措施。1979年6月，国务院政府工作报告（以下简称"政府工作报告"）提出搞好国民经济的"调整、改革、整顿、提高"八字方针。

从20世纪80年代中期开始，中国政府从优先支持轻工业发展转向大力支持基础产业发展，对控制加工工业过快增长予以控制。1986年4月，"七五"计划第一次在国家层面提到"产业政策"，提出产业结构调整的方向和原则"在继续保持农业全面增长，促进轻工业和重工业稳定发展的前提下，着重改善他们各自的内部结构"。这个时期，国家着重于产业结构调整，同时也开始重视产业结构升级。1990年3月，政府工作报告指出，"努力开发新产品、新品种，增产名牌优质产品和市场紧缺产品，尤其要增产适应农村需要的日用消费品"。1991年3月，中央《关于国民经济和社会发展十年规划和第八个五年计划纲要的报告》指出"大力调整产业结构，促进产业结构的合理化并逐步走向现代化"，"要把产业结构调整放在今后10年经济建设的突出位置"。

二、市场经济体制初步确立时期的产业政策（1992~2001年）

1992年以邓小平视察南方重要讲话和党的十四大为标志，改革开放步伐明显加快，建立和完善社会主义市场经济体制成为改革的重要任务和明确目标。经过20世纪80年代产业结构的调整以及各次产业不同程度的发展，20世纪90年代产业政策目标及主要任务与改革初期有很大不同。

这一阶段的产业政策继续强调产业结构调整，重视产业结构升级，同时着力推动各次产业的发展，高度重视基础产业、支柱产业和高新技术产业的发展，重视产业发展中增长模式转换问题。这一时期，市场经济体制逐步建立，产业政策运用大量直接干预的方式逐步减少，导向性的间接干预方式不断增加，综合运用经济、法律、行政等多种手段。

1992 年 3 月，政府工作报告指出“对那些生产能力过剩、产成品积压、技术落后、长期亏损的企业，逐步实行关停并转”，“固定资产投资，主要用于能源、交通、通信、原材料和农业、水利等基础产业，支持高新技术产业的发展，加快居民住宅的建设。”1995 年 3 月，政府工作报告提出“加大投资结构的调整力度，提高农业、交通、通信和能源等基础产业和基础设施以及技术改造的投资比重”。1996 年 3 月，“九五”计划提出“积极推进经济增长方式转变，把提高经济效益作为经济工作的中心”。1997 年 3 月，政府工作报告提出“保持合理的投资规模，加大结构调整力度”。

1998 年 3 月政府工作报告提出“推进重点行业和重点企业改革和发展”。2000 年 3 月，政府工作报告要求“大力推进经济结构的战略性调整”“加大工业结构调整力度”“发展第三产业”。2001 年 3 月，“十五”计划提出“今后 5 年要着力调整产业结构、地区结构和城乡结构，特别要把产业结构调整作为关键”。

三、21 世纪以来至国际金融危机发生前的产业政策（2002~2008 年）

以 2002 年党的十六大召开为标志，中国的经济发展和改革开放进入新的阶段。一方面，产业结构和产业发展已经达到更高水平，工业化向中后期迈进。另一方面，新的阶段在面临着旧问题尚未完全解决的情形下，又遇到一些新问题。主要是产业结构调整和优化升级的任务还很重，同时土地、资源、能源、环境约束更加明显，产业结构和各类产业向更高水平发展过程中的一些深层次矛盾变得突出，加之经济社会发展中的地区差距、城乡差距、社会矛盾、国际竞争加剧以及不断增加的不确定性因素等，对该时期的产业政策目标、任务、方向和措施提出了更高的要求。

这一阶段产业政策的重点是产业结构的调整、优化和升级，实现产业发展从“量”向“质”的根本性转变。按照走新型工业化道路和转变经济增长方式的要求，既重视产业结构合理化，又加快推进产业结构优化和升级，引导和推动产业内在素质的改善，通过鼓励自主创新推动国内产业在全球产业链中的地位提升和国际竞争力的提高。节能、环保等因素成为产业结构调整的重要目标。这一时期，市场经济体制已经初步建立，产业政策更注重市场机制和利益导向机制的作用，更加注重对市场主体行为的引导，措施上综合运用经济、法律、环保、必要的行政手段等。

2006 年 3 月，政府工作报告指出“加大产业结构调整力度、资源节约和环境保护力度”。2007 年 3 月，政府工作报告提出“把节能降耗、保护环境和节约集约用地作为转变经济增长方式的突破口和重要抓手”“加快推进产业结构升级和自主创新。坚持走新型工业化道路，着力优化产业结构”。2007 年 10 月，中共十七大报告要求“要大力推进经济结构战略性调整，更加注重提高自主创新能力、提高节能环保水平、提高经济整体素质和国际竞争力”“加大对自主创新投入，着力突破制约经济社会发展的关键技术”。2008 年 3 月，政府工作报告提出“坚持把推进自主创新作为转变发展方式的中心环节”“坚持走中国特色新型工业化道路，推进信息化与工业化融合”。

四、国际金融危机以来至今的产业政策（2008~2018 年）

2008 年爆发的国际金融危机使中国面临的国际国内形势发生重大变化，经济发展遭遇重大困难和挑战。一方面，国际市场需求萎缩，全球通货紧缩明显，贸易保护主义抬头，外部经济环境严峻，不确定因素显著增多。另一方面，国内经济增速明显下滑，长期制约中国经济健康发展的体制性、结构性矛盾依然存在，一些行业产能过剩，第三产业发展滞后，自主创新能力不强，能源资源消耗多，环境污染重，城乡、区域发展差距仍在扩大。

这一阶段产业政策的重点仍是抓好结构调整，促进转型升级。适应市场需求变化，根据科技进步新趋势，发挥中国产业在全球经济中的比较优势，发展结构优化、技术先进、清洁安全、附加值高、吸纳就业能力强的现代产业体系。这一时期，产业政策更加强调科技创新，大力培育战略性新兴产业，加强节能减排和生态环保，推进区域经济协调发展。

2012 年 3 月，政府工作报告提出，“促进产业结构优化升级。推动战略性新兴产业健康发展”。2012 年 11 月，中共十八大报告提出，“着力激发各类市场主体发展新活力，着力增强创新驱动发展新动力，着力构建现代产业发展新体系，着力培育开放型经济发展新优势，使经济发展更多依靠内需特别是消费需求拉动，更多依靠现代服务业和战略性新兴产业带动，更多依靠科技进步、劳动者素质提高、管理创新驱动，更多依靠节约资源和循环经济推动，更多地依靠城乡区域发展协调互动，不断增强长期发展后劲”。2013 年 3 月，政府工作报告提出“必须加快改造提升传统产业，大力发展高新技术产业，提高产品质量和市场竞争力”。

2017 年 10 月，党的十九大报告指出“我国经济已由高速增长阶段转向高质量发展阶段，正处在转变发展方式、优化经济结构、转换增长动力的攻关期，建设现代化经济体系是跨越关口的迫切要求和我国发展的战略目标。必须坚持质量第一、效益优先，以供给侧结构性改革为主线，推动经济发展质量变革、效率变革、动力变革，提高全要素生产率，着力加快建设实体经济、科技创新、现代金融、人力资源协同发展的产业体系”。

2018 年 3 月，政府工作报告提出“大力推动高质量发展。着力解决发展不平衡不充分问题，围绕建设现代化经济体系，坚持质量第一、效益优先，促进经济结构优化升级”。

五、对中国产业政策效果的评价

40 年来，中国政府出台的产业政策“点多、面广、影响强、成就大”。

第一，产业结构调整取得重大进展。改革开放初期，重工业与轻工业比例严重失调、燃料动力工业与其他工业比例严重失调、农业与工业比例严重失调，20 世纪 80 年代中后期以来，一般加工工业过快增长、基础产业严重滞后等重大结构性问题基本得以解决，三次产业结构严重失调的状况基本得以纠正。产业结构合理化程度有所提高，产业结构高度化不断推进。各次产业各类技术水平有所提高，产业层次有较大提升，工业部门深加工趋势增强，高技术出口比重增加，一大批国际国内知名品牌得以涌现。

第二，各类产业有很大发展，产业内在素质有很大提高。产业政策在重视一、二、三产业结构的调整外，同时注重各次产业结构内部关系的调整，注重各类各次产业的发展。基础产业的瓶颈有很大缓解，制造业总规模位居世界第一，钢铁、电解铝、水泥、煤炭、电冰箱、洗衣机、空调器、化纤、纱、布、服装等产量稳居世界第一，汽车、房地产等支柱产业快速成长，高新技术产业发展迅速。

第三，产业竞争力持续提升。轻工、纺织等传统优势产业在国际市场上有很强竞争力，钢铁、有色、石油化工、电子信息、造船等有较强竞争力。交通、物流、电子商务等竞争力快速提升。

同时也要看到，产业政策在解决中国产业发展和产业结构调整的深层次问题上的作用还不尽理想。

第一，产业结构调整滞后问题未根本改变。核心基础零部件、先进基础工艺、基础软件、产业技术基础等长期受制于人，传统产业改造提升等关键性结构调整进展缓慢。

第二，产业发展长期粗放的问题并未得以根本改观。多数行业处于国际价值链的低端；高投入—低产出—高排放现象严重，产业发展的能源资源环境代价过大，产业发展的能源资源环境约束性增强；产业组织不合理，产业趋同、集中度过低、规模经济缺乏和规模不经济并存等。

第三，部分产业政策在制定和实施过程中，对产业总体发展带来一些负面影响，一些产业政策引起了争议。

第四，产业政策制定和实施中也暴露出一些问题。如政策制定者对产业政策的理解和运用还不够全面和成熟；政策制订者因信息不对称和不完全，使产业政策目标、范围、着力点不准；因政府职能转型不到位，计划的痕迹还比较明显，以产业政策之名，用行政手段干预企业经营的行为时有发生；过度行政化和直接干预，对市场机制造成伤害；有些产业政策深入到对产业内特定企业、技术、产品和工艺的选择和扶持；制定和执行产业政策过程中存在着“寻租”行为；产业政策按所有制、按大小企业、按准入等形成不同的政策，有损公平和竞争；产业政策实施中的各类政策工具，效果差异很大，有些政策工具效果不尽如人意；以产业政策来固化部门自身利益；产业政策未能有效协调地方间的分工，重复建设问题严重；产业政策与相关政策协调不足等。

总之，对中国产业政策的作用需辩证看待，不能因产业政策的巨大成效而否定市场机制，也不能因产业政策的问题而全面否定之。恰恰相反，这正是新时期需要进一步改进和完善产业政策的理由。

第十二章 产业评价与企业的产业选择战略

察势者明，趋势者智，驭势者独步天下。

——鬼谷子

产业分析的目的是产业选择，而要进行产业选择，先需要做产业评价，从而发现产业的吸引力和战略价值。本章既是对前面主要章节内容的总结和深化，又是产业分析在企业战略管理中的延伸和应用。

第一节 产业分析：企业战略制定的出发点

战略（Strategy）是指企业为了实现预定目标所作的全盘考虑和统筹安排。企业战略是企业根据外部经营环境和内部资源条件对经营活动进行的全局性、长期性的谋划。对产业环境的分析重点在于了解影响企业利润能力的条件和要素。

一、企业战略管理的实质

1. 战略管理的两大理论的比较

20 世纪 80 年代以来，战略管理有两大影响很大的理论：第一种是以产业结构分析为基础的竞争战略理论，简称结构学派；第二种是以资源为基础的核心竞争力理论，简称资源学派。

以产业结构分析为基础的竞争战略理论（结构学派）揭示外部环境对企业战略行动的决定性影响。该理论认为，企业的外部环境特征是战略管理的主要因素，企业战略在于选择行业和市场定位，一家企业所在的行业比管理者做出的组织内部决定对公司的影响更大。置身于一个高吸引力的产业是企业获得高盈利的基础，企业业绩主要决定于所在行业的特性，包括规模经济、市场进入障碍、多元性、产品差异化以及公司集中度。结构学派的创立者和代表人物，首推美国著名战略管理学家、哈佛大学商学院的迈克尔·波特教授。

结构学派认为战略制定与战略实施过程主要包括：①研究外部环境，尤其是行业环境；②选择超额利润潜力巨大的行业；③找出此行业赚取超额利润所需的战略；④培养或购买实施战略所需的资产或技能；⑤利用企业的优势（培养或购买的资产和技能）实施战略。

结构学派虽然提供了对企业进行战略分析的完整框架，说明了产业吸引力对企业利润水平的决定作用，但越来越多的事实表明，同一产业内企业间的利润差距并不比产业间的利润差距小，在没有吸引力的产业中可以发现利润水平很高的企业，而在吸引力很高的产业，也有经营状况不佳的企业。这些都是波特战略理论不能很好解释的现象。另外，该战略理论还往往诱导企业进入一些利润很高，但缺乏经验或与自身优势毫不相关的产业，进行无关联的多角化经营，这方面有不少失败的案例因而也对该理论提出了疑问。

资源学派更强调企业资源的积累和应用的重要性。该理论认为，任何一家企业都是资源与能力的独特组合，这些资源和能力是企业战略的基础，也是利润的重要来源。企业是不断变化的能力整合体，它通过动态的管理来获取超额利润。企业不同时期表现的差异是由它们独特的资源和能力的组合所引起的，并非行业的结构特征所致。公司的资源可以分为三类：实物资源、人力资源和组织资本。能力是指将众多资源结合运用来完成一项任务或活动的才能，由于不断地使用，能力会变得越来越强，并使竞争者难以理解和模仿。资源学派强调，在决定战略行动时，公司的内部环境，如资源和能力，比外部环境更重要。并非所有公司的资源和能力都可以转化为竞争优势，只有当这种资源和能力是有价值的、稀缺的，难以模仿、无法替代的时候，它才有可能成为竞争优势。核心竞争力是指作为企业战胜其竞争者的竞争优势来源的资源和能力。战略的选择应帮助公司抓住外部环境的机遇，最有效利用它的核心竞争力。

资源学派认为战略制定过程包括：①找出企业资源，研究其相对竞争者的优势与劣势；②研究公司的能力，何种能力可以使企业战胜竞争对手；③从竞争优势的角度，研究公司的资源与能力潜力；④选择有吸引力的行业；⑤选择能使企业最大限度地利用其资源和能力来发掘外部环境的机会战略。

两大理论各自强调的侧重点不同，结构学派强调了外部环境的产业或行业在企业战略中的重要性，而资源学派强调了企业内部的资源和能力在企业战略中的重要性。其实，就揭示企业战略管理的本质而言，两大理论又是互补关系。企业如果要在日益复杂的竞争格局下获得成功，既需要适应不断变化的行业环境；又需要积累并有效利用自己独到的资源和能力，只有两方面都兼顾，企业才能创造战略竞争优势和提高利润水平。因此，两大理论不是对立的，更多是互补的。

2. 企业战略的实质

企业战略是企业为了获得长期的生存和发展，在预测和把握外部环境变化的基础上，结合自身的资源和能力、经营专长优势对有关企业长期发展方向和目标及其实现途径和手段做出的总体谋划，其目的不在于维持企业的现状，而在于规划企业的未来。企业战略是一项为使企业长久发展和延续的使命。由于各个企业的竞争资源和竞争能力是不相同的，而且其与产业环境的匹配程度也有差别，因此，企业为了有效利用自身的优势，适时捕捉产业的机会就会相应制定不同的竞争战略，由此也就产生了相互间的战略差异性。企业通过模仿和学习使其能力状况不断改变，同时在产业环境的作用下，企业的各种资源和能力也会随着时间的推移而此消彼长，因此，企业就会不断地调整自己的战略以求得在竞争中取得主动有利的地位，企业战略也会随时间动态变化。

企业战略管理的实质是企业的战略目标、企业的外部环境和企业内部条件的动态平衡（见图 12-1）。

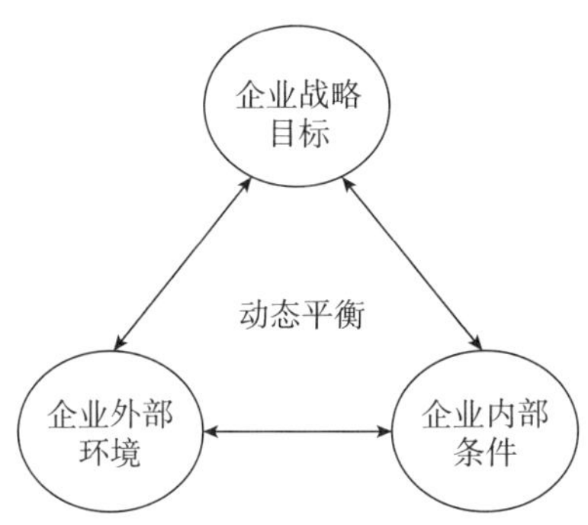

图 12-1 企业战略管理示意

外部环境主要是产业环境和市场环境，内部条件主要是企业的资源和核心能力。战略目标的确定是建立在客观分析企业外部环境和内部条件的基础上，并具有激励和引领作用。外部环境因素和企业核心能力共同决定了企业绩效和利润率的水平。

阅读材料 战略管理的经典分析框架：SWOT分析

战略管理最常用的分析框架，是由安德鲁斯提出的 SWOT 分析。S 是指企业的优势（Strength）、W 是指企业的劣势（Weakness）、O 是指环境向企业提供的机会（Opportunity）、T 是指环境对企业造成的威胁（Threats）。机会是那些能帮助企业获得竞争优势的总体环境条件，威胁是那些会妨碍企业获得竞争优势的环境条件。机会意味着竞争的可能，而威胁意味着潜在的约束。企业经营者通过对面临的机会和威胁、企业内部的优势和劣势的综合分析，提出了企业的竞争战略。

二、产业分析是企业战略制定的出发点

迈克尔·波特认为，一个企业的竞争优势取决于两个方面：企业所处产业的吸引力和企业在该产业中的相对地位。因此，企业竞争战略的选择由两个中心问题构成，其一是产业选择问题，即从长期盈利能力和决定长期盈利能力的因素来认识各产业所具有的吸引力。各个产业并非都提供同等的持续盈利机会，一个企业所属产业的内在盈利能力是决定该产业获利能力的一个要素。其二是竞争地位问题，即如何在一个选定的产业内确立企业的竞争地位，企业不仅要有能够进入具有吸引力的产业的资源和能力，同时还要拥有区别于竞争对手且能形成竞争优势的特殊资产即战略性资产，如技术开发和创新速度、产品形象、品牌、声誉、售后服务、顾客忠诚等。这两个因素共同决定企业战略的选择。

任何一个企业的生存和发展都离不开产业环境，企业竞争战略受制于该企业所属产业环境状况，制定战略应从产业分析开始。

产业分析是有关产业未来发展趋势的评估。产业分析从过去发展历程、行业发展现状确认行业发展阶段，找出主要影响因素及行业内的行业关键成功因素等，预测一个产业将如何演进，评估产业关键发展趋势、跟踪正在出现的非连续性变化，把握产业结构的演化以及分析现有竞争格局和动向，提高对产业发展趋势判断的准确性，从而发现产业机会，避开产业威胁。

产业分析是对产业发展趋势和产业运行影响因素进行的研究。通过科学的分析方法，客观评估产业运行的现状与问题，清醒认识产业运行为企业带来的机遇和挑战，准确研判产业发展趋势是产业分析的主要任务和追求目标。由于产业运行受到多种因素影响，有些因素变化具有全局性影响，有些因素牵一发而动全身，有些因素变化比较突然，有些因素变化比较隐蔽，这些信息的不确定性会导致企业决策者判断失误，产业分析就是为了消除和减少未来不确定性，使决策更科学。

产业分析为企业制定发展战略和竞争战略提供科学依据。有见地的战略应该根据对企业经营所处的产业环境的彻底理解来制定。产业分析不仅帮助公司评估一个产业的潜在获利能力，而且帮助企业考虑增强竞争地位途径。

因此，产业分析是战略制定的出发点，特别是我国产业成长过程的不同阶段，产业波动、产业转型升级、产业转移等方面都会为企业提供良好的战略商机，也可能带来灾难性威胁。企业需要把未来产业趋势性变化和企业的资源和能力进行协同分析，这样才能赢得机会、避免损失。

第二节　产业特征分析

产业特征分析是产业分析的重要内容之一。产业特征也是影响产业选择的重

要因素，不同产业之间其特征差异比较大。比如零售行业，该行业进入门槛不高，企业竞争激烈，整个行业呈现出经营品种多、周转速度快以及行业毛利率低的特点。对制药行业来说，企业先要取得政府颁发的生产许可证，行业进入门槛高，再加上药企资金投入大，对高级专门人才的需求大，工艺复杂等，其利润率通常要高于一般行业。

产业特征分析的目的是给出所分析产业内在价值的全面且是概念性和结论性的刻画。把握产业的总体特征，对产业投资、运营、管理都有重要价值。

在产业分析时，可以从多方面刻画产业特征，可以根据分析的目的进行选择。下面仅构建产业特征总体框架如下：

（1）产业要素特征。劳动力、资本、技术等要素密集程度。

（2）产业资本特征。启动资金、投资量、建设周期、投资结构。

（3）产业资产特征。重资产行业或轻资产行业等。

（4）产业技术特征。技术成熟程度、技术复杂性、相关技术的影响、技术的可保护性、研究与开发费用及增长率、互补性。

（5）产业需求特征。需求增长率、顾客稳定性、产品生命周期阶段、替代品可接受性、需求弹性、互补性。

（6）产业成长特征。产业成长阶段、增长速度及持续性。影响因素主要有生产能力增长率、新投资总额、一体化、多元化发展速度。产业成长又与产业需求和产业技术特征相关。

（7）产业功能特征。中间产品型、最终需求型。

（8）产业关联特征。前后向联系、感应度与影响力等。

（9）产业规模特征。产业绝对规模和空间大小，在国民经济中所处的地位及其发展趋势。

（10）产业的产权特征。产业的产权主体特征、产权结构及其影响。

（11）产业组织特征。专业化水平、规模经济性、进入壁垒、垄断竞争状态、市场行为。

（12）产业竞争特征。竞争企业数、竞争企业战略、资源的可得性、潜在进入者、竞争结构、产品差异化程度。

（13）产业周期特征。周期性行业、非周期性行业、波动强度等。

（14）产业财务特征。资产、负债、损益及收入、成本和利润等。

（15）产业分布特征。区域集中还是分散，区位指向等。

（16）产业政策特征。政策支持、限制或禁止等。

产业特征总体描述应注意几点：①产业有些特征是相对固定的，而有些特征则随时空变化而变化。产业要素特征、产业功能特征、产业关联特征、产业资产特征、产业周期特征等相对固定，因为这些特征与产业本身的最基本的技术经济特征相关；而产业需求特征、产业成长特征、产业规模特征、产业竞争特征、产业财务特征则随着经济发展、人民需求结构变化、产业成长阶段等因素而变化，如钢铁、煤炭、工程机械等产业在 20 世纪 90 年代末到 2010 年前由于我国正处于重化工业化快速推进阶段，对原材料、能源需求增长很快，这些产业规模快速扩张，行业利润也很高，而进入 2010 年以后由于我国经济增长速度由高速度逐步回落到中速增长，加上经济发展方式转换、产业结构转型升级、环境治理等因素，对钢铁、煤炭等原材料、能源需求增长下降，产业成长明显放缓，行业利润明显下降。再如，彩电、冰箱等家电行业在 20 世纪 90 年代需求和产业高速增长，行业利润也很较高，而近 10 年则进入平稳增长阶段，行业利润也降至一个较低水平。手机行业前十几年总体上在快速增长，随着普及率和渗透率提高到较高，近年由高速增长进入中速度增长趋势。②一些产业特征之间存在关联性。如产业需求特征、产业成长特征、产业规模特征、产业竞争特征、产业财务特征具有明显关联性。一般一个需求快速增长的产业，其成长会比较快速，产业利润水平也会不断提高，产业规模随之增大。产业要素特征、产业技术特征、产业关联特征、产业资产特征、产业组织特征等有一定的相关性和一致性。③有些特征具有共性，有些则具有地域性。

在概括某一产业总体特征时，首先，要抽象出该产业独有的特征，这一特有的特征可能就是该产业排他性的优势，从而形成产业核心竞争力；其次，应概括出产业相对突出的特征；最后，是一般特征。

表 12-1 所列的行业总体特征，只是粗线条地简单对一些重要的共性与规律性特征进行一般归纳。在对具体的细分行业进行特征分析时，需进一步深化和细化，许多产业本身可能具备多个特征的综合，并且这些特征会有显著的主次关系，其中竞争特征中提到了资源的可得性和稀缺性，比如稀土是我国在国际市场占有垄断地位的资源。当前，我国稀土行业已经形成了五大集团，若是它们进一步整合形成垄断地位，那么，就跟美国因垄断钛白粉的供应而涨价一样，可以在国际稀土市场上掌握定价权。

表 12-1 近阶段代表性产业总体特征

行业	成长特征	规模特征	关联特征	组织特征	要素特征	周期特征	财务特征
钢铁	低	大	强	垄断竞争	资本	强	低
煤炭	低	大	一般	竞争	资本劳动	强	中
工程机械	中	大	强	寡头竞争	资本	强	中

续表

行业	成长特征	规模特征	关联特征	组织特征	要素特征	周期特征	财务特征
纺织	低	大	中	强竞争	劳动	低	低
方便面	低	大	低	强竞争	劳动	弱	低
彩电	较低	大	较强	强竞争	资本技术	低	低
空调	中等	大	较强	寡头竞争	资本技术	中	高
手机	中等	大	强	垄断竞争	资本技术	弱	高
轿车业	中等	大	强	强竞争	技术资本	中	中
载重汽车	中等	较大	强	竞争	资本技术	中	中
机器人	高	大	强	垄断竞争	技术	中	中
飞机制造	中	大	强	强垄断	资本技术	低	高
烟草	低	大	一般	垄断	资本劳动	低	极高
电力	中	大	中	垄断	资本	低	高
石化	较高	大	较强	垄断竞争	资本	高	一般
银行	中	大	强	垄断竞争	资本劳动	中	高
房地产	中	大	强	垄断竞争	资本劳动	强	高
医药	高	大	较强	垄断竞争	资本技术	弱	高
餐饮	中	中	小	强竞争	劳动	弱	中
供水	中	大	一般	垄断	资本	弱	高

聚焦 产业竞争强度的影响因素

一个具体产业的竞争强度受多种因素的影响，主要有以下几个影响因素：

（1）产业的增长率。一般来讲，行业增长率越高，业内企业竞争行为的攻击性就越弱，因为各家企业可以从快速扩张的市场“蛋糕”中获得发展机会，而不必单单依靠抢占市场“地盘”扩大市场份额来增加销售收入，但随产业所处生命周期曲线的位置不同而不同，所以不能一概而论。在一个新兴行业中，高成长可能会不断吸引新的竞争者进入，容易诱发攻击性行为，而对几乎所有产业而言，成长性的降低往往也会导致竞争行为的激化。

（2）总体利润水平。行业整体赢利状况不佳往往会导致出乎意料的业内竞争行为。行业内企业整体赢利水平越高，对竞争对手的包容度可能也越大。

(3) 固定成本的水平。如果所需投资巨大且有很高的专用性，那么固定成本占总成本的比例也会较高，当市场低迷或业内产能过剩时，竞争者一般会在该行业中"硬撑下去"，产品售价还不够回收全部成本。航运、炼油和石化行业的例子表明，即使竞争行为导致微利或亏损，竞争企业可能也会支撑很长时间，否则在资产无法变卖的情况下，只能关张了事。

(4) 行业内企业数量和市场份额。一般来说，产业内企业数量越多，越容易无序竞争；行业内企业市场份额（特别是前位企业的市场份额）越低越接近，竞争也就越激烈。

第三节　产业评价

一、产业吸引力评价

产业评价最重要的是产业吸引力评价。产业吸引力是指由产业自身发展特点所决定的产业可能获利能力，它还可以理解为一个产业随着经济发展所能预见的发展潜力。这里所说的产业自身发展特点是指影响产业吸引力的多种因素；产业可能的获利能力是指战略决策者对产业内成功企业所能获利水平的预期，这种预期可以根据已有的经验来推测，也可以使用产业内企业已经显示的盈利水平所证实。

1. 五力模型分析

著名竞争战略专家迈克尔·波特提出的产业结构分析方法，对产业的吸引力也给予了高度重视。波特认为，产业结构以及产业的获利程度对企业的经营业绩具有直接影响，并采用五力模型或五因素分析模型对产业吸引力进行评价，即一个产业的竞争状态和盈利能力取决于五种基本竞争力量之间的相互作用。这五种竞争力量或五个因素分别是：潜在进入者的威胁、替代品的威胁、买方讨价还价能力、供方讨价还价能力和产业内现有竞争者的竞争。五力模型如图 12-2 所示。

行业内部竞争的影响因素包括行业成长性、行业集中度、差异化程度、进入退出壁垒、固定/变动成本等。

潜在进入者威胁的影响因素包括规模经济、先进优势、渠道优势、公共关系、法律障碍，这些都会影响到行业的进入门槛。

买方讨价还价能力的影响因素是购买者的数量、转换成本、产品差异化、产品成本或质量的重要性、单个服务的购买量。

替代品威胁的影响因素包括相对价格与绩效、顾客转换意愿等。

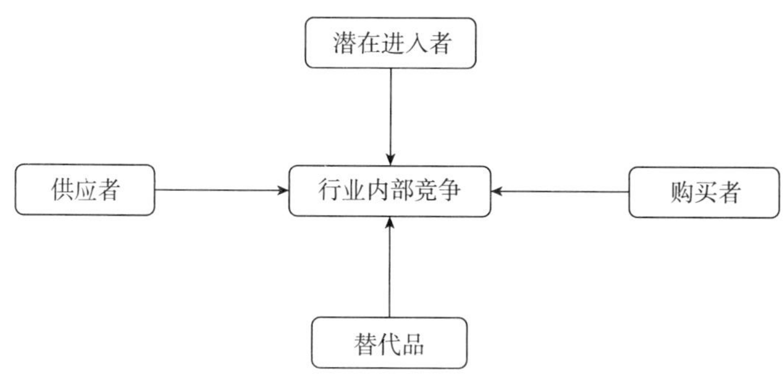

图 12-2 波特的五力模型

供方讨价还价能力包括转换成本、产品差异化、产品成本或质量的重要性、供应商的数量、单个供应商的供应能力等。

五力模型把一个公司放到行业的上下游产业链和行业竞争格局的大背景中分析产业吸引力。从水平方向上看，供方企业—产业内竞争性企业—买方企业形成一条产业链，并通过前、后向的讨价还价决定每个环节在产业链中的控制力；从垂直方向上看，五因素模型说明了产业的创新潜力，根本性的创新往往来自新进入企业和替代品企业。行业存在替代者这一事实对本行业的买方而言意味着一种选择权，即不从业内公司购买产品的权力。从整体上看，五力模型既有产业间分析，同时也包括产业内竞争强度分析，是一个以获利性为最终目的的分析模型。

五种竞争力量共同决定产业的竞争强度和产业利润率的高低。企业可以采取以下方式提升自己的竞争力：①分解供应商的力量。引入多家供应商，削弱一家供应商的力量。掌握采购主动权，迫使供应商保证原材料性能的同时降低价格。②分解客户的力量。开发更多的客户，避免对少数客户的过度依赖，从而提高公司在竞争中的地位。③集中自己的力量。当公司所在的市场是过度分散的市场时，同类竞争者的牵制会更多，如果通过收购、兼并、合作方式，提高自己的市场份额，消散同业市场竞争力量，从而提高自己在竞争中的地位。④分化潜在进入者的力量。通过提高进入壁垒或价格策略阻止潜在进入者。⑤进入发展替代品。当一新的产品及服务优于现有的产品及服务时，企业应考虑进入替代品。许多公司过于留恋自己的传统优势产业，而对新替代品发展不足，对新替代品、对现有产品的威胁认识不足，将导致其衰败。柯达破产就是一个典型例子，柯达过于迷恋当时强大的优势胶卷业务，对替代品业务数码相机的投入和支持不足，最终败在替代品数码相机业务上，而数码相机正是柯达发明并率先进入产业化运作的。

2. 影响产业吸引力的因素

波特的五力模型提供了产业吸引力分析的经典分析框架。下面对影响产业吸引力的主要因素进行进一步概括和具体分析。

（1）市场容量。某产业市场需求容量或预测的容量越大，市场成长空间越大，发展前景越广阔，则产业的吸引力越大。

（2）市场增长率。市场增长率越高，则产业的吸引力越大。

（3）要求供应条件。例如，材料、设备、能源、技术管理人员、资本、企业家才能。要素供应条件越好，产业自然吸引力越大。

（4）销售条件。主要指建立一套完整的销售渠道或网络所需花费的成本、时间和买方议价能力。如果花费成本越低、时间越短、买方议价能力越弱，则产业自然吸引力越大。

（5）规模经济。对产业吸引力的影响要区分几种不同情况，主要是考虑决策主体的战略意图。如果决策者欲在此产业形成垄断性的霸主地位，则该产业规模经济性越明显，产业吸引力越大；对于在此产业已有一定规模、已取得先入为主优势的厂商，该产业规模经济性越强，则吸引力越大；而对于采取跟随战略，欲在该产业分得一小部分市场的较小厂商，产业的规模经济性越强，则吸引力越小。

（6）学习曲线。学习曲线效应对产业自然吸引力的影响与规模经济性类似，对于具有较多累积产量、长时间在该产业经营的厂商来说，产业学习曲线效应越强，则产业自然吸引力就越大。

（7）进入壁垒。进入壁垒主要指产业政策限制、知识产权保护和投资巨大等方面的壁垒，进入壁垒越大，则产业自然吸引力越小。

（8）退出壁垒。主要用转置成本的高低来衡量，厂商从一个产业转向另一个产业的转置成本越高，则产业自然吸引力就越小。

（9）相关产业（或产品）发展状况。指与该产业具有互补性质的产业（或产品）的发展状况。

（10）所处生命周期阶段。要避免掉在夕阳行业的阶段，也要避免初期百舸争流的阶段，要的是成长期和稳定期阶段。

（11）产业组织演变趋势。主要是指产业演变是更趋向组织分散还是集中。从决策主体的战略意图考虑，如果企业进入该产业是作为企业主业发展，并且该企业有意成为该产业具有领导地位的垄断企业，产业演变越趋于集中，则产业自然吸引力就越大；如果企业进入该产业是作为非主业发展，并且欲在充分竞争的市场中分得一杯羹，则产业越趋于集中，产业自然吸引力就越弱。

（12）产业政策。国家鼓励或引导发展的产业，产业自然吸引力就大，否则就小。

（13）产业风险。产业风险是从事某一行业损失的不确定性。主要风险有市场、技术、汇率、管制风险。市场需求和制造技术尚未成熟；对外贸易汇率不稳定和产业遭受管制（如由于可能造成环境污染或资源浪费）的可能性越大，则产业吸引力就越小。

3. 产业吸引力指标体系

下面进一步提出几个评价产业吸引力的指标：

（1）反映产业成长的指标。包括市场规模及需求增长率、需求收入弹性、国际市场规模等。

一般来说，高新技术产业通常具有较强的吸引力，因为该产业需求容量迅速扩大为企业快速成长和获得巨额利润提供市场空间。高档耐用消费品产业一般都有较高的需求收入弹性，因此，都具有较强的产业自然吸引力。

（2）产业可进入性指标。包括产业集中度、开工率、进入壁垒、渗透难度，要么资源独占，要么有牌照限制，要么有技术优势，要么有品牌优势。

（3）反映产业获利性指标。主要使用行业平均毛利润率、资本利润率、现金流状况。

毛利率即毛利与销售收入的比例，其中毛利是收入和与收入相对应的营业成本之间的差额。行业平均销售毛利润率高低往往与行业竞争格局有关，有一定垄断定价权的行业一般较高，如医药、房地产、高速公路、软件、白酒、餐饮旅游等行业由于在专利技术、稀缺土地、特许经营权、高新科技、百年品牌、地域文化以及渠道平台等方面拥有垄断性资源和部分定价权，这几个行业毛利率较高。

影响资本利润率高低的主要因素有价格/成本、税率、周转速度。价格成本比越高，资本利润率越高；税率越低，资本利润率越高；周转速度越快，资本利润率越高。资本利润率越高，产业的吸引力也就越大。

影响现金流的因素取决于行业的特征，如应付和应收账款类驱动因素是由行业特征和运营方式等决定的。例如，环保这个行业，综观其市场需求，是处在一个快速上升期，未来十余年，中国对环保投入会大大加强，因此市场空间比较大，但环保业有一个比较致命的问题，是在于现金流方面，回款比较差。由于下游多是地方政府，项目采用 BT 模式，订单会有，但是需要公司垫资施工，而且最后回款情况也存在较大的不确定性。另外，环保行业还存在项目价格受政府管控影响较大，整体投入大、见效慢的特点。

二、产业发展前景评估

产业发展前景评估与产业吸引力评价有诸多相似之处，甚至可以说产业发展前景是产业吸引力的有机组成部分，只是产业发展前景评估更集中对产业未来前景的预测和分析。产业前景评估主要从未来界定的时期产业的需求、技术、市场、价格、产业政策等方面进行分析，从而判断产业的发展态势和产业价值。具体包括：市场需求增长及总规模的预测、行业技术变化的预测、行业未来增长预测、宏观经济趋势和产业政策变化的分析、市场竞争态势的分析、价格和盈利等变量的预测以及综合判断。

对产业发展的前景评估应分短期、中期和长期。短期评估应以现有存量变化调整因素为主；而中长期评估则要考虑经济周期、发展规律、增量变化等因素。

案例 软银孙正义的战略眼光

日本软银集团创始人孙正义，作为一个传奇的世界级风险投资人，他赶上了每一波浪潮：PC 互联网、移动互联网、IOT（物联网）。总结创业 30 多年来的经验时，孙正义认为，选择将来会成为主流的行业是关键。要第一个觉察发展趋势，迅速应对。

孙正义对移动互联网的见地很深刻，他很早就预见到，移动互联网将成为未来的霸主。在 iPhone 诞生前，孙正义曾经和乔布斯见面，孙正义对乔布斯说，移动通信的时代一定会到来，无论如何都要收购移动公司，或者拿到许可证。

1996 年，美国硅谷的互联网浪潮开始发酵，孙正义向雅虎投入了 1 亿美元，占了雅虎 35%的股权。当时雅虎只有十几个人，杨致远都觉得孙正义疯了。雅虎上市后，孙正义仅仅抛售了 5%的股份，就获利了 4.5 亿美元。

此后，孙正义又大量投资中国、印度市场的互联网公司，软银“金手指”点中的中国企业包括 UT 斯达康、新浪、网易、携程、分众传媒、阿里巴巴、当当、淘宝网、博客中国、千橡集团等，孙正义还在印度投资了 inmobi 等公司（全球第二大移动广告公司）。

1999 年 10 月，孙正义投资在当时名不见经传、处于创业期的阿里巴巴 3500 万美元，2004 年 2 月，再次投资 6000 万美元，共持股 34.4%。如今，根据估算这笔股份市值约 800 亿美元。

2003 年，软银旗下的软银亚洲投资 4000 万美元给盛大。

2008 年，孙正义以 3.84 亿美元的资金，获得千橡互动 40%的股权。看中的是公司旗下的 SNS 社区品牌，包括校内网、人人网、猫扑网、山赛开心网。

2006 年，孙正义动用 1.75 万亿日元并购了日本第三大运营商沃达丰日本，而软银当年收入也才 1.1 万亿日元，手里的现金只有 2000 亿日元。

2016 年，软银使用 360 亿美元收购 ARM（英国芯片设计公司）。孙正义预测，将来所有物联网平台都要用 ARM。单单 ARM 一家公司，未来 20 年的物联网芯片发货量就超过1万亿。当前90%的智能手机芯片来自ARM，未来将有80%物联网的芯片也来自ARM。掌握了ARM，就掌握了全世界的物联网平台，像收税一样。

孙正义预测，IOT（物联网）的速度会远远超过电商和互联网的速度；2020前自动驾驶汽车会全面普及；未来30年智能机器人的数量会超过人口总量。

2016年，他成立1000亿美元的投资基金，只投AI（人工智能）和物联网，这个1000亿美元的基金，规模超过当时全球所有风险投资的总和650亿美元。他相信人工智能要超过人脑，坚信在未来30年里，超级智能一定会诞生，而且是有史以来的大事。

三、产业价值分析

产业价值分析的主要目的是对产业进行价值评价和价值发现，为做出产业选择和产业决策提供依据。产业价值发现表现为经营价值和投资价值，经营价值发现可以为企业的扩张和收缩、产业链的整合、产业的做大做强提供依据；投资价值发现可以为资本的进入和退出，资产投资组合的优化提供依据。

阅读材料 巴菲特评公司——出色的、良好的和糟糕的[①]

让我们来看看，什么样的公司能让我们眼前一亮。在关注于此时，我们同样也要探讨，哪些是我们期望极力避开的企业。

一家真正伟大的公司必须要有一道“护城河”来保护投资获得很好的回报，但资本主义的“动力学”使得任何能赚去高额回报的生意“城堡”，都会受到竞争者重复不断的攻击。因此，一道难以逾越的屏障，比如成为低成本提供者，像盖可保险（Ceico）或好市多超市（Costco）或者拥有像可口可乐、吉利、美国运通这样晓誉世界的强大品牌，才是企业获得持续成功的根本。商业史中充斥着“罗马烟火筒”（Roman candle）般光彩炫目的公司，它们所谓的“长沟深堑”最终被证明只是幻觉，很快就被对手跨越。

我们对“持续性”的评判标准，使我们排除了许多处在发展迅速，且变化不断的公司。尽管资本主义“创造性的破坏”对社会发展很有利，但它排除了投资的确定性。一道需要不断重复开挖的“护城河”，最终根本就等于没有“护城河”。另外，这个标准也排除那些依靠某个伟大的管理者才能成功的企业。当然，一个令对手恐惧的CEO对任何企业都是一笔巨大资产，但是如果一个生意，依赖一个超级巨星才能产生好成效，那这个生意本身不会被认为是个好生意。

① 选自2007年巴菲特致股东的信。

我们要寻找的生意，是在稳定行业中，具有长期竞争优势的公司。如果它的成长迅速，更好。

现在让我们来说说糟糕的生意，比较差的生意是那种收入增长虽然迅速，但需要巨大投资来维持增长，过后又赚不到多少，甚至没钱赚的生意。想想航空业，从莱特兄弟飞行成功的那天到现在，这个行业所谓的竞争优势，被证明纯粹子虚乌有。航空公司从它开出第一个航班开始，对资本的需求就是贪得无厌的。投资者在本应对它避而远之的时候，往往受到公司成长的吸引，将钱源源不断地投入这个无底洞。就是我，也很惭愧地加入这场愚蠢的活动，1989 年我让伯克希尔买入美国航空公司（U. S. Air）的优先股。可付款支票上的墨迹未干，美国航空就开始了盘旋下落，不久它就不再支付给我们优先股的股息。不过最后我们算是很幸运的。在又一轮被误导的，对航空公司的乐观情绪爆发时，我们在 1998 年卖掉了我们手里的股票，竟然也大赚了一笔。在我们出售后的 10 年里，美国航空申请破产了两次！

第四节　企业的产业选择战略

产业的吸引力只是企业产业选择的一个考虑因素。产业吸引力评价分析虽然可以说明不同产业的自然吸引力，为企业优化资源配置提供有用的参考，但并不能确定企业应该进入哪一产业并在那个产业取得成功。一个企业在考虑进入某一产业或者进一步扩大在某一产业的经营规模时，不仅要考虑这一产业的自然吸引力，还要考虑到本企业自身的条件，即要考虑到自身适应参与该产业竞争的能力。产业自然吸引力和企业对该产业的产业适应力越大，则该产业的战略吸引力就越大。所谓产业战略吸引力是指某一产业对企业主体的吸引力，它取决产业自然吸引力和与企业的相应产业适应力的相互融合程度。

企业产业选择的过程是在产业发展前景和企业实力之间的动态平衡和有效组合过程。

波特明确提出了企业成长中的产业选择标准，一是产业长期盈利能力及影响因素所决定的产业的吸引力；二是决定产业内相对竞争地位的因素。

企业的产业战略是企业在一定时期内对产业发展方面的选择、规划及策略。企业应选择什么产业发展、制定什么样的规划、采取怎样的竞争策略，这都是产业战略需要解决的问题。企业的产业战略通常包括四个方面：产业选择战略、产业组合战略、产业扩张战略和产业竞争战略。产业选择战略是企业对所经营产业的选择；产业组合战略是企业所经营产业组合的选择；产业扩张战略是如何进行产业扩张的选择；产业竞争战略是企业在现有产业中如何获取有利位置和取得竞争优势。

本书重点介绍产业选择战略和产业组合战略。产业扩张战略和产业竞争战略在相关企业战略管理书籍中有较详细的介绍，这里不再重复。在企业考虑进入或退出产业时，需要产业选择战略，而一个多产业经营的企业，则要考虑到产业选择战略和产业组合战略。

一、产业不同发展阶段的战略选择

在产业发展的不同阶段，企业应做出不同的产业战略选择。

（1）产业导入期的产业选择。产业处于导入期，产业发展存在诸多不确定性，技术上不成熟、产品性能不稳定，初始成本高，企业在导入期进入产业存在较大的不确定性和经营风险。需要企业在产业开拓、顾客认知、技术积累等方面付出额外投入，当然企业也可能借助较低的进入障碍及早期的产业品牌形成有利的产业竞争地位。企业应权衡利弊，谨慎决策。

（2）产业成长期的产业选择。该阶段产业发展态势渐趋明朗，技术逐步成熟，产品质量相对稳定，最初进入者为产业发展排除了不少障碍，积累了许多经验，产业的产品认知度明显提高，产业发展迅速，利润率较高。一般而言，成长期初期是企业进入的绝佳时机，企业宜采用进入战略或发展战略。若产业处于快速发展期，企业应该采取或加大投入策略。

（3）产业成熟期的产业选择。产业成熟期，产业市场的绝对规模大，企业盈利水平高，但利润率在逐步下降。企业一般倾向于采用维持战略，当发现有更好的投资回报产业时，有可能在原产业采取收缩或退出战略，转入投资回报比较高的产业。

（4）产业衰退期的产业选择。产业处于衰退期，产业市场规模逐步减少，企业利润下降，产业未来发展前景黯淡，企业应采取收缩或退出战略，转型进入其他相关产业。当然，不能一概而论，有些企业也可能采取发展战略，进行大规模收购兼并，形成一定垄断，从而取得较高的垄断利润。

二、企业多元化经营的产业选择

一个企业经营的产业一般不宜轻易频繁变化，许多企业终身只在一个产业内经营，大的企业可能同时在几个产业内经营，会有所侧重。但随着产业环境的变化，企业可能需要进行产业升级或调整，否则会陷入被动局面，或者企业需要重新进行产业选择，特别是当企业所在产业发展遇到市场的“天花板”时，需要进行多元化经营。

企业在进行产业多元化选择时，先确定在哪个产业扩展可实现长远而持续的发展，企业现有的资源优势能否转移到拓展的产业上，即是否能达到企业能力与所选择产业要求的一致性。彭罗斯则强调企业的内部资源决定企业的成长方向，即产业的选择取决于内部不可分割的剩余资源。即使不实施多元化而只在现有领域发展，也需要不断重新审视现有产业的状况，从而做出继续待下去和怎样待下去的决定。

综合起来，多元化目标产业的选择涉及众多因素，其中主要因素有：

（1）新产业吸引力。企业多元化经营的成功率与目标产业的吸引力呈正相关关系。吸引力大的产业不一定对所有企业都适合，关键是要达到企业能力与产业吸引力的一致性。

（2）产业相关性。企业多元化经营的成功率与各“元”之间在技术、生产、销售、采购、管理等要素上的相关性呈正相关关系。当相关多元化优于无相关多元化时，战略相关性优于市场相关性。一主体企业或产业向产业链上其他产业进入，一般明显的次序是：横向一体化—纵向一体化—相关多元化—无关多元化。

（3）剩余资源拥有量。企业多元化经营的成功率与企业剩余资源拥有量正相关。

（4）企业核心能力。企业多元化经营的成功率与企业核心能力的状态和水平呈正相关关系。

案例　美的的机器人产业战略

美的集团不断深化多元化布局，持续推进公司自动化与智能制造业务布局深化。美的自 2017 年初完成库卡 292 亿元收购，以及与高创达成战略合作以来，美的业务结构发生重大变化，“机器人及工业自动化”成为其除空调家电以外的另一重要产业。美的的企业定位也随之变为“消费电器、暖通空调、机器人及工业自动化系统的科技集团”。其中，库卡将作为机器人和工业自动化的产业主体，高创提供运动控制和伺服电机等产品方案。

全球机器人市场产值 2025 年将达 240 亿美元，中国 2018 年市场占比将达 38%；物流自动化全球市场规模 2018 年将达 190 亿美元，亚太地区占比 48%，其中绝大部分来自中国市场。

三、产业战略选择的评价方法

一般来说，企业的产业选择战略主要基于两大方面因素：一是产业发展前景；二是企业在产业中具备的实力。比较偏重产业发展前景的战略，称为“机会型战略”；比较偏重于企业自身实力的战略，称为“能力型战略”。根据产业发展前景和企业实力两方面综合进行产业战略选择的常用方法有两种：波士顿矩阵法和 GE 矩阵法。

1. 波士顿矩阵法

波士顿矩阵法是波士顿公司在 1870 年创立并推广的。纵坐标为市场成长率表示该业务的销售量或销售额的年增长率，一般认为市场成长率超过 10% 为界划分为高增长和低增长区（还要结合一个国家或地区的总体经济增长和产业特征而定）。横坐标相对市场份额表示该业务相对于最大竞争对手的市场份额，用于衡量企业在相关市场上的实力，以相对市场份额 1 为分界线。

波士顿矩阵法将一个公司的业务分成四种类型：问题、明星、金牛和瘦狗业务（见图 12-3）。

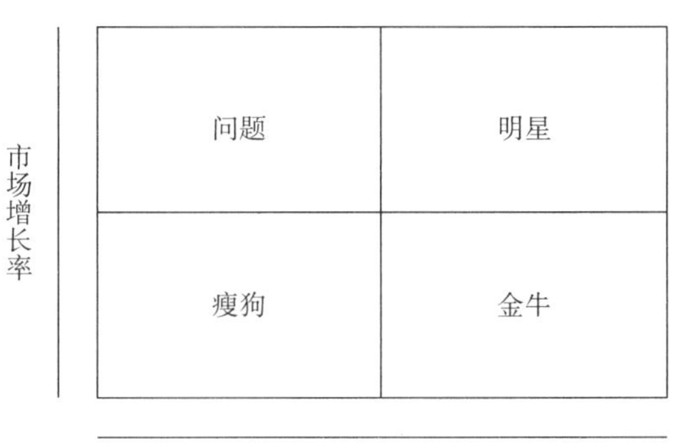

图 12-3 波士顿矩阵

问题业务是指高市场成长率、低相对市场份额的业务。为发展问题业务，公司需要增加资金投入。公司先要决定是否继续投资以发展该业务，只有那些符合企业发展长远目标，体现企业资源优势，能够增强企业核心竞争能力的业务才能适合加大投入力度。

明星业务是指高市场成长率、高相对市场份额的业务，这是由问题业务投资发展起来的，将来会成为公司的金牛业务。这时企业必须具备识别行星和恒星的能力，企业应将有限的资源投入到能够发展成为金牛的恒星上。

金牛业务是指低市场成长率、高相对市场份额的业务，这是成熟市场中的领导者，是企业现金的来源。由于市场已经成熟，企业不必大量投资来扩展市场规模，同时作为市场中的领导者，企业在该业务享有规模经济和高边际利润的优势，因而获得大量财源，以支持明星业务的资金需要。

瘦狗业务是指低市场成长率、低相对市场份额的业务。一般情况下，这类业务常是微利甚至亏损的，又占有资金、资源。比较适合采用退出战略或收缩战略。

波士顿矩阵法可以帮助企业分析现有的业务组合是否合理。如果企业没有金牛业务，说明当前缺乏现金来源；如果没有明星业务，说明未来发展中缺乏后劲。

在明确各项业务单位在公司中的不同地位后，就需要进一步明确战略。

（1）对问题业务的战略选择。当看到产业发展的巨大前景，企业又能在未来建立发展需要的资源和能力时，企业采取进入或发展战略；虽然看到产业的巨大发展前景，但感觉自身无法建立竞争所需的资源与能力，或有更好的产业投入时，企业采取收缩或退出战略；当看好未来发展前景，但发展还不明朗时，企业可以考虑少量投入，主要是为了解产业、积累经验。

（2）明星业务的战略选择。对于明星业务，企业一般采取发展战略，继续大量投资，目的是扩大市场份额。

（3）金牛业务的战略选择。对于金牛业务，企业一般采取维持战略，投资维持现状，保持业务单位现有的市场份额。

（4）瘦狗业务的战略选择。企业一般采取收缩或退出战略，目标是在短期内尽可能地得到最大限度的现金收入，或者出售和清理，将资源转移到更有利的领域。

波士顿矩阵法可以帮助企业战略管理层梳理各类业务的战略定位，及时调整公司的业务投资组合，提高了公司的战略决策能力，使公司的资源得到优化配置和更有效使用。但该方法的局限性在于：首先，评分等级过于宽泛，可能会造成两项或多项不同的业务位于同一个象限内；其次，评分等级带有折中性，使很多业务位于矩阵的中间区域，难以确定使用何种战略；最后，这种方法也难以同时顾及两项或多项业务的平衡。

2. GE 矩阵法

通用电气公司（GE）针对波士顿矩阵法所存在的问题，于 20 世纪 70 年代开发了“吸引力实力矩阵”。根据产业吸引力和业务实力两个维度，每个维度分为三级，两个维度不同级别的组合来评估现有业务（或事业单位）（见图 12-4）。

绘制 GE 矩阵需要找出企业内部和外部因素，得出衡量内部因素和外部因素的标准。一般需要经过以下几个步骤：

（1）定义各因素。选择要评估产业吸引力和业务实力需要的重要因素。表 12-2列出的是经常考虑的一些因素（根据各公司情况做出增减），确定这些因素的方法可以采取头脑风暴法或名义小组法等，关键是不能遗漏重要因素（见表 12-2）。

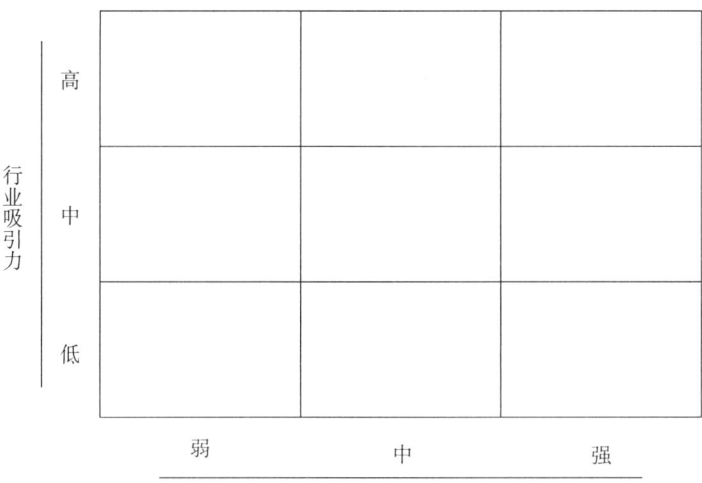

图 12-4 通用电气矩阵

表 12-2 产业吸引力与业务实力通常考虑的因素①

项目	考虑因素	所占权重（%）
产业吸引力	总体市场大小	20
	年市场成长率	20
	产业毛利率	15
	竞争密集程度	15
	技术要求	15
	通货膨胀	5
	能源要求	5
	环境影响	5
	社会/政治/法律	必须可接受的
业务竞争实力	市场份额	10
	销售增长率	10
	业务毛利率	10
	产品质量	10
	品牌知名度	10
	分销网	10

① 唐东方．战略选择：框架·方法·案例（第二版）［M］．北京：中国经济出版社，2015.

续表

项目	考虑因素	所占权重（%）
业务竞争实力	促销效率	5
	生产能力	5
	生产效率	5
	单位成本	5
	物资供应	5
	开发研究能力	10
	管理人员	5

（2）估测外部因素和内部因素的影响。从外部因素开始，对每一个因素的吸引力大小进行评分。可以采取五级评分标准（毫无吸引力、没有吸引力、中性影响、有吸引力和极有吸引力分别为 1、2、3、4、5）。然后对内部因素进行类似的评定（极度竞争劣势、竞争劣势、同竞争对手相当、竞争优势、极度竞争优势分别为 1、2、3、4、5）。

（3）内外部因素重要评估。对外部因素和内部因素的重要性进行评估，得出产业吸引力和业务实力的简易标准。将各内外因素的得分与其权重系数相乘，再分别相加，就得到所评估的业务单位的产业吸引力和业务实力的得分。

（4）将该业务得分标在 GE 矩阵上。矩阵坐标纵轴为产业吸引力，横轴为业务竞争实力。每条轴上使用两条线将数轴划分为三部分，两坐标轴刻度为高、中、低三个等级，且在图上标出业务单位的位置。

（5）对矩阵进行分析。通过对战略事业单位在矩阵上的位置进行分析，提出相应的战略选择。

GE 矩阵比较全面地对战略事业单位的业务组合进行梳理和分析，并针对企业实际和产业特性进行战略调整。针对业务的产业吸引力和业务实力的综合评价，确定对各业务进行重大投入、有限投入还是剥离。具体战略选择如图 12-5 所示。

四、产业战略选择的方式

经过产业战略评价后，企业可以采用的战略主要有：

（1）进入战略。是指企业进入新的产业。主要目的是熟悉和了解产业环境，积累经验。开始一般是试探性进入，投入适当的资源进行探索性工作或者培育工作，在对产业环境熟悉并确认产业具有巨大前景时，再进行较大的投入。

（2）扩张战略。扩张战略是对现有某个产业加大投入，提高其竞争地位，谋求更大的发展。其主要是针对有较大的发展前景，并且确信通过持续加大资源

行业吸引力	弱	中	强
高	选择性进入或发展	发展	积极发展
中	收缩或退出	选择性维持或收缩	保持优势
低	退出	全面收缩	有限收缩

业务竞争实力

图 12-5 GE 矩阵

投入，自己有能力建立相应的竞争优势时采取的战略。

进入或扩张战略的主要手段通常包括自建、收购、联合或形成战略联盟。

（3）维持战略。是指企业对现有某个产业保持原有的或适当的投入，以维持现状，保持现有的竞争地位。主要针对那些发展成熟或不明朗的产业，维持此产业的现有经营规模，保持现有竞争地位，获取现有的利润水平。

（4）收缩战略。是企业减少某产业的投入，加大现金流回收。收缩战略的主要目的是把原来的投入转化为现金，适当降低投入水平，牺牲适当的产业经营规模、竞争地位。

（5）退出战略。是指通过出售或清理产业中的资产，从现有某个产业完全退出。退出战略一般发生在产业无利可图或者发现未来回报率更高的产业需要投资时。主要退出方式是出售公司、出售资产、清算资产。

所以产业选择可通过五种方式，分别是进入、扩张、维持、收缩和退出（见表 12-3）。

表 12-3 企业的产业选择战略

产业选择战略方式	产业选择战略的要点
进入	应进入哪些新产业
扩张	应对现有哪些产业加大投入，提高其竞争地位

续表

产业选择战略方式	产业选择战略的要点
维持	应对现有哪些新产业维持现状，保持现有的竞争地位
收缩	应对现有哪些新产业收缩投资，收获利润，把投资转化成现金
退出	应从现有哪些新产业退出

案例　互联网巨头阿里巴巴圈地跑马新零售

新零售是以互联网为基础、以大数据为支撑，将线上平台、线下实体店和物流配置紧密结合的新型零售模式。其主要依托大数据和云计算来优化商品的生产、销售、服务的全渠道，以提高消费者体验，改进物流系统从而加速产品流通。著名电商阿里巴巴近年来不断加大投入收购参股线下零售商业企业，实现线上线下业务的整合。

2014 年 4 月，阿里巴巴以 53.7 亿港元对银泰商业进行战略投资；2017 年初，阿里与银泰创始人沈国军以约 198 亿港元对价完成对银泰商业的私有化，2017 年 5 月，银泰商业正式从港交所退市。

2015 年 8 月，阿里就已与苏宁云商实行战略合作，双方后续通过交叉入股深度绑定，其用 282 亿元投资苏宁云商，持股 20%为苏宁云商的第二大股东。

2016 年 11 月，三江购物引入阿里泽泰为其战略投资者，后者成为三江购物第二大股东。2016 年 12 月，阿里系投资的易果生鲜接手永辉超市出售的 2.37 亿股联华超市股份（占联华超市总股本的 21.17%），成为联华超市二股东。

2017 年 9 月 26 日，阿里系资本获得新华都 10%股权，同时，新华都将与阿里泽泰设立合资公司福建新盒网络科技有限公司，有望复制三江购物模式，在福建省内新建创新门店。

2017 年 9 月 28 日，网红超市“盒马鲜生”作为“阿里新零售主力军”，宣布位于上海、北京、深圳、杭州和贵阳的 10 家门店同时开业。

此外，阿里还与银泰共同出资参与了新三板零售业公司东方股份的定增。

阿里巴巴布局新零售如图 12-6 所示。

无人零售商店是新零售的重要表现形式，基于无人零售商店在技术、成本及效率等方面优势，厂商应在该领域率先布局。数据显示，2017 年无人零售商店交易额预计达 389.4 亿元，未来五年无人零售商店将会迎来发展红利期，2020 年预计增长率可达 281.3%，至 2022 年市场交易额将超 1.8 万亿元。

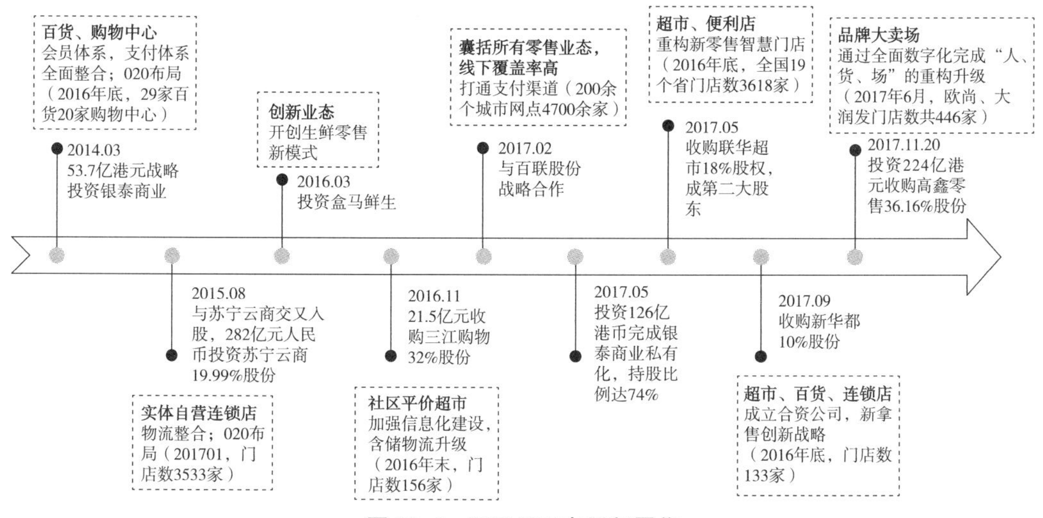

图 12-6 阿里巴巴布局新零售

五、产业组合战略①

产业选择战略与产业组合战略是企业的产业战略的两个相互密切联系又各有侧重的两个方面。企业的产业选择战略更多地就单个产业来考虑战略问题，没有考虑企业的产业组合。良好的产业组合能推动企业持续发展，还有可能通过互补提升企业的整体竞争力。企业对产业组合战略的选择，通常包括两个方面：（协同）互补产业组织战略和时序产业组合战略。

1. 互补性产业组合战略

企业的不同产业业务之间不是孤立的，而应是相互联系、相互影响的。在对企业的产业个体进行分析的同时，还需要对产业间的互补及互动关系进行分析。产业互动战略是企业选择两个以上的产业，并使产业之间建立有机联系，实现产业间的互补或互动，从而使产业互动效益大于产业分立效益之和。

产业互动组合通常有四种类型：

（1）外部性上的产业组合战略。如果一个产业能够导致另一个产业受益，那么这个产业发展就具有外部性，企业若想充分享受一个产业的外部性，可以使外部性的产业与享受外部性的产业进行组合，实现两个产业或多个产业互补的优化组合。

（2）功能上的产业组合战略。每个产业都有自己不同的功能属性，企业可以考虑不同产业的功能属性，把不同产业进行功能间的组合，让有些子公司负责

① 唐东方．战略选择（第二版）［M］．北京：中国经济出版社，2015．有所调整。

研发性产业运作，有些子公司负责销售性产业运作，有些子公司负责政府攻关性产业运作，从而形成功能完备的产业组合。例如，苹果公司有硬件产业、软件产业，还有网络软件开发平台及销售。

（3）资金上的产业组合战略。企业可以通过对导入产业、成长产业、成熟产业及衰退产业之间的时序把握，进行产业组合。在一个集团公司中，处于导入期产业的企业有资金需求，成熟期的企业能产生稳定的现金流等。

（4）风险上的产业组合战略。每个产业的风险程度是不同的，有的产业风险高，但可能平均回报高，有的产业风险低，但利润回报相对较低。企业可以通过高风险和低产业的组合，形成一个互补和风险对冲，减少企业整体收益的大幅波动。

企业通过以上四种组合，使用企业内不同的产业业务之间互补、互动，发挥结构优化的效应。

2. 近、中、远期三层次组合战略

一个企业要长期持续发展，必须根据企业内外部环境条件的变化进行战略调整，并保持近期、中期和远期战略的对接和接力，即企业战略的时间组合。一个企业的战略选择不仅要关注近期的发展，还应关注中长期的发展。如果企业只关注近期的发展，而忽视中长期的发展，可能的结果是企业现有效益很好，但缺乏未来发展的潜在增长点，不利于其长期持续地发展；相反，如果非常关注中长期发展，而对近期发展关注不足，企业当前效益不好，对未来发展缺乏更多的投入支持，导致企业发展的后劲不足。企业要选择一个产业组合，既考虑到当前现金流对企业的支持，也兼顾到企业未来中长期发展。

美国战略管理学者梅尔达德·巴格海、斯蒂芬·科利、戴维·怀特通过对世界上不同产业的40个处于高速增长的公司进行研究，提出了所有不断成长的大公司的共同特点，即保持三层面业务的平衡发展：第一层面是拓展和巩固核心业务；第二层面是大力发展即将涌现增长动力的战略业务；第三层面是创造有生命力的种子业务。革新核心业务，同时开创新业务，保持新旧业务的更替和有机衔接。

对于企业来说，一个宏伟的远景目标加上有效结合长、中、短三个时间层面的业务组合是其增长的关键。企业持续增长是一个能力的吐旧纳新、业务阶梯式上升的演进过程，需要在当前业务、新建业务和未来可选业务之间保持协调平衡和动态管理。

三层面组合理论为企业发展提供了一个长期、持续发展的思路，使企业得以实现近期、中期和长期的持续发展，但要防止企业陷入过度多元化、战略重点分散的陷阱。

扩展阅读　智能商业时代需要点—线—面—体战略思维[①]

战略最核心的是定位，这是业界的基本共识。定位最传统的理论框架由迈克尔·波特最先提出——成本领先、差异化和利基市场的竞争战略。定位成为过去30年最重要的战略思想。但是，在智能商业的时代，相对于产品在市场中的定位，一个更重要的定位需要认真考虑，这就是企业在协同网络中的定位，这里把它称为在“点—线—面—体”中的新定位选择。

在智能商业的时代，新定位成为战略思考的核心。这个定位的选择之所以重要，是因为整个经济正在快速向智能生态的方向演化，而一个企业在这样的生态系统中的定位，直接决定了它的发展轨迹，所以是重要的战略选择。

1. 点—线—面—体的定位逻辑

“生态”是智能商业的核心概念，但生态到底是什么？一个商业生态就是一个协同网络，是多元角色的复杂在线协同对于传统供应链管理的超越，是平台和多元物种的组合。在新型的生态中，有“点、线、面”三种核心角色，从而有三种战略定位可选。

“面”即是平台。平台通过广泛连接不同的角色，使之合作协同，同时建立各种机制，促使全局利益优化。“面”的工作是帮助平台上的玩家广泛连接，享受网络效应的好处。“面”通过匹配效率的大幅提升创造价值，这是一种全新的商业模式。淘宝是典型的“面”。“面”的立身之本并非单一产品或服务的研发能力，也不是市面上的稀缺资源，其核心价值是网络效应和协同机制。

“线”是平台上的众多商家。对消费者来说，“面”是各种服务和产品的聚合者。在“面”搭建的台子上，真正提供服务的是“线”，是海量的卖家。定位为“线”的企业的核心工作，是创造商品和服务，卖给客户。品牌商都属于“线”的范畴。“线”的兴旺取决于产品本身的竞争力，就是性价比，同样也取决于生产效率和营销能力。大部分“线”的核心工作是梳理和优化流程，包括生产、营销合作。“线”的定位和传统的B2C企业相似，但它最大的差别在于，如今的“线”是客户导向，同时一定要学会利用好“面”的价值。

“线”需要一整套全新的打法。一条“线”的战略，就是利用“面”的各种基础服务和能力，以较轻资产的方式快速发展，也就是说，一是充分利用“面”的网络效应；二是尽量利用“面”上的资源和能力，而不是自己花费巨大精力和成本重复建设；三是还要善于整合“点”带来的机会。

---

① 曾鸣．智能商业时代需要点—线—面—体战略［J］．哈佛商业评论，2018-07-06．略有删减。

“点”是每一位服务参与者。“面”的崛起，必然催生新的“点”，如嘀嘀的司机、美团的外卖配送员、知乎的知识类大V、喜马拉雅的广播播主。“点”的战略足够简单，只需要在高速发展的“面”中发现好的“点”。“点”的机会虽大，但这样的定位考验创业者的眼光，需要把握时机；同时因壁垒并不高，挑战也大。

“体”是由“面”扩张融合而生。“面”是“体”的最根本组成要素，在“面”的扩张过程中，如果有足够强大的基础，也许还会衍生出其他的“面”，进而形成一个日趋完善的“体”。以淘宝为例，因为支付和信用是淘宝市场的根基，淘宝孵化了支付宝，但支付宝也逐步走出了淘宝，变成了一个独立第三方的支付平台，并逐渐演化成蚂蚁金服，蚂蚁金服发展出多种创新普惠的金融服务，形成了另外一张新的“面”。云计算也如此，它的起步是支撑所有淘宝卖家的电商云，然后逐步衍生出其他的创新服务。这些“面”互相交错融合，推动中国经济升级换代，形成一个基于互联网的新型经济体。

需要提醒大家的是，绝大部分企业只需要考虑“点—线—面”三个核心定位。“体”是多年演化出来的结果，企业家不可能在一开始就选择这样的定位，因此本文不再讨论“体”的定位。

现在，如果有人再来找我讨论企业下一步发展的战略问题，我会反问一句：“点—线—面—体，你的定位到底是什么？”先搞清楚自己的能力和愿望，然后决定：你是具体能力的提供者，还是产品和服务的整合者，还是市场/平台的建设者？这个问题一旦明确，后面的一系列问题便迎刃而解。

2. 生态系统对供应链的降维攻击

当我们对“点—线—面—体”的框架有所了解后，就能更深刻地理解互联网企业相对于传统企业的优势何在。传统的供应链在限定的角色和条件之下，注重效率的线性优化。链主往往尽其所能垂直整合上下游，以统一的标准、规格、质量等，将相关职能（即“点”）纳入其控制。“线”争取优化它所控制的所有的点，这是传统的运营方式。实际上，“线”也只能影响它控制的“点”。

然而一个开放的协同网则不同，其最大的价值是网络协同所带来的网络效应。“点”可以在一个巨大的“面”上获取比在传统模式下大得多的商机，从而实现规模经济，提供高性价比的产品和服务，其优势远高于传统模式；同时，“线”可以按照需求随时调用“点”的服务，增加了灵活性及弹性，从而可以提供更好的服务，吸引更多的消费者。这又进一步带动生态圈的繁荣和发展，降低所有参与方的成本。唯有这样的协同网才能随时实现全局动态优化。

协同网络对于传统的供应链是典型的降维攻击。电商网红的品牌是一个非常典型的例子。这样的“线”能够在较短时间内迅猛发展，很重要的一个原因是淘宝和微博两个“面”搭建的交易和营销基础，两个“面”给网红品牌赋能。网红品牌们只需要把注意力完全聚焦于自己最擅长的能力，就是客户需求的洞察、社区的运营以及产品的开发。此外只要调动各种“点”的服务，就能够把握快速发展的机会。

网红品牌这样的“线”能够不断整合资源，获得今日的巨大成功，这是因为智能生态新的运营规律。所谓降维攻击，就是指在互联网技术的帮助下，新平台不断打开过去供应链的封闭结构，纳入越来越多的“点”，共同参与互动。然而在升维的“面”中，由于供应、需求以指数级别增加，大幅促进而非抑制“点”的活力，整合“点”和“面”资源的“线”的活力也从而远大于传统行业。

传统行业中，几家巨头的生产力，就决定了一个产业的整体供给和效率。巨头的封闭供应链形成了强大的结构壁垒，但随着互联网的进一步发展，这些行业都会很快向“点—线—面—体”的协同网络演化。

3. “点—线—面—体”的共同演化

点—线—面—体就是一个完整的生态系统，各个角色相互依存，共同演化。点—线—面—体四者共荣互利，在真正的互联网生态中缺一不可。“面”最大的价值之一是让“线”找到“点”，促成合作。这样的支撑使得“线”的效率优于传统打法。“线”凭借“点”和“面”提供的能力和支持，对传统供应链管理体系进行降维打击。

当“点”与“点”相连成“线”，“面”也逐渐繁盛。“面”一方面支撑了“点”的繁荣，并给“点”赋能；另一方面，当“面”与“面”引起化学反应时，或许也会交织成负载更多商机的“体”，其势能往往足以冲击传统行业。

未来的商业竞争，将是互联网商业体之间生态意义上的竞争。假如“面”不能提供足够丰富的基础设施，让“点”发挥最大的活力并不断创新，刺激新的“点”和“线”出现，更有活力的“面”就可能会吸引这些“点”而去，并对过去的“面”取而代之。此时，原来的“面”将慢慢萎缩，成为“新面”中的“线”和“点”，甚至烟消云散。盛大和腾讯的竞争就是个经典的案例，支付宝和微信支付的竞争也是如此。

4. 点—线—面—体的战略思维

点—线—面—体的思考框架给我们许多启示，我总结出四条指导原则。

（1）对于绝大多数的点和线，选好合作的“面”是最重要的战略选择之一。选对了面，对企业发展是事半功倍，这是因为真正的对手往往不是同行，而是大时代的潮水起落。

2015 年，电商网红开始走红，在不同的社交平台上百花齐放，也有不同的电商网站东抢西夺，如淘宝、蘑菇街等，都力图拉拢最有潜力的关键意见领袖（KOL）。当时，部分网红加码淘宝和微博，认为两者日后定将越走越近。事实也证明，淘宝和微博的资源和技术逐渐整合，产品和数据打通，跨平台营销越来越方便，两个平台合力营造越发优渥的经营环境。加盟其他平台的网红品牌，早已不见了。

（2）必须从新的角度思考谁是你的竞争对手，谁是你的合作伙伴。本质上，同类才竞争。“点”和“点”竞争，“线”和“线”竞争，“面”和“面”竞争，如淘宝、天猫和京东、腾讯的电商平台相互竞争，而不是跟平台的商家竞争。

（3）Access（入口）远比 Ownership（拥有）重要。传统思维强调的是对重要资产，如供应链的拥有和控制，而新思维强调的是影响和调度的能力。在网络时代，越来越重要的不是你拥有多少资源，而是能调动多少资源。网红电商能发展得这么好，和他们能充分调动微博和淘宝，以及社会化的柔性供应链的资源息息相关。

（4）“升维”不是自然进化，需要脱胎换骨的努力。这是物种的演变，不是简单的提升，实际挑战往往比想象的大，需要战略眼光和气魄，需要众多资源的支持，也需要运气。最重要的是时机的把握，要抓住点线面体变化的关键时刻。

“点”“线”都要努力利用好“面”提供的公共服务和网络效应，而“面”的重要价值就在于赋能“点”“线”的发展，三者相互依存的发展带来了整个生态系统的繁荣，这就是智能商业的运行规则。所以，“点—线—面—体”即是宏观经济发展的一个基本脉络，也是网络时代战略新定位的核心。

参考文献

[1] 芮明杰．产业经济学（第三版）[M]．上海：上海财经大学出版社，2016.

[2] 王俊豪．产业经济学（第三版）[M]．北京：高等教育出版社，2016.

[3] 周新生．产业分析与产业策划 [M]．北京：经济管理出版社，2005.

[4] 唐东方．战略选择：框架·方法·案例（第二版）[M]．北京：中国经济出版社，2015.

[5] 唐东方．战略规划：方法实务案例（第二版）[M]．北京：中国经济出版社，2016.

[6] 迈克尔·波特．竞争战略 [M]．北京：华夏出版社，1997.

[7] 迈克尔·波特．国家竞争优势 [M]．北京：华夏出版社，2002.

[8] A. 希特，R. 爱尔兰．战略管理（第三版）[M]．北京：机械工业出版社，2015.

[9] 彼得·纳瓦罗．时机—反向思考战胜经济周期 [M]．北京：中国人民大学出版社，2009.

[10] 刘志彪，安同良．现代产业经济分析（第二版）[M]．南京：南京大学出版社，2012.

[11] 石奇．产业经济学（第三版）[M]．北京：中国人民大学出版社，2015.

[12] 高志刚．产业经济学 [M]．北京：中国人民大学出版社，2016.

[13] 张玉冰，许罗丹．产业经济学 [M]．北京：机械工业出版社，2013.

[14] 菲利普·科特勒．营销管理 [M]．上海：上海人民出版社，2002.

[15] 郎咸平．郎咸平说：萧条下的希望 [M]．北京：东方出版社，2014.

[16] 周新生．产业兴衰论 [M]．西安：西北大学出版社，2001.

[17] 宋胜洲，郑春梅，高鹤文．产业经济学原理 [M]．北京：清华大学出版社，2012.

[18] 李美云．服务业的产业融合与发展 [M]．北京：经济科学出版社，2007.

[19] 陈文晖．产业规划研究与案例分析 [M]．北京：社会科学文献出版

社，2010.

［20］周振兴．信息化与产业融合［M］．上海：三联书店，2006.

［21］植草益．微观规制经济学［M］．朱绍文，胡欣欣译．北京：中国发展出版社，1992.

［22］小艾尔雷德·D. 钱德勒．企业规模经济与范围经济［M］．张逸人等译．北京：中国社会科学出版社，1999.

［23］伊迪丝·彭罗斯．企业成长理论［M］．赵晓译．上海：三联书店，2007.

［24］杨建文．产业经济学［M］．上海：学林出版社，2004.

［25］干春晖．产业经济学——教程与案例［M］．北京：机械工业出版社，2006.

［26］史忠良．产业经济学［M］．北京：经济管理出版社，2005.

［27］张耀辉．技术创新与产业组织演变［M］．北京：经济管理出版社，2003.

［28］欧阳峰．信息时代的企业组织变革［M］．北京：经济管理出版社，2006.

［29］夏大慰．产业组织：竞争与规制［M］．上海：上海财经大学出版社，2002.

［30］谢勇，柳华．产业经济学［M］．武汉：华中科技大学出版社，2008.

［31］R. 马歇尔．经济学原理［M］．陈良璧译．北京：商务印书馆，2001.

［32］K. J. 克拉克森等．产业组织：理论、证据和公共政策［M］．上海：三联书店，1989.

［33］杨治．产业经济学导论［M］．北京：中国人民大学出版社，1985.

［34］刘戒娇．垄断产业改革：基于网络视角的分析［M］．北京：经济管理出版社，2005.

［35］泰勒尔．产业组织理论［M］．张维迎译．北京：中国人民大学出版社，1997.

［36］安妮塔．M. 麦加恩．产业演变与企业战略——实现并保持佳绩的原则［M］．孙选中等译．北京：商务印书馆，2007.

［37］熊彼得．经济发展理论［M］．何畏等译．北京：商务印书馆，1990.

［38］施蒂格勒．产业组织与政策管制［M］．潘振汉译．上海：三联书店，1996.

［39］R. 科斯等．企业、市场与法律［M］．盛洪等译．上海：三联书店，1994.

［40］H. 钱纳里等．工业化与经济增长的比较研究［M］．吴奇等译．北京：中国人民大学出版社，1998.

［41］R. M. 胡佛．区域经济学导论［M］．王翼龙译．北京：商务印书馆，1990.

［42］胡兆量等．中国区域发展导论［M］．北京：北京大学出版社，1999.

［43］A. 韦伯．工业区位论［M］．李刚剑译．北京：商务印书馆，1997.

［44］芮明杰等．论产业链整合［M］．上海：复旦大学出版社，2006.

［45］郁义鸿等．产业链纵向控制与经济规制［M］．上海：复旦大学出版社，2006.

［46］亚当·斯密．国民财富的性质和原因的研究（上卷）［M］．北京：商务印书馆，1974.

［47］米契尔．商业循环问题及其调整［M］．陈福生等译．北京：商务印书馆，1962.

［48］道格拉斯·诺斯．西方世界的兴起［M］．北京：华夏出版社，2009.

［49］库兹涅茨．现代经济增长［M］．北京：北京经济学院出版社，1986.

［50］冯仑．行在宽处［M］．长沙：湖南人民出版社，2014.

［51］栗树和，梁天征．中国经济波动与增长（1949~1986）［M］．西安：陕西师范大学出版社，1988.

［52］范·杜因．经济长波与创新［M］．刘守英，罗靖译．上海：上海译文出版社，1993 .

［53］王全春．产业转移与中部地区产业结构研究［M］．北京：人民出版社，2008.

［54］胡永佳．产业融合的经济学分析［M］．北京：中国经济出版社，2008.

［55］陈保启．杨丽．产业经济学［M］．北京：经济科学出版社，2008.

［56］刘旗辉．最佳商业模式［M］．北京：清华大学出版社，2008.